铁路机辆设备工程设计技术

王利锋　胡　帆　代宗权
王利军　卜兆云　王兴峰　编著

西南交通大学出版社
·成都·

图书在版编目（CIP）数据

铁路机辆设备工程设计技术 / 王利锋等编著. -- 成都：西南交通大学出版社，2024.3
ISBN 978-7-5643-9734-0

Ⅰ. ①铁… Ⅱ. ①王… Ⅲ. ①机车车辆工程 – 工程设计 Ⅳ. ①U26

中国国家版本馆 CIP 数据核字（2024）第 029495 号

Tielu Jiliang Shebei Gongcheng Sheji Jishu
铁路机辆设备工程设计技术

王利锋　胡　帆　代宗权
王利军　卜兆云　王兴峰　　编著

责 任 编 辑	李　伟
封 面 设 计	墨创文化
出 版 发 行	西南交通大学出版社
	（四川省成都市金牛区二环路北一段 111 号
	西南交通大学创新大厦 21 楼）
营销部电话	028-87600564　028-87600533
邮 政 编 码	610031
网　　　址	http://www.xnjdcbs.com
印　　　刷	成都勤德印务有限公司
成 品 尺 寸	185 mm × 260 mm
印　　　张	18.75
字　　　数	468 千
版　　　次	2024 年 3 月第 1 版
印　　　次	2024 年 3 月第 1 次
书　　　号	ISBN 978-7-5643-9734-0
定　　　价	68.00 元

图书如有印装质量问题　本社负责退换
版权所有　盗版必究　举报电话：028-87600562

前 言

在铁路行业，"车、机、工、电、辆"构成铁路的五大系统，对于承担其中两大系统的机（机车）、辆（车辆）运用维修功能设施——铁路机辆设备，其重要性是不言而喻的。铁路机辆设备是保障铁路正常运输、安全运营不可或缺的设施。

铁路机辆设备工程是解读铁路工程设计很好的视角，其工程设计体现了功能重要、系统完备、技术凸显、社会性强等特点。本书建立了机辆设备工程设计技术理论框架，从功能、能力、效率（效益）、影响四个维度构建价值体系，以房建、线路、设备及构筑物为框架，工艺流程为主线构建技术体系；对于工程客体——机辆，分析了机辆构造，汇编机辆基本参数，构成工程设计的基础数据；从设施布局、规模设计、工艺流程等多个目标，深入研究机辆设计技术；并向两端延伸工艺设计技术链，分析了设备技术和运营生产需求，旨在从技术和运营两端夯实工程设计质量；同时对机辆设备工程设计的十几个配套专业的主要技术进行筛选研究，以满足技术系统性要求。本书解读了工程设计技术理论，系统研究了工程技术，汇集了行业的成功经验，期望能为读者展现更好的作品。

本书由中铁二院工程集团有限责任公司王利锋、胡帆、代宗权、王利军，昆明局集团有限公司机务部卜兆云、车辆部王兴峰联合编著，感谢团队成员多年来的辛苦付出。本书的出版得到了中铁二院重大科技专项"高铁动车组关键部件检测装备及智能运维系统研究"（项目编号：2023ZDZX0009）的资助，并作为该科技专项研究的重要成果之一。

本书主要适用于从事铁路机辆设备工程设计的人员或相关人员使用。

由于时间仓促，书中难免存在不足之处，期望各位学者、专家、读者批评指正，以便日后再版时予以修订。

王利锋

2024 年 3 月

目 录

1 机辆设备概述 ··· 1
   1.1 机辆设备概念 ··· 1
   1.2 机辆设备工程特点 ·· 2
   1.3 机辆设备运营管理 ·· 3

2 机辆设备工程设计技术框架 ··· 6
   2.1 工程设计技术基本属性 ··· 6
   2.2 工程设计技术框架 ·· 7
   2.3 设备技术 ··· 9
   2.4 运营生产 ··· 10

3 机辆构造及基本参数 ··· 12
   3.1 机辆构造 ··· 12
   3.2 机　车 ·· 17
   3.3 客车车辆 ··· 33
   3.4 货车车辆 ··· 34
   3.5 动车组 ·· 38
   3.6 国内机车车辆制造 ·· 52
   3.7 机车车辆选型 ··· 52

4 机辆专业设计技术 ··· 54
   4.1 修程修制 ··· 54
   4.2 机车交路和乘务交路 ··· 60
   4.3 布局研究 ··· 68
   4.4 规模研究 ··· 74
   4.5 总图布置方案 ··· 84
   4.6 检修工艺流程 ··· 118
   4.7 接口设计 ··· 141
   4.8 设备技术及运营生产需求 ·· 143

5 配套专业设计技术 · · · · · · 146

5.1 经 调 · · · · · · 146
5.2 行 车 · · · · · · 146
5.3 测 量 · · · · · · 148
5.4 地 质 · · · · · · 151
5.5 站 场 · · · · · · 156
5.6 路 基 · · · · · · 169
5.7 桥 涵 · · · · · · 173
5.8 轨 道 · · · · · · 175
5.9 房 建 · · · · · · 177
5.10 电 力 · · · · · · 190
5.11 暖 通 · · · · · · 197
5.12 给排水 · · · · · · 200
5.13 牵引变电 · · · · · · 206
5.14 接触网 · · · · · · 207
5.15 通 信 · · · · · · 214
5.16 信 号 · · · · · · 228
5.17 信 息 · · · · · · 239
5.18 施 预 · · · · · · 244

6 工程设计项目管理 · · · · · · 252

6.1 工程建设阶段 · · · · · · 252
6.2 总体项目管理 · · · · · · 261
6.3 规范体系研究 · · · · · · 263
6.4 成果文件组成 · · · · · · 273
6.5 机辆设备工程总承包管理 · · · · · · 277
6.6 全过程咨询服务 · · · · · · 287

7 铁路机辆设备工程设计展望 · · · · · · 290

7.1 总体管理 · · · · · · 290
7.2 工程技术 · · · · · · 290

参考文献 · · · · · · 292

1 机辆设备概述

开展机辆设备工程设计，应首先熟悉机辆设备的概念、机辆设备在铁路运输系统中承担的功能，以及如何管理机辆设备等。

1.1 机辆设备概念

铁路机辆设备是机务设备、客车设备、货车设备、动车设备和车辆运行安全监控系统的统称。根据铁路管理体系，机务设备由机务系统管理。客车设备、货车设备、动车设备、车辆运行安全监控系统由车辆系统管理，因此也可把它们统称为车辆设备。

1.1.1 机务设备

根据《铁路机务设备设计规范》，机务设备包括以下类型：
（1）机务段：配属机车，主要承担机车运用、整备保养、检查修理等运营管理工作。
（2）机车检修段：主要承担机车高等级修程，原则上不承担机车运用工作。
（3）机务折返段：承担各交路方向机车折返时机车运转整备和乘务员管理工作。当有派驻机车时，除承担上述任务外，尚承担调车作业或机车交路，并承担部分检修任务。
（4）机务折返所：承担小运转机车或较少对数交路的机车整备作业。
（5）机务换乘所：承担机车乘务组中途换班乘务员的管理工作。
（6）调机整备所：承担沿线调小机车整备作业。

1.1.2 车辆设备

根据《铁路客车车辆设备设计规范》《铁路货车车辆设备设计规范》《铁路动车组设备设计规范》《铁路车辆运行安全监控系统设计规范》，车辆设备包括以下类型。

1. 客车设备

（1）客车车辆段：承担铁路客车车辆段修（A2、A3 修程或相当修程）、动力集中动车组的拖车和控制车（不含控制车上的机务设备）的段修（D3、D4 修程或相当修程），并管理其管辖范围内客车车辆和动力集中动车组运用维修的处所，简称"客车段"。

（2）客车技术整备所：承担始发终到旅客列车技术检查的处所，包括客车车底的日常检查和折返检查及动力集中动车组的 D1 修程或相当修程检修；客车车辆和动力集中动车组的临修；客车车辆的 A1 修程或相当修程检修及动力集中动车组 D2 修程或相当修程检修，简称"客整所"。

（3）客车列车检修所：承担始发、通过、终到旅客列车（含动力集中动车组）的技术检查，制动机试验和不摘车修理的处所，简称"客列检所"。

2. 货车设备

（1）货车车辆段：铁路货车定期检修任务的生产处所，简称"货车段"。

（2）运用作业场：承担铁路货车运用维修任务的生产处所，包括列检作业场、技术交接作业场等。

（3）站修作业场：承担货车摘车临修及辅修等检修任务的生产处所。

（4）洗罐所：承担铁路罐车检修前罐体内壁、阀类等清洗作业的生产处所。

（5）车轮车间：承担铁路车辆轮轴及其部件的加工、组装、检修等任务的生产处所。

3. 动车设备

动车设备包括动车段、动车运用所、动车存车场。

（1）动车段：配属动车组，承担动车组的各级修程、临修作业以及整备和存放任务。

（2）动车运用所：承担动车组的整备，一、二级检修，临修和存放作业。

（3）动车存车场：承担动车组的存放，根据需要可设置整备设备。

4. 铁路车辆运行安全监控系统

（1）车辆轴温智能探测系统（THDS）：自动探测车辆轴承的温度，并对热轴车辆进行跟踪报警。

（2）货车故障轨边图像检测系统（TFDS）：采集、传输货车车体底部、侧下部、连接部和走行部等部位的图像，对货车底部及侧部状态进行监视。

（3）车辆运行品质轨边动态监测系统（TPDS）：自动连续测量轮轨垂向力和横向力，对货车运行品质不良、车轮踏面损伤、超偏载，客车车轮踏面损伤及车轮失圆，动车组运行品质不良、车轮踏面损伤及多边形等进行追踪报警。

（4）车辆滚动轴承故障轨边声学诊断系统（TADS）：采集车辆滚动轴承的噪声数据并自动分析处理，对滚动轴承早期故障进行跟踪报警。

（5）客车故障轨旁图像检测系统（TVDS）：采集、传输客车车体底部、侧下部、连接部和走行部等部位的图像，对客车底部及侧部状态进行监视。

（6）动车组运行故障图像检测系统（TEDS）：采集、传输动车组车体底部、侧下部、连接部和走行部等部位的图像，对动车组底部及侧部状态进行监视。

（7）客车运行安全监控系统（TCDS）：实时传输、集中下载客车主要设备及部件的运用状态和动态性能的监测数据，并进行数据分析。

（8）动车组车载信息无线传输系统（WTDS）：实时传输、集中下载动车组主要设备及部件的运用状态和动态性能的监测数据，并进行数据分析。

（9）铁路车号地面自动识别设备（ATIS）：自动识别机车车辆上安装的电子标签，并进行实时跟踪。

1.2 机辆设备工程特点

机辆设备工程具有"功能重要、系统完备、技术突显、社会性强"等特点。

1. 功能重要

铁路系统包括"车、机、工、电、辆"五大系统。其中,"机"指机务系统,"辆"指车辆系统。由此可见,机辆设备在铁路系统中占据重要的地位;机辆设备的可靠性是铁路正常运输的先决条件,其生产能力与效率往往是影响铁路运输能力的关键因素。

2. 系统完备

机辆设备工程几乎涉及铁路系统所有专业,因此专业接口、总体设计等系统性方法在其工程设计中尤为重要。

3. 技术突显

机辆设备配备了大量的检修装备,检修装备约占机辆设备工程总投资的20%;装备的功能、性能等技术是衡量机辆设备工程先进性的标志性指标,突显了一个国家或地区的铁路技术发展水平。

4. 社会性强

从工程效果角度分析,机辆设备更加注重人性化设计,追求生产场所的适宜性、生产设施的高效性,人行便捷、物流通畅成为工程建造的软实力。

1.3 机辆设备运营管理

机辆设备工程设计最终目的是满足运营需求。国铁机辆设备运营管理采用三级管理模式,即中国国家铁路集团有限公司(简称国铁集团)、铁路局、机务(车辆、动车、货车)段;铁路局由机务部、车辆部负责职能管理,管理层级如图1.3-1所示。

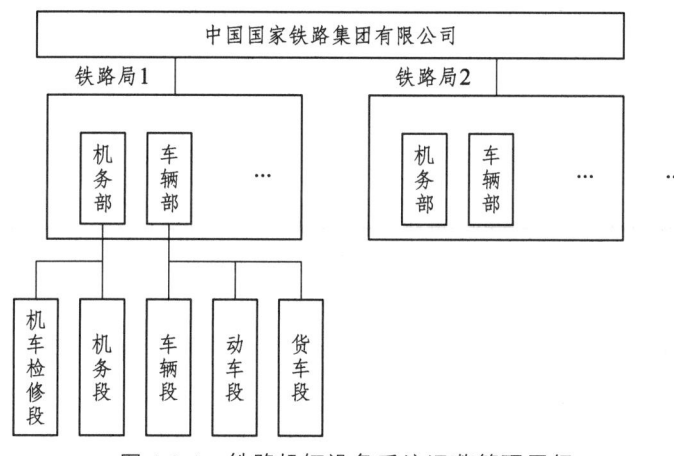

图1.3-1 铁路机辆设备系统运营管理层级

1. 机务系统

中国国家铁路集团有限公司机辆部为铁路机务系统最高级单位,下设各集团公司机务部,每个机务部下设若干个机务段,机务段下设若干个车间,主要有检修车间、运用车间、整备车间、设备车间等。机务段是铁路运输系统的重要组成部分,主要负责铁路机车的运用、整备、检修。机务段一般设置在主要铁路枢纽城市或大型货运编组站附近，担当旅客列车、货运列车动力牵引任务。目前，全路共有18个集团公司，下辖65个机务段。

哈尔滨局集团5个：哈尔滨机务段、齐齐哈尔机务段、牡丹江机务段、三棵树机务段、佳木斯机务段；

沈阳局集团8个：沈阳机务段、苏家屯机务段、锦州机务段、吉林机务段、通辽机务段、白城机务段、梅河口机务段、大连机务段；

呼和浩特局集团2个：包头西机务段、集宁机务段；

北京局集团5个：怀柔北机务段、北京机务段、丰台机务段、唐山机务段、石家庄电力机务段；

太原局集团3个：太原机务段、湖东机务段、侯马北机务段；

济南局集团3个：济南机务段、济南西机务段、青岛机务段；

郑州局集团3个：郑州机务段、新乡机务段、洛阳机务段；

上海局集团5个：上海机辆段、南京东机辆段、杭州机辆段、合肥机务段、徐州机务段；

武汉局集团3个：武昌南机务段、江岸机务段、襄阳机务段；

西安局集团3个：西安机务段、新丰镇机务段、安康机务段；

乌鲁木齐局集团3个：乌鲁木齐机务段、库尔勒机务段、哈密机务段；

南昌局集团4个：南昌机务段、福州机务段、向塘机务段、鹰潭机务段；

成都局集团4个：成都机务段、重庆机务段、贵阳机务段、西昌机务段；

兰州局集团3个：兰州西机务段、嘉峪关机务段、迎水桥机务段；

南宁局集团2个：南宁机务段、柳州机务段；

昆明局集团1个：昆明机务段；

广州局集团6个：广州机务段、长沙机务段、株洲机务段、怀化机务段、汕头机务段、海口机辆轮渡段；

青藏铁路集团公司2个：西宁机务段、格尔木机务段。

另外，目前全路有7个机车检修段，即北京、上海、广州、武汉、哈尔滨、西安、成都（暂为车间级）机车检修段。

2. 车辆系统

中国国家铁路集团有限公司机辆部为铁路车辆系统最高级单位，下设各集团公司车辆部，每个车辆部下设若干个车辆段、动车段，车辆段、动车段下设检修车间、运用车间、设备车间和各职能科室。车辆段、动车段是铁路运输系统的重要行车部门，主要负责车辆、动车组的运营、整备、检修等工作。车辆段、动车段一般设置在主要的铁路枢纽城市或货运编组站附近，主要担当运输旅客、货物任务。目前，全路共有18个集团公司，下辖75个车辆段，其中客车段24个、货车段39个、动车段12个。

哈尔滨局集团5个：哈尔滨车辆段、齐齐哈尔车辆段、三棵树车辆段（客车段）、齐齐哈尔北车辆段（客车段）、哈尔滨动车段；

沈阳局集团7个：苏家屯车辆段、锦州车辆段、通辽车辆段、吉林车辆段、沈阳车辆段（客车段）、长春车辆段（客车段）、沈阳动车段；

呼和浩特局集团3个：包头西车辆段、包头车辆段（客车段）、集宁车辆段；

北京局集团5个：丰台车辆段、天津车辆段、石家庄车辆段、北京车辆段（客车段）、北京动车段；

太原局集团4个：太原北车辆段、湖东车辆段、侯马北车辆段、太原车辆段（客车段）；

济南局集团4个：济南西车辆段、济南车辆段（客车段）、青岛动车段、日照车辆段；

郑州局集团5个：郑州北车辆段、郑州车辆段（客车段）、焦作车辆段、洛阳车辆段（客车段）、郑州动车段；

上海局集团3个（未计入机辆段）：合肥车辆段、上海动车段、南京动车段；

武汉局集团4个：江岸车辆段、武昌车辆段（客车段）、襄阳车辆段、武汉动车段；

西安局集团5个：西安车辆段（客车段）、安康车辆段、西安东车辆段、榆林车辆段、西安动车段；

乌鲁木齐局集团3个：乌鲁木齐西车辆段、库尔勒车辆段、乌鲁木齐车辆段（客车段）；

南昌局集团5个：永安车辆段、南昌南车辆段、福州车辆段（客车段）、南昌车辆段（客车段）、福州动车段；

成都局集团7个：成都动车段、成都车辆段（客车段）、贵阳车辆段（客车段）、成都北车辆段、重庆车辆段（客车段）、兴隆场车辆段、贵阳南车辆段；

兰州局集团3个：兰州西车辆段、嘉峪关车辆段、兰州车辆段（客车段）；

南宁局集团3个：南宁南车辆段、南宁车辆段（客车段）、柳州车辆段；

昆明局集团2个：昆明北车辆段、昆明车辆段（客车段）；

广州铁路集团5个：广州北车辆段、株洲车辆段、长沙车辆段（客车段）、广州车辆段（客车段）、广州动车段；

青藏铁路集团2个：西宁车辆段（客车段）、西宁东车辆段。

3. 机辆段

国铁集团大力推进机辆管理融合试点。

2017年年底，原中国铁路总公司将运输局机务部、车辆部合并为机辆部，机辆管理形成了总公司层面融合统一、铁路局层面分工协同的新体制。

2020年年底，国铁集团批准同意对上海局既有上海车辆段、上海机务段、杭州机务段、南京东机务段、合肥车辆段、南京地区动力集中动车组整备设施进行整合，成立上海、杭州、南京东机辆段，此举对持续深化管理体制机制创新、推动铁路实现高质量发展具有重要意义。

2021年年底，在川藏铁路拉林段通车运营半年之际，青藏高原首个铁路机车、车辆专业一体化管理运维机构——拉萨机辆整备中心揭牌成立，此举可充分发挥机辆专业融合优势，健全完善规章制度，理顺管理机制，加快流程再造，最大限度地减少接合部。

2 机辆设备工程设计技术框架

2.1 工程设计技术基本属性

机辆设备工程设计具有工程设计属性的普遍性：自然性、社会性、科学性、创造性等。

1. 自然性

工程设计需考虑自然、水文、气象、地质等因素，体现了"当时当地性"。比如：自然环境对机车，特别是内燃机车使用效率的影响；对司机乘务作业的影响等。

2. 社会性

社会性体现在主体和客体两个方面。在主体方面，工程设计是由设计团队完成的，他们可能具有不同的教育经历、社会阅历、个人兴趣等，即使对同一个设计目标，也可能提出不同的方案；在客体方面，工程设计的对象体现了经济、政治、管理、制度、政策、道德、法律、艺术等社会性。

3. 科学性

现代的工程设计基于科学计算，以验证设计的合理性和正确性，当然经验的积累和传承也非常重要。

4. 创造性

正如德国哲学家莱布尼茨所说，"世上没有两片完全相同的树叶"，世界上也没有完全相同的两个工程。每一个工程的边界条件、约束条件、功能需求、业主喜好等都可能存在不同程度的差别，可以说每一个工程都是独特的，因此，工程设计体现了创造性。创造性思维渗透到并贯穿于工程设计的全部环节，社会需求则为工程设计提供了最基本的驱动源。

5. 复杂性

工程设计是具有多变量、多参数、多目标和多重约束条件的复杂问题，工程设计面对的往往是一些"定义不清楚"或"结构不完善"的问题，而这种定义不清楚或结构不完善使得问题分析和求解更加复杂、困难。

6. 非唯一性

工程设计的非唯一性表现为：一是对问题本身的表述缺乏唯一性，即问题本身缺乏唯一性；二是对问题的任何一种表述都包含不一致的求解路径，即求解问题的方法是非唯一的；三是问题没有唯一的解答，即问题的答案不是唯一的。

7. 选择性

在集成构建的多个方案中，工程师必须在许多方案中做出选择，工程设计是经过分析、推理、判断等一系列思维活动对技术进行的合理抉择。

在不确定条件下，如何做出判断和决策是一个极富挑战性的活动，有时重要的不是选择什么，而是如何选择。由于设计师个体思维能力的差异性和局限性，常常导致做出的决策不是最佳选择。决策能力不是被简单地"植入"设计师大脑，做出合理的选择是一种需要学习的技能，与其他技能一样，决策技能也会随着经验的丰富而提升。

8. 妥协性

在选择过程中，总会遇到安全与经济之间的矛盾、安全与可持续性之间的矛盾，以及各利益相关方之间的矛盾冲突，这就需要在多个相互冲突的目标及约束条件之间进行权衡和折中。

2.2 工程设计技术框架

机辆工程设计是铁路工程设计行业的一个子系统，因其功能和构成的特殊性，应建立与之匹配的技术理论框架体系。

1. 价值体系

机辆设备工程价值目标是实现"功能、能力、效率（效益）、影响"4个构建价值，如图2.2-1所示。

图 2.2-1 机辆设备工程价值体系

功能体现了人工物的本质属性，体现了工程的有用性，工程设计要实现其完整性的达成；同时功能又表征了工程的创造性。工程设计是综合考虑了自然、社会等多方面因素而进行的先导性规划，功能定位是工程设计对客体的整体构想。

能力反映了人工物满足其功能的有效性程度，在有限的投资内，以实现预期的规模；能力折射了设计师对工程物生产规模的厘定，其中体现了对生产需求、自然因素约束、投资控制的综合考量。

功能和能力体现了工程的硬实力，一个工程若具有更重大的功能、更强大的生产能力，则可能在行业内成为标杆，从而推动行业技术变更性发展，也会成为设计师追逐和探索的方向。对于具备常规功能、一般生产能力的工程，多采用标准化设计或传统经验手段建造，而实现工程重大创新较难，但挖掘现场生产需求，实现一些微观的价值，会让工程更加接地气，也同样精彩。微观的研究需要更加精湛的技术和耐心，工匠精神在这里得到彰显。

效率（效益）可以定义为人工物满足其功能与为此做出努力之间的比率，均衡设计，实现效率最大化。效率（效益）彰显了工程的软实力，是功能和能力的具体表现，设计师的大量心血付之于此。在这里，斟酌无数个方案、无数次对比与研判；在这里，无数个不眠之夜、无数次争执辩论，耗费了热血与青春。

影响体现了人工物的涌现效应。功能、能力、效率（效益）合理组合，会建造出影响力强的工程。

在具体工程设计中，机辆设备工程设计包括布局、规模、工艺流程、总平面布置、检修库房设备布置等内容。功能关乎布局，能力与规模相关，在功能、能力、效率（效益）的指导下，结合机辆检修规程、技术规范等，开展工艺流程、总平面布置、检修库房设备布置。

2. 技术体系

从工程实物角度分析，机辆设备工程主要是以房建、线路、设备及构筑物为框架，工艺流程为灵魂构建的工程物，如图 2.2-2 所示。

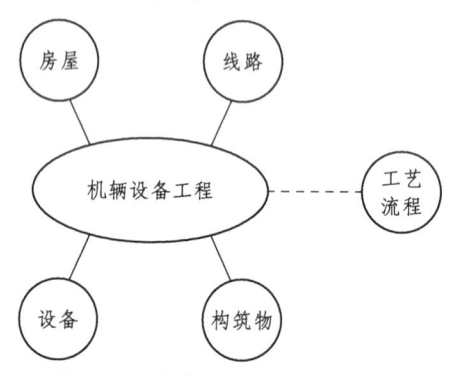

图 2.2-2　机辆设备工程实物构成

从设计专业构成分析，机辆工程设计应以机辆（工艺）专业为主体，站场、轨道、信号、建筑等 19 个配套专业组合而成，如图 2.2-3 所示。熟悉各专业主要技术，以及理清专业接口是机辆设备工程设计成功的关键。

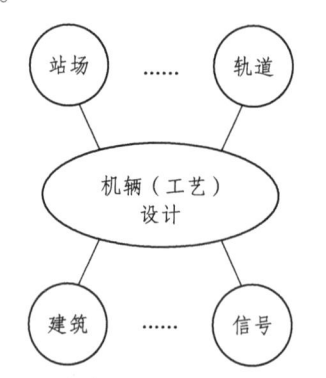

图 2.2-3　机辆设备工程设计专业构成

3. 机辆专业

机辆专业，又称工艺专业，是机辆设备工程设计主体专业。工艺专业技术与机辆构造技术、设备技术、运营生产技术息息相关，如图 2.2-4 所示。

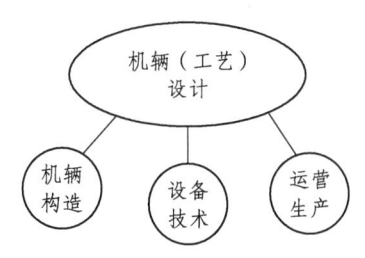

图 2.2-4　机辆（工艺）设计技术关联构成

（1）机辆构造技术是工艺设计的基础，以知识为价值导向。

掌握机辆构造技术，关注国内外机辆技术发展，为工艺设计提供基础资料。机辆定员、速度、牵引、制动等参数是铁路工程设计内容之一，机辆尺寸参数是厂房、股道长度等尺寸设计的基本依据，机辆结构以及零部件的装配流程是工艺流程设计的主要依据。国内机辆技术、工程技术基本标准化，在铁路设计过程中，基本不深入研究机辆技术；而国外工程设计由于地域的特殊性，一般需要深入研究。

（2）设备技术是工艺设计的功能载体，以结果为价值导向。

设备是工艺设计实现检修功能的实物载体，设备选型以实际生产效能为评判准则，设备功能、生产效率、能耗等指标往往是考究设备选型的主要因素，具体体现在新设备使用、功能整合、设备接口需求等方面。工艺设计指导设备选型，设备技术引领工艺设计创新。

（3）运营生产是工艺设计的实践应用，以问题为价值导向。

工程设计的适当性和有效性在运营生产中得到检验。工程设计重视依法合规、控制投资、技术合理，运营生产往往重视生产能力、责任清晰、舒适性、便捷性。工程设计的最终目的是运营生产，为人类服务，但工程设计不一定完全满足运营生产需求。建成后的工程结构和功能具有客观性，运用生产者依赖工程物进行正常生产，实现其设计功能，在使用中也有创造性的活动。考察或调查生产现场，重点在于发现问题，引起工程师的反思，并考虑在设计中如何解决问题。

机辆工程设计体现了多专业的系统集成，同时也需要资源整合。机辆设备工程涉及建设、施工、监理、运营、审批、咨询等单位，它们常常会创造性地改进既有设施或管理办法，这种改进可能不具备普遍性，但这种创新的改进值得设计工程师反思，挖掘各个单位的优势资源，从而推进工艺优化设计。其实在设计过程中，设计工程师与相关生产者之间的反复磋商是非常重要的，深层次的磋商使得设计方案更加合理、更加优化、更高效率地为人类服务，重视相关单位的意见对工程设计具有反哺作用。鼓励相关单位积极提出问题和意见，这样会使得工程师受益良多。

2.3　设备技术

检修设备技术对机辆设备工程设计具有强大的推动作用，主要体现在对机辆设备工程功能、效率、精度三个维度的影响。

1. 新设备功能填补了生产空白，保障了运输生产安全

工程设计中投入具备新功能的设备往往给工程建造带来变革性的影响，对机辆状态进行更加全面的检测监测，进而更加精准地发现机辆运营中的疲劳故障渐变进程，有效实现故障预警，保障了运输生产安全。比如我国20世纪70年代开始运用红外线技术探测车辆轴温，对防止车辆轴承发生热轴事故提供了很好的预警作用，有效地保障了铁路运输安全。

纵观机辆设备工程设计重大创新，往往离不开新功能的投用，功能创新彰显了工程设计硬实力，特别是重大功能创新，往往伴随工程建造发生着重大变革，从而将铁路工程提高到更高的层级。但是，面对铁路技术日趋成熟的状况，以及激烈的竞争局面，这种变革是非常艰难的。

2. 新功能设备的使用，取代了传统的生产方式，提高了生产效率

机辆检修生产中，部分传统的检修设备技术生产效率低，采用更加自动化、智能化的设备技术，可有效提高生产效率。近年来，很多机辆段（所）推进的智能生产流水线有效地提高了生产效率，如智能电机流水线、智能夹钳流水线等。

3. 多功能整合，提高了生产效率

多功能的整合使用，将串行的流水作业改为并行同步作业，提高了生产效率。如成都动车段采用轮对在线检测与不落轮镟线共线，使得轮对检测与不落轮镟修作业同步进行，有效缩短了作业时间。

4. 快速检测技术推动设计规模缩减

设备检修速度彰显了软实力，影响了生产效率，可有效降低工程建造规模，相应降低工程投资。比如在动车运用所咽喉处安装的轮对及受电弓动态检测设备，目前已经将检测通过速度由原来的12 km/h提升至30 km/h，并在成都天府动车运用所投用，接车效率可提高150%，有效控制了出入所线的工程投资。

5. 高精度检修（检测）提高了检修质量

高精度检测，推进了向状态修、智能化发展的进程。近年来，针对动车组走行部声场、热场、超声波等多物理状态监测数据特征，正在研究基于多物理场嵌套、多元信息识别、多维耦合分析的"多位一体"高速动车组状态监测技术，实现对动车组关键部件状态的全方位监测，该技术将进一步提高检测精度。

2.4 运营生产

1. 生产亟须解决的痛点和个性化需求是工程设计研究的重点

工程设计应基于设计规范与成熟经验，研究生产亟须解决的痛点和个性化需求，并以解决生产问题为价值导向。

以动车运用所存车场之间的步行板为例，在原《铁路动车组设备设计暂行规定》（铁建设〔2007〕89号）中无相关内容要求。动车组基本是夜间入所，司机在动车运用所内存车场停

车后,需要从线路间长距离走行,若未设步行板,直接在道砟上走行,很容易扭脚受伤,这成为运营生产的一个痛点。在工程设计中,研发人员改进设计方案,增设了步行板以满足生产需求,后期该要求也纳入了新规范《铁路动车组设备设计规范》(TB 10028—2016)。

再如,根据《铁路动车组设备设计规范》(TB 10028—2016),动车运用所检查库采用一线两列位布置形式时,两列位之间应设置接触网分段绝缘器。但部分运营单位提出该做法存在以下弊端:一是检查库需要双端供电,相应敷设近 500 m 长供电线,投资高,且占用土地;二是两个列位隔开布置,不利于顶层作业生产效率的提高。因此,提出取消两列位之间的分段绝缘器,这可带来以下好处:一是核减了 500 m 长供电线;二是顶层作业班组一次性可完成两列位作业,减少了一次登顶和一次下顶工序,提高了生产效率;三是核减了顶层平台两列位中间的门禁系统投资。

工程设计应执行规范,但不拘泥于规范,同时注重研究运营单位的合理性需求,做好以下三方面的工作,设计方案才能更加卓越。

(1)现场调研是工艺设计的重要前提。

没有调查就没有发言权,现场调研是工程设计的前提,特别是对于既有机辆段(所)改扩建项目,这是必须且首要完成的任务。

既有规模、设备使用情况、既有设施配置、现场存在的问题,都必须详细调研,根据工作量计算,结合现场情况,综合研判生产需求,提出改扩建方案。

(2)设计方案研讨或意见征询是工艺设计的必要手段。

工程设计不应是开环设计,应该是具备反馈环节的闭环设计,如此才能有效控制成果的合理性。

设计中的方案研讨,有效地规避了设计工作"纸上谈兵"的问题。同时,设计后的意见征询为工程设计质量提供了保障。

(3)深入施工现场配合是工艺设计的重要保障。

工程设计的差错漏碰在施工过程中会暴露无遗,深入现场及时发现问题、解决问题,是工程设计弥补缺陷的最后机会。

2. 生产技术发展需求为工程设计技术迭代提供了启发

工程设计具备知识型特性,这种知识不是一成不变的,而是与时俱进、不断迭代的。作为检验真理的生产实践活动,会提出很多前瞻性需求,这种需求为工程技术迭代提供了很好的启发,因此需详细收集,认真思索,合理采用。

3 机辆构造及基本参数

国铁机辆包括机车、客车、货车、动车组等。国内铁路机辆类型基本实现系列化、标准化，机辆设备工程设计应考虑兼容性。

3.1 机辆构造

3.1.1 内燃机车

内燃机车由柴油机、传动装置、辅助装置、车体走行部（包括车架、车体、转向架等）、制动装置和控制设备等组成，如图 3.1-1 所示。

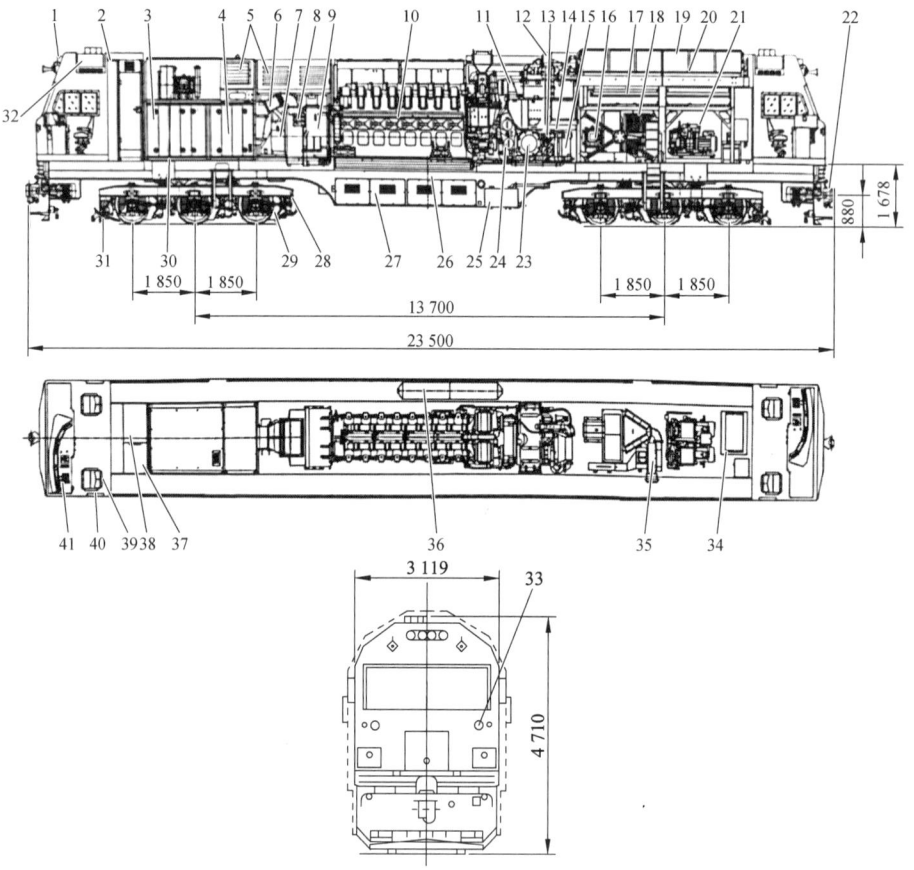

1—头灯；2—控制设备柜；3—牵引逆变器；4—功率装置柜；5—电阻制动装置；6—发电机组通风道；7—辅助发电机；8—启机转换开关；9—牵引发电机；10—柴油机；11—空气滤清器箱；12—膨胀水箱；13—低压燃油泵；14—预润滑机油泵；15—润滑油冷却器；16—牵引电机通风机；17—冷却风扇；18—通风机滤清器箱装配；19—散热器百叶窗；20—散热器；21—空气压缩机组；22—车钩；23—润滑油滤清器；24—燃油滤清器；25—污油箱；26—燃油箱；27—蓄电池箱；28—转向架；29—牵引电机；30—逆变/发电机组通风机；31—砂箱；32—空调；33—标志灯；34—制动柜；35—排尘风机；36—总风缸；37—卫生间；38—行车安全设备柜；39—座椅；40—取暖器；41—操纵台。

图 3.1-1 双司机室 HX$_N$5 型内燃机车总体布置

1. 柴油机

内燃机车的动力装置，又称压燃式内燃机，如图 3.1-2 所示。其主要结构特点包括气缸数、气缸排列形式、气缸直径、活塞冲程、增压与否等。现代机车用的柴油机都装配有废气涡轮增压器，以利用柴油机废气推动涡轮压气机，把提高了压力的空气经中间冷却器冷却后送入柴油机进气管，从而大幅度提高柴油机的功率和热效率。柴油机有四冲程和二冲程两种工作方式，同等转速的四冲程柴油机的热效率一般高于二冲程，所以大部分采用四冲程柴油机。从转速来看，柴油机分为高速机、中速机和低速机。为满足各种功率的需要，生产有相同气缸直径和活塞的各种缸数的产品。功率较小时用 6 缸、8 缸直列或 8 缸 V 形，功率较大时用 12、16、18 和 20 缸 V 形，其中以 12、16 缸最为常用。

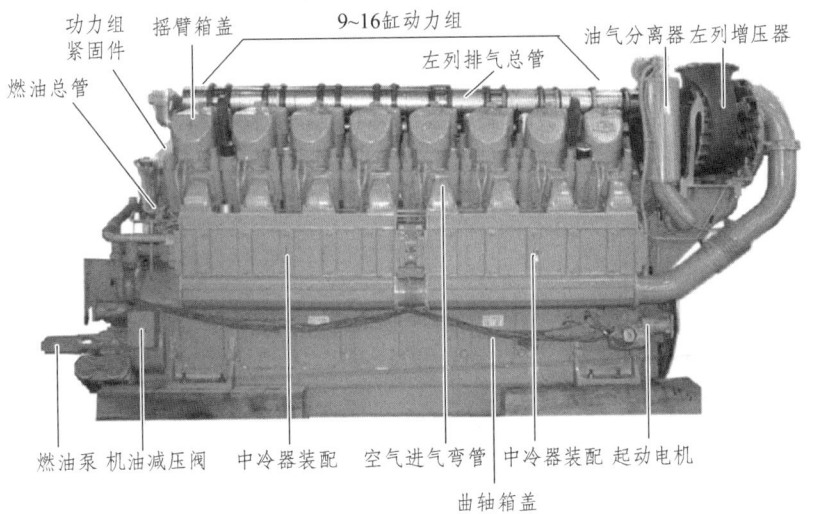

图 3.1-2　内燃机车柴油机

2. 传动装置

传动装置是使柴油机的功率传递到动轴上并符合机车牵引要求而在两者之间设置的媒介装置。柴油机扭矩-转速特性和机车牵引力-速度特性完全不同，不能用柴油机来直接驱动机车动轮：柴油机有一个最低转速，低于这个转速就不能工作，因此柴油机无法启动机车；柴油机的功率基本上与转速成正比，只有在最高转速下才能达到最大功率值，而机车运行的速度经常变化,使得柴油机功率得不到充分利用;柴油机不能逆转,机车也就无法换向。所以,内燃机车必须加装传动装置来满足机车的牵引要求。

目前,内燃机车传动系统普遍采用交-直-交电力传动方式。发动机带动三相同步交流牵引发电机,发出的交流电通过整流器到达直流中间回路,中间回路中恒定的直流电压通过逆变器调节其振幅和频率,再将直流电逆变成三相变频调压交流电,并供给三相异步牵引电动机驱动机车动轮。

3. 车体走行部

车体走行部包括车架、车体、转向架等基础部件。

(1) 车架是机车的骨干,是安装动力机、车体、弹簧装置的基础。车架为一矩形钢结构,由中梁、侧梁、枕梁、横梁等主要部分组成,上面安装有柴油机、传动装置、辅助装置和车体(包括司机室),下面由两个转向架支撑并与车架相连,车架中梁前后两端的中下部装设车钩、缓冲装置。车架承受的荷载最大,并传递牵引力使列车运行,因此,车架必须有足够的强度和刚度。

(2) 车体是车架上部的外壳,起保护机车上的人员和机器设备不受风、沙、雨、雪的侵袭及防寒作用。车体按其承受载荷情况,分为整体承载式和非整体承载式车体;按其外形,分为罩式和棚式车体。

(3) 转向架是机车的走行装置,又称台车,由构架、旁承、轴箱、轮对、车轴齿轮箱(电力传动时包括牵引电机)、弹簧、减振器、均衡梁,以及同车架的连接装置、基础制动装置等主要部件组成。其作用是承载车架及其上面装置的重量,并传递牵引力,帮助机车平稳运行和顺利通过曲线。内燃机车一般具有两个2轴或3轴的转向架。

4. 辅助装置

辅助装置是用来保证柴油机、传动装置、走行部、制动装置和控制调节设备等正常工作的装置,主要设备包括燃油系统、冷却系统、机油管路系统、空气滤清器、空气压缩系统、辅助电气设备等。

燃油系统:保证给柴油机供应燃油的设备及管路系统。

冷却系统:保证柴油机和液力传动装置能够正常工作的冷却设备和管路系统。

机油管路系统:给柴油机正常润滑的设备及管路系统。

空气滤清器:过滤空气中灰尘等脏物的装置。

空气压缩系统:供给列车的空气制动装置、砂箱、汽笛及其他设备压缩空气的系统。

辅助电气设备:包括蓄电池组、直流辅助发电机、柴油机起动电机等。

5. 制动设备

内燃机车都装有一套空气制动机和手制动机,多数电力传动机车还增设电阻制动装置。

6. 控制设备

控制设备是控制机车速度、行驶方向和停车的设备,主要有机车速度控制器、换向控制器、自动控制阀和辅助制动阀。操纵台上的监视表和警告信号装置有:空气、水、油等压力表,主要部位温度表,电流表,电压表,主要部位超温、超压或压力不足等音响及显示警告信号装置。为了保证安全,便于操作,内燃机车上还装设有机车信号和自动停车装置。

7. 牵引缓冲装置

牵引缓冲装置是机车的重要组成部分，其作用是把机车和车辆连接或分解列车，在运行中传递牵引力或冲击力，缓和及衰减列车运行时由于牵引力变化和制动力前后不一致而引起的冲击和振动。因此，它具有连接、牵引和缓冲的作用。

3.1.2 电力机车

电力机车由机械部分、电气部分和空气管路系统三部分组成。图 3.1-3 为 HX_D1C 型电力机车总图。

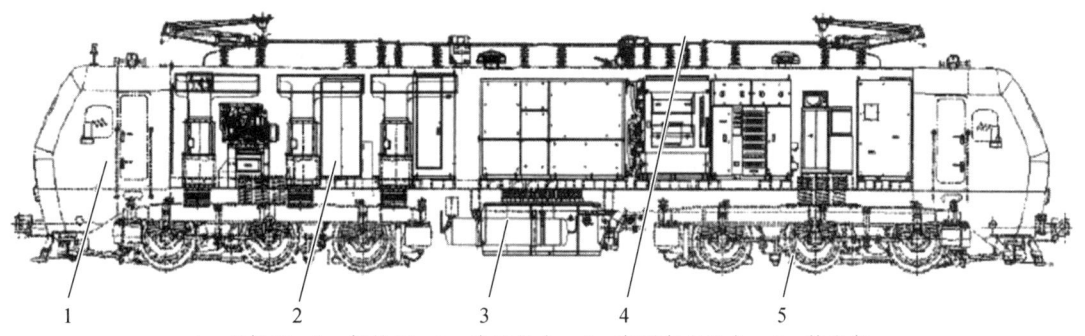

1—司机室；2—机械间；3—车下设备；4—车顶高压设备；5—转向架。

图 3.1-3 HX_D1C 型电力机车总图

1. 机械部分

机械部分包括走行部和车体。走行部是承受车辆自重和载重，在钢轨上行走的部件，由 2 轴或 3 轴转向架构架以及安装在其上的弹簧悬挂装置、基础制动装置、轮对、轴箱、齿轮传动装置和牵引电动机悬挂装置组成。车体用来安放各种设备，同时也是乘务人员的工作场所，由底架、司机室、台架、侧墙和车顶等部分组成。司机室设在车体的两端，有走廊相通。司机室内安装控制设备，如司机控制器、制动阀、按钮开关、监测仪表和信号灯等。两司机室之间用来安装机车的全部主要设备，有时划分成小室，分别安装辅助机组、开关设备、换流装置以及牵引变压器等。部分电气设备，如受电弓、主断路器和避雷器等则安装在车顶上。车钩缓冲装置安装在车体底架的两端牵引梁上。车体和设备的重量通过车体支承装置传递到转向架上，车体支承装置起传递牵引力与制动力的作用。

2. 电气部分

电气部分是机车上的各种电气设备及其连接导线，包括主电路、辅助电路、控制电路以及它们的保护系统。

（1）主电路：电力机车的重要组成部分。它决定机车的基本性能，由牵引电动机以及与之相连接的电气设备和导线共同组成。主电路中流过全部的牵引负载电流，其电压为牵引电动机的工作电压，或者接触网的网压，所以主电路是电力机车上的高电压、大电流的动力回路。它将接触网上的电能转变成列车牵引所需的牵引动力。

（2）辅助电路：给电力机车上的各种辅助电机、蓄电池、照明、控制系统供电的电气回路。辅助电机驱动多种辅助机械设备，如冷却牵引电动机和制动电阻用的通风机，以及供给各种气动器械所需压缩空气的压缩机等。辅助电机可以是直流电机，也可以是三相交流异步电机。

（3）控制电路：由司机控制器及其传动线圈和联锁触头等组成的低压小功率电路。控制电路的作用是使机车主电路和辅助电路中的各种电器按照一定的程序动作。这样，电力机车即可按照司机的意图运行。

（4）保护系统：保证上述各种电路正常工作的设施。

3. 空气管路系统

空气管路系统按用途可分为：

（1）供给机车和车辆制动所需压缩空气的空气制动气路系统。

（2）供给机车电气设备所需压缩空气的控制气路系统。

（3）供给机车撒砂装置、汽笛和刮雨器等辅助装置所需压缩空气的辅助气路系统。

其作用是风压的通道，为机车受电弓上升、机车制动、机车散热提供风源。

3.1.3 动车组

动车组包括车体、转向架、牵引传动及控制系统、制动装置、车端连接装置、受流装置（电动车组）、车厢内部设备、驾驶室设备和列车控制网络信息系统等组成部分，如图3.1-4～图3.1-9所示。

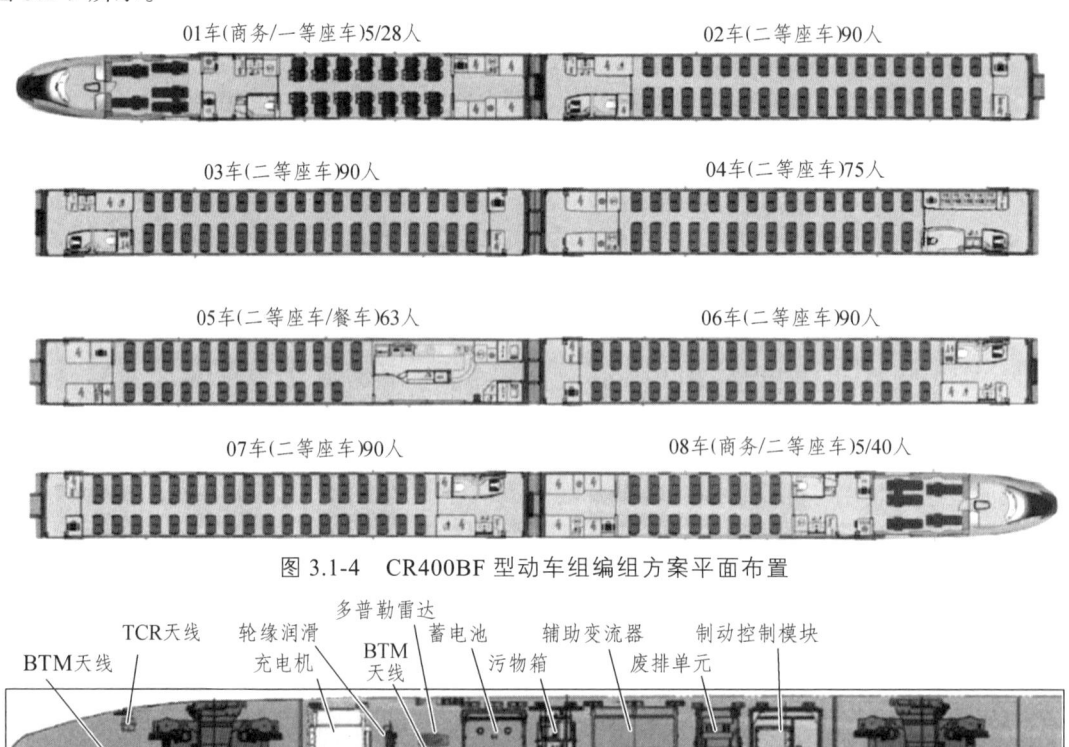

图3.1-4 CR400BF型动车组编组方案平面布置

注：BTM天线为应答器传输单元天线；TCR天线为轨道电路读取器天线。

图3.1-5 CR400BF型动车组Tc01/08车车下设备布置

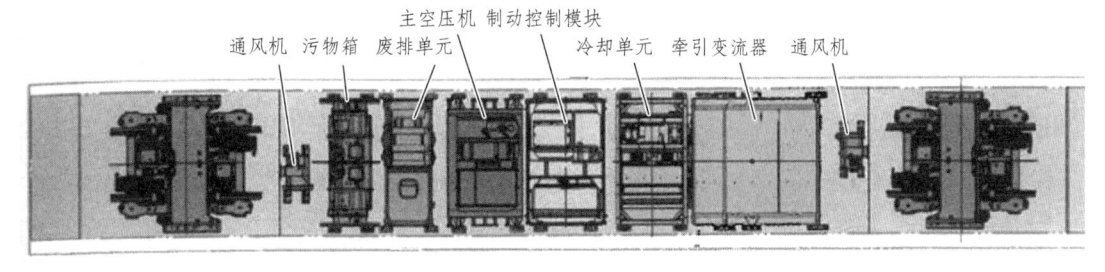

图 3.1-6　CR400BF 型动车组 M02/07 车车下设备布置

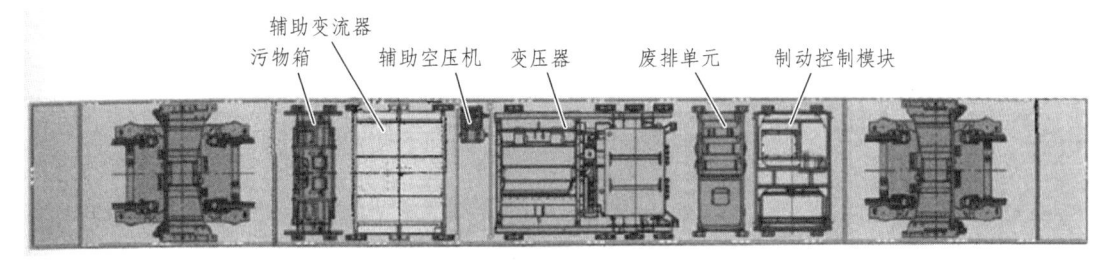

图 3.1-7　CR400BF 型动车组 Tp03/06 车车下设备布置

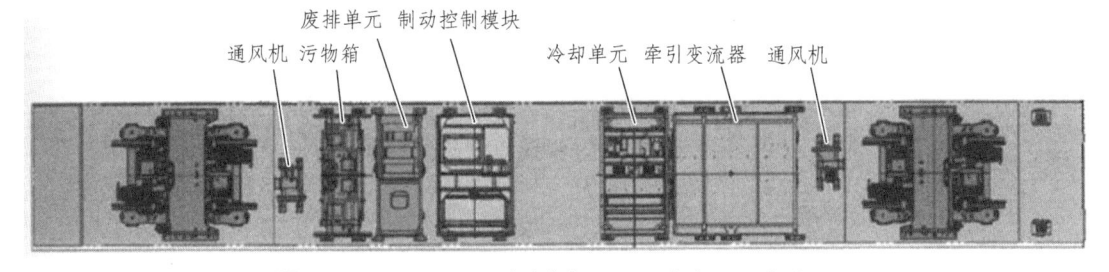

图 3.1-8　CR400BF 型动车组 Mh04 车车下设备布置

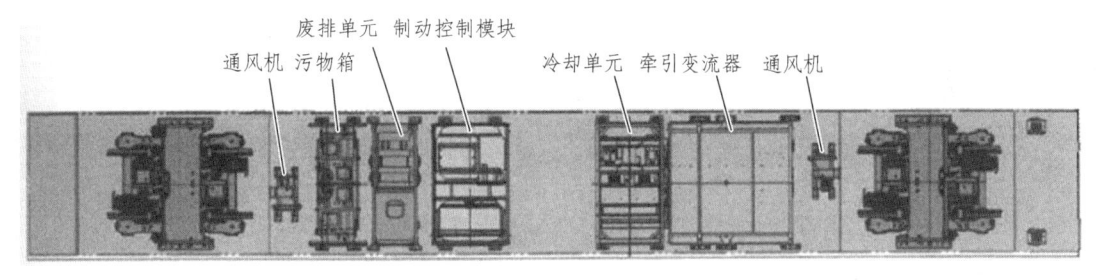

图 3.1-9　CR400BF 型动车组 Mb05 车车下设备布置

3.1.4　客车和货车

铁路客车和货车构造相对机车、动车组要简单，一般由车体、转向架、车钩缓冲装置、制动装置和车辆内部设备 5 个基本部分组成，此处不再详述。

3.2　机　车

3.2.1　直流内燃机车

我国直流内燃机车以东风系列（简称 DF 型）为主，如图 3.2-1 和图 3.2-2 所示，其主要技术参数如表 3.2-1 所示。

图 3.2-1　DF₄型内燃机车　　　　图 3.2-2　DF₇型内燃机车

表 3.2-1　直流内燃机车主要技术参数

项　目	DF₄B（货）	DF₄C（货）	DF₄D（客）	DF₄D（准高速）	DF₄D（货）
用途	货	货	客	客	货
轴式	C₀-C₀	C₀-C₀	C₀-C₀	C₀-C₀	C₀-C₀
轴重/t	23	21	23	23	23
传动方式	交-直	交-直	交-直	交-直	交-直
标称功率/kW	1 990	2 165	2 425	2 830	2 425
最高速度/（km/h）	100	100	145	170	100
车长：前后车钩中心距/mm	21 100	21 100	21 100	21 100	21 100
车宽/mm	3 309	3 309	3 309	3 309	3 309
车高/mm	4 500	4 500	4 500	4 532	4 500
车钩中心线距轨面高度/mm	880±10	880±10	880±10	880±10	880±10
转向架中心距/mm	12 000	12 000	12 000	12 000	12 000
全轴距/mm	15 600	15 600	15 600	16 000	15 600
动轮直径/mm	1 050	1 050	1 050	1 050	1 050
通过最小曲线半径/m	145	145	145	145	145
构架外形尺寸/mm	5 976×3 060	5 976×3 060	5 970×3 060	6 230×3 060	5 970×3 060
转向架各轴间距/mm	1 800	1 800	1 800	2 000	1 800
柴油机外形尺寸（长×宽×高）/mm	5 020×1 790×2 990	5 339×1 790×3 085	5 339×1 790×3 085	5 339×1 790×3 085	5 339×1 790×3 085
燃油装载/L	9 000	9 000	9 000	6 500	9 000
机油装载/kg	1 200	1 200	1 200	1 200	1 200
水装载/kg	1 200	1 200	1 200	1 200	1 200
砂装载/kg	800	800	800	800	800
机车整备质量/t	138	138	138	138	138
转向架质量/t	22.715	22.715	23.575	23.259	23.575
牵引发电机质量/t	4.985	5.1	5.12	5.12	5.12
牵引电机质量/t	2.98	3.06	2.85	2.7	2.85
制造厂	大连厂/资阳厂/大同厂	大连厂/资阳厂/大同厂	大连厂	大连厂	大连厂

续表

项　目	DF₄D（货）	DF₄DF	DF₄E	DF₆（货）	DF₇D	DF₈	DF₈B	DF₈D	DF₉
用　途	货（径向转向架）	客	货	货	货	货	货	货	客
轴式	C₀-C₀	C₀-C₀	2(C₀-C₀)	C₀-C₀	C₀-C₀	C₀-C₀	C₀-C₀	C₀-C₀	C₀-C₀
轴重/t	23	23	23	23	22	23	23/25	23/25	23
传动方式	交-直	交-直	交-直	交-直	交-直	交-直	交-直	交-直	交-直
标称功率/kW	2 425	2 425	4 000	2 425	1 500	2 720	3 100	3 320	3 040
最高速度/(km/h)	100	120	100	118	100	100	100	100	140/160
车长：前后车钩中心距/mm	21 100	21 100	2×21 100	21 100	18 800	22 000	22 000	21 100	21 250
车宽/mm	3 309	3 309	3 105	3 308	3 278	3 288	3 304	3 309	3 288
车高/mm	4 532	4 500	4 755	4 593	4 760	4 736	4 736	4 500	4 736
车钩中心线距轨面高度/mm	880±10	880±10	880±10	880±10	880±10	880±10	880±10	880±10	880±10
转向架中心距/mm	12 000	12 000	12 000	12 000	9 980	12 000	12 300	12 000	11 900
全轴距/mm	15 600	15 600	15 600	15 600	13 580	15 600	15 900	15 600	15 900
动轮直径/mm	1 050	1 050	1 050	1 050	1 050	1 050	1 050	1 050	1 050
通过最小曲线半径/m	145	145	145	145	100	145	145	145	145
构架外形尺寸/mm	6 180×2 860	5 970×3 060	5 900×2 658	5 980×3 060	5 900×2 690	5 936×2 455	5 924×2 479	5 890×3 060	6 250×2 623
转向架各轴间距/mm	1 800~2 000	1 800	1 800	1 800	1 800	1 800	1 800	1 800	2 000
柴油机外形尺寸（长×宽×高）/mm	5 339×1 790×3 085	5 339×1 790×3 085	5 020×1 790×2 990	5 339×1 790×3 085	4 298×1 780×2 726	4 972×1 725×2 895	4 868×1 725×2 895	5 040×1 800×2 900	4 868×1 725×2 895
燃油装载/L	8 500	9 000	2×8 000	9 000	5 400	8 500	9 000	9 000	6 500
机油装载/kg	1 200	1 200	2×1 200	1 200	850	1 200	1 200	1 300	1 200
水装载/kg	1 200	1 200	2×1 200	1 200	1 100	1 200	1 200	1 200	1 200
砂装载/kg	800	800	2×800	800	600	800	800	800	400
机车整备质量/t	138	138	2×138	138	132	142.4	143.5/151.6	138（150）	141.6
转向架质量/t	26.212	23.575	15.4	22.715	23.8	23.11	22.62	22.945（23.084）	24.35
牵引发电机质量/t	5.12	6.75	5.1	7.914	4.985	6.37	6.032	6	—
牵引电机质量/t	2.85	2.85	3	3.36	2.98	3.06	3	2.85	2.75
制造厂	大连厂	大连厂	四方厂	大连厂	二七厂	戚墅堰	戚墅堰/资阳厂	大连厂	戚墅堰

续表

项目	DF$_{10A}$	DF$_{10F}$	DF$_{11}$	DF$_{11D}$	DF$_{11G}$	DF$_{11Z}$	DF$_2$	DF$_{4D}$（调）
用途	货	客	客	客	客	客	调	调
轴式	2（B$_0$-B$_0$）	2（C$_0$-C$_0$）	C$_0$-C$_0$	C$_0$-C$_0$	2（C$_0$-C$_0$）	2（C$_0$-C$_0$）	C$_0$-C$_0$	C$_0$-C$_0$
轴重/t	23	19	23	22.5	23	23	18.8	23
传动方式	交-直	交-直	交-直	交-直	交-直	交-直	直-直	交-直
标称功率/kW	2×1 600	2×1 800	3 040	3 270	2×3 040	2×3 040	650	2 425
最高速度/（km/h）	100	160	170	170	170	160	95.3	80
车长：前后车钩中心距/mm	2×15 572	2×18 200	21 250	21 100	2×22 200	2×21 250	16 340	21 100
车宽/mm	3 106	3 308	3 304	3 309	3 304	3 304	3 374	3 200
车高/mm	4 760	4 563	4 736	4 532	4 736	4 736	4 607	4 580
车钩中心距轨面高度/mm	880±10	880±10	880±10	880±10	880±10	880±10	880±10	880±10
转向架中心距/mm	8 100	8 600	11 900	12 000	12 380	11 900	7 620	12 000
全轴距/mm	10 900	12 200	15 900	16 000	16 380	15 900	11 820	15 600
动轮直径/mm	1 050	1 050	1 050	1 050	1 050	1 050	1 050	1 050
通过最小曲线半径/m	125	125	145	145	145	145	80	100
构架外形尺寸/mm	4 480×2 775	5 420×3 060	6 325×2 769	6 230×3 060	6 325×2 653	6 325×2 769	5 520×2 920	5 970×3 060
转向架各轴间距/mm	2 800	1 800	2 000	2 000	2 000	2 000	2 100	1 800
柴油机外形尺寸（长×宽×高）/mm	4 016×1 790×3 006	4 298×1 790×2 642	4 868×1 725×2 895	5 040×1 800×2 900	4 868×1 725×2 895	4 868×1 725×2 895	4 841×1 730×3 105	5 339×1 790×3 085
燃油装载/L	2×5 500	2×5 000	6 000	6 500	7 500	7 000	4 878	8 200
机油装载/kg	2×1 000	2×900	1 200	1 300	1 200	1 200	1 000	1 200
水装载/kg	2×1 000	2×950	1 200	1 200	1 200	1 200	600	1 200
砂装载/kg	2×600	2×600	400	800	400	400	1 000	1 200
机车整备质量/t	2×92	2×114	141.4	135	143.5	145.4	113	138
转向架质量/t	15	22.7	24.32	24.264	22.72	24.32	23.68	23.918
牵引发电机质量/t	4.095	5.1	—	6	—	6	7.6	5.12
牵引电机质量/t	2.98	2.85	2.75	2.85	2.21	2.75	3.2	2.85
制造厂	大连厂	大连厂	戚墅堰	大连厂	戚墅堰	戚墅堰	戚墅堰	大连厂

续表

项目	DF₅/DF₅G	DF₅B	DF₅D	DF₇	DF₇B	DF₇C	DF₇E
用途	调	调	调	调	调	调	调
轴式	C₀-C₀	C₀-C₀	C₀-C₀	C₀-C₀	C₀-C₀	C₀-C₀	C₀-C₀
轴重/t	23	22.5	23	22.5	22.5	22.5	25
传动方式	交-直	交-直	交-直	交-直	交-直	交-直	交-直
标称功率/kW	930/1 040	1 500	1 200	1 180	1 470	1 180	1 800
最高速度/(km/h)	80/100	100	100	100	100	100	100
车长：前后车钩中心距/mm	18 800/19 400	18 800	18 800	18 800	18 800	18 800	19 980
车宽/mm	3 285	3 305	3 200	3 344	3 344	3 344	3 360
车高/mm	4 752/4 648.5	4 532.5	4 532.5	4 750	4 750	4 750	4 750
车钩中心线距轨面高度/mm	880±10	880±10	880±10	880±10	880±10	880±10	880±10
转向架中心距/mm	9 900/10 500	9 900	9 900	9 980	9 980	9 980	11 060
全轴距/mm	13 500/14 100	13 500	13 500	13 580	13 580	13 580	14 660
动轮直径/mm	1 050	1 050	1 050	1 050	1 050	1 050	1 050
通过最小曲线半径/m	100/138	100	100	100	100	100	100
构架外形尺寸/mm	5 980×3 060/5 940×2 658	5 980×3 060	5 970×3 060	5 900×2 580	5 900×2 580	5 900×2 580	5 900×2 566
转向架各轴间距/mm	1 800	1 800	1 800	1 800	1 800	1 800	1 800
柴油机外形尺寸（长×宽×高）/mm	4 795×1 760×2 595	4 298×1 760×2 642	3 420×1 775×2 728	4 432×1 870×2 972	4 514×1 870×2 972	3 420×1 775×2 731	4 378×1 780×2 761
燃油装载/L	5 500/6 000	5 700	5 700	5 400	5 400	5 400	6 000
机油装载/kg	800	800	800	700	700	750	850
水装载/kg	800	800	800	1 100	1 100	1 100	1 100
砂装载/kg	500	800	800	600	600	600	500
机车整备质量/t	138	135	138	135	138，135	135	150
转向架质量/t	23.5（含电机）	23.735	13.897	23.9	23.9	23.9	23.9
牵引发电机质量/t	4.985/5.5	4.985	5.12	4.985	4.985	4.985	4.985
牵引电机质量/t	2.98	2.98	2.85	2.98	2.98	2.98	2.98
制造厂	大连厂/四方厂	大连厂	大连厂	二七厂	二七厂	二七厂	二七厂

续表

项目	DF$_{7G}$（二七）	DF$_{7G}$（四方）	DF$_{10D}$	DF$_{12}$	DF$_{21}$（米轨）
用途	调	调	调	调	客货调
轴式	C$_0$-C$_0$	C$_0$-C$_0$	C$_0$-C$_0$	C$_0$-C$_0$	C$_0$-C$_0$
轴重/t	23	23	23	23/25	23
传动方式	交-直	交-直	交-直	交-直	交-直
标称功率/kW	1 500	1 610	1 880	1 985	1 110
最高速度/（km/h）	100	100	100	100	60
车长：前后车钩中心距/mm	19 980	19 400	18 800	19 900	16 000
车宽/mm	3 310	3 285	3 200	3 256	2 836
车高/mm	4 763	4 649	4 533	4 580	3 856
车钩中心线距轨面高度/mm	880±10	880±10	880±10	880±10	880±10
转向架中心距/mm	10 940	10 500	9 900	11 100	7 200
全轴距/mm	14 540	14 100	13 500	14 700	10 500
动轮直径/mm	1 050	1 050	1 050	1 050	915
通过最小曲线半径/m	100	138	100	100	70
构架外形尺寸/mm	5 900×2 250	5 940×2 658	5 900×3 060	5 900×2 250	5 459×2 252
转向架各轴间距/mm	1 800	1 800	1 800	1 800	1 650
柴油机外形尺寸（长×宽×高）/mm	4 378×1 780×2 761	4 286×1 775×2 806	4 298×1 790×2 642	5 010×1 790×2 989	2 592×1 528×1 721
燃油装载/L	6 500	6 000	5 000	6 200	3 000
机油装载/kg	850	850	800	1 200	320
水装载/kg	1 100	1 100	800	1 200	600
砂装载/kg	600	500	1 200	800	300
机车整备质量/t	138	138	138	138/150	84
转向架质量/t	23.9	23.8	23.484	22.9	16（含电机）
牵引发电机质量/t	5.5	5.5	5.12	4.985	3.38
牵引电机质量/t	2.95	2.85	2.85	2.98	1.65
制造厂	二七厂	四方厂	大连厂	资阳厂	四方股份

3.2.2 交流内燃机车

我国交流内燃机车以和谐号内燃系列（简称 HX$_N$ 型）为主，如图 3.2-3 和图 3.2-4 所示，其主要技术参数如表 3.2-2 所示。

图 3.2-3　HX$_N$3 型交流内燃机车　　　　图 3.2-4　HX$_N$3B 型交流内燃机车

表 3.2-2　交流内燃机车主要技术参数

项　目	HX$_N$3	HX$_N$5	HX$_N$3B	HX$_N$5B
用途	干线货运	干线客、货运	调车、小运转	调车、小运转
传动方式	交流传动	交流传动	交流传动	交流传动
轴式	C$_0$-C$_0$	C$_0$-C$_0$	C$_0$-C$_0$	C$_0$-C$_0$
轮径/mm	1 050	1 050	1 250	1 250
轴重/t	25	25	25	25
全轴距/mm	18 050	16 998	15 940	16 280
机车质量/t	150	150	150	150
最小通过曲线半径/m	145	145	100	100
最大运用速度/（km/h）	120	120	100	100
持续速度/（km/h）	20	25	18.3	18.2
最大起动牵引力/kN	620	620	560	560
持续牵引力/kN	598	565	540	540
最大电阻制动力/kN	380	338	300	351
制动距离/m	1 000	≤1 100	800	535
恒功率速度范围/（km/h）	23～120	22.3～120	19～100	18.2～100
柴油机型号	16V265H	GEVO-16	12V265	R12V280ZJ
额定功率/kW	4 410	4 400	3 250	3 250
轮周功率/kW	3 780	4 003	2 880	2 700

续表

项　目	HX$_N$3	HX$_N$5	HX$_N$3B	HX$_N$5B
柴油机装车功率/kW	4 660	4 660	3 700	3 530
主发电机型号	AT20/CA9	5GMG201E1	YJ117A	CDJF212
牵引电动机型号	A2938-5	5GEB32B1	YJ116A1	CDJD113
转向架轴距/mm	1 925＋1 755	1 850×2	1 900×2	1 850×2
车钩中心距/mm	22 250	22 295（单司机室） 23 500（双司机室）	22 250	21 800
燃油箱容量/L	9 000	9 000	7 500	8 500
砂装载量/kg	750	800	750	800
水装载量/kg	1 200	1 100	1 200	1 100
机油装载量/kg	1 200	1 144	1 200	1 000
机车外形尺寸（长×宽×高）/mm	22 250×3 370×4 705	21 113×3 119×4 770	22 250×3 200×4 660	21 300×3 284×4 750

3.2.3　直流电力机车

我国直流电力机车以韶山系列（简称 SS 型）为主，如图 3.2-5 和图 3.2-6 所示，其主要技术参数如表 3.2-3 所示。

图 3.2-5　SS$_{3B}$ 型电力机车

图 3.2-6　SS$_4$ 型电力机车

表 3.2-3　直流电力机车主要技术参数

项目	SS₃	SS₃型 4 000	SS₃B	SS₄	SS₄G	SS₄B
用途	客货	客货	客货	货	货	货
轴式	C₀-C₀	C₀-C₀	2（C₀-C₀）	2（B₀-B₀）	2（B₀-B₀）	2（B₀-B₀）
轴重/t	23	23	23	23	23	23
传动方式	交-直	交-直	交-直	交-直	交-直	交-直
持续功率/kW	4 320	4 320	2×4 320	2×3 200	2×3 200	2×3 200
最高速度/(km/h)	100	100	100	100	100	100
车长：前后车钩中心距/mm	21 416	21 416	2×21 416	2×16 416	2×16 416	2×16 416
车宽/mm	3 100	3 100	3 100	3 100	3 100	3 100
车高（车顶平面至轨面）/mm	4 380	4 380	4 380	4 040	4 040	4 040
车钩中心线距轨面高度/mm	880±10	880±10	880±10	880±10	880±10	880±10
转向架中心距/mm	11 200	11 200	11 200	8 200	8 200	8 200
全轴距/mm	15 800	15 800	15 800	11 200	11 100	11 100
落弓后滑板顶面距轨面高度/mm	4 700＋50	4 700＋50	4 700＋50	4 720＋30	4 700＋30	4 720＋30
受电弓高度/mm	5 100～6 600	5 100～6 600	5 100～6 600	5 200～6 500	5 200～6 500	5 200～6 500
动轮直径/mm	1 250	1 250	1 250	1 250	1 250	1 250
通过最小曲线半径/m	125	125	125	125	125	125
构架外形尺寸/mm	7 070×2 748×1 085	7 070×2 748×1 085	7 070×2 748×1 085	5 300×3 110×1 572	5 300×3 100×1 540	5 300×3 100×1 540
转向架各轴间距/mm	2 300＋2 000	2 300＋2 000	2 300＋2 000	3 000	2 900	2 900
砂箱容量/L	400	400	400	400	400	400
机车整备质量/t	138	138	2×138	2×92	2×92	2×92
转向架质量/t	31	33.4	32.45	21	21	21
轮对质量/t	2.749	2.82	2.82	2.9	2.9	2.61
受电弓质量/t	0.256	0.256	0.126	0.256	0.251	0.251
直流牵引电机质量/t	3.96	3.96	3.96	3.97	3.97	4.03
主变压器质量/t	12.44	12.5	12.5	12.44	13.1	13.1
制造厂	株洲厂	株洲厂/大同厂/资阳厂	株洲厂/资阳厂/大连厂	株洲厂	株洲厂/大同厂/大连厂	株洲厂

续表

项目	SS₅	SS₆	SS₆B	SS₇	SS₇B	SS₇C	SS₇D	SS₇E
用途	客	客货	客货	客货	货	客货	客	客
轴式	B₀-B₀	C₀-C₀	C₀-C₀	B₀-B₀-B₀	B₀-B₀-B₀	B₀-B₀-B₀	B₀-B₀-B₀	C₀-C₀
轴重/t	21.5	23	23	23	25	22	21	21
传动方式	交-直	交-直	交-直	交-直	交-直	交-直	交-直	交-直
持续功率/kW	3 200	4 800	4 800	4 800	4 800	4 800	4 800	4 800
最高速度/(km/h)	140	100	100	100	100	120	170	170
车长：前后车钩中心距/mm	16 716	21 416	21 416	22 016	22 016	22 016	22 016	22 016
车宽/mm	3 100	3 100	3 100	3 105	3 105	3 105	3 105	3 105
车高（车顶平面至轨面）/mm	4 040	4 100	4 110	4 120	4 123	4 123	4 120	4 123
车钩中心线距轨面高度/mm	880±10	880±10	880±10	880±10	880±10	880±10	880±10	880±10
转向架中心距/mm	8 500	11 200	11 200	7 100+7 100	7 100+7 100	7 100+7 100	14 200	11 570
全轴距/mm	11 400	15 800	15 800	17 080	17 080	17 080	17 080	15 870
落弓后滑板顶面距轨面高度/mm	4 677	4 700	4 754	4 752±30	4 755±30	4 744±30	4 772±30	4 744±30
动轮直径/mm	1 250	1 250	1 250	1 250	1 250	1 250	1 250	1 250
通过最小曲线半径/m	125	125	125	125	125	125	125	125
构架外形尺寸/mm	4 798×2 980×818	6 950×3 100×1 560	6 950×3 120×1 576	4 638×2 860×835	4 638×2 860×835	4 520×2 860×905	4 500×2 860×905	6 800×3 010×1 015
转向架各轴间距/mm	2 900	2 300+2 000	2 300+2 000	2 880	2 880	2 880	2 880	2 150
砂箱容量/L	400	400	400	12×100	12×100	8×100	8×50	8×100
机车整备质量/t	86	138	138	138	150	132	126	126
转向架质量/t	19	31	31	21.6	21.7	20.2	21.2	30
轮对质量/t	2.600	2.717	2.675	2.92	2.926	2.858	3.306	3.256
受电弓质量/t	0.2 564	0.256	0.251	0.249	0.249	0.126	0.126	0.126
直流牵引电机质量/t	2.93	3.92	4.03	3.7	3.7	3.4	3.4	3.4
主变压器质量/t	11.7	11.4	11.8	16.8	16.8	16.8/18.2	16.4	17.25
制造厂	株洲厂	株洲厂	株洲厂/大同厂	大同厂	大同厂	大同厂	大同厂	大同厂/大连厂

续表

项 目	SS₈	SS₉	SS₉G
用 途	客	客	客
轴式	B₀-B₀	C₀-C₀	C₀-C₀
轴重/t	22	21	21
传动方式	交-直	交-直	交-直
持续功率/kW	3 600	4 800	4 800
最高速度/(km/h)	170	170	170
车长：前后车钩中心距/mm	17 516	22 216	22 216
车宽/mm	3 100	3 100	3 105
车高（受电弓座面至轨面）/mm	4 040	4 132.5	4 132.5
车钩中心线距轨面高度/mm	880±10	880±10	880±10
转向架中心距/mm	9 000	11 570	11 570
全轴距/mm	11 900	15 870	15 870
落弓后滑板顶面距轨面高度/mm	4 628	4 720.5	4 720.5
受电弓高度/mm	5 100~6 500	5 100~6 100	5 100~6 500
动轮直径/mm	1 250	1 250	1 250
通过最小曲线半径/m	125	125	125
构架外形尺寸/mm	4 798×2 980×818	7 090×3 030×1 060	7 090×3 030×1 060
转向架各轴间距/mm	2 900	2 150	2 150
砂箱容量/L	转向架无砂箱	400	400
机车整备质量/t	88	126	126
转向架质量/t	19	31.5	31.5
轮对质量/t	2.6	2.1	2.1
受电弓质量/t	0.251	0.251	0.126
直流牵引电机质量/t	3.55	3.55	3.55
主变压器质量/t	11.5	15.6	15.5
制造厂	株洲厂	株洲厂	株洲厂

3.2.4 交流电力机车

我国交流电力机车以和谐号电力机车系列（简称 HXD 型）为主，如图 3.2-7 和图 3.2-8 所示，其主要技术参数如表 3.2-4 所示。

图 3.2-7　HX$_D$1 型电力机车　　　　图 3.2-8　HX$_D$3 型电力机车

表 3.2-4　交流电力机车主要技术参数

项目	HX$_D$1	HX$_D$1B	HX$_D$1C	HX$_D$1D
用途	干线货运	干线货运	干线货运	干线客运
轴式	2（B$_0$-B$_0$）	C$_0$-C$_0$	C$_0$-C$_0$	C$_0$-C$_0$
整备质量/t	184（23 t 轴重） 200（25 t 轴重）	150	138（23 t 轴重） 150（25 t 轴重）	126
最高设计速度/（km/h）	120	120	132	176
最高运营速度/（km/h）	120	120	120	160
车钩中心距/mm	35 222	22 670	22 670	22 754
转向架中心距/mm	9 000	11 760	11 760	11 760
全轴距/mm	2 940	16 260	16 260	16 060
轮径/mm	1 250	1 250	1 250	1 250
车长/mm	16 835	21 885	21 885	21 858
轴重/t	23/25	25	23/25	21
起动牵引力/kN	700（23 t） 760（25 t）	570	520（23 t） 570（25 t）	420
持续牵引力/kN	494（23 t） 532（25 t）	454.7	370（23 t） 400（25 t）	324
持续速度/（km/h）	70（23 t） 65（25 t）	76	70（23 t） 65（25 t）	80
电力系统	AC 25 kV/50 Hz	AC 25 kV/50 Hz	AC 25 kV/50 Hz	AC 25 kV/50 Hz
牵引电动机	1TB2624-0TD02×8	1TB2822-0SF02（进口） YQ-1633（国产）	JD160A	YQ-1224
输出功率/kW	9 600	9 600	7 200	7 200
紧急制动距离/m	≤800（23 t） ≤900（25 t）	≤1 000（23 t） ≤1 100（25 t）	≤1 000（23 t） ≤1 100（25 t）	≤1 400
最大再生制动力/kN	461	346	370（23 t） 400（25 t）	210

续表

项 目	HX$_D$2	HX$_D$2B	HX$_D$2C
用 途	干线货运	干线货运	干线货运
轴式	2（B$_0$-B$_0$）	C$_0$-C$_0$	C$_0$-C$_0$
整备质量/t	184（23 t 轴重） 200（25 t 轴重）	150	138（23 t 轴重） 150（25 t 轴重）
最高设计速度/（km/h）	140	120	120
最高运营速度/（km/h）	120	120	120
车钩中心距/mm	18 975×2	22 960	22 960
转向架中心距/mm	10 060	12 320	12 320
全轴距/mm	30 900	16 820	16 820
轮径/mm	1 250	1 250	1 250
车长/mm	17 723	21 608	21 746
轴重/t	23/25	25	23/25
起动牵引力/kN	700（23 t） 760（25 t）	584	520（23 t） 570（25 t）
持续牵引力/kN	514（23 t） 554（25 t）	455	370（23 t） 400（25 t）
持续速度/（km/h）	70（23 t） 65（25 t）	76	70（23 t） 65（25 t）
电力系统	AC 25 kV/50 Hz	AC 25 kV/50 Hz	AC 25 kV/50 Hz
牵引电动机	YJ90A	YJ90B	YJ170A/4FIA7058
紧急制动距离/m	≤1 100	≤1 100	≤800（23 t） ≤1 100（25 t）
最大再生制动力/kN	470（23 t） 510（25 t）	400	370（23 t） 420（25 t）

续表

项　目	HX$_D$3	HX$_D$3B	HX$_D$3C	HX$_D$3D
用　途	干线货运	干线货运	干线客、货运	干线客运
轴式	C$_0$-C$_0$	C$_0$-C$_0$	C$_0$-C$_0$	C$_0$-C$_0$
整备质量/t	138（23 t 轴重） 150（25 t 轴重）	150	138（23 t 轴重） 150（25 t 轴重）	126
最高设计速度/（km/h）	120	120	160	200
最高运营速度/（km/h）	120	120	120	160
车钩中心距/mm	20 846	22 781	20 846	22 989
转向架中心距/mm	10 520	12 950	10 520	12 720
全轴距/mm	14 700	16 850	14 700	16 720
轮径/mm	1 250	1 250	1 250	1 250
车长/mm	19 630	21 565	19 630	21 565
轴重/t	23/25	25	23/25	21
起动牵引力/kN	520（23 t） 570（25 t）	570	520（23 t） 570（25 t）	420
持续牵引力/kN	370（23 t） 400（25 t）	506.7	370（23 t） 400（25 t）	324
持续速度/（km/h）	70（23 t） 65（25 t）	68.2	70（23 t） 65（25 t）	80
电力系统	AC 25 kV/50 Hz	AC 25 kV/50 Hz	AC 25 kV/50 Hz	AC 25 kV/50 Hz
牵引电动机	YJ85A	MITRAC TM-3800F	YJ85A1/SEA-107C	YJ217A/SEA-110B
输出功率/kW	7 200	9 600	7 200	7 200
紧急制动距离/m	≤800（23 t） ≤900（25 t）	≤1 100	≤800（23 t） ≤900（25 t）	≤1 400
电制动功率/kW	7 200	9 600	6 400	7 200
最大再生制动力/kN	370（23 t） 400（25 t）	480	370（23 t） 400（25 t）	250

3.2.5　铁路救援列车

当线路上发生事故或有大的障碍物时，前去抢修事故的列车称为救援列车。

救援列车由多辆专用车辆组成，其专用车辆配置如表 3.2-5 所示。

表 3.2-5 救援列车专用车辆配置

序号	名　　　称	数量	说明及改造要求
1	宿营车	1	客车车辆改造，应具有取暖、防暑、灭火器具
2	指挥车	1	客车车辆改造，应具有取暖、防暑、灭火器具
3	餐　车	1	客车车辆改造，应具有取暖、防暑、灭火器具
4	发电车	1	客车车辆改造，应具有取暖、防暑、灭火器具
5	工具车 2	1	客车车辆改造，应具有取暖、防暑、灭火器具
6	工具车 1	1	客车车辆改造，应具有取暖、防暑、灭火器具
7	吊臂平车	1	
8	救援起重机	1	

救援起重机是救援列车的主要车辆，目前在铁路服役的定长臂式铁路救援起重机有 60 t、100 t 和 160 t，伸缩臂式铁路起重机有 60 t、100 t、125 t 和 160 t，如图 3.2-9 所示，其主要技术参数如表 3.2-6 所示。

图 3.2-9　救援轨道起重机

表 3.2-6　救援起重机主要技术参数

高速铁路救援铁路起重机		NS1606 型 160 t 伸缩臂式铁路起重机	
最大起重量/t	125	最大额定起重量/t	160
满载起升速度/(m/min)	4	最大额定起重力矩/kN·m	17 600
空载起升速度/(m/min)	12	重载起升速度/(m/min)	0~4
回转速度/(r/min)	1.5	空载起升速度/(m/min)	0~14
自力运行速度/(km/h)	20	回转速度/(r/min)	0~1
变幅时间/s	90	自力走行速度/(km/h)	0~20
吊臂全伸时间/s	90	变幅时间/s	80
重铁全伸时间/s	105	吊臂全伸时间/s	80
工作幅度/m	7.0~26.5	车钩连接线间距/mm	15 000
起升高度/m	23	作业幅度/m	6.5~25
桥下下放最大深度/m	24	最大起升高度/m	21.5
转台尾部最小回转半径/m	7	后转台尾部回转半径/m	7

31

续表

高速铁路救援铁路起重机		NS1606型160t伸缩臂式铁路起重机	
轨距/mm	1 435	平衡重最大尾部回转半径/m	12.4
回送运行速度/(km/h)	120	轨距/mm	1 435
回送轴重/t	18.5	整备重量/t	≤195
可通过最小曲线半径/m	145	回送重量/t	≤184
起重量/t×幅度（30°）/m	45×23	回送轴重/t	22.9
起重量/t×幅度（±2°）/m	45×25	回送速度/(km/h)	120
起重量/t×幅度（±30°）/m	125×10	起重量/t×幅度（±30°）/m	160×11
起重量/t×幅度（90°）/m	125×7	起重量/t×幅度（90°）/m	153×8
NS1601C型160t伸缩臂式铁路起重机		NS1251C型125t伸缩臂式铁路起重机	
最大起重量/t	160	最大起重量/t	125
重载起升速度/(m/min)	3.5	重载起升速度/(m/min)	4
空载起升速度/(m/min)	12	空载起升速度/(m/min)	12
回转速度/(r/min)	1	回转速度/(r/min)	1
自力走行速度/(km/h)	15	自力走行速度/(km/h)	20
变幅时间/s	120	变幅时间/s	64
吊臂全伸时间/s	80	吊臂全伸时间/s	50
工作幅度/m	6.5~24.45	工作幅度/m	5.5~18.32
最大起升高度/m	21.5	最大起升高度/m	17.5
回转架尾部回转半径/m	5.8	回转架尾部回转半径/m	4.2
轨距/mm	1 435	配重铁最大回转半径/m	5.8
回送状态轴重/t	≤23	轨距/mm	1 435
单机推进速度/(km/h)	30	回送状态轴重/t	≤23
回送速度/(km/h)	120	单机推进速度/(km/h)	30
通过最小曲线半径/m	145	回送速度/(km/h)	120
整备状态自重/t	≈186	通过最小曲线半径/m	120
起重量/t×幅度（±30°）/m	55×20	整备状态自重/t	≈137
起重量/t×幅度（±10°）/m	160×9	起重量/t×幅度（±30°）/m	125×8
起重量/t×幅度（±10°，臂端钩）/m	80×12.55	起重量/t×幅度（±10°，臂端钩）/m	70×11.37
起重量/t×幅度（360°）/m	160×6.5	起重量/t×幅度（360°）/m	125×5.8
带载变幅能力	全额变幅	带载变幅能力	全额变幅

续表

NS1003型100 t伸缩臂式铁路起重机		N1601型160 t伸缩臂式铁路起重机	
最大起重量/t	100	主钩起升速度/(m/min)	3
重载起升速度/(m/min)	4	副钩起升速度/(m/min)	12
空载起升速度/(m/min)	11	回转速度/(r/min)	1
回转速度/(r/min)	2	变幅时间/s	150
自力走行速度/(km/h)	20	空载变幅时间/s	64
变幅时间/s	64	自力行走速度/(km/h)	12（平直道路，带吊臂平车）
吊臂全伸时间/s	50		20（单机推进速度）
工作幅度/m	5.5~18.5	轨距/mm	1 435
最大起升高度/m	18	回送状态轴重/t	≤23
回转架尾部回转半径/m	5	通过最小曲线半径/m	145
轨距/mm	1 435	回送速度/(km/h)	85
回送状态轴重/t	≤23	整备状态自重/t	184
回送速度/(km/h)	120	尾部半径/m	5.8
单机推进速度/(km/h)	30	起重量/t×幅度（360°回转）/m	160×6.5
通过最小曲线半径/m	145	起重量/t×幅度（顺轨±10°回转）/m	160×10
整备状态自重/t	134	起重量/t×幅度（顺轨±30°回转）/m	160×8
起重量/t×幅度（±30°）/m	100×8	起重量/t×幅度（360°）/m	100×6.5
起重量/t×幅度（±30°，臂端钩）/m	60×11.5	带载变幅能力	全额

3.3 客车车辆

中国铁路旅客列车根据用途的不同，主要有如下几种：硬座车、软座车、硬卧车、软卧车、行李车、餐车等。各种类型的客车车厢都拥有特定的代号、编码范围和颜色。如我国普速客车为墨绿色，如图3.3-1和图3.3-2所示，其技术参数如表3.3-1所示。

图3.3-1 25T型客车

图3.3-2 25G型客车

33

表 3.3-1　客车车辆技术参数

项　目	25G 型	25T 型
最大编组	20 辆	20 辆
构造速度/（km/h）	140	180
最高运营速度/（km/h）	120	160
最小曲线半径/m	145	145
轴重/t	≤17	≤16.5
车体长度/mm	25 500	25 500
车体宽度/mm	3 105	3 105
车体高度/mm	4 433	4 433
制动	踏面（轮缘）制动 后期：盘式制动	盘式制动
转向架	209G、209T、206G、206P、209P	CW-200K、SW-220K
供电制式	发电车集中供电/机车直接供电	发电车集中供电/机车直接供电
采暖	空调+电热	空调

3.4　货车车辆

铁路货车指铁路上用于载运货物的车辆统称。按照用途，货车可分为敞车（C）、罐车（G）、棚车（P）、平车（N）等，可运送煤矿、谷物、液体、家畜、武器弹药、有毒物品、水泥、大型货物及各种物资等，其运行速度为 80 km/h、120 km/h。

3.4.1　敞　车

敞车如图 3.4-1 所示，部分敞车主要技术参数如表 3.4-1 所示。

图 3.4-1　敞车

表 3.4-1　部分敞车主要技术参数

车型	自重/t	载重/t	商业运行速度/(km/h)	有效容积/m³	车辆最大(宽×高)/mm	车内(长×宽×高)/mm	车体材质
C₆₄	22.5	61	100	73.3	3 242×3 142	12 490×2 890×2 050	全钢
C₆₄ₐ	23.5	60	100	91.3	3 242×3 142	12 490×2 890×2 050	耐候钢
C₆₄H	22.5	61	120	73.3	3 242×3 142	12 490×2 890×2 050	全钢
C₆₄K	22.5	61	120	73.3	3 242×3 142	12 490×2 890×2 050	全钢
C₆₄T	22.5	61	90	73.3	3 242×3 142	12 490×2 890×2 050	全钢
C₆₅	19.5	60	100	68.8	3 190×3 267	12 988×2 796×1 900	全钢
C₇₀	23.8	70	120	77	3 242×3 143	13 000×2 892×2 050	强钢
C₇₀H	23.8	70	120	77	3 242×3 143	13 000×2 892×2 050	强钢
C₇₆	24	76	100	81.8	3 184×3 592	10 520×2 974×2 700	高强钢
C₇₆ₐ	24	76	100	86	3 184×3 592	10 400×2 974×2 700	高强钢
C₇₆B	23	76	100	82	3 184×3 520	10 400×2 974×2 700	高强钢
C₇₆C	23	76	100	82	3 184×3 520	10 400×2 974×2 700	高强钢
C₇₆H	24	76	100	81.8	3 184×3 592	10 520×2 974×2 700	高强钢
C₈₀	20	80	100	87	3 184×3 793	10 728×2 946×2 700	铝合金
C₈₀ₐ	20.2	80	100	84.8	3 244×3 765	10 550×2 876×2 700	高强钢
C₈₀ₐH	20.2	80	100	84.8	3 244×3 765	10 550×2 876×2 700	高强钢
C₈₀B	20.2	80	100	84.8	3 284×3 767	10 550×2 976×2 700	不锈钢
C₈₀BH	20.2	80	100	84.8	3 284×3 767	10 550×2 976×2 700	不锈钢
C₈₀C	20.2	80	100	84.8	3 380×3 548	10 000×2 700×2 700	高强钢
C₈₀H	20	80	100	87	3 184×3 793	10 728×2 946×2 700	铝合金

3.4.2　罐　车

罐车如图 3.4-2 所示，部分罐车主要技术参数如表 3.4-2 所示。

图 3.4-2　罐车

表 3.4-2 部分罐车主要技术参数

车型	自重/t	载重/t	总容积/m³	罐体尺寸（长×直径）/mm	换长	用途	特点
G_{50}	21.5/20.8	50	52.5	10 026×2 600	1.1	轻油	抽油管
G_{60}	20.6	52	60.8	9 810×2 800	1.1	轻油	抽油管
G_{60}	20.4	53	62	10 410×2 800	1.1	轻油	抽油管
G_{60A}	18.5	52	62.1	10 410×2 800	1.1	轻油	抽油管
G_{60T}/G_{60K}	20.8	53	62	10 410×2 800	1.1	轻油	抽油管
G_{70}	19.8	62	72	10 700×3 000	1.1	轻油	抽油管
G_{70A}	21.1	60	70	10 350×3 000	1.2	轻油	抽油管
G_{70AK}	21.6	60	70	10 350×3 000	1.2	轻油	抽油管
G_{70K}	20.4	62	72	10 700×3 000	1.1	轻油	抽油管
G_{70T}	20.2	62	72	10 700×3 000	1.1	轻油	抽油管

3.4.3 平 车

平车如图 3.4-3 所示，部分平车主要技术参数如表 3.4-3 所示。

图 3.4-3 平车

表 3.4-3　部分平车主要技术参数

车型	自重/t	载重/t	车底架尺寸（长×宽）/mm	商业运行速度/（km/h）	车辆最大（宽×高）/mm	车体材质	面积/m²
NX₁₇	22.1	60	13 000×2 980	100	3 170×1 937	木地板	41.9
NX₁₇A	23	60	13 000×2 980	100	3 180×1 937	木地板	38.7
NX₁₇AK	22.4	60	13 000×2 980	120	3 170×1 486	木地板	38.7
NX₁₇AT	22.5	60	13 000×2 980	100	3 170×1 490	木地板	38.7
NX₁₇B	22.4	61	15 400×2 960	100	3 165×1 942	木地板	45.6
NX₁₇BH	22.8	61	15 400×2 960	120	3 165×1 409	木地板	45.6
NX₁₇BK	22.9	61	15 400×2 960	120	3 165×1 416	木地板	45.6
NX₁₇BT	22.9	61	15 400×2 960	100	3 165×1 418	木地板	45.6
NX₁₇K	22.4	60	13 000×2 980	120	3 170×1 486	木地板	38.7
NX₁₇T	22.5	60	13 000×2 980	100	3 170×1 490	木地板	41.9
NX₇₀	23.8	70	15 400×2 960	120	3 157×1 418	木地板	45.6
NX₇₀H	23.8	70	15 400×2 960	120	3 157×1 418	木地板	45.6

3.4.4　棚　车

棚车如图 3.4-4 所示，部分棚车主要技术参数如表 3.4-4 所示。

图 3.4-4　棚车

表 3.4-4　部分棚车主要技术参数

车型	自重/t	载重/t	容积/m³	车内（长×宽×高）/mm	车体材质	转向架中心距/mm	地板面至轨面高/mm	空车重心高度/mm	车门尺寸（宽×高）/mm
P₆₀	22.2	60	120	15 470×2 830×2 750	外钢内木、木地板	11 500	1 144	1 315	1 950×2 578
P₆₁	23.9	60	120	15 140×2 830×2 757	外钢内木、铁地板	11 500	1 079	1 310	2 960×2 643
P₆₂	24	60	120	15 490×2 820×2 754	全钢、铁地板	11 700	1 141	约1 290	2 964×2 585
P₆₂（N）	23.4	60	120	15 490×2 820×2 754	全钢、铁地板	11 700	1 141	约1 290	2 964×2 591
P₆₃	24	60	137	15 722×2 750×2 900	外钢内木、木地板	12 240	1 150	约1 200	3 980×2 600
P₆₃K	24.4	60	137	15 722×2 750×2 900	外钢内木、木地板	12 240	1 150	约1 200	3 980×2 600
P₆₄	P₆₄：25.4/P₆₄T：25.5/P₆₄K：25.6	58	116	15 466×2 820×2 796	外钢内竹、竹地板	11 700	1 143	约1 310	2 964×2 536
P₆₄A	P₆₄A：25.5/P₆₄AT：25.6/P₆₄AK：25.8	58	135	15 472×2 800×2 855	外钢内竹、竹地板	11 700	1 130	约1 320	2 964×2 537
P₆₄GK、P₆₄GT	23.8	60	135	15 478×2 800×2 855	外钢内竹、竹地板	11 700	1 136	—	2 964×2 539
P₆₅	25.9	45	135	15 472×2 790×2 855	外钢内竹、竹地板	11 700	1 130	—	2 964×2 537
P₆₅S	26.9	40	118	13 622×2 790×2 855	外钢内竹、竹地板	11 700	1 130	—	2 964×2 537
P₇₀（H）	25.3	70	145	16 087×2 793×2 855	全钢、木地板	12 100	1 136	1 290	3 012×2 539
P₇₀A	23.8	70	140	15 494×2 800×2 852	带捆绑座、钢地板	11 700	1 126	1 122	7 670×2 535
P₇₀B	33.4	20	154	20 594×2 546×2 410	竹压板和橡胶板	16 800	1 137	1 434	3 202×1 967

3.5　动车组

一般将我国动车组分为三代：第一代为和谐号动车组（CRH型），第二代为和谐号动车组（CRH380型）；第三代为复兴号动车组（CR型）。

3.5.1　第一代动车组（CRH 型）

从 2006 年开始，中国引进了国外高速铁路技术，进行消化吸收，制造出第一代高速动车组，命名为"和谐号"，英文代号 CRH（China Railway Highspeed）。第一代动车组由 4 家公司制造。

1. CRH1 型

CRH1 型动车组由青岛四方庞巴迪铁路运输设备有限公司（BST）生产。CRH1 型动车组包括 CRH1A、CRH1B、CRH1E 三种车型，如图 3.5-1 ~ 图 3.5-4 所示，其技术参数如表 3.5-1 所示。

图 3.5-1　CRH1A 型动车组

图 3.5-2　CRH1B 型动车组

图 3.5-3　CRH1E 型动车组

图 3.5-4　CRH1A-A 型动车组

表 3.5-1　CRH1 型动车组主要技术参数

车型	CRH1A（200）	CRH1A（250）	CRH1A-A	CRH1B	CRH1E
最高运营速度/（km/h）	210	250	250	250	250
最高试验速度/（km/h）	245	285	285	275	275
列车编组	5M3T	5M3T	5M3T	10M6T	10M6T
列车全长/m	213.5	213.5	207.89	426.3	428.96
车辆宽度/mm	3 328	3 328	3 358	3 328	3 328

续表

车型	CRH1A（200）	CRH1A（250）	CRH1A-A	CRH1B	CRH1E
车辆高度/mm	4 040	4 040	4 160	4 040	4 040
头车车钩中心距/mm	26 950	26 950	26 995	26 950	28 280
中间车车钩中心距/mm	26 600	26 600	25 650	26 600	26 600
转向架中心距/mm	19 000	19 000	18 000	19 000	18 800
转向架轴距/mm	2 700	2 700	2 700	2 700	2 700
新轮轮径（动/拖车）/mm	915/835	915/835	915/835	915/835	915/835
车钩中心高度/mm	880	880	880	880	880
中间车钩高度/mm	940	940	940	940	940
最大轴重/t	16	17	17	17	17
最大质量/t	429.7	432.6	431	857.6	887.8
装机功率/kW	5 300	5 300	5 500	10 600	10 600
起动加速度/[(km/h)/s]	2.2	2.16	2.16	2.1	2.16
制动距离/m	2 000	3 200	3 200	3 200	3 200

2. CRH2 型

CRH2 型动车组由四方机车车辆股份有限公司生产，如图 3.5-5 所示。CRH2 型动车组包括 CRH2A、CRH2B、CRH2C、CRH2E、CRH2G（高寒型）五种车型，其主要技术参数如表 3.5-2 所示。

图 3.5-5　CRH2A 型动车组

表 3.5-2 CRH2 型动车组主要技术参数

车 型	CRH2A	CRH2B	CRH2C	CRH2E	CRH2G
最高运营速度/(km/h)	250	250	310	250	250
最高试验速度/(km/h)	292	275	394	275	275
列车编组	4M4T	8M8T	6M2T	8M8T	4M4T
列车全长/m	201.4	401.4	201.4	401.4	201.4
车辆宽度/mm	3 380	3 380	3 380	3 380	3 330
车辆高度/mm	3 700	3 700	3 700	3 700	3 860
头车车钩中心距/mm	25 700	25 700	25 700	25 700	25 700
中间车车钩中心距/mm	25 000	25 000	25 000	25 000	25 000
转向架中心距/mm	17 500	17 500	17 500	17 500	17 500
转向架轴距/mm	2 500	2 500	2 500	2 500	2 500
新轮轮径（动/拖车）/mm	860/790	860/790	860/790	860/790	860/790
车钩中心高度/mm	1 000	1 000	1 000	1 000	1 000
中间车钩高度/mm	1 000	1 000	1 000	1 000	1 000
最大轴重/t	14	14	15	14	14
最大质量/t	375.8	745.3	401.5	813.1	393.3
装机功率/kW	4 800	9 600	8 760	9 600	4 800
起动加速度/[(km/h)/s]	1.296	1.296	1.4	1.296	1.55
制动距离/m	3 200	3 200	6 500	3 200	3 200

3. CRH3 型

CRH3 型动车组分为 CRH3A 和 CRH3C 两种车型，如图 3.5-6 和图 3.5-7 所示，其主要技术参数如表 3.5-3 所示。CRH3A 型由长春轨道客车股份公司和唐山轨道客车有限责任公司联合设计生产，CRH3C 型由唐山轨道客车有限责任公司生产。

图 3.5-6 CRH3A 型动车组

图 3.5-7 CRH3C 型动车组

表 3.5-3　CRH3 型动车组主要技术参数

车　型	CRH3A	CRH3C
最高运营速度/（km/h）	250	310
最高试验速度/（km/h）	280	404
列车编组	4M4T	4M4T
列车全长/m	209.75	200.67
车辆宽度/mm	3 300	3 265
车辆高度/mm	3 900	3 890
头车车钩中心距/mm	27 050	25 860
中间车车钩中心距/mm	25 000	25 000
转向架中心距/mm	17 375	17 375
转向架轴距/mm	2 500	2 500
新轮轮径（动/拖车）/mm	920/830	920/830
车钩中心高度/mm	1 000	1 000
中间车钩高度/mm	1 000	895
最大轴重/t	17	17
最大质量/t	438.9	432
装机功率/kW	5 888	8 992
起动加速度/[(km/h)/s]	1.6	1.37
制动距离/m	3 200	8 300

4. CRH5 型

CRH5 型动车组是中国引进国外技术改造的客运列车种类之一，主要为北方干线或区际铁路服务，由法国阿尔斯通和长春轨道客车股份有限公司生产。CRH5 型动车组分为 CRH5A、CRH5E 和 CRH5G 三种车型，如图 3.5-8～图 3.5-10 所示，其主要技术参数如表 3.5-4 所示。

图 3.5-8　CRH5A 型动车组　　　　　图 3.5-9　CRH5E 型动车组

图 3.5-10　CRH5G 型动车组

表 3.5-4　CRH5 型动车组主要技术参数

车　型	CRH5A	CRH5E	CRH5G
最高运营速度/（km/h）	250	250	250
最高试验速度/（km/h）	280	275	275
列车编组	5M3T	10M6T	5M3T
列车全长/m	211.5	418.7	211.5
车辆宽度/mm	3 200	3 300	3 200
车辆高度/mm	4 270	4 050	4 270
头车车钩中心距/mm	28 050	27 350	28 050
中间车车钩中心距/mm	25 450	26 000	25 900
转向架中心距/mm	19 000	19 000	19 000
转向架轴距/mm	2 700	2 700	2 700
新轮轮径（动/拖车）/mm	890/810	890/810	890/810
车钩中心高度/mm	1 025	1 025	1 000
中间车钩高度/mm	950	950	950
最大轴重/t	17	17	17
最大质量/t	422.3	927.3	426.1
装机功率/kW	5 680	11 360	5 680
起动加速度/[(km/h)/s]	1.8	1.8	1.8
制动距离/m	3 200	3 200	3 200

5. CRH6 型

CRH6 型城际动车组是由青岛四方机车车辆股份有限公司研发设计的一款城际动车组，如图 3.5-11～图 3.5-14 所示，其主要技术参数如表 3.5-5 所示。

图 3.5-11　CRH6A 型动车组

图 3.5-12　CRH6A-A 型动车组

图 3.5-13　CRH6F 型动车组

图 3.5-14　CRH6F-A 型动车组

表 3.5-5　CRH6 型动车组主要技术参数

车　型	CRH6A	CRH6A-A	CRH6F	CRH6F-A
最高运营速度/（km/h）	200	200	160	160
最高试验速度/（km/h）	220	220	176	176
列车编组	4M4T	2M2T	4M4T	2M2T
列车全长/m	201.4	101.4	201.4	101.4
车辆宽度/mm	3 300	3 300	3 300	3 300
车辆高度/mm	3 860	3 860	3 860	3 860
头车车钩中心距/mm	25 700	25 700	25 700	25 700
中间车车钩中心距/mm	25 000	25 000	25 000	25 000
转向架中心距/mm	17 500	17 500	17 500	17 500
转向架轴距/mm	2 500	2 500	2 500	2 500
新轮轮径（动/拖车）/mm	860/790	860/790	860/790	860/790
车钩中心高度/mm	1 000	1 000	1 000	1 000
中间车钩高度/mm	950	950	950	950
最大轴重/t	15.5	15.5	16.5	16.5
最大质量/t	382.2	192	383.4	192
装机功率/kW	5 520	2 760	5 152	2 576
起动加速度/[(km/h)/s]	2.33	2.33	2.88	2.88
制动距离/m	1 300	1 300	850	850

3.5.2 第二代动车组（CRH380型）

为满足未来更高速度运营需求，2009年起我国开始研发第二代动车组，以满足350 km/h运营速度的要求。

CRH380系列动车组包含的车型有CRH380A、CRH380B、CRH380C、CRH380D等，如图3.5-15~图3.5-19所示，其主要技术参数如表3.5-6所示。

CRH380A型动车组由四方机车车辆股份有限公司自主研发生产；CRH380B型动车组是由唐山轨道客车有限责任公司和长春轨道客车股份有限公司在CRH3C型动车组基础上自主研发的CRH系列高速动车组；CRH380CL型动车组由长春轨道客车股份有限公司生产；CRH380D型动车组由青岛四方庞巴迪铁路运输设备有限公司（BST）生产。

图 3.5-15　CRH380AL 型动车组

图 3.5-16　CRH380B 型动车组

图 3.5-17　CRH380BL 型动车组

图 3.5-18　CRH380CL 型动车组

图 3.5-19　CRH380D 型动车组

表 3.5-6　CRH380 型动车组主要技术参数

车型	CRH380A	CRH380AL	CRH380B	CRH380BL	CRH380CL	CRH380D
最高运营速度/（km/h）	380	380	380	380	380	380
最高试验速度/（km/h）	416	486	446	487	420	422
列车编组	6M2T	14M2T	4M4T	8M8T	8M8T	4M4T
列车全长/m	203	403	202.95	399.27	400.47	215.3
车辆宽度/mm	3 380	3 380	3 257	3 265	3 257	3 368
车辆高度/mm	3 700	3 700	3 890	3 890	3 890	4 160
头车车钩中心距/mm	26 500	26 500	26 475	25 860	26 525	27 850
中间车车钩中心距/mm	25 000	25 000	25 000	24 825	24 825	26 600
转向架中心距/mm	17 500	17 500	17 375	17 375	17 375	17 375
转向架轴距/mm	2 500	2 500	2 500	2 500	2 500	2 700
新轮轮径（动/拖车）/mm	860/790	860/790	920/830	920/830	920/830	920/850
车钩中心高度/mm	1 000	1 000	1 000	1 000	1 000	1 000
中间车钩高度/mm	1 000	1 000	895	895	895	895
最大轴重/t	15	15	17	17	17	17
最大质量/t	411.4	836.5	450.8	893.1	902.8	464.7
装机功率/kW	9 600	21 560	9 376	18 752	19 680	10 800
起动加速度/[(km/h)/s]	1.4	1.69	1.44	1.44	1.44	1.728
制动距离/m	8 500	8 500	8 500	8 500	3 200	8 500
通过最小曲线半径/m	150	150	180	180	180	150

3.5.3　第三代动车组（CR 型）

为解决不同系列车型无法重联运行、无法相互救援、驾驶室不一致等问题，2013 年 6 月起我国开始研发速度 350 km/h 标准动车组，命名为"复兴号"，英文代号 CR（China Railway）。CR 型动车组分为 CR200J、CR300、CR400 三个级别，对应三种速度等级。

1. CR200J 型

复兴号 CR200J 型电力动车组，是中国铁路复兴号系列的一款动力集中式电力动车组。该车以 HX_D1G、HX_D3G 型电力机车与 25T 型客车为原型，由国铁集团和中国中车牵头，中车唐山、浦镇、大连、青岛四方、株洲、大同六家公司联合研制。

CR200J 型动力集中动车组外形如图 3.5-20 所示，其主要技术参数如表 3.5-7 所示。

图 3.5-20 CR200J 型动车组

表 3.5-7 CR200J 型动车组主要技术参数

车 型		CR200J 短编组	CR200J 长编组
最高运营速度/(km/h)		160	160
最高试验速度/(km/h)		210	200
列车编组		1M8T	2M16T
列车全长/m		233.9/234.5	465.17
车辆宽度/mm		3 105	3 105
车辆高度/mm		4 433	4 433
控制头车车钩中心距/mm		28 500	28 500
中间车车钩中心距/mm		26 650	26 650
中间车转向架中心距/mm		18 000	18 000
中间车转向架轴距/mm		2 600	2 600
新轮轮径（动/拖车）/mm		1 250/915	1 250/915
车钩中心高度/mm		880	880
中间车中间车钩高度/mm		880	880
车辆最大轴重/t		14	14
定员/人		755	1 043
可选动力车 1	动力车型号	FXD1-J	FXD1-J
	制造厂商	中车株洲电力机车有限公司	中车株洲电力机车有限公司
	车钩中心距/mm	19 979	19 979
	转向架中心距/mm	9 000	9 000
	转向架轴距/mm	2 900	2 900
	最大轴重/t	19.5	19.5
	轴式	B$_0$-B$_0$	B$_0$-B$_0$

续表

车型		CR200J 短编组	CR200J 长编组
可选动力车1	电机型号	YQ1430-1	YQ1430-1
	电机功率/kW	1 430	1 430
	装机功率/kW	5 720	5 720
	起动牵引力/kN	240	240
可选动力车2	动力车型号	FXD3-J	FXD3-J
	制造厂商	中车大连机车车辆有限公司	中车大连机车车辆有限公司
	车钩中心距/mm	19 979	19 979
	转向架中心距/mm	10 055	10 055
	转向架轴距/mm	2 800	2 800
	最大轴重/t	19.8	19.8
	轴式	B$_0$-B$_0$	B$_0$-B$_0$
	电机型号	YJ277B/C	YJ277B/C
	电机功率/kW	1 430	1 430
	装机功率/kW	5 720	5 720
	起动牵引力/kN	240	240
启动加速度/[(km/h)/s]		1.26	1.26
制动距离/m		1 400	1 400
通过最小曲线半径/m		125	125
通过最小 S 形曲线半径/m		150＋10＋150	150＋10＋150
工作温度/℃		－40～40	－40～40
列控系统		LKJ2000	LKJ2000
踏面类型		JM3	JM3
停放制动		有	有
正常运行网压/kV		17.5～31	17.5～31
落弓/最大高度/mm		4 750/7 156	4 748/7 156
受电弓工作高度/mm		5 150～6 500	5 048～6 956
蓄电池电压/V		DC 110	DC 110
外界电源电压/V		AC 380	AC 380

2. CR300 型

复兴号 CR300AF 型电力动车组是中国"复兴号"标准动车组系列成员之一，最高运营速度 250 km/h。CR300 型动车组外形如图 3.5-21 和图 3.5-22 所示，其主要技术参数如表 3.5-8 所示。

图 3.5-21 CR300AF 型动车组　　　　　图 3.5-22 CR300BF 型动车组

表 3.5-8　CR300 型动车组主要技术参数

车　型	CR300AF	CR300BF
最高运营速度/(km/h)	250	250
最高试验速度/(km/h)	285	285
列车编组	4M4T	4M4T
列车全长/m	208.95	208.95
车辆宽度/mm	3 360	3 360
车辆高度/mm	4 050	4 050
头车车钩中心距/mm	27 550	27 525
中间车车钩中心距/mm	25 650	25 650
转向架中心距/mm	17 800	17 800
转向架轴距/mm	2 500	2 500
新轮轮径（动/拖车）/mm	920/920	920/920
车钩中心高度/mm	1 000	1 000
中间车钩高度/mm	935	935
最大轴重/t	17	17
最大质量/t	417	431.3
电机型号	YQ350-II/YJ315A	YJ305A
电机功率/kW	350	350
装机功率/kW	5 600	5 600
制动距离/m	3 200	3 200

3. CR400 型

复兴号 CR400 型标准动车组最高运营速度为 350 km/h，外形如图 3.5-23 和图 3.5-24 所示，其主要技术参数如表 3.5-9 和表 3.5-10 所示。

图 3.5-23　CR400AF 型动车组　　　　图 3.5-24　CR400BF 型动车组

表 3.5-9　CR400AF 型动车组主要技术参数

车　型	CR400AF	CR400AF-A	CR400AF-B
最高运营速度/（km/h）	350	350	350
最高试验速度/（km/h）	385	385	385
列车编组	4M4T	8M8T	8M9T
列车全长/m	208.95	414.15	439.8
车辆宽度/mm	3 360	3 360	3 360
车辆高度/mm	4 050	4 050	4 050
头车车钩中心距/mm	27 525	27 525	27 525
中间车车钩中心距/mm	25 650	25 650	25 650
转向架中心距/mm	17 800	17 800	17 800
转向架轴距/mm	2 500	2 500	2 500
新轮轮径（动/拖车）/mm	920/920	920/920	920/920
车钩中心高度/mm	1 000	1 000	1 000
中间车钩高度/mm	935	935	935
最大轴重/t	17	17	17
最大质量/t	427.8	855.6	924.6
装机功率/kW	10 000	20 000	20 000
起动加速度/[(km/h)/s]	1.908	1.908	1.908
制动距离/m	6 500	6 500	6 500

表 3.5-10　CR400BF 型动车组主要技术参数

车　型	CR400BF	CR400BF-A	CR400BF-B
最高运营速度/(km/h)	350	350	350
最高试验速度/(km/h)	385	385	385
列车编组	4M4T	8M8T	8M9T
列车全长/m	209.06	414.26	439.91
车辆宽度/mm	3 360	3 360	3 360
车辆高度/mm	4 050	4 050	4 050
头车车钩中心距/mm	27 580	27 580	27 580
中间车车钩中心距/mm	25 650	25 650	25 650
转向架中心距/mm	17 800	17 800	17 800
转向架轴距/mm	2 500	2 500	2 500
新轮轮径（动/拖车）/mm	920/920	920/920	920/920
车钩中心高度/mm	1 000	1 000	1 000
中间车钩高度/mm	935	935	935
最大轴重/t	17	17	17
装机功率/kW	10 400	20 800	20 800
起动加速度/[(km/h)/s]	1.764	1.764	1.764
制动距离/m	3 200	6 500	6 500

4. CR450 型

目前，我国正在研制速度 400 km/h 的 CR450 型动车组，计划将其投入到 2027 年开通的成渝中线高铁中。CR450 型动车组定位于新一代更高速度、更加安全、更加环保、更加节能、更加智能、更加自主、更加持续、系统更优的"复兴号"动车组新产品。CR450 与 CR400 系列车型的基本参数对照如表 3.5-11 所示。

表 3.5-11　CR450 与 CR400 系列车型的基本参数对照

车　型	CR400 系列	CR450 系列（方案）
最高运营速度/(km/h)	350	400
400 km/h 剩余加速度/(m/s^2)	0.02	0.05
轮周功率/kW	9 750/10 140	约 11 500
8 编组列车的动拖比	4M4T	5M3T
最大轴重/t	17	16
起动加速度/(m/s^2)	0.49	0.5
最高运营速度下的紧急制动距离/km	6.5	6.5～8
车体高度/mm	4 050	3 950

3.6 国内机车车辆制造

国内机车、车辆多由中国中车集团制造，主要包括表3.6-1所列制造子公司。

表3.6-1 主要机车车辆、动车组制造公司（截至2023年5月）

序号	制造公司	主要生产车种车型
1	中车大连机车车辆有限公司	动力集中动车组动力车、内燃机车、HX_D3型电力机车
2	中车大同电力机车有限责任公司	SS_3、SS_{3B}、$SS_{4改}$、SS_{6B}、SS_7、SS_{7B}、SS_{7C}、$SS_{7C改}$、SS_{7D}、SS_{7E}、HX_D2型电力机车、HX_D3型电力机车、动力集中动车组动力车
3	中车长春轨道客车股份有限公司	CR400BF、CRH380B、CRH5、CRH3A、25型客车、城轨车辆
4	中车唐山轨道客车有限责任公司	CR400BF、CR300BF、动力集中动车组拖车、CRH3A、CRH3C、CRH380BL、城轨车辆、25型客车
5	中车青岛四方机车车辆股份有限公司	CR400AF、CR300AF、CRH380、CRH2、CRH6、城轨车辆
6	青岛四方阿尔斯通铁路运输设备有限公司（AST）	客车、CRH1
7	中车戚墅堰机车有限公司	内燃机车
8	中车南京浦镇车辆有限公司	城轨车辆、有轨电车、CRH6、25型客车
9	中车资阳机车有限公司	HX_D1型电力机车、内燃机车、齿轨列车、悬挂式单轨列车
10	中车眉山车辆有限公司	货车
11	中车株洲电力机车有限公司	电力机车、HX_D1型电力机车、城轨车辆、城际动车组、有轨电车
12	中车齐齐哈尔车辆有限公司	货车
13	中车成都机车车辆有限公司	城轨车辆
14	中车山东机车车辆有限公司	货车

3.7 机车车辆选型

机辆选型是一个很重要的内容，与线路坡度、运输组织、站场设计、机辆设备布点等都有重要的关联。特别是国外项目，在以上条件下，还需根据国外业主及政府部门特殊需求（如民族风俗、当地环境）进行机辆选型。

3.7.1 机车选型

1. 国内铁路机车选型

国内铁路主要干线基本采用电气化铁路，采用HX_D型交流电力机车，基本实现标准化制造。货运机车功率分为 7 200 kW、9 600 kW 两种，在 6‰ 的线路坡度单机可实现 3 000 t、4 000 t 牵引质量。在更大的坡度或更大的牵引质量需求下，可采用双机、三机或更多机车牵引方式。客运机车主要是对速度的要求，几款 HX$_D$ 型客运机车也均可满足速度 160 km/h 的要求。

对于高原内燃铁路，可选用 HX$_N$3 型高原机车，该机车额定功率为 3 100 kW，已经在青藏铁路运营。

2. 调机选型

短途铁路货物运输以及编组场、车站等调机可选用 DF 型直流内燃调机，大型编组站货车调车作业可选用功率较大的 HX$_N$3B、HX$_N$5B 型交流内燃调机。

3. 国外铁路机车选型

亚、非、拉国家铁路市场巨大，但很多国家电力较为匮乏，且货运牵引质量也不大。因此，根据电力供应、牵引质量，以及轨距、限界、线路特点、速度要求、自然环境、维修设施等因素，进行机辆选型。

3.7.2 客车选型

普速客车技术比较成熟，最高运行速度可达到 160 km/h。近年来，很多客车选型案例主要重视车内装饰的配置。

3.7.3 货车选型

普通货车技术比较成熟。对于重载铁路货车，需从大轴重、低动力转向架、车体轻量化、低重心技术、列车制动技术、改进车轮材质、钩缓技术、当地环境等方面研究货车选型，比如采用浴盆式敞车，以增加容积，降低重心。

3.7.4 动车组选型

动车组车型较多，目前动车组选型大致需研究两方面内容：高寒、速度。

高寒地区选用 CRH2G 型、CRH2E 型、CRH5 型、CRH380BG 型等高寒动车组。

速度方面覆盖 160～350 km/h。对于运营速度为 160 km/h、200 km/h 的城际铁路或市郊铁路，可选用 CRH6、CR200J 型动车组等；对于运营速度为 200～250 km/h 的高速铁路，可选用 CRH2、CRH5、CR300 型动车组等；对于运营速度为 300～350 km/h 的高速铁路，可选用 CRH3、CRH380、CR400 系列动车组等。

另外，近年来我国还注重定制化和智能化技术。如拉林铁路，定制化采用内电双源动力集中动车组型号；京张铁路采用智能动车组型号等。

4 机辆专业设计技术

4.1 修程修制

4.1.1 修 制

修制顾名思义就是指检修制度。国内外机辆维修制度分为两种：一种是在预防为主的维修思想指导下，以磨损理论为基础的计划预防维修制；另一种是在可靠性为中心的维修思想指导下，以故障统计理论为基础的预防维修制。

1."以预防为主"的检修制度

"以预防为主"的检修制度要求装备及零部件在即将磨损到限或损坏之前要及时更换、修理，将检修工作做在故障发生之前。在这种检修制度指导下，形成了以磨损理论为基础的计划预防修制。计划预防修制以机械装备故障率曲线中偶然故障期的结束点来确定检修时间。由于把机件磨损或故障作为时间的函数，因此定时检修、拆卸分解就成了这种修制的主要方法。计划预防修制的具体实施可以概括为"定期检查、按时保养、计划修理"，计划预防修制的关键是确定装备及其主要零部件的检修周期，合理划分检修等级及检修周期结构，制定检修规程与规范。

2."以可靠性为中心"的检修制度

"以可靠性为中心"的检修制度是在"以预防为主"检修制度及计划预防修制的基础上发展起来的，人们在实践中发现，并不是检修越勤、修理范围越大就能减少故障，相反因为频繁拆装容易引发更多的故障。装备的可靠性是由设计制造所决定的，除非对装备实施改进性检修，否则有效的检修只能保持其固有可靠性。复杂装备大多只有早期故障期和偶尔故障期，实行定期计划检修对许多故障是无效的。"以可靠性为中心"的检修制度认为，一切检修活动归根到底都是为了保持和恢复装备的固有可靠性，这种检修制度根据装备及其零部件的可靠性状况，以最少的检修资源消耗，运用逻辑判断分析方法来确定所需的检修内容、检修类型、检修间隔期和检修等级，达到优化检修的目的。

我国机辆修制按照《铁路技术管理规程》(普速铁路部分)第 167 条：机车应实行计划预防修，实施主要零部件的专业化集中修和定期检测状态修。检修周期应根据机车实际技术状态和走行公里或使用时间确定，机车检修周期及技术标准按中国铁路总公司（现更名为中国国家铁路集团有限公司）检修规程执行；车辆实行定期检修，并逐步扩大实施状态修、换件修和主要零部件的专业化集中修。客车和特种用途车实行以走行公里为主、时间周期为辅的计划预防修，车辆检修周期及技术标准按中国铁路总公司检修规程执行；动车组实行以走行公里周期为主、时间周期为辅的计划预防修，检修方式以换件修为主，主要零部件采用专业化集中修。动车组修程分为一、二、三、四、五级，检修周期及技术标准按中国铁路总公司检修规程执行。

4.1.2 修　程

修程是指机辆修理的级别，我国机辆主要采用计划预防修，即定期检修。定期检修需明确修程、检修周期、检修范围。修程由国铁集团机辆部发布。

1. 机　车

1）直流机车

根据《机车检修规程》，直流机车修程分为辅修、小修、中修、大修。

辅修：全面检查机车，进行故障诊断、状态修理，辅修的性质属于机车的临时性检修和养护。

小修：对机车关键部件进行检查修理，有针对性地恢复机车的运行可靠性。有诊断技术条件的，可按其状态进行修理。小修的性质属于机车运行性修理。

中修：对机车主要部件进行检查修理，恢复机车的主要性能。中修的性质属于机车的平衡性修理，即恢复机车某些部件性能，使其能与其他未修理部分继续配套使用。

大修：对机车进行全面检查修理，恢复机车的基本性能。大修的性质属于机车全面恢复性修理，即全面解体、更换或恢复所有不符合技术标准和要求的零部件，使机车达到或接近新机车标准，或达到规定的技术标准。

2）交流机车

《关于公布和谐型交流传动机车修程修制改革方案的通知》（铁总运〔2015〕30号）规定：和谐型交流传动机车在修程上设置C1、C2、C3、C4、C5、C6修6个等级。其中，C1~C4修为段修修程，C5、C6修为高等级修程。

C1修：机车例行检查和保养，利用机车自检系统进行故障诊断，按状态修理。

C2、C3修：机车关键部件重点检查维修，有针对性地恢复机车的运行可靠性。

C4修：机车主要部件检查，性能参数测试，恢复不良状态部件，恢复机车的可靠质量状态。

C5修：机车主要部件分解检修，性能参数测试，恢复机车的可靠质量状态。

C6修：机车全面分解检修，完成全面性能参数测试，恢复其基本性能，可同时进行机车或主要部件的技术提升。

2. 货车车辆

根据《铁路货车段修规程》及《铁路货车厂修规程》，货车修程分为段修、厂修。

1）段　修

由车辆段承担，对车辆进行全面检查，根据规程规定的施修范围更换或修复损坏和磨损过限的部分。

2）厂　修

由车辆工厂负责，对车辆进行全面彻底的检查和修理，要求厂修后的车辆达到或接近新车的性能水平。

3. 普速客车车辆

根据《铁路客车段修规程》及《铁路客车厂修规程》，普速客车修程分为 A1、A2、A3、A4、A5 级。

A1：日常安全检查。

A2：通过对零部件实施分单元、分部位的换件修和状态修，使车辆上下部基本恢复其技术状态，在保证客车安全的同时，提高客车的使用效率。A2 级修程采用均衡维修方式，利用库停时间在临修线或段修库内进行，对换下配件按 A3 级检修要求集中检修，以压缩停车时间，保证检修质量。在状态修中，更换的配件检修时执行换件修标准。

A3：通过对客车重点部位实施大范围的换件检修，确保客车运行安全；对车辆上部设施实施高标准的状态维修，以全面恢复客车上部设施的功能。对换下的部件进行异地检测和专业化集中修，以压缩修车时间，提高台位利用率；在状态修中，更换的配件检修时执行换件修标准。

A4/A5：全面恢复客车的基本性能，消除运用中发现的设计制造缺陷，通过必要的加装改造，提高客车的技术水平，以适应客运市场的需要。

4. 动力分散型动车组

根据《铁路动车组设备设计规范》（TB 10028—2016），动力分散型动车组修程分为一、二、三、四、五级检修。

一级检修：在运行整备状态下，完成消耗部件的更换、调整和补充等，通过人工目视和车载故障诊断系统对动车组主要技术状态和部分技术性能进行例行检查检测。

二级检修：在一级检修的基础上，增加部分检修项目，同时提高检修程度，并通过车载故障诊断系统对车上所有设备进行检测和性能试验。按相应检修周期，进行车轴超声波探伤、踏面修形、电气回路绝缘检测、牵引电机绝缘检测和车下电气过滤器部件清扫除尘等专项检修。

三级检修：在完成二级检修项目的基础上，更换转向架，并对更换下来的转向架及其主要零部件分解检修。

四级检修：对动车组各主系统进行分解检修、特性试验，必要时进行车体的涂漆。

五级检修：在完成四级检修项目的基础上，对动车组全车进行分解检修，较大范围地更新零部件，并进行车体的涂漆。

5. 动力集中型动车组

根据《时速 160 公里动力集中动车组运用维修管理暂行办法的通知》（铁总机辆〔2018〕200 号），动力集中型动车组修程分为 D1、D2、D3、D4、D5、D6 修。

动力集中型动车组两端为动力车或一端为动力车，另一端为控制车，中间为拖车，动车组两端均设有司机室。动力集中型动车组实行配属管理，动力车配属在机务段；拖车和控制车配属在车辆段。动力车和控制车司机室执行机车有关规定，拖车和控制车（不含机务设备）执行客车有关规定。

动力集中型动车组修程与机车、客车修程对应关系如下：

D1 修：机车一级整备（基础整备），客车日常检修。

D2 修：机车二级整备（全面整备），C1、C2、C3 修（动力车、控制车机务设备专项检修）；客车专项检修和 A1 修。

D3 修：机车 C4 修，客车 A2 修。

D4 修：机车 C5 修，客车 A3 修。

D5 修：机车 C6 修，客车 A4 修。

D6 修：机车次轮 C6 修，客车 A5 修。

6. 整备作业

除定期检修外，机车、客车还进行日常整备作业。

4.1.3 检修周期

检修周期是指相同修程之间的间隔时间或使用期限，修程级别越高，检修周期越长。各级修程的周期，应由该修程不足以恢复其基本技术状态的动车组零部件，在两次修程间保证安全运行的最短期限确定。各类机车、车辆的检修周期如表 4.1-1 ~ 表 4.1-8 所示。

表 4.1-1 机车整备周期

修 程	交流传动电力机车	内燃机车及直流传动电力机车	整备作业时间
机车报修整备	每次入段	每次入段	≤90 min
机车基础整备	客运机车≤2 500 km 或≤48 h	—	≤90 min
	货运机车≤2 000 km 或≤48 h		
机车全面整备	客运机车≤4 000 km 或≤72 h	客运机车≤2 000 km 或≤48 h	
	货运机车≤3 000 km 或≤72 h	货运机车≤1 500 km 或≤48 h	

入段机车实施分级整备，交流传动电力机车实施三级整备：全面整备、基础整备、报修整备；内燃机车及直流电力机车实行两级整备：全面整备、报修整备。全面整备一般由本段承担，外段主要承担基础整备及报修整备。

表 4.1-2 直流电力机车检修周期

修程	直流电力干线机车	直流电力小运转机车	直流内燃干线机车	直流内燃调机、小运转机车
大修	160 万~200 万 km	不少于 15 年	70 万~90 万 km	8~10 年
中修	40 万~50 万 km	不少于 3 年	23 万~30 万 km	2.5~3 年
小修	8 万~10 万 km	不少于 6 个月	4 万~6 万 km	4~6 个月
辅修	1 万~2 万 km	不少于 1 个月	不少于 2 万 km	不少于 2 个月

表 4.1-3　交流电力机车检修周期

修程	交流电力机车	交流内燃机车
C6	200×(1±10%)万 km, 不超过 12 年	180×(1±10%)万 km, 不超过 10 年
C5	100×(1±10%)万 km, 不超过 6 年	90×(1±10%)万 km, 不超过 5 年
C4	50×(1±10%)万 km, 不超过 3 年	45×(1±10%)万 km, 不超过 3 年
C3	25×(1±10%)万 km, 不超过 1 年	23×(1±10%)万 km, 不超过 1 年
C2	13×(1±10%)万 km, 不超过 6 个月	12×(1±10%)万 km, 不超过 6 个月
C1	7×(1±10%)万 km, 不超过 3 个月	6×(1±10%)万 km, 不超过 3 个月

2019 年，国铁集团发布《关于推进动车组及和谐型机车修程修制改革的指导意见》（铁总机辆〔2019〕54 号），要求优化和谐机车的修程修制，推进故障预测与健康管理，充分利用车地检测监测设备，逐步实现计划预防性维修向数字化精准预防修转变，实现提质降本增效，全面提升和谐型机车的检修运用水平，为交通强国、铁路先行提供可靠的装备服务保障支撑。

根据改革意见的要求，和谐型机车 C6 修上限由 220 万 km 延长到 240 万 km；C5 修上限由 110 万 km 延长到 120 万 km；客运机车 C4 修上限由 55 万 km 延长到 60 万 km。

表 4.1-4　客车检修周期

检修等级	检修周期	车型
A5 修	(480+24)万 km 或距上次 A4 修程超过 10 年	25T 型客车检修周期
A4 修	(240+24)万 km 或距新造或上次 A5 修程超过 10 年	
A3 修	(120+12)万 km 或距上次 A2 修程超过 2 年	
A2 修	(60+6)万 km 或距上次 A2 修程超过 2 年	
A1 修	(30±3)万 km 或距上次 A1 修程超过 1 年	

表 4.1-5　货车检修周期

检修等级	P_{62}、C_{62AT} 等	GH_{65K}、U_{60} 等	新造货车 P_{70}、C_{70}、C_{80}、GF_{70}
厂修	6 年	5 年	8 年
段修	1.5 年	1 年	2 年

表 4.1-6　动车组检修周期

检修等级	CRH1/CRH380D	CRH2/CRH380A	CRH3/CRH380B	CRH5/CRH380C
一级检修	≤(4 000+400)km 或运用 48 h	≤(4 000+400)km 或运用 48 h	≤(4 000+400)km 或运用 48 h	≤(5 000+500)km 或运用 72 h
二级检修	15 天	3 万 km 或 30 天	2 万 km	6 万 km
三级检修	(120±10)万 km 或 3 年	(60^{+2}_{-5})万 km 或 1.5 年	(120±12)万 km 或 3 年	(120±12)万 km 或 3 年
四级检修	(240±10)万 km 或 6 年	(120^{+5}_{-10})万 km 或 3 年	(240±12)万 km 或 6 年	(240±12)万 km 或 6 年
五级检修	(480±10)万 km 或 12 年	(240±10)万 km 或 6 年	(480±12)万 km 或 12 年	(480±12)万 km 或 12 年

同时，根据改革意见的要求，修程修制改革后动车组检修周期如表4.1-7和表4.1-8所示。

表4.1-7 修程修制改革后动车组一级修周期

检修等级	300～350 km/h	200～250 km/h	200 km/h及以下
一级检修	≤（7 000+700）km 或运用48 h	≤（6 000+600）km 或运用72 h	≤（6 000+600）km 或运用96 h

表4.1-8 修程修制改革后动车组高级修周期

检修等级	CR400/CR300	CRH2A/CRH2C/CRH380A	CRH1A/CRH3A/CRH3C/CRH5A	CRH380B/CRH380C/CRH380D
三级检修	165万km	120万km或3年	145万km	145万km
四级检修	330万km	240万km或6年	290万km	290万km
五级检修	660万km	480万km或12年	580万km	580万km

4.1.4 检修时间

检修时间根据铁路技术发展确定，各个国家因各自作业方式、作业效率不同而不同，国内机辆检修时间如表4.1-9所示。

表4.1-9 机辆检修时间

类型	修程	时间
直流机车	辅修	1天
	小修	2天
	中修	7天
	大修	30天
交流机车	C1	0.5天
	C2	1.5天
	C3	2.5天
	C4	5天
	C5	12天
	C6	30天
客车	A1	6小时
	A2	6天
	A3	
	A4	40天
	A5	
货车	段修	0.7天
	厂修	4天

59

续表

类　型	修程	时间
动车组	一级修	4 小时
	二级修	0.5 天
	三级修	20 天
	四级修	30 天
	五级修	45 天

4.2 机车交路和乘务交路

机车交路是新建或改建铁路的主要技术标准之一，它直接影响到机务设备在沿线的分布、规模及数量，还对整个运营线路的经济效益及各项技术经济指标产生直接的影响；因此，机车交路设计是机务专业最重要的设计内容和最重要的设计环节。

4.2.1 机车交路

《铁路机务设备设计规范》已明确机车交路和机车运转方式是两个独立的概念。机车交路是指机车固定担当运输任务的两站之间的周转区段，机车运转方式是指机车在牵引列车过程中的作业方式。但在实际工作中，常常把运转方式一并纳入机车交路内容。

4.2.2 机车运转方式

机车运转方式分为肩回式运转制、循环式运转制、半循环式运转制和循回式运转制四种方式。

1. 肩回式运转制

机车牵引列车在一个交路区段内往返一次运行后即进入本段者，叫作肩回式运转制。这种运转方式目前使用得较普遍，长、短交路都可使用。

2. 循环式运转制

机车牵引列车在相邻的两个交路区段内往返连续运行，直到需要进行预防性维修或检查时才进入本段者，叫作循环式运转制，一般在短交路使用。

3. 半循环式运转制

机车牵引列车在相邻的两个交路区段内往返一次运行后即进入本段者，叫作半循环式运转制，一般在短交路使用。

4. 循回式运转制

机车牵引列车在一个交路区段内连续运行几个往返才进段者，叫作循回式运转制。一般小运转机车、市郊列车、运量较大的短交路区段列车使用这种运转方式。

常用机车交路图形如表 4.2-1 所示。

表 4.2-1 常用机车交路图形

序号	交路图形	机车交路类型	特 点	应用场合
1		外段驻班肩回式机车交路	（1）适用于长交路，轮乘制；（2）机车运用效率高	外段驻班制，应用较普遍
2		立即折返肩回式机车交路	（1）适用于短交路；（2）机车运用效率低	立即折返制，适合于小运转、市郊旅客列车
3		外段驻班中途换乘肩回式机车交路	（1）适用于长交路，轮乘制；（2）机车运用效率高	中途换乘，外段驻班制，应用较普遍
4		半循环机车交路	（1）适用于长交路，轮乘制；（2）机车运用效率稍高于外段驻班的肩回式	半循环运转制，外段驻班制。上行或下行通过车流的比例较大时采用
5		循环机车交路	（1）适用于短交路；（2）机车运用效率稍高于半循环式运转制	循环运转制，外段立折。双方向通过车流的比例较大时采用

4.2.3 机车交路类型

机车交路根据牵引任务划分，一般可分为客机交路、货机交路、补机交路和小运转交路四种交路类型。

机车交路根据牵引区段长短划分，一般可分为长交路和短交路。根据《铁路机车运用管理规则》（TG/JW 101—2015），客运机车交路区段距离 800 km 以上、货运机车交路距离 500 km 以上的为长交路，其余为短交路。

1. 客机交路

目前，客机交路实行的是始发站至终到站之间的直达交路；若直达有困难，可在旅途中间较大的客站将交路断开。

客运机车交路一般可跨三个以上铁路局。截至 2019 年，我国最长的电力客机交路为昆明机务段电力机车担当的昆明至北京西机车交路，沿京广线和沪昆线运行，途经昆明局、成都局、广州局、武汉局、郑州局、北京局，交路长度达 3 174 km；我国最长的内燃机车交路为青藏铁路公司格尔木机务段内燃机车担当的格尔木至拉萨段客货机车交路，沿青藏线运行，交路长度达 1 142 km。主要客运机车长交路如表 4.2-2 所示。

表 4.2-2　主要客运机车长交路一览表

序号	交路区段	交路长度/km	担当机务段	担当机型	最高速度/(km/h)	乘务方式
1	昆明—北京西	3 174	昆明	HX$_D$3D	160	双班制
2	上海—昆明	2 660	上海	HX$_D$1D	160	双班制
3	北京西—南宁	2 495	北京	HX$_D$3D	160	双班制
4	北京—广州	2 294	北京	SS$_9$	170	双班制
5	兰州—上海	2 185	兰州	HX$_D$3D	160	双班制
6	沈阳—上海	2 107	沈阳	HX$_D$3D	160	标准班
7	上海—南宁	2 051	上海	HX$_D$1D	160	双班制
8	上海—贵阳	2 022	上海	HX$_D$1D	160	双班制
9	兰州—北京西	1 995	兰州	HX$_D$3D	160	双班制
10	兰州—乌鲁木齐	1 909	兰州	HX$_D$3D	160	双班制
11	乌鲁木齐—中卫	1 888	乌鲁木齐	HX$_D$1D	160	双班制
12	广州—重庆	1 692	广州	HX$_D$3C	120	双班制
13	广州—郑州	1 605	广州	HX$_D$1D	160	双班制
14	沈阳—郑州	1 604	沈阳	HX$_D$3C	120	标准班
15	北京西—长沙	1 587	北京	HX$_D$3D	160	双班制
17	上海—太原	1 555	上海	HX$_D$1D	160	双班制
18	青岛—南昌	1 551	青岛	HX$_D$3D	160	标准班
19	西安—上海	1 509	西安	HX$_D$3D	160	双班制

2. 货机交路

货机交路实行编组站与编组站之间的直通交路，甚至可越过一个编组站。货运机车长交路一般跨两个铁路局或不跨局。主要货运机车长交路如表 4.2-3 所示。

表 4.2-3　主要货运机车长交路一览表

序号	交路区段	交路长度/km	担当机务段	担当机型	乘务方式
1	兰州北—乌鲁木齐	1 899	兰州	HX$_D$1C	标准班轮乘
2	浩勒报吉—吉安	1 825	襄州北	HX$_D$1	标准班轮乘
3	格尔木—拉萨	1 142	格尔木	NJ2	三班随乘
4	介休—日照	1 002	侯马北	HX$_D$2	标准班轮乘
5	成都北—襄阳北	1 001	成都北襄阳北	HX$_D$1	标准班轮乘

续表

序号	交路区段	交路长度/km	担当机务段	担当机型	乘务方式
6	株洲北—贵阳	908	株洲北 贵阳南	HX_D1	标准班轮乘
7	兴隆场—兰州北	863	兴隆场 兰州北	$HX_D1/2$	标准班轮乘
8	南仓—阜阳北	860	南仓	HX_D3B	双班随乘
9	兰州北—成都北	843	兰州北	HX_D2	标准班轮乘
10	西宁—格尔木	833	西宁	HX_D1C	双班随乘
11	南宁南—昆明东	808	南宁	HX_D1C	标准班轮乘

4.2.4 机车交路设计

机车交路应能满足运输组织的需要，符合线路状况、牵引种类及车流特点，尽量减少机车的技术作业次数。机车交路应采用长交路，客机交路尽量实行始发站至终到站的直达交路，货机交路尽量实行编组站间的直达交路或至下一个编组站的直达交路。

机车交路设计方案涉及专业较多。运输专业应从车流性质、编组站作业分工上提出合理意见；站场专业应从机务设施在车站设置的必要性和可能性提出合理意见；机务专业应从机车整备及检修设备的建设规模、配属机车台数等方面提出意见，并将各方面的意见进行综合整理，推荐出经济合理、切实可行的优选方案。影响机车交路设计的主要因素有以下几个方面：

1. 编组站、区段站、客运站的分布

目前，客机交路实行的是始发站至终到站之间的直达交路；若直达有困难，可在旅途中间较大的客站将交路断开。货机交路实行编组站（区段站）与编组站（区段站）之间的直通交路，甚至可越过一个编组站。

2. 牵引种类及机车类型

截至 2023 年年底，我国铁路电气化率超过 75%，主要普速铁路长大干线均采用电力机车牵引。

在电力机车牵引区段，电力机车的交路长度理论上也要受到限制，主要受雨雪天气条件下耗砂量限制，但是可采用在机车上额外存放备用砂或车站补砂等方式解决。

在内燃机车牵引区段，机车交路受到机车燃料储备的限制，内燃机车交路长度应根据机车油箱容量、耗油量进行计算。

3. 车流组织

车流组织包括行车量的设计、列车编组计划（直通或直达列车的确定，区段列车、零担、摘挂及小运转列车的确定）、牵引质量的确定等。车流组织设计得是否合理，直接关系到机车交路、运营成本和运输效率。车流的方向及车流的起点及终止点是组织机车交路的关键。

4. 线路条件

线路条件包括线路的起点和终点、线路加力坡的起点和终点以及相邻线路坡度的起点和终点等。

根据线路坡度综合研究牵引质量及机车类型，研究加力坡范围是为了合理地选择补机的起点站和终点站，并配置必要的补机整备设备。

线路速度等级及坡度决定了牵引质量及机型的选择，设计铁路牵引质量一般宜与相邻线牵引质量统一，牵引质量统一是组织长交路的前提条件。

当设计铁路与相邻线牵引质量不匹配时，一般在不同牵引质量区段分界站划断机车交路；当转线货流量较小时，允许少量转线运行的列车欠轴运行，转线机车交路可不划断。

机车牵引质量可根据《列车牵引计算规程》(TB/T 1407)粗略计算。计算公式如下：

$$M_g = [F \times \lambda - M_p \times (w_1 + i) \times g \times 10^{-3}] / [(w_2 + i) \times g \times 10^{-3}]$$

式中　M_g——牵引质量（列车在限制坡道上以等速运行，且不小于机车持续速度），t；

　　　M_p——机车质量，t；

　　　w_1——机车单位基本阻力；

　　　w_2——列车单位基本阻力；

　　　F——机车持续牵引力，kN；

　　　λ——牵引力使用系数，0.9；

　　　i——线路限制坡度，‰。

主要客运机车不同坡度下牵引质量如表 4.2-4 所示，主要货运机车不同坡度下牵引质量如表 4.2-5 所示。

表 4.2-4　主要客运机车不同坡度下牵引质量

项目		SS$_3$	SS$_{7E}$	SS$_8$	SS$_9$	HX$_D$1D	HX$_D$3C	HX$_D$3D
最高运营速度/(km/h)		120	170	170	170	160	120	160
牵引功率/kW		4 320	4 800	3 600	4 800	7 200	7 200	7 200
持续速度/(km/h)		48	96	99.7	99	80	62	80
不同限制坡度下的牵引质量/t	6‰ 单机牵引	3 736	1 471	1 075	1 424	3 125	3 835	3 127
	6‰ 双机牵引	7 276	2 860	2 090	2 769	6 087	7 472	6 092
	9‰ 单机牵引	2 623	1 094	804	1 062	2 321	2 806	2 323
	9‰ 双机牵引	5 106	2 126	1 562	2 063	4 519	5 464	4 523
	13‰ 单机牵引	1 858	802	592	780	1 714	2 050	1 715
	13‰ 双机牵引	3 615	1 557	1 150	1 513	3 335	3 990	3 338
	18.5‰ 单机牵引	1 307	572	425	557	1 246	1 479	1 247
	18.5‰ 双机牵引	2 541	1 109	824	1 079	2 423	2 877	2 425
	24‰ 单机牵引	995	434	324	422	968	1 144	969
	24‰ 双机牵引	1 932	839	626	816	1 881	2 224	1 882

表 4.2-5　主要货运机车不同坡度下牵引质量

项目			SS₃	SS₃B	SS₄	SS₄B	HX_D1		HX_D1B	HX_D2		HX_D3		HX_D3B	HX_N3	HX_N5
最高运营速度/(km/h)			100	100	100	100	120		120	120		120		120	120	120
持续速度/(km/h)			48	48	51.5	50	70	65	76	70	65	70	65	68.2	20	22.3
轴重/t			23	23	23	23	23	25	25	23	25	23	25	25	25	25
不同限制坡度下的牵引质量/t	6‰	单机牵引	3 736	7 508	5 093	5 298	5 545	6 059	5 036	5 786	6 320	4 159	4 545	5 767	7 614	7 158
		双机牵引	7 276	14 623	9 919	10 319	10 803	11 804	9 811	11 271	12 313	8 103	8 854	11 236	14 840	13 951
	9‰	单机牵引	2 623	5 271	3 585	3 727	3 964	4 314	3 622	4 138	4 502	2 973	3 236	4 127	5 300	4 985
		双机牵引	5 106	10 262	6 980	7 258	7 719	8 401	7 055	8 058	8 769	5 790	6 301	8 040	10 328	9 714
	13‰	单机牵引	1 858	3 734	2 545	2 646	2 848	3 091	2 617	2 975	3 228	2 136	2 318	2 974	3 750	3 527
		双机牵引	3 615	7 266	4 953	5 150	5 544	6 016	5 095	5 792	6 284	4 158	4 512	5 790	7 306	6 871
	18.5‰	单机牵引	1 307	2 628	1 795	1 867	2 029	2 197	1 875	2 122	2 297	1 522	1 648	2 129	2 654	2 495
		双机牵引	2 541	5 109	3 489	3 631	3 947	4 274	3 648	4 128	4 470	2 961	3 206	4 143	5 168	4 857
	24‰	单机牵引	995	2 000	1 368	1 424	1 559	1 686	1 447	1 632	1 764	1 169	1 264	1 643	2 039	1 915
		双机牵引	1 932	3 885	2 657	2 767	3 030	3 276	2 813	3 172	3 430	2 273	2 457	3 197	3 968	3 727

注：1. HX_D1C/HX_D2C/HX_D3C 牵引质量与 HX_D3 一致；
　　2. HX_D2B 牵引质量与 HX_D1B 一致。

4.2.5　乘务交路类型

值乘机车的乘务员生产方式与机车交路有关系，又具有独立性。与机车交路相似，广义的乘务交路包括乘务制度和乘务方式。

1. 乘务制度

乘务制度指的是乘务员使用机车的方式，即人和车的关系。乘务制度分为轮乘制和包乘制。我国铁路现行的机车乘务制度普遍采用轮乘制，很少采用包乘制。

1）轮乘制

轮乘制是机车不分包给固定的乘务组，而由所有乘务组依照出乘顺序，轮流担负每台机车的乘务工作。它的主要优点是机车运用效率高，可以做到节省机车数量和减少乘务员数量。目前，我国还没有做到不分客、货列车的轮乘及不分牵引种类的轮乘，随着科学技术的发展及作业人员文化素质的提高，将来也可以实现不分牵引种类，不分客、货列车的轮乘。

2）包乘制

包乘制是将一台机车分配给固定的几个乘务组并负责包管包用。其优点是便于乘务员熟悉机车的性能，缺点是机车运用效率低，需配置较多的机车和乘务员。

2. 乘务方式

乘务方式是指乘务组出乘作业的工作方式。按照机车交路的长短及乘务组的连续作业时间，乘务方式可分为以下几种：

1）立即折返制

机车及乘务组到达折返站后不换班，立即原班原机返回，称为立即折返制。它主要用于交路长度较短或运行时间较短的客、货列车交路。

2）外段调休制

机车及乘务组到达折返站后不换班，进行必要的休息后，原班原机返回，称为外段调休制。该乘务方式优点不明显，一般不使用。

3）外段驻班制

机车及乘务组到达折返站后乘务组换班退勤，机车由驻在折返段的另一班乘务组接乘返回，称为外段驻班制。这种乘务方式的优点是人休车不休，机车的运用效率高，不管是长、短交路均可以使用。

当机车交路包含两个以上的乘务区段时，在换乘点也需派驻乘务员，这种乘务方式一般称为中途换班制，其实质也是驻班制的一种。

4）随乘制

两班乘务组同时出乘，其中一班先工作，另一班车上休息，每到规定的换乘站或折返站后自行换班，称为随乘制。这种乘务方式一般用于青藏高原等沿线自然条件恶劣，不宜设置地面换乘设施的场景。

当交路范围内只有一个乘务区段时，叫作单区段轮乘制。乘务员在本段时，可在段上或回家休息；乘务员在外段时，可在折返段（所）的公寓休息。

当交路范围内有两个或两个以上乘务区段时，叫作多区段轮乘制。在规定换乘的车站上应设乘务员换乘所。乘务员在本段时，可在段上或回家休息；乘务员在外段时，可在折返段（所）的公寓或车站换乘公寓休息。

3. 乘务交路

狭义的乘务交路是指乘务员固定担当运输任务的两站之间的周转区段。机车交路的确定是设置乘务交路的前提。短交路一般由一班乘务组在规定的连续作业时间内完成一个往返交路区段；长交路一般由一班乘务组在规定的连续作业时间内完成一个单程交路区段，或需要两班以上乘务组在规定的连续作业时间内完成一个单程交路区段。实行长交路时，乘务制度多采用轮乘制，外段驻班。

乘务交路长度根据图定旅行时间及一次乘务作业时间确定。根据原中国铁路总公司关于印发《铁路机车运用管理规则》的通知（铁总运〔2015〕314号）、原中国铁路总公司关于印发《动车组司机管理办法》的通知（铁总运〔2016〕64号），不同乘务班制图定旅行时间及一次乘务作业时间如表4.2-6。

表 4.2-6　不同乘务班制图定旅行时间及一次乘务作业时间

乘务班制	图定旅行时间/一次乘务作业时间/h		
	动车组	客机	货机
单司机值乘	4/8	路局自定	路局自定
双司机共同值乘（标准班）	6/10	—/8	—/10
双司机轮流值乘（双班单司机）	10/12	15/—	16/—

注：图定旅行时间为动车组在途时间。一次乘务作业时间指出勤到退勤的全部工作时间，包括在途时间、出退勤时间、立折停留时间。

原则上动车组按单司机值乘设计，普速机车按标准班值乘设计。

司机在本段（或本车间）休息时间应根据月工作时间定额均衡安排，每次休息时间不得少于 16 h；外公寓驻班休息时间不得少于 10 h；轮乘制外公寓换班继乘休息时间不得少于 6 h。

4.2.6　乘务交路设计

1. 旅行速度和乘务时间

旅行速度和乘务时间也是影响机车交路长度的重要因素之一。旅行速度高，在规定的作业时间之内列车运行的距离就长，尤其是客机交路表现得比较突出。不同司机配置的乘务组一次允许连续值乘的乘务时间也不同。

以普速客机交路为例，目前，普速旅客列车的旅行速度一般为 90～100 km/h，去除出退勤辅助作业时间，按标准班（双司机一正一副）乘务组在途时间 6 h 计算，采用两个标准班乘务组轮乘，交路里程可达 1 200 km 左右。采用三个标准班乘务组轮流继乘，交路里程可超过 1 800 km。

2. 乘务交路设计方案

乘务交路与机车交路具有关联性，不同乘务组配置对应机车交路长度如表 4.2-7 所示。

表 4.2-7　不同乘务组配置对应机车交路长度

乘务班制			机车交路长度/km	
			客机	货机
短交路		往返一个班组	270～300	160～200
长交路	双司机共同值乘（标准班）	单程一个班组	540～600	320～400
		单程两个班组轮乘	1 080～1 200	640～800
		单程三个班组轮乘	1 620～1 800	960～1 200
	双司机轮流值乘（双班单司机）	单程一个班组	1 350～1 500	640～800
		单程两个班组轮乘	2 700～3 000	1 280～1 600

注：客机按旅行速度 90～100 km/h 计算；货机按旅行速度 40～50 km/h 计算。

4.3 布局研究

4.3.1 布局原则

1. 机务设备布局原则

（1）机务设备一般设置在编组站、区段站、大型客站、铁路线路的终点车站、国境站、轮渡站、换轨站、补机起点站和终点站，以及牵引种类变更的车站。

（2）机务设备的布点应与路网规划相结合，充分利用既有机务设备。

（3）根据机车交路比选结论和工作量计算，结合既有机务设备的分布性质及规模，确定机务设备的分布性质及规模。

（4）救援设施按照线路长度布置。按单方向救援距离不大于 250 km 设置救援列车基地。高速铁路还应设置应急热备内燃机车存放设施，救援半径原则按 100 km 设置，最长不超过 150 km。

（5）根据《高速铁路车站机务设施设置标准》设置动车车间、动车派班室及公寓等设施。

2. 客车车辆设备布局原则

（1）客车段及客车技术整备所一般设置在大型客运站附近。

（2）客车段一般应与客车整备所合建（或毗邻），以便客车段对待修客车和修竣客车的取送，或共用一些设施。若确有困难，也可单独设置，但应注意和客车整备所之间取送车的便利。

（3）根据列车开行方案、径路、客车对数及路网构成情况，并综合考虑车站及枢纽布置方案、相邻及相关客车车辆设备情况，合理确定客车运用设备维修设施的分布及规模。

3. 货车车辆设备布局原则

（1）货车段一般设置在大量编组作业、空车集结且便于扣车的路网性编组站上，或者在大量装卸作业和聚集空车的车站（如口岸站、港口及厂矿工业站等）。

（2）列检作业场一般设置在路网性和区域性编组站的到达、始发等车场，列车编组作业量较大以及大量装卸货物的其他编组站、区段站的车场，列车编组作业量较小且中转列车较多的区段站、中间站。

（3）根据机车交路、段修工作量，并综合考虑车站及枢纽布置、相邻及相关货车车辆设备情况，合理确定货车检修及运用设备的分布及规模。

4. 动车组设备布局原则

（1）动车段及动车所一般设置在大型客运站附近。

（2）动车段一般应与动车所合建（或毗邻），以便动车段对待修动车和修竣动车的取送，或共用部分设施。若确有困难，也可单独设置，但应注意和动车所之间取送车的便利。

（3）根据动车组开行方案、动车交路、动车组配属及车底数以及设计年度高速铁路的路网构成情况，确定动车组列车运用维修设施的分布及规模。

5. 铁路车辆运行安全监控系统布局原则

普速铁路车辆运行安全监控系统布局如表 4.3-1 所示,高速铁路车辆运行安全监控系统布局如表 4.3-2 所示。

表 4.3-1 普速铁路车辆运行安全监控系统布局

各系统	探测间距	探测站位置分布	探头安装位置要求 直线段要求	坡度要求	速度要求
THDS	≤35 km	车站两端或区间	来车前 50 m,后 30 m;困难条件可设于 R800 m 以上的曲线段	—	—
TFDS	300 km	列检作业场车站附近	来车前 50 m,后 50 m	—	—
TPDS	400 km	区间	来车前 200 m,后 100 m	≤5‰	≥80 km/h
TADS	500 km	车站进站端或区间	来车前 100 m,后 50 m	≤5‰	40~110 km/h
TVDS	—	客整所前方车站	来车前 50 m,后 50 m	—	—
TCDS	—	客车技术整备所	—	—	—
ATIS	—	编组站、分界站、车辆段(所)	距道岔岔尖 30 m,可设置在曲线上	—	—
维修工区	300 km	列检作业场、客车技术整备所或车站	—	—	—

表 4.3-2 高速铁路车辆运行安全监控系统布局

各系统	探测站位置分布	探头安装位置要求 直线段要求	坡度要求	速度要求
TEDS	车站进站端	来车前 50 m,后 50 m	—	5~250 km/h
TPDS	区间	来车前 500 m,后 200 m	≤15‰	200 km/h 铁路,≥180 km/h;250 km/h 铁路,≥200 km/h;350 km/h 铁路,≥280 km/h
TADS	车站进站端或区间	来车前 75 m,后 75 m	≤5‰	40~110 km/h
WTDS	动车所	—	—	—

4.3.2 机辆设备分布

1. 机务设备

1) 机车检修段

机车检修段纳入全路统一规划,目前全路共有 7 个,包括北京、上海、武汉、广州、成都、西安、哈尔滨大功率机车检修段。

2) 机务段

机务段一般设置在省会级城市铁路枢纽编组站(区段站)或部分地级城市铁路枢纽编组站(区段站),独立设置的客运机务段可设置在省会级城市铁路枢纽大型客运站。截至目前,全路共建成 69 个机务段。

随着直流机车自然寿命到期报废，交流机车逐渐将其替换，检修量大幅下降。机务段布点基本可以满足全路生产需求，暂不需新增机务段。后期需逐渐对直流检修设施进行改造，供交流机车检修使用。

3）机务折返段

机务折返段一般设置在始发终到客货列车较多的省会级、地级城市铁路大型客运站、编组站、区段站、中间站或铁路尽头式车站等非机务段本段所在车站。大型编组站一般设有双机务设备，除设置机务段本段外，另设一处机务折返段。另外，国境站一般需设置机务折返段。随着路网的建设，以及枢纽客运站分工调整，需新建部分机务折返段。

4）机务折返所

机务折返所一般设置在始发终到客货列车较少的地级城市铁路客运站、区段站、中间站或铁路尽头式车站。

5）机待线

机待线一般设置在有少量始发终到客货列车的中间站。

2. 客车车辆设备

1）客车车辆段

客车车辆段一般设置在省会级城市主要客运站，一般与客车技术整备所合建。截至目前，全路共建成 26 个客车车辆段。既有客车段可以满足近期检修需求，基本不再新建。

2）客车技术整备所

客车技术整备所一般设置在省会级城市主要客运站或部分客流较大的地级城市客运站。有条件时，应尽量将客车技术整备所和客车段合建。考虑到部分枢纽客运站分工调整，需相应新建客车技术整备所。

3）客车列检所

客车列检所一般设置在省会级城市主要客运站或部分客流较大的地级城市客运站。

3. 货车车辆设备

1）货车车辆段

货车车辆段一般设置在省会级城市铁路枢纽编组站或部分地级城市铁路枢纽编组站。截至目前，全路共建成 41 个货车车辆段。未来货车检修进一步发展，有货车车辆段扩能、智能化改造的需求。

2）站修作业场

站修作业场一般设置在省会级城市铁路枢纽编组站（区段站）或部分地级城市铁路枢纽编组站（区段站）。部分区段站临修作业量大时（16 辆/日），可根据需要设置站修作业场。

3）货车列检作业场

货车列检作业场一般设置在省会级城市、部分地级城市铁路枢纽编组站或距离编组站较远且作业量大的区段站。当区段站设置列检作业场但未设置站修作业场时，应设列检边修线。另外，国境站一般设置列检作业场。

4）技术交接作业场

技术交接作业场一般设置在有翻车机、解冻库的专用线，以及装卸车数 300 辆/日以上的厂矿企业的接轨站。另外，当国境站未设置列检作业场时，需设技术交接作业场。

5）洗罐所

洗罐所一般设置在铁路罐车检修量较大（4辆/日）的货车车辆段或罐车装卸量较大的铁路专用线车站。

6）车轮厂

车轮厂为铁路局范围内统筹设置。一般设置在铁路枢纽编组站货车车辆段内。

4. 动车组设备

1）动车段

动车段纳入全路统一规划，目前全路共有7个，包括北京、上海、武汉、广州、成都、西安、沈阳动车段。随着动车组制造技术提升、检修技术的提高、智能运维的推广，动车组检修周期进一步延长、检修时间逐渐缩短，动车段基本满足检修需求。

2）动车运用所

动车运用所一般设置在有大量始发终到动车组的省会级城市的主要客运站、部分客流较大的地级城市客运站或旅游城市的客运站。截至2022年5月底，全路共建成107个动车所，随着高铁建设，后期还需新建动车运用所。

3）动车存车场

动车存车场一般设在始发终到动车组比较少的客运站或枢纽内未设置动车所的客运站。有条件时，动车存车场宜与客车技术整备所合设。为提高动车运用所使用率，可适当建设动车存车场。

4.3.3 站段关系

1. 站段关系的选择

区段站作为牵引区段的分界点，其主要任务是办理通过列车作业，并担负区段和摘挂列车的解编作业及机车的换挂作业。以机务段为例，机务段在区段站上的常见布置如图4.3-1所示。

机务段位置一般不宜设在站房同侧，即Ⅰ、Ⅱ两个方案；如果设在站房同侧，机车出、入段必然切割正线，在双线铁路上，这个缺点表现得更为严重。

机务段的位置设在站房对侧右端，即Ⅲ方案时，一个方向的机车出、入段与另一方向的列车发车进路交叉；如机务段的位置设在站房对侧左端，即Ⅳ方案时，一个方向的机车出、入段则变为与另一方向的列车接车进路交叉。两者交叉的性质不同，而后者较为严重。横列式区段站如果有可能发展为纵列式区段站时，机务段设在站房对侧右端较设在站房对侧左端有利，如不发展为纵列式区段站时，机务段设在站房对侧左、右端均可。

机务段设在车站对侧并列布置，即Ⅴ方案时，机务段两端均有出入口，机车从两端出、入段，走行距离较短，这是其优点。但其缺点是机车从车场两端出、入段干扰牵出线作业；同时，机务段设在调车场外侧，有碍调车场的横向发展。因此，只有在受地形条件限制及作业量较小时才选择该布置方案。

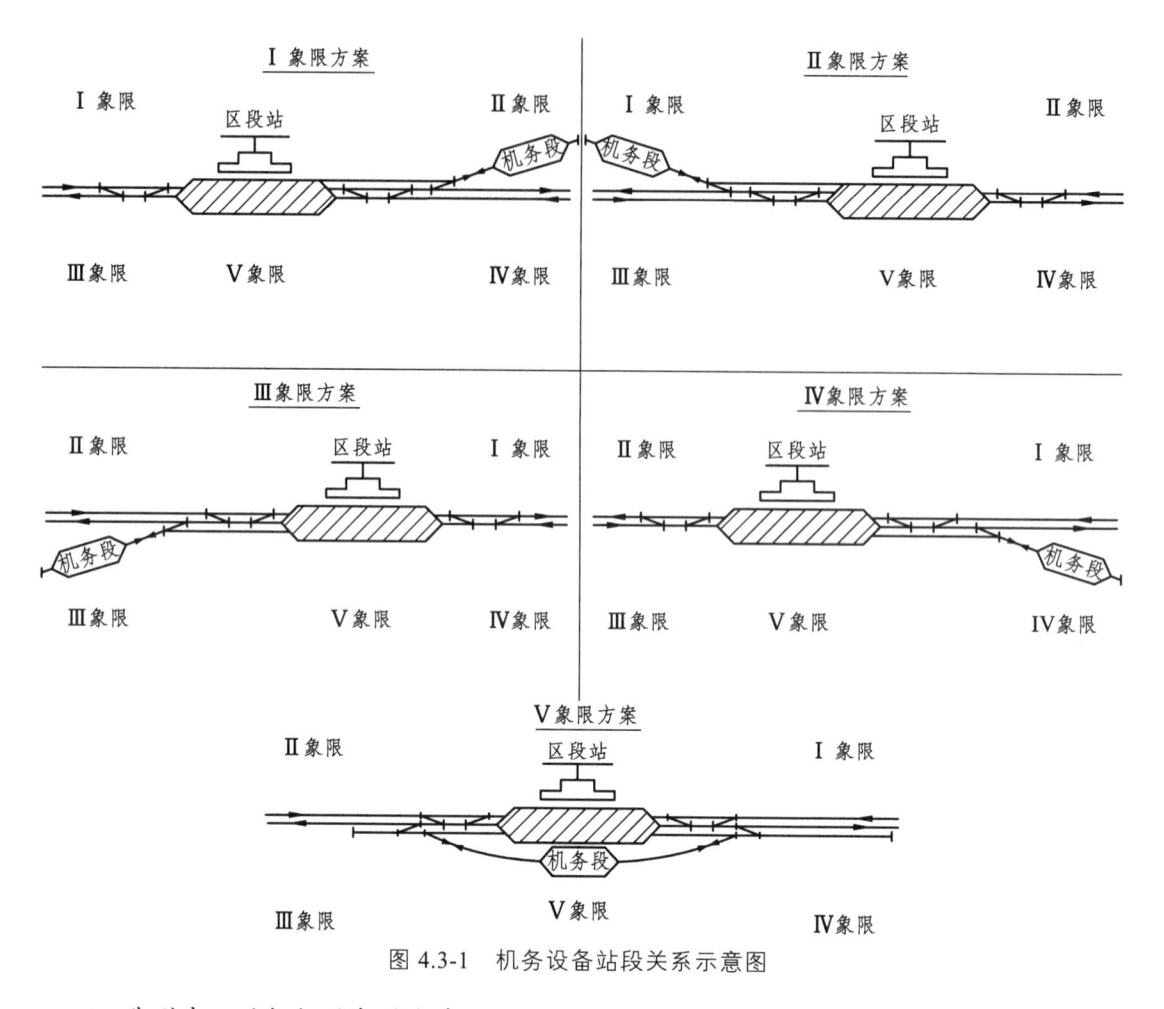

图 4.3-1 机务设备站段关系示意图

2. 典型客运站机辆设备的分布

在路网性客运中心、区域性客运中心或大型客运站上，由于要办理大量旅客列车的始发和终到作业，一般设机务折返段、客车车辆段、客车技术整备所或动车运用所。在一般大型客运站上一般只需设机务折返所、客车技术整备所或动车存车场。典型客运站机辆设备的分布如图 4.3-2～图 4.3-4 所示。

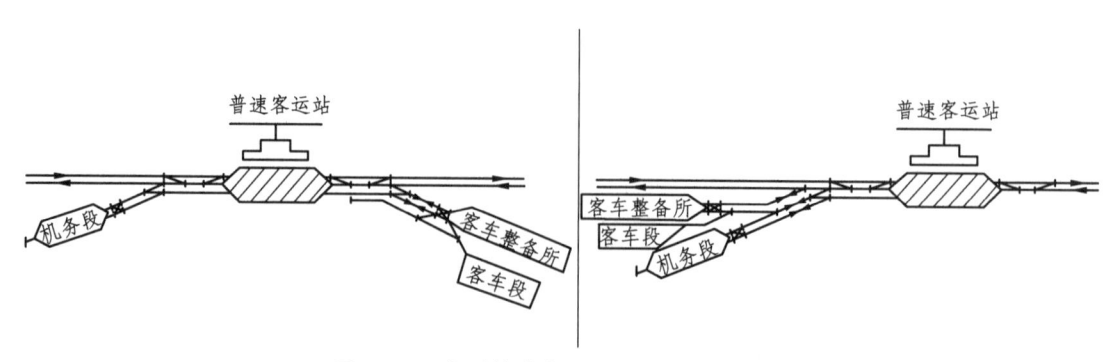

图 4.3-2 典型普速客运站机辆设施示意图

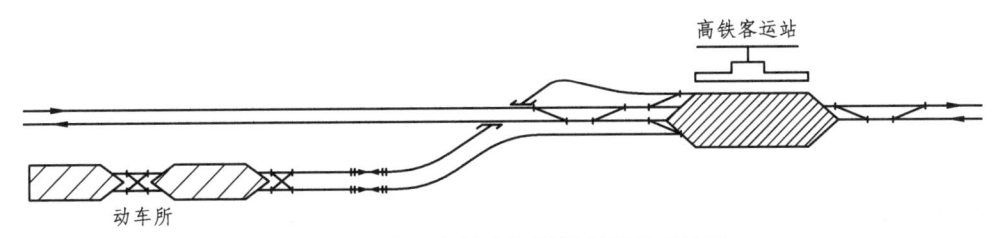

图 4.3-3　典型高铁客运站机辆设施示意图

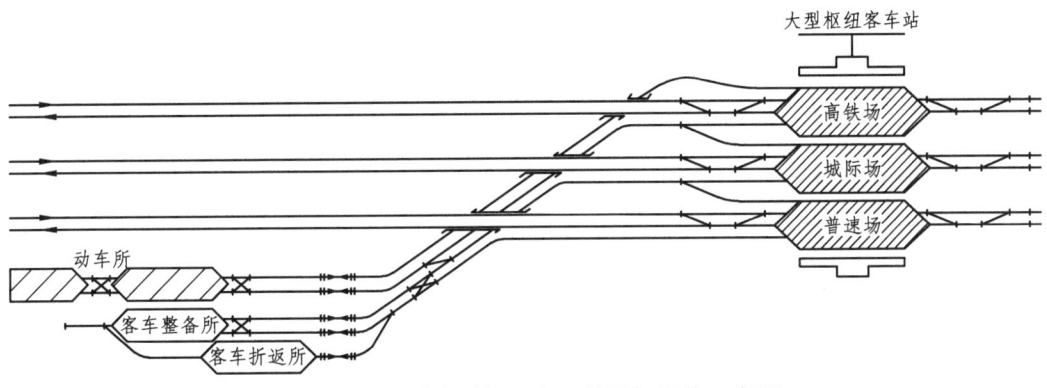

图 4.3-4　典型大型枢纽客运站机辆设施示意图

3. 典型编组站机辆设备的分布

编组站设有机务设备及车辆设备，尤其是在双向编组系统的大型编组站，通常设有机务段、机务折返段、货车车辆段、货车站修作业场、货车列检作业场等机辆设施。典型编组站机辆设备的分布如图 4.3-5 和图 4.3-6 所示。

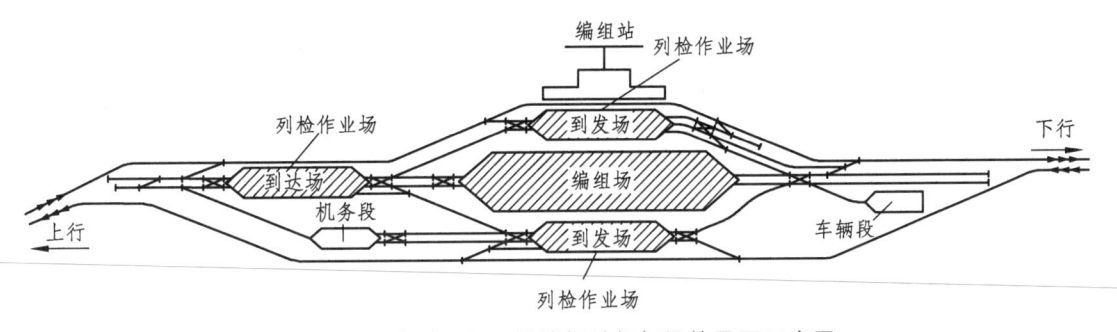

图 4.3-5　典型二级四场编组站机辆设施平面示意图

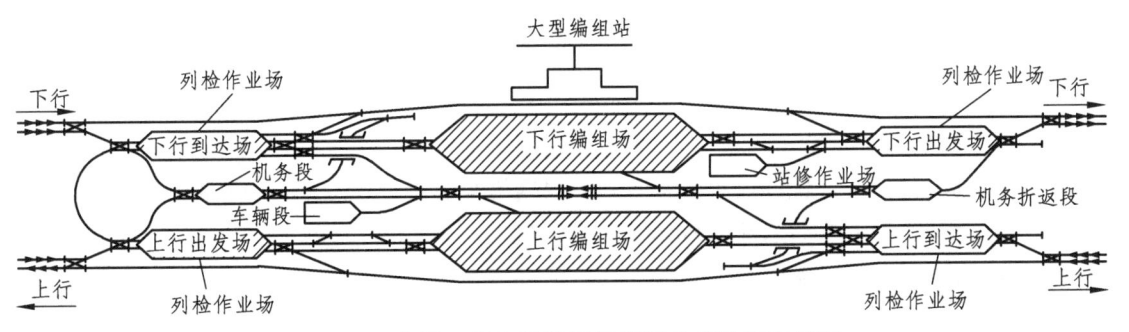

图 4.3-6　典型三级六场编组站机辆设施平面示意图

73

4. 典型国境站机辆设备的分布

国境站通常是一个国家某条铁路与国外铁路接轨的车站,也是一个国家某条铁路的终点站,国境铁路机务设备的设置与通关模式及运输组装紧密相关。当采用两地两检的通关模式时,两国各设国境站1个,共2个,各自国家的机车均运行到本国国境站为止,两国境站间开行小交路摆渡,两国境站各自配套机务设备1处,共2处。当采用一地两检的通关模式时,只设1个国境站,配套1处机务设备。

4.4 规模研究

4.4.1 设计流程

1. 功能定位

功能定位是机辆设备工程需首先确定的问题,对工程规划具有指导性作用。功能定位需明确拟实施的机辆设备工程承担的功能,包括满足路网覆盖范围、检修车型、修程范围、近远期规划方案。

2. 工作量计算

计算工作量前应明确相关计算指标,主要有:检修周期、库停时间、年工作时间。

检修周期和库停时间详见 4.1.1 内容;不同国家的工作时间不尽相同,中国的年工作时间为250天(365天 – 52周×2天 – 11天法定假日 = 250天)。另外,工作量计算还应考虑台位利用率和不平衡系数。

3. 规模设计

以工作量计算为基础数据,根据用地情况以及工程投资情况等,合理确定设计规模。

设计规模往往是工程建设关注的焦点,合理确定设计规模,既可满足运营单位的生产要求,又可使工程投资控制在预定额度以内。

4.4.2 机务设备

1. 配属机车台数计算

根据日车公里指标法确定配属机车台数,备检率取 15%,计算公式如下:

$$N = 1.15 S_R / C$$

式中　N——配属机车台数;
　　　C——机车日车公里指标,km/日·车(根据机车类型选择,500~1 000);
　　　S_R——机车日总走行公里,km/d。

2. 机车整备工作量计算

机车整备台位计算公式如下:

$$A_z = N_z \times t_z \times C_z / 1440$$

式中　A_z——机务段（所）需整备台位数；

　　　N_z——每昼夜需整备的机车台次（双机重联按 1 台次计算）；

　　　t_z——每台机车整备作业时间（包含检查保养时间），一般取 50 min；

　　　C_z——整备机车不平衡系数，取 1.1~1.5。

3. 机车检修工作量计算

交流传动机车分 C1~C6 级检修，各级修程台位数可按下列公式计算：

$$A_{Ci} = \alpha N_{Ci} t_{Ci} / 250$$

式中　A_{Ci}——交流传动机车 Ci 修台位数，$i = 1~6$；

　　　N_{Ci}——交流传动机车 Ci 修机车台数，$i = 1~6$；

　　　t_{Ci}——交流传动机车 Ci 修占用台位时间，d，$i = 1~6$；

　　　Ci——交流传动机车检修修程，$i = 1~6$；

　　　α——检修机车不平衡系数，当 C1~C3 修时，取 1.2，当 C4~C6 修时，取 1.1；

　　　250——全年法定工作天数。

N_{Ci} 按下列公式计算：

$$N_{C6} = S_{沿年} / L_{C6}$$

$$N_{C5} = S_{沿年} / L_{C5} - N_{C6}$$

$$N_{C4} = S_{沿年} / L_{C4} - N_{C6} - N_{C5}$$

$$N_{C3} = S_{沿年} / L_{C3} - N_{C6} - N_{C5} - N_{C4}$$

$$N_{C2} = S_{沿年} / L_{C2} - N_{C6} - N_{C5} - N_{C4} - N_{C3}$$

$$N_{C1} = S_{沿年} / L_{C1} - N_{C6} - N_{C5} - N_{C4} - N_{C3} - N_{C2}$$

式中　N_{Ci}——沿线交流传动机车 Ci 修的年检修台数，$i = 1~6$；

　　　L_{Ci}——沿线交流传动机车 Ci 修的定检公里指标，$i = 1~6$；

　　　Ci——交流传动机车检修修程，$i = 1~6$；

　　　$S_{沿年}$——沿线机车年走行公里，万千米。

4. 公寓、间休数量计算

（1）高铁车站机务设施设置指标如表 4.4-1 所示。

表 4.4-1　高铁车站机务设施设置标准

机构名称	功能及主要房屋组成	面积/m²，或间数	设置条件	附 注
动车运用车间	隶属机务段，承担全段动车组司机运用管理，担当多个方向乘务任务。房屋设施主要由车间管理办公室、学习室、派班室、出乘器物存放间、资料备品存放间、驾驶模拟室、健身房、生理心理调节室、浴室等组成	1 500~2 000	一般设置在客运机务段所在地、始发终到动车组较多的车站	车间规模按照 2~4 车队考虑，其余参考《铁路房屋建筑设计标准》

续表

机构名称	功能及主要房屋组成	面积/m², 或间数	设置条件	附注
动车运用车队	隶属动车组运用车间，承担本车队动车组司机的乘务管理，担当1~2个方向乘务任务。房屋设施主要由车队办公室、指导司机室、学习室、派班室（若与动车车间分离，需设置）、生理心理调节室、浴室等组成	600~900	担当1~2个方向乘务任务且所在车站非动车组运用车间所在站	按车队动车司机80人规模考虑，人员超出可另增加面积
动车派班室	承担动车组司机出退勤管理，隶属动车车间。房屋设施主要由派班室、值班室等组成	200~300	有换乘作业需要办理出退勤的车站、非动车组运用车间、动车组运用车队所在站	
间休室	动车组司机乘务交路间休息场所	$\dfrac{(2N_1+N_2)\times n}{2\times 2}$	乘务交路换乘车站	间休室标准同公寓。车站仅设间休室时，另增2间管理房屋
公寓	动车组司机待乘住宿场所	$2\cdot N_3\times 0.25+N_4\times 0.1$	外段司机需住宿待乘的车站	车站司机公寓

说明：
① 间休室计算公式中：N_1为本站需换乘的通过列车对数；N_2为本站需换乘的始发终到列车对数；n为间休系数（取0.4~0.6）；2为每床位日间休次数；2为双人间。
② 公寓计算公式中：N_3为本站需换乘且由外段担当交路的通过列车对数；N_4为由外段担当交路的始发终到列车对数；0.25、0.1为公寓系数。
③ 设在车站的间休室、公寓可以实现功能共用，即白天作为间休室，晚上作为公寓；设计按照两者计算规模最大者设计。

（2）动车段、所及存车场机务设施设置指标如表4.4-2所示。

表4.4-2 动车段、所及存车场机务设施设置标准

设置位置	机构名称	功能及主要房屋组成	面积/m², 或间数	设置条件	附注
动车段、所	地勤司机车队	承担段、所内地勤司机乘务运用及入段、所本务司机出退勤管理，隶属动车车间。房屋设施主要由车队办公室、学习室、派班室、地勤间休室等组成	500~800	8线检查库及以上	
	动车派班室	承担段、所内地勤司机乘务运用及入段、所本务司机出退勤管理，隶属动车车间。房屋设施主要由值班室、学习室、派班室、地勤间休室等组成	300~500	8线检查库以下	
	公寓	动车司机待乘	存车列数×0.6	均设置	

续表

设置位置	机构名称	功能及主要房屋组成	面积/m², 或间数	设置条件	附注
动车存车场	动车派班室	存车场动车司机出退勤管理，隶属动车车间。房屋设施主要由派班室、值班室等组成	60	均设置	可与车站派班室合设
	公寓	动车司机待乘	存车列数+2	均设置	可与车站公寓合设

说明：
① 本表适用于高铁路网中动车段、所及存车场机务设施的规划、设计，地方城际铁路、国外高铁项目可结合实际情况参考使用。
② 动车段、所及存车场内本务司机和地勤司机食堂、浴室在段、所及存车场内统筹考虑。
③ 表中房屋使用面积及间数为功能使用面积，不含走廊、楼梯等辅助面积。
④ 公寓间数计算公式中：0.6 为入段、所本务司机需要待乘系数（动车段、所距离市区较远司机不具备退勤回家条件时，本系数采用 1.0；动车段、所距离市区较近且司机具备退勤回家条件时，根据实际情况取 0.6；若采用地乘分离模式，本系数可采用 0.3~0.4）。
⑤ 车站及动车段、所及存车场内的司机公寓应统筹考虑，避免重复计列。

5. 机务段检修规模

各机务设备整备能力如表 4.4-3 所示，各机务设备检修能力如表 4.4-4 所示。

表 4.4-3 各机务设备整备能力一览表

机务段（所）	担当交路方向	整备台次	整备设施规模
机务段 & 机务折返段（派驻机车）	≤8	160	8 条整备线
	≤6	120	6 条整备线
	≤4	80	4 条整备线
	≤3	60	3 条整备线
	≤2	40	2 条整备线
机务折返段	折返	80	4 条整备线
	折返	60	3 条整备线
	折返	40	2 条整备线
机务折返所	折返或小运转	20	2 条整备线
机待线	折返	10	2 条机待线
	折返	5	1 条机待线

表 4.4-4 各机务设备检修能力一览表

机务段（所）	年总走行公里	配属机车台数	C3 修及以下规模	C4 修规模
机务段	≤18 000 万千米	600~750 台	12 台位	4 台位
	≤9 000 万千米	400~500 台	6 台位	2 台位
	≤4 500 万千米	200~250 台	3 台位	1 台位
机务折返段（派驻机车）	≤4 500 万千米	200~250 台	3 台位	—
	≤1 500 万千米	≤80 台	1 台位	—

4.4.3 客车设备

1. 客车整备工作量计算

客车技术整备所整备线和停留线总配置数量宜根据列车运行图、客车车底与动力集中动车组周转图确定，也可根据计算入所客车车底和动力集中动车组数量（N_{ss}）确定。入所客车车底和动力集中动车组数量计算如下：

$$N_{ss} = A_s + B_s + C_s$$

式中　N_{ss}——每日进入客整所作业的客车车底和动力集中动车组数量（列/日）；
　　　A_s——客运站每日终到始发旅客列车中，单一运行交路的旅客列车总列数（列/日）；
　　　B_s——客运站每日终到/始发旅客列车中，套跑多个交路的旅客列车总列数（列/日）；
　　　C_s——客运站每日终到/始发旅客列车中，多次往返运营的短途旅客列车的客车车底和动力集中动车组数（列/日）。

注：计算入所客车车底和动力集中动车组数量需避免重复计算终到/始发列车、套跑列车和1日内多次往返的短途列车数量。A_s计算时，1对终到和始发列车计算为1列；B_s计算时，1个套跑交路的各次列车计算为1列；C_s计算时，1组客车车底或动力集中动车组列车计算为1列。

2. 客车段修工作量计算

客车段修台位计算公式如下：

$$C_d = W_d \cdot \frac{t_b}{d_{yw}} \cdot \beta$$

式中　C_d——客车段修台位数量（个）；
　　　W_d——年段修工作量（辆/年）；
　　　t_b——每辆段修车平均所需的台位时间（个·日/辆），取6；
　　　d_{yw}——年工作天数（日/年），取250；
　　　β——检修不均衡系数，取1.1。

当不同车型或不同检修等级的作业时间差异较大，采用平均所需的台位时间计算引起误差较大时，可分别计算段修台位数量。

W_d按下列公式计算：

$$W_d = \sum W_n$$

$$W_n = \frac{M_a}{p_n}\left(1 - \frac{p_n}{p_{n+1}}\right)$$

$$M_a = \frac{d_{yo}}{10\,000} \sum_{i=1}^{s_o} l_i \cdot n_i \cdot c_i$$

式中 W_d——客车段年检修工作量（辆/年）；

W_n——客车段修范围内的第 n 级修程年检修工作量（辆/年）；

M_a——客车年走行车公里（辆·万千米）；

p_n——第 n 级修程检修周期（万千米）；

d_{yo}——全年运行天数（日/年），取 365；

s_o——承担段修任务范围内的旅客列车每日开行总列数（列/日）；

l_i——第 i 列列车始发站至终到站的线路长度（km）；

n_i——第 i 列列车日均开行数量（列/日），对于每日开行的列车，$n_i = 1$，对于非每日开行的列车，n_i 按开行周期进行折算；

c_i——第 i 列列车的编组辆数（辆/列），动力集中动车组扣除动力车。

3．客车技术整备所规模

客车整备线和停留线配置数量如表 4.4-5 所示。

表 4.4-5 客车整备线和停留线配置数量

入所客车车底和动集动车组数量/（列/日）	整备线/条	停留线/条	合计/条
8	4	2	6
9～10	5	2	7
11～13	5	3	8
14～15	6	3	9
16～18	7	3	10
19～22	7	4	11
23～26	8	4	12
27～29	9	4	13
30～31	9	5	14
32～34	10	5	15
35～37	11	5	16
38～40	11	6	17
41～43	12	6	18
44～46	13	6	19
47～49	13	7	20
50～52	14	7	21

注：当入所客车车底和动力集中动车组总数量大于 52 列/日时，整备线数量按入所总数量乘以 0.26 计算，停留线数量按入所总数量乘以 0.14 计算。表中停留线数量不含备用动力集中动车组停留线。

4. 客车段修规模

客车段修规模应根据修车工作量和检修时间，以及相关的既有客车段修能力等综合分析确定。新建客车段修规模宜为 24~48 个段修台位。客车段检修能力如表 4.4-6 所示。

表 4.4-6 客车段检修能力一览表

年总走行公里/亿千米	客车段修台位	修车库台位	车库形式	每线台位数
5.86	16	8	两线库	4
7.33	20	10	两线库	5
8.8	24	12	三线库	4
			两线库	6
10.26	28	14	两线库	7
11	30	15	三线库	5
11.73	32	16	两线库	8
13.2	36	18	三线库	6
14.66	40	20	2+2 线库	5
15.4	42	21	三线库	7
17.6	48	24	三线库	8
			2+2 线库	6

规模小于 24 台位的客车段难以达到规模效益，而大于 48 台位取送车较为困难。

4.4.4 货车设备

1. 货车站修工作量计算

站修作业场规模应根据日均铁路货车摘车临修工作量和邻近既有站修作业场临修能力综合分析确定。

（1）货车临修工作量计算：

$$G' = e \times N$$

式中　N——货车保有量，辆；

　　　e——摘车临修率，可取 0.2%；

　　　G'——日均铁路货车摘车临修工作量（辆/d）；

（2）站修台位计算：

$$T' = G'/t'$$

式中　T'——站修作业场修车台位数（个）；

　　　G'——日均铁路货车摘车临修工作量（辆/d）；

　　　t'——台位利用系数，取 1.8。

2. 货车段修工作量计算

货车段规模根据段修工作量和邻近既有货车段修能力综合分析确定。

（1）货车保有量计算：

$$N = \frac{(1+\alpha)\sum n \cdot M \cdot L}{K}$$

式中　N——货车保有量（辆）；

　　　n——非运用车保有系数，取 0.26（其中备用率 0.23，检修率 0.03）；

　　　α——区间内列车数（列/d）；

　　　M——列车编挂辆数（辆/列）；

　　　L——区间长度（km）；

　　　K——货车日车公里（km/d）。

（2）当段修工作量按货车保有量确定时，可按下式计算：

$$G = \alpha_1 \cdot N / D$$

式中　G——日均段修工作量（辆/d）；

　　　N——货车保有量（辆）；

　　　α_1——段修循环系数，取 0.5；

　　　D——年工作日数（d），取 250。

（3）当段修工作量按有调作业空车数和装卸作业车数确定时，可按下式计算：

$$G = \beta_1 \cdot W_1 + \beta_2 \cdot W_2$$

式中　G——日均段修工作量（辆/d）；

　　　β_1——有调作业空车扣修系数，取 0.01；

　　　β_2——装卸作业车扣修系数，取 0.013；

　　　W_1——日均有调作业空车数（辆/d）；

　　　W_2——日均装卸双重作业车数（辆/d）。

（4）修车台位数可按下式计算：

$$T = G / t$$

式中　T——修车台位数（个）；

　　　t——台位利用系数，取 1.5~1.8。

3. 站修作业场规模

一般在设有列检作业场且日临修车不少于 16 辆的车站设置站修作业场。站修作业场检修能力如表 4.4-7 所示。

表 4.4-7 站修作业场检修能力一览表

项 目	货车保有量/辆	修车库（棚）台位		
		站修台位	库（棚）形式	每线台位数
站修作业场	9 000	10	两线库	5
	13 500	15	三线库	5
	18 000	20	两线库	10
	27 000	30	三线库	10

4. 货车段修规模

新建货车段的规模宜为 18~36 个段修台位。货车车辆段检修能力如表 4.4-8 所示。

表 4.4-8 货车车辆段检修能力一览表

项 目	货车保有量/辆	修车库台位		
		修车库台位	车库形式	每线台位数
货车段	7 500	10	两线库	5
	9 000	12	两线库	6
	10 500	14	两线库	7
	11 250	15	三线库	5
	12 000	16	两线库	8
	13 500	18	两线库	9
			三线库	6
	15 000	20	四线库	5
	15 750	21	三线库	7
	18 000	24	三线库	8
			四线库	6
	20 250	27	三线库	9
	21 000	28	四线库	7
	24 000	32	四线库	8
	27 000	36	四线库	9

规模小于 18 台位的货车段难以达到规模效益，而大于 36 台位取送车较为困难。

4.4.5 动车组设备

1. 动车组配属原则

（1）动车始发、终到地双方均设有动车运用所时，原则上按各自一半配属动车组；
（2）动车始发、终到地一方设有动车运用所时，动车组配属在设有动车运用所一方。

2. 动车组配属组数计算方法

动车组配属组数：运用车数×1.17。

3. 动车存车场存车线条数计算

动车存车场存车线数量如表4.4-9所示。

表 4.4-9 动车存车场（车站）存车线数量计算

本地开行径路的动车组运用组数	本地过夜存放的动车组数量
1.5	0.5
2~2.5	1
3~3.5	1.5
4~4.5	2
5~5.5	2.5
6~6.5	3

动车存车场远期设计规模不宜小于4条存车线（1线2列位）。当动车组过夜存车数较少、不满足设置存车场规模要求时，应考虑利用车站到发线存放过夜动车组。

4. 动车运用所检查库线、存车线条数计算

$$检查库线数量 = 配属动车组数 \times 动车组每次检修作业总时间/检修周期/库线每天作业总时间/库线列位数$$

式中，配属动车组：包含运用车、备用车及检修车，数量单位为标准组。

动车组每次检修作业总时间：一级修作业时间，取4 h；

检修周期：动车组检修间隔天数，取2.5天；

库线每天作业总时间：根据实际经验取10 h；

库线列位数：一般为每线2列位，取2。

检查库线数量按每配属12.5组标准动车组配置1条检查库线（1线2列位）。严寒地区检查库兼顾冬季融冰除雪作业时，按每配属10组标准动车组配置1条检查库线（1线2列位）。

存车线按配属车数量考虑，不考虑利用检查库线存车。每条检查库线配套5~7条存车线。临修不落轮镟库前走行线与检查库横列布置的人工洗车线（可兼牵出线）不计入存车线条数。

5. 动车段修工作量计算

动车段各级检修列位数量应根据年检修工作量、年工作天数、作业时间、不均衡系数计算，计算公式如下：

$$H = S \cdot T \cdot \beta / D$$

式中　H——检修库列位数（列位）；
　　　S——年检修工作量（列）；
　　　T——库停时间（d）；
　　　β——不均衡系数（一般取 1.2）；
　　　D——年工作天数（d）。

6. 动车运用所规模

动车运用所规模如表 4.4-10 所示。

表 4.4-10　动车所规模一览表

序号	动车组配属数（标准组）	动车所规模（1线2列位）检查库线	存车线
1	≤25	2	12
2	≤50	4	24
3	≤75	6	36
4	≤100	8	48
5	≤150	12	72
6	≤200	16	96

注：按每条检查库线配 6 条存车线计算。

4.5　总图布置方案

4.5.1　总图布置原则

1. 段址选择

段址选择应研究择址区土地可否征用、有无重大拆迁工程、地质条件可否满足铁路建设需求等现场情况，另应遵循以下原则：

（1）应设于客运/货运中心所在地，宜靠近车站设置。
（2）用地应符合城市总体规划。
（3）有良好的接轨条件，走行线应顺向连接，避免折角反向入段。
（4）宜设在工程地质和水文地质良好的地段，并应有良好的自然排水条件。
（5）便于城市电力线路、给排水等市政管道的引入和道路的连接。
（6）有足够的有效用地面积及远期发展余地。

2. 总平面布置原则

总平面布置原则：一是满足相关规范、技术要求；二是满足节约、节能要求；三是人性化需求；四是人行便捷、物流通畅、信息互联，实现生产能力最大化。

（1）根据生产、防火、卫生、安全施工等要求，结合地形、地质水文、气象、地震烈度等自然条件，因地制宜，综合考虑机辆设施内建筑物、构筑物、堆场、道路、管线、场地排水、绿化设施的布置，为生产创造良好条件。

（2）充分考虑日照及主导风向，并有良好的自然通风和采光条件。

（3）联系密切的车间靠近或集中布置，使工艺流程通顺，避免交叉作业和往返运输，并考虑小型生产房屋的合并修建，以利于节约用地和工程造价。

（4）考虑设施远期发展，预留扩建用地。

3. 总平面布置相关专业技术权重

从工程实物构成考虑，总平面布置由线路、房屋、设备和室外构筑物四部分构成，主要包括机辆、站场等14个专业，各专业与总图的关联度按照强、中、弱相关划分，如表4.5-1所示。

表4.5-1 机辆设备工程各相关专业技术相关性

专业	线路设计	房屋设计	工艺设备	室外构筑物
机辆专业	强	强	强	中
站场专业	强	中	弱	强
轨道专业	弱	弱	弱	弱
路基专业	弱	弱	弱	弱
桥梁专业	弱	弱	弱	中
建筑专业	中	强	中	中
结构专业	弱	弱	中	中
电力专业	弱	弱	弱	强
暖通专业	弱	弱	弱	弱
给排水专业	弱	弱	弱	中
通信专业	弱	弱	弱	中
信息专业	弱	弱	弱	中
信号专业	强	弱	弱	弱
电气化专业	中	中	弱	中

强相关：对总图布置影响重大，设计时需系统研究，量度值取3；
中相关：对总图布置有一定影响，设计中考虑该因素，量度值取2；
弱相关：对总图布置基本无影响，或影响很小，设计中了解即可，量度值取1。

各专业相关性柱状图如图 4.5-1 所示。

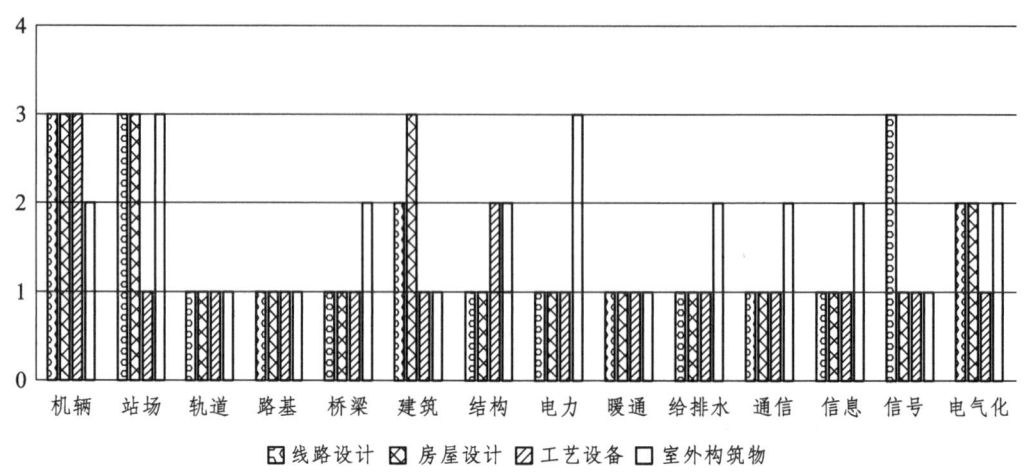

图 4.5-1 专业相关性柱状图

4.5.2 机务段（所）总图布置方案

各机务段（所）总图方案根据实际地形、用地边界、投资限额等有多种方案。以下罗列的布置方案为典型机务段（所）总图布置方案。

1. 机务折返所

线路包括出入所线、整备线、走行线、牵出线等。整备场是核心区域，设有整备棚、检查地沟，并配套整备设备设施等，其他生产及办公房屋临近设置，如图 4.5-2 所示。

图 4.5-2 典型机务折返所平面示意图

2. 机务折返段

相比机务折返所，机务折返段另配置有临修库，承担临修作业，根据需要设置轮对、受电弓动态检测设备及上砂卸污和洗车设施，如图 4.5-3 所示。

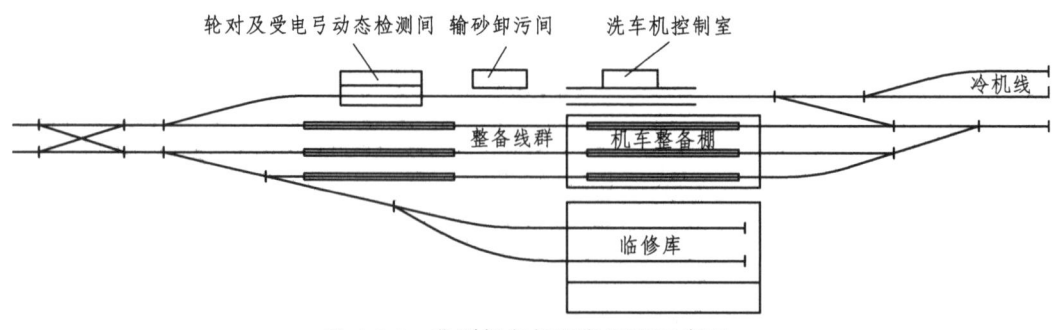

图 4.5-3 典型机务折返段平面示意图

3. 机务段

相比机务折返段，机务段另配置有检修库，承担 C3、C4 修作业，如图 4.5-4 所示。

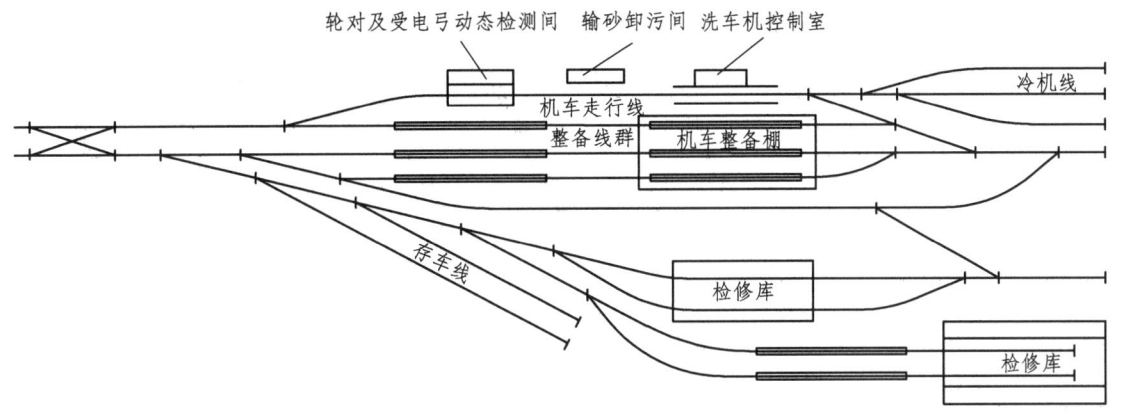

图 4.5-4 典型机务段平面示意图

4. 救援列车基地

救援列车基地设有救援列车停留线、演练线、走行线等，并配套设置救援办公楼等，如图 4.5-5 所示。

图 4.5-5 典型救援列车基地平面示意图

4.5.3 车辆段（所）总图布置方案

各车辆段（所）总图方案根据实际地形、用地边界、投资限额等有多种方案。以下罗列的布置方案为典型车辆段（所）总图布置方案。

1. 客车技术整备所

线路包括整备线、存车线、临修线等。整备所设有整备棚、检查地沟等，其他生产及办公房屋临近设置，如图 4.5-6 所示。

图 4.5-6 典型客车技术整备所平面示意图

2. 客车段

在客车技术整备所的基础上，客车段另设有修车库，并配套生产生活设施，承担段修作业，如图 4.5-7 所示。

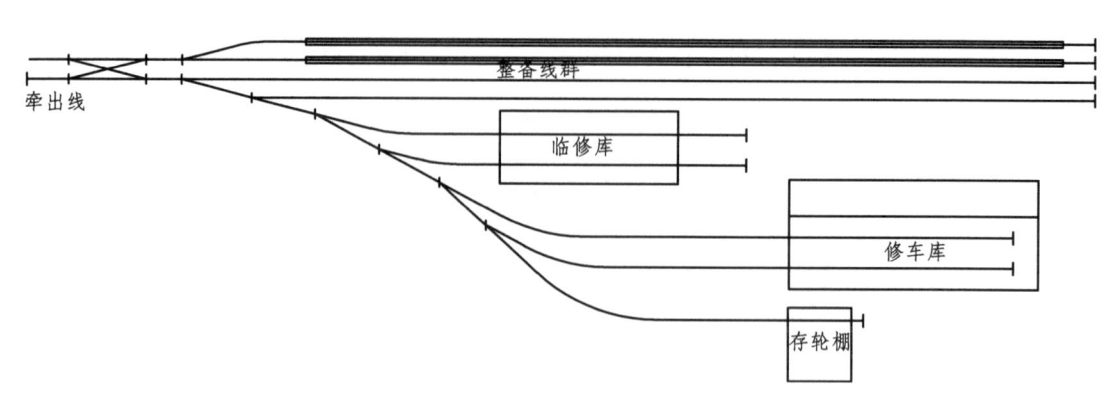

图 4.5-7 典型客车段平面示意图

3. 货车段

线路包括存车线、修车线、存轮线、调梁线等，并配套生产生活设施，如图 4.5-8 所示。

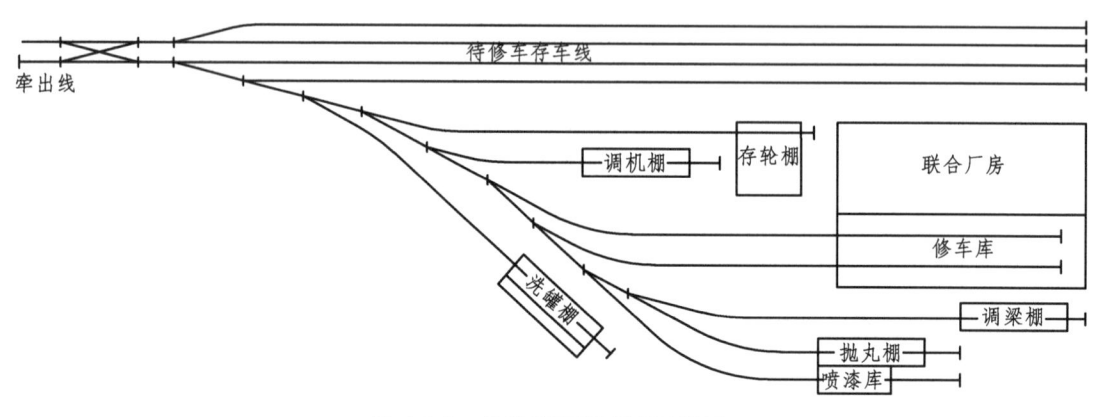

图 4.5-8 典型货车段平面示意图

4. 列检作业场

列检作业场设有列检综合楼、待检室等房屋，如图 4.5-9 所示。到发线间设列检作业通道，两端咽喉区设横向作业通道。

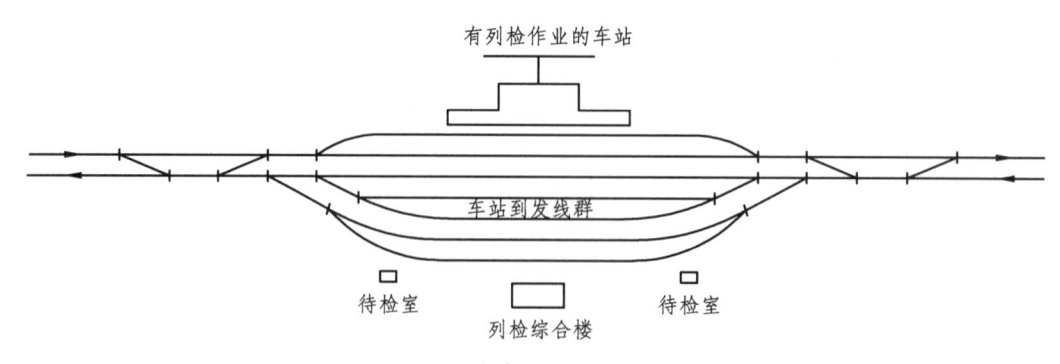

图 4.5-9 典型列检作业场平面示意图

5. 机辆段

当机车车辆整备检修工作量较小，相邻线路网无可利用的机务设备及车辆设备时，宜设置机辆段，承担机车、车辆的整备、临修以及定期检修，如图 4.5-10 所示。

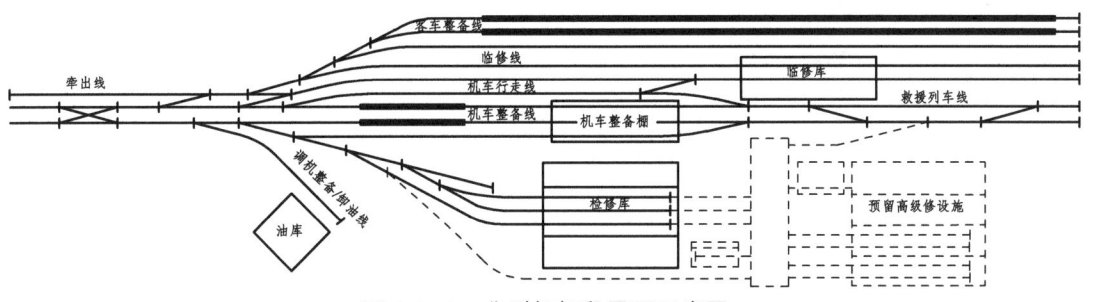

图 4.5-10 典型机辆段平面示意图

4.5.4 动车所总图布置方案

动车所总图方案根据实际地形、用地边界、投资限额等有多种方案。以下罗列的布置方案为典型动车所总图布置方案。动车所总布置方案如图 4.5-11 ~ 图 4.5-13 所示。

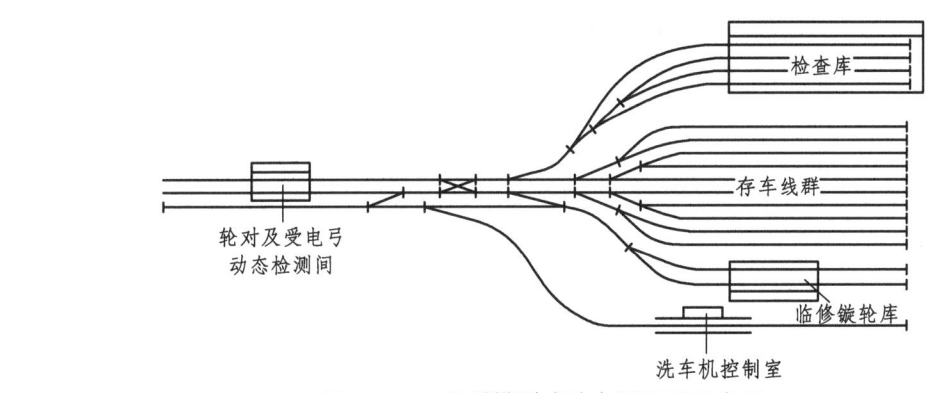

图 4.5-11 典型横列式动车所平面示意图

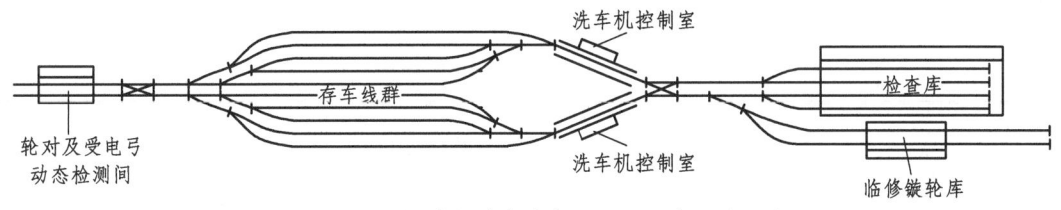

图 4.5-12 典型纵列式动车所平面示意图（一）

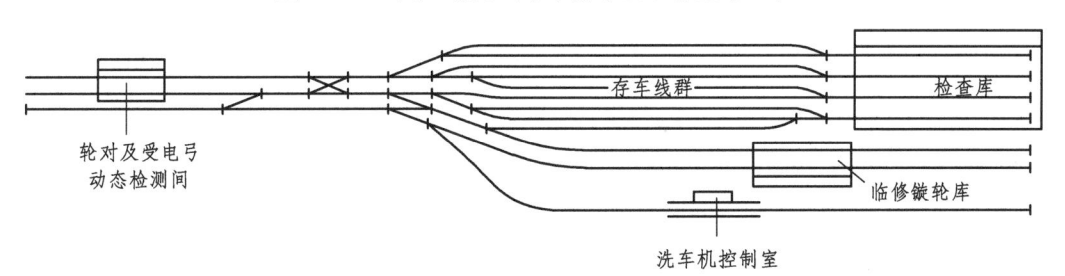

图 4.5-13 典型纵列式动车所平面示意图（二）

4.5.5 线路设计

线路长度应满足检修作业需求,还需满足站场布置,信号、接触网距离要求。

1. 线路长度及坡度

线路长度及坡度设计要求如表 4.5-2 所示。

表 4.5-2 线路长度及坡度设计要求

序号	线路名称	设计长度要求	坡度要求
1	轮对(受电弓)动态检测线	机车检测区前后直线段不小于 16 m 客车检测区前后直线段不小于 22 m 动车检测区前后直线段不小于 25 m	平坡
2	洗车线	机车洗车区前后直线段不小于 16 m 客车洗车区前后直线段不小于 22 m 动车洗车区前后直线段不小于 25 m	平坡
机务段(所)线路			
1	机车出入段线	一度停车位有效长不小于两台机车长度 + 10 m	*
2	机车整备线	直线长:L(机车计算长度)×N(每条整备线停放机车台位数)+ L_t(机车间安全距离)×$(N-1)$ + 30 m(附加距离);双机连挂入段时,机车计算长度 L 为双机计算长度	平坡 困难≤1‰
3	机车上砂线	直线长:L(机车计算长度)+ 10 m	平坡
4	尾线	单机入库有效长:$2×L$(机车计算长度)+ 10 m; 双机重联入库有效长(条件允许时):$3×L$(机车计算长度)+ 10 m	平坡
5	转车线	转车盘前:50 m 的平坡段,12.5 m 的直线段; 转车盘后:5 m	平坡
6	机车检修库线	库前无检查坑时库前直线段:8 m(横向通道)+ L(机车计算长度); 库前有检查坑时库前直线段:8 m(横向通道)+ 检查坑长度($L+4$)+ 6.5 m(附加距离)	平坡
7	其他检修库线	库前直线段 16 m	平坡
8	机待线	有效长:L(机车计算长度)+(10~20 m)	上坡道≤5‰
9	备用机车停留线	有效长:按运用机车的 10%~15% 计算	平坡
10	救援列车停留线	有效长:250 m	平坡
11	救援演练线	有效长:80 m	平坡
客车段(所)线路			
1	客车整备线	直线长:L(客车车底计算长度)+ 42 m(附加距离)	平坡 困难≤1‰
2	动集整备线	一线一列位直线长:L(动集列车计算长度)+ 42 m 一线二列位直线长:L(动集列车计算长度)+ 52 m	平坡 困难≤1‰
3	客车车底停留线	直线长:L(客车车底计算长度)+ 32 m(附加距离)	平坡 困难≤1‰

续表

序号	线路名称	设计长度要求	坡度要求
客车段（所）线路			
4	动集停留线	一线一列位直线长：L（动集列车计算长度）+ 10 m 一线二列位直线长：L（动集列车计算长度）+ 20 m	平坡 困难≤1‰
5	存车线	有效长：按运用客车的22%～25%计算	平坡 困难≤1‰
6	牵出线	直线长：L（客车车底计算长度）+ 32 m（附加距离）	平坡 困难≤6‰
7	客车整备棚（库）线	直线长：L（客车车底计算长度）+ 27.5 m（附加距离）	平坡
8	动集整备棚（库）线	一线一列位：L（动集列车计算长度）+ 27.5 m 一线二列位：2×L（动集列车计算长度）+ 37.5 m	平坡
9	临修棚（库）线	库两端直线段：22 m	平坡
10	不落轮镟线	库两端直线段：22 m	平坡
11	修车库线	库前直线段：22 m	平坡
货车段线路			
1	修车库线	库前直线段：20 m	平坡
2	存车线	按2.5～3.0倍的日修车数计算	平坡
动车段（所）线路			
1	动车存车线	两列短编组：列车模式为630 m；调车模式为540 m	平坡
2	动车检修库线	库前直线段：20 m	平坡
3	临修线 不落轮镟线	库前、库后可停放一列长编组动车组+公铁两用车长度+平过道，库前另考虑信号设施距离	平坡

*注：机辆段（所）内有关线路坡度要求如下。

段（所）内整备、存车线、检修线一般为平直线路，困难情况下，整备、存车线坡度不大于1‰。

一度停留线、咽喉区线路坡度不应大于2.5‰，咽喉区线路在困难情况下可设置不大于6‰的坡道。

机务段（所）外机车走行线的坡度不宜大于12‰，设立交时不应大于30‰。

动车段（所）外走行线的坡度不宜大于30‰，困难条件下不应大于35‰。

客车车底取送线的坡度不应大于12‰，兼作牵出线时，不应大于6‰。

2. 线路间距、半径、限速

线路间距应满足机辆限界和作业范围要求，还需满足运输、灯桥、接触网、整备棚等相关构筑物安装要求，如表4.5-3所示。

表4.5-3 线路间距、半径、限速设计要求

序号	线路名称	线间距	曲线半径	线路限速
机务段（所）				
1	出入段线	5.0 m	≥R300 m 困难≥R200 m	40 km/h
2	机车整备待班线	无柱6.0 m 有柱6.5 m	作业区直线 其他≥R200 m	30 km/h
3	轮对检测线与相邻线	6.5 m	直线	8～12 km/h

续表

序号	线路名称	线间距	曲线半径	线路限速
机务段（所）				
4	洗车线与相邻线	6.5 m	直线	5 km/h
5	机车 C4 及以上修程库线	7.5～12 m	库内直线 库外≥R200 m	30 km/h
6	机车 C3 及以下修程库线	6.0～7.0 m	库内直线 库外≥R200 m	30 km/h
7	备用机车停留线与相邻线	无作业 5 m 有作业 5.5 m	≥R200 m	30 km/h
8	救援列车停留线与相邻线路	8.5 m	救援吊停放区直线 其他≥R200 m	30 km/h
9	卸油线与相邻线	15.0 m	连挂≥R300 m	30 km/h
客车段（所）				
1	出入段线	5.0 m	≥R400 m 困难≥R300 m	30 km/h
2	牵出线	5.0 m	≥R300 m	30 km/h
3	客车整备线	无柱 6.0 m 有柱 7.0 m	作业区直线 其他≥R250 m	30 km/h
4	客车存车线	无柱 5.0 m 有柱 6.0 m	≥R250 m	30 km/h
5	客车段修线	7.0～9.0 m	作业区直线 其他≥R250 m	30 km/h
货车段（所）				
1	出入段线	5.0 m	≥R200 m	30 km/h
2	牵出线	5.0 m	≥R300 m	30 km/h
3	货车段修线	7.0～8.0 m	≥R200 m	30 km/h
动车段（所）				
1	出入段线	5.0 m	一般≥R800 m 困难≥R300 m	列车模式：80 km/h 调车模式：40 km/h
2	动车检查库线	一般 7.0～8.0 m	库内直线 库外≥R250 m	≤30 km/h
3	动车存车线	4.6 m	停车范围≥R400 m 其他≥R250 m	≤30 km/h
3	轮对检测线间	5.0 m	直线	一般型：12 km/h 高速型：30 km/h
4	洗车线	一般 7.2 m 困难 6.5 m	直线	一般型：5 km/h 高速型：10 km/h
5	人工洗车线	6.0 m	≥R250 m	30 km/h
6	临修镟轮库线	10.0～13.0 m	≥R400 m	5 km/h
7	动车检修库线	8.0～12.0 m	≥R250 m	5 km/h

线路速度主要受限于道岔侧向限速及信号模式。50 kg/m 钢轨 9 号道岔侧向容许通过速度不大于 30 km/h。根据《铁路技术管理规程》：调车作业在空线上牵引运行时，不准超过 40 km/h；推进运行时，不准超过 30 km/h；接近被连挂的车辆时，不准超过 5 km/h。

4.5.6 生产房屋设计

1. 房屋防火类别

根据《铁路工程设计防火规范》(TB 10063—2016)，机辆设备主要生产房屋的火灾危险性分类如表 4.5-4 所示。

表 4.5-4 主要生产房屋的火灾危险性

类别	生产房屋
甲	乙炔瓶存放间、酸性蓄电池充电间、危险品仓库
乙	闪点小于 60 ℃ 的燃油库、油泵间、喷漆库、油漆库、漆工间、浸漆干燥间、配件油漆间、滤油毛线间，机务段、车辆段、动车段（所）的危险品库、氧气站、洗罐棚（库），制冰所内的氨压缩机间
丙	闪点大于或等于 60 ℃ 的燃油库、机油库、油泵间、油脂发放间、齿轮箱抱轴承间、油脂再生间、劳保用品间、杂品库、客车保温车修车库、动车检查库和检修库、空调车三机综合作业棚（库）、木工间、可燃材料仓库、发电机房、6 辆及以上汽车库、轨道车库、变压器油库、内燃叉车库、客运备品库、变电所主控制室及继电器室、信号机械室、5T 机械室
丁	机车中修库及小修库、机车停留库、空压机间、干砂间、柴油机间、电机间、电器间、转向架间、轮轴间、清洗间、货车修车库、站修棚（库）、锅炉房、锻工间、熔焊间、配件加修间、车电间、金属耗材间、电瓶叉车库、化验室、滚动轴承间、空调车三机检修间、制动间、油压减振器间、燃系间、燃料器械间、小型配电装置室、小五金库
戊	机床间、冷却水制备间、轴承检查选配室、受电弓间、配件库、设备维修间、机械钳工间、工具间、材料仓库、计量室、仪表间、碱性蓄电间、钩缓间

2. 房屋设计

1）长　度

生产房屋尺寸应满足建筑模数和工艺要求，生产库房一般采用框架结构，柱距多为 6 m 或 9 m。主要生产房屋的长度设计要求如表 4.5-5 所示。

表 4.5-5 主要生产房屋的长度设计要求

序号	房屋名称	设计长度要求
1	机车轮对检测棚	满足设备安装条件，25 m
2	机车清洗区	满足设备安装条件，40 m
3	机车上砂区	运输通道 4~6 m + L（机车计算长度）+ 运输通道 4~6 m
4	机车整备棚	运输通道 4~6 m + 斜坡 5 m + L（机车计算长度）+ 斜坡 5 m + 运输通道 4~6 m。常用六轴机车整备棚长：单机棚 42 m，双机棚 66 m；常用八轴机车整备棚长：单机棚 60 m，双机棚 96 m
5	机车检修库	需考虑检修机型计算长度、转向架计算长度（7.5 m）、拆装钩缓装置所需长度（2 m）、台位间横向运输通道（4~6 m），设低地面时还需考虑斜坡长度。另外，库房两边考虑运输通道（4~6 m）。主库二层设受电弓平台时考虑平台长度（一般为 12 m）。兼顾落轮台位、不落轮镟台位的布置要求

续表

序号	房屋名称	设计长度要求
6	机车喷漆库	满足一台位作业需求,36 m
7	客车整备棚	一线一列位:整备车底的全长+附加长度27.5 m 一线二列位:整备车底的全长+附加长度37.5 m
8	客车临修库	根据台位数设置,两台位库可为84 m
9	客车段修库	客车计算长度为26.5 m,客车转向架计算长度为4.2 m,拆装钩缓装置所需长度为2.0 m,横向运输通道为3.0 m。另外,库房两边需考虑运输通道3.5 m。一条检修线,客车检修台位一般为3~6个。三台位库可为99 m
10	客车喷漆库	满足一台位作业需求,36 m
11	客车淋雨试验库	满足一台位作业需求,36 m
12	客车抛丸库	满足一台位作业需求,36 m
13	货车段修库	货车计算长度16.5 m,货车转向架计算长度为2.7 m,拆装钩缓装置所需长度为2.0 m,横向运输通道为3.0 m。另外,库房两边需考虑运输通道3.5 m。一条检修线,货车检修台位一般为5~10个,6台位库长度可为126 m
14	货车洗罐棚	满足一台位作业需求,30 m
15	货车抛丸库	满足一台位作业需求,30 m
16	货车喷漆库	满足一台位作业需求,36 m
17	转向架库、轮轴库、电机库、配件检修库	根据总平面布局,可灵活设置
18	动车组检查库	16辆编组检查库为468 m,8辆编组检查库为246 m
19	动车组检修库	三级修库:468 m;四五级修库:根据流水修、定位修确定
20	动车组临修及不落轮镟库	设置1台设备为60 m
21	动车组洗刷区	满足设备安装条件,单向洗车:60 m;双向洗车:72 m
22	动车组轮对检测棚	满足设备安装条件,25 m

主要机车车辆计算长度按同等类别下最长的车型车钩间距取整,如表4.5-6所示。

表4.5-6 主要机车车辆计算长度

序号	机车车辆类别	最长车型	计算长度	附注
1	内燃机车	HX_N5	23 m	单台单节
2	六轴电力机车	HX_D3D	23 m	单台单节
3	八轴电力机车	HX_D2	38 m	单台双节
4	客车车厢	25T	26.5 m	单辆
5	动车组列车(长/短)	CRH1E/ CRH380D	430 m/215 m	16编组/8编组
6	动力集中动车组列车	CR200J	466 m/235 m	18编组/9编组
7	货车	P70	18 m	常用车型中最长型号

2）房屋宽度

生产房屋宽度除应满足机辆限界和检修作业需求外，还应满足起重机标准跨距要求。设置桥式起重机的生产房屋轴线宽度多为 12 m、15 m、18 m、21 m、24 m、27 m，少量的库房因工艺需求跨距为 33 m。轴线宽度 12 m 以下的库房一般设置悬挂式起重机。

3）房屋高度

库房高度主要根据机车高度、车辆高度、作业高度以及起重机结构高度共同确定。以客车修车库为例，库内起重机走行轨顶面高度应满足空调机组越过车顶吊装（卸），考虑空调机组尺寸及吊具高度、架车后的车辆顶面限界，如图 4.5-14 所示。

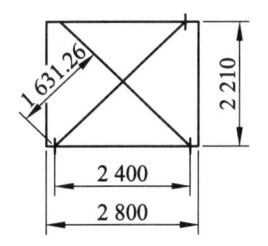

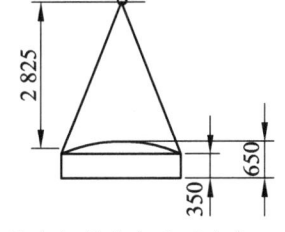

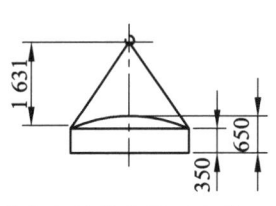

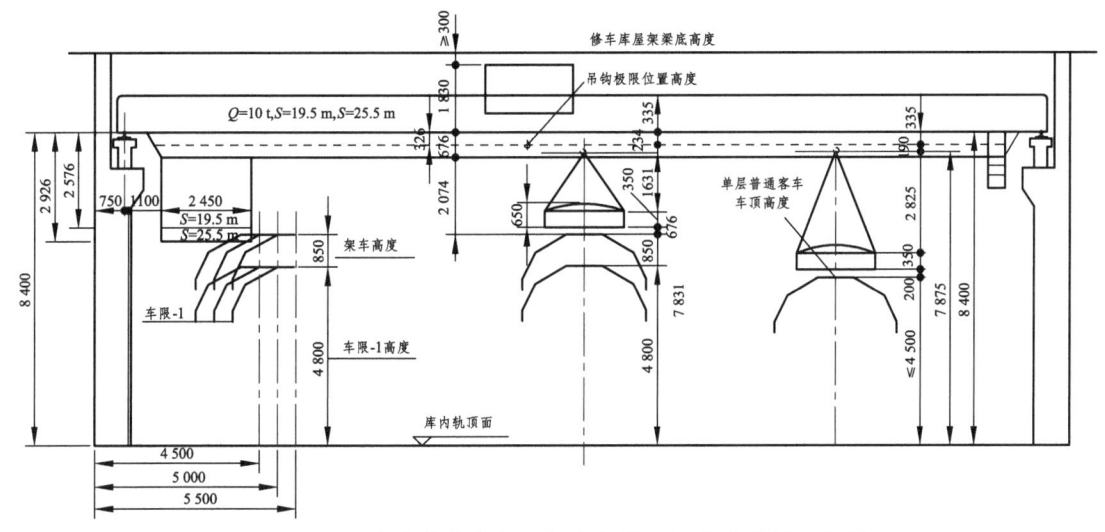

图 4.5-14 客车修车库起重机走行轨顶面高度分析示意图

各机辆段（所）主要生产房屋高度如表 4.5-7 所示。

表 4.5-7 房屋高度设计要求

序号	房屋名称	起重机走行轨轨顶标高
1	机车轮对检测棚	满足受电弓设备安装条件，净高 8.2 m
2	机车整备棚	内燃整备棚净高 6.5 m，电力整备棚净高 7.9 m（隔离开关设于棚内时净高 11 m）
3	机车中修库、C4 修库	9.6～10.2 m
4	机车小辅修库（C3 修及以下修程库）	7.2～8.4 m
5	机车转向架库	6.6～8.4 m

续表

序号	房屋名称	起重机走行轨轨顶标高
6	机车柴油机间	柴油机解体组装作业时，32/5 t 桥式起重机 7.8~8.4 m；柴油机解体组装在中修库内进行时，5 t 桥式起重机 6.0 m
7	机车电子电器间	6.6 m
8	客车段修库	8.4 m
9	客车转向架库	7.2 m
10	客车、货车轮轴间	5.1 m
11	客车存轮棚	6.6 m
12	客车轴承间	净高不小于 4.5 m
13	客车配件检修间	5.1 m
14	客车空调检修间	5.7 m，空调试验机组采用箱式结构时为 6.6 m
15	客车、货车钩缓间	5.1 m
16	客车设备维修间、货车配件检修间	5.1 m
17	货车段修库	7.8 m
18	货车转向架间	6.6 m
19	动车检查库	净高 7.8 m
20	动车临修库	8.4 m

4）房屋荷载

生产房屋结构荷载设计主要以安装的起重机起吊质量作为主要指标，各房屋起重机设置要求如表 4.5-8 所示。

表 4.5-8　房屋荷载设计要求

序号	房屋名称	起重机起吊质量
1	机车中修（C4 修）库	50/10 t 和 10 t（定位修），75 t（流水修）
2	机车小辅修（C3 修及以下修程库）库	10 t（无落轮），5 t（有落轮）
3	客车、货车、动车修车库	10 t
4	机车转向架库	32 t
5	客车、动车转向架库	10 t
6	货车转向架库	5 t
7	机车轮轴、电机间	10 t
8	客车、动车轮轴库	3 t
9	货车轮轴间	2 t
10	机车柴油机间	32 t
11	机车受电弓间	0.5 t
12	机车整车试验库	5 t
13	存轮棚	3 t
14	客车配件检修间	2 t

续表

序号	房屋名称	起重机起吊质量
15	客车空调检修间	2 t
16	客车、货车钩缓间	2 t
17	客车设备维修间、货车配件检修间	2 t

各生产车间内起重机起吊质量与该车间需要起吊的机车车辆最大零部件密切相关，机车车辆主要零部件质量如表 4.5-9 所示。

表 4.5-9 机车车辆主要零部件质量一览表

序号	项目		内燃机车	电力机车	动集动力车	普客	货车	动车
1	轮对		2.7 t	3.2 t	2.8 t	1.8 t	1.2 t	1.5 t
2	轮驱组（含轮对电机齿轮箱）		6.2 t	7.5 t	6.8 t	—	—	2 t
3	转向架总质量（含轮对电机及附件）	3轴	23 t	30.1 t	28.2 t	—	—	—
		2轴	—	21 t	17.8 t	7.3 t	4.8 t	动车/拖车 7.5 t/6.5 t
4	转向架构架（不含轮对电机及附件）	3轴	3.5 t	4.8 t	4.2 t	—	—	—
		2轴	—	3.1 t	2.4 t	1.5 t	—	1.2 t
5	摇枕（货车）		—	—	—	—	0.8 t	—
	侧架（货车）		—	—	—	—	1 t	—
6	车钩缓冲器		0.6 t	0.6 t	0.6 t	0.6 t	0.6 t	头车/中间车 0.4 t/0.3 t
7	牵引电机		3 t	4 t	2.6 t	—	—	0.5 t
8	牵引变流器		0.3 t/组	3.1 t	3.1 t	—	—	1.8 t
9	主变压器		—	13.8 t	7.5 t	—	—	3.5 t
10	受电弓		—	0.2 t	0.2 t	—	—	0.2 t
11	主断路器		—	0.2 t	0.2 t	—	—	0.2 t
12	空压机		0.5 t	0.5 t	0.5 t	—	—	0.5 t
13	空调机组		0.2 t	0.2 t	0.2 t	0.9 t	—	0.8 t
14	蓄电池组		1.7 t	0.6 t	0.6 t	0.6 t	—	0.4 t
15	柴油机	16缸	25 t	—	—	—	—	—
		12缸	21 t	—	—	—	—	—
16	发电机		5.5 t	—	—	—	—	—

4.5.7 设备配置

机辆专业设备配置因各个机辆段（所）设计方案、设计规模的不同而不同，但基本功能相近，按照机辆设备类型统计的设备清单如表 4.5-10～表 4.5-15 所示。

表 4.5-10　机务主要设备配置

序号	名　称	设置地点	备　注
一、机车整备设备			
1	轮对及受电弓动态检测设备	出入段线	电力机车、内燃机车
2	机车外皮洗刷设备	走行线	电力机车、内燃机车
3	上砂设备	走行线	电力机车、内燃机车
4	机车车号识别系统	走行线	电力机车、内燃机车
5	机车自动过分相检测系统	走行线	电力机车
6	行修设备	运转整备综合楼内	电力机车、内燃机车
7	股道自动化管理系统	运转整备综合楼内	电力机车、内燃机车
8	机车运用安全管理系统	运转整备综合楼内	电力机车、内燃机车
9	列车运行监控设备	运转整备综合楼内	电力机车、内燃机车
10	油脂发放设备	运转整备综合楼内	电力机车、内燃机车
11	冷却水制备设备	运转整备综合楼内	内燃机车
12	化验设备	运转整备综合楼内	电力机车、内燃机车
13	机车整备除尘设备	整备棚	电力机车、内燃机车
14	机车整备空调设备	整备棚	电力机车、内燃机车
15	作业平台及安全联锁	整备棚	电力机车、内燃机车
16	机车检查、检测设备	整备棚	电力机车、内燃机车
17	牵车设备	整备棚	电力机车（整备区无电时考虑）
18	螺杆式空气压缩机	空压机间	电力机车、内燃机车
19	卸油设备	油泵间	内燃机车
20	燃油库	油库区	内燃机车
21	机油库	油库区	内燃机车
22	机车模拟驾驶设备	技术教育综合	电力机车、内燃机车
二、机务检修设备 C4 修及以下			
1	电动双梁桥式起重机	检修库	电力机车、内燃机车
2	电动架车机	检修库或临修库	电力机车、内燃机车
3	电动落轮机	检修库或临修库	电力机车、内燃机车
4	不落轮镟床	检修库或镟轮库	电力机车、内燃机车
5	引车入库装置	检修库	电力机车、内燃机车
6	整流弧焊机	检修库	电力机车、内燃机车
7	充电机	检修库	电力机车、内燃机车
8	蓄电池叉车	检修库	电力机车、内燃机车

续表

序号	名 称	设置地点	备 注
9	车钩缓冲器拆装机	检修库	电力机车、内燃机车
10	除尘式砂轮机	检修库边跨	电力机车、内燃机车
11	车床	检修库边跨	电力机车、内燃机车
12	电气试验设备	检修库边跨	电力机车、内燃机车
13	柴油机检修设备	检修库边跨	内燃机车
14	燃料器械检修设备	检修库边跨	内燃机车
15	电机检修设备	检修库边跨	电力机车、内燃机车
16	轮对检修设备	检修库边跨	电力机车、内燃机车
17	机床设备	检修库边跨	电力机车、内燃机车
18	探伤设备	检修库边跨	电力机车、内燃机车
19	仪表试验设备	检修库边跨	电力机车、内燃机车
20	制动空压机检修设备	检修库边跨	电力机车、内燃机车
21	熔焊设备	检修库边跨	电力机车、内燃机车
22	零件清洗及冷却器设备	检修库边跨	电力机车、内燃机车
23	蓄电池充放电设备	检修库边跨	电力机车、内燃机车
24	受电弓检修设备	检修库边跨	电力机车
25	水阻试验设备	水阻试验间	内燃机车
26	材料仓储设备	材料库	电力机车、内燃机车
27	运输车辆	材料库	电力机车、内燃机车
28	移车台	检修库前后	电力机车、内燃机车
三、救援设备			
1	铁路救援轨道起重机	机务段（所）或救援列车驻地	
2	救援工具、救援吊索	机务段（所）或救援列车驻地	

表 4.5-11　客车主要设备配置

序号	名 称	设置地点
一、客车整备设备		
1	电动双梁桥式起重机	临修库
2	不落轮镟床	临修库
3	落轮机	临修库
4	架车机	临修库
5	微控试风设备	整备场
6	作业平台	整备场

99

续表

序号	名　称	设置地点
7	客车外接电源	整备场
8	电扇检修设备	车电间
9	车灯检修设备	车电间
10	轴温报警器检修设备	车电间
11	排风扇检修设备	车电间
12	木工设备	木工间
13	蓄电池充放电设备	蓄电池间
14	空压机	空压机间
15	电动脱轨器	整备场、存车场
16	轮对动态检测设备	出入所线
17	外皮清洗设备	整备场
18	公铁两用车	临修库
19	KMIS（铁路客车管理信息系统）	办公楼
	二、客车段修设备	
1	电动双梁桥式起重机	修车库
2	电动架车机	修车库
3	电动液压钩缓拆装小车	修车库
4	微机控制单车试验器	修车库
5	电空单车试验器	修车库
6	整流弧焊机	修车库
7	除尘式砂轮机	修车库
8	腻子搅拌机	修车库
9	蓄电池搬运车	修车库
10	转向架落成四角测量工装	修车库
11	公铁两用车	修车库
12	制动缸分解组装机	修车库
13	电动单梁起重机	钩缓间
14	钩缓分解组装机	钩缓间
15	缓冲器检修线	钩缓间
16	钩尾框检修线	钩缓间

续表

序号	名　称	设置地点
17	磁粉探伤机	钩缓间
18	车钩检修线	钩缓间
19	缓冲器配件冲洗机	钩缓间
20	车电检修设备	车电间
21	水暖检修设备	水暖间
22	机械钳工设备	机械钳工间
23	门窗检修设备	门窗间
24	轴承检修设备	轴承间
25	轮轴检修设备	轮轴滚动轴承间
26	配件加修设备	配件加修间
27	转向架检修设备	转向架间
28	构架抛丸设备	抛丸棚
29	构架喷漆、烘干设备	喷漆库
30	车体油漆设备	喷漆库
31	设备维修设备	设备维修间
32	制动检修设备	制动检修间
33	螺杆式空气压缩机	空压机间
34	调机	调机库
35	计量设备	计量化验室
36	化验设备	计量化验室
37	材料仓储设备	材料库
38	脱轨器	室外
三、客列检		
1	零件架	列检综合楼
2	工作台	列检综合楼
3	工具柜	列检综合楼
4	除尘式砂轮机	列检综合楼
5	台式钻床	列检综合楼
6	单人钳工台	列检综合楼
7	客车运行安全监控系统（TCDS）	列检综合楼

表 4.5-12　货车主要设备配置

序号	名　称	设置地点
一、货车段		
1	电动双梁桥式起重机	修车库
2	电动架车机	修车库
3	微控单车集中试风系统	修车库
4	微机控制单车试验器	修车库
5	电焊机	修车库
6	高频铆钉加热炉	修车库
7	钩缓装置拆装小车	修车库
8	电动转盘	修车库
9	拉铆钉机	修车库
10	整形叉车	修车库
11	压缩空气净化器	修车库
12	蓄电池搬运车	修车库
13	运输叉车	修车库
14	HMIS（铁路货车技术管理信息系统）工作站	修车库
15	移动工具小车	修车库
16	车辆限界装置	修车库
17	消烟除尘装置	修车库
18	转向架检修设备	转向架间
19	配件加修设备	配件加修间
20	制动梁与大部件检修设备	配件加修间
21	钩缓设备	钩缓间
22	热处理设备	热处理间
23	钩缓配件加修设备	钩缓间
24	制动设备	制动间
25	制动配件检修设备	制动间
26	车轴、轮饼等物料存放库	轮轴间
27	车轴/轮饼加工设备	轮轴间
28	轮对加修检测设备	轮轴间
29	轮对机加工设备	轮轴间
30	轮对探伤设备	轮轴间
31	轮对清洗检测设备	轮轴间

续表

序号	名 称	设置地点
32	轴承压装设备	轮轴间
34	货车轴承设备	轮轴间
35	木工设备	木工间
36	叉车存放设备	叉车存放间
37	化验设备	化验计量间
38	计量设备	化验计量间
39	材料仓储设备	材料库
40	锻工设备	锻工间
41	空压机	空压机间
42	调梁设备	调梁棚
43	洗罐设备	洗罐棚
44	调机	调机库
45	喷漆设备	喷漆库
46	抛丸设备	抛丸库
47	脱轨器	存车场
48	AEI（车号地面自动识别设备）	出入段线
二、货列检		
1	微控试风轨边执行器	列检作业场
2	手动脱轨器及信号防护装置	列检作业场
3	电动液压架车机	列检作业场
4	交流电焊机	列检作业场

表 4.5-13　铁路车辆运行安全监控系统主要设备配置

序号	名 称	设置地点
一、车辆轴温智能探测系统（THDS）		
1	THDS 探测设备	沿线探测站
2	THDS 监测中心设备	铁路局监测站
3	列调复示设备	铁路局监测站
4	车辆段复示设备	车辆段
5	列检复示设备	列检所
6	车辆检测所复示设备	车辆检测所

续表

序号	名　称	设置地点
二、车辆故障轨边图像检测系统（TFDS）		
1	TFDS 探测设备	沿线探测站
2	TFDS 复示设备	列检作业场、技术交接作业场
3	TFDS 检测设备	列检作业场或车辆段
4	TFDS 监测设备	铁路局监测站
三、车辆运行品质轨边状态监测系统（TPDS）		
1	TPDS 探测设备	沿线探测站
2	TPDS 复示设备	车辆段、动车所、列检所
3	TPDS 监测设备	动车段、车辆段、动车所
四、车辆滚动轴承故障轨边声学诊断系统（TADS）		
1	TADS 探测设备	沿线探测站
2	TADS 复示设备	车辆段、动车所、列检所
3	TADS 监测设备	动车段、车辆段、动车所
五、客车故障轨旁图像检测系统（TVDS）		
1	TVDS 探测设备	沿线探测站
2	TVDS 复示设备	客车整备所、列检所
	TVDS 检测设备	车辆段
3	TVDS 监测设备	铁路局监测站
六、动车组运行故障图像检测系统（TEDS）		
1	TEDS 探测设备	枢纽客站
2	TEDS 复示设备	动车段（所）
	TEDS 检测设备	动车段（所）
3	TEDS 监测设备	铁路局监测站
七、客车运行安全监控系统（TCDS）		
1	TCDS 检测设备	客车整备所
2	TCDS 监测设备	车辆段、客车整备所、客列检
八、动车组车载信息无线传输系统（WTDS）		
1	WTDS 检测设备	动车所
九、铁路车号地面自动设备系统（AEI）		
1	车号 AEI 设备	编组站、分界站、列检车站、车辆段（所）
2	车号 CPS 设备	探测站车站、车辆段（所）
3	车号复示设备	货列检所、局分界站、车辆段
4	车号监测设备	铁路局监测站
十、维修车间及工区		
1	维修车间及设备	车辆段、客车整备所、列检所、动车所
2	维修工区及设备	列检所、动车所或车站

表 4.5-14　动车组主要设备配置

序号	名　称	设置地点
一、存车场		
1	登车梯	存车场
2	标志标识	存车场
二、动车所		
1	轮对动态检测设备	出入所线
2	受电弓动态检测设备	出入所线
3	动车组外皮清洗机	洗车线
4	转向架（轮对）更换设备	临修库
5	不落轮镟床	临修库
6	公铁两用牵引车	临修库
7	高压清洗设备	整备场
8	除尘设备	整备场
9	一、二级修检测设备	检查库及边跨
10	LU移动式轮对探伤系统	检查库及边跨
11	动车组维修工具	检查库及边跨
12	上砂设备	检查库及边跨
13	空心轴探伤设备	检查库及边跨
14	扭矩卡控管理系统	检查库及边跨
15	三层作业平台	检查库及边跨
16	安全联锁设备	检查库及边跨
17	立体仓储设备	检查库及边跨
18	轨道桥	检查库及边跨
19	悬挂式综合管廊	检查库及边跨
20	螺杆式空气压缩机	空压机间
21	登车梯	存车场
22	标志标识	存车场
三、动车段		
1	整列架车机	三级修库
2	三级修专用工装设备	三级修库
3	作业平台	分解库
4	单辆架车机	分解库
5	车体清洗设备	分解库

续表

序号	名 称	设置地点
6	搬运设备	分解库
7	工艺转向架	组装库
8	单辆架车机	组装库
9	单车调试设备	组装库
10	称重设备	组装库
11	气密性试验设备	组装库
12	静态调试设备	静调库
13	安全联锁设备	静调库
14	称重设备	静调库
15	地面电源	静调库
16	作业平台	静调库
17	转向架分解设备	转向架检修库
18	转向架探伤设备	转向架检修库
19	转向架检修设备	转向架检修库
20	转向架组装设备	转向架检修库
21	转向架测量设备	转向架检修库
22	构架打磨、喷漆设备	转向架检修库
23	清洗设备	转向架检修库
24	电机检修设备	转向架检修库
25	联轴器检修设备	转向架检修库
26	杆件检修设备	转向架检修库
27	轴簧检修设备	转向架检修库
28	空簧检修设备	转向架检修库
29	减振器检修设备	转向架检修库
30	轴箱检修设备	转向架检修库
31	轴承检修设备	转向架检修库
32	制动夹钳检修设备	转向架检修库
34	阀类检修设备	转向架检修库
35	踏面清扫检修设备	转向架检修库
36	轮轴分解组装设备	轮轴检修库
37	轮对测量设备	轮轴检修库

续表

序号	名　称	设置地点
38	轮对清洗设备	轮轴检修库
39	轮对探伤设备	轮轴检修库
40	轮对加工设备	轮轴检修库
41	制动盘分解组装设备	轮轴检修库
42	制动盘探伤设备	轮轴检修库
43	制动盘清洗设备	轮轴检修库
44	齿轮箱分解、组装设备	轮轴检修库
45	齿轮箱油洗设备	轮轴检修库
46	跑合试验设备	轮轴检修库
47	空调检修设备	部件检修库
48	换气装置检修设备	部件检修库
49	供风系统检修设备	部件检修库
50	辅助电机检修设备	部件检修库
51	钩缓检修设备	部件检修库
52	受电弓检修设备	部件检修库
53	高压电器检修设备	部件检修库
54	门类检修设备	部件检修库
55	低压电器检修设备	部件检修库
56	车体检修设备	部件检修库
57	管类检修设备	部件检修库
58	制动系统检修设备	部件检修库
59	载货电梯	部件检修库
60	给排水系统检修设备	给排水系统及蓄电池检修间
61	蓄电池检修设备	给排水系统及蓄电池检修间
62	车体喷漆设备	喷漆库
63	车体淋雨试验设备	喷漆库
64	吹扫设备	吹扫库
65	智能式立体仓库	材料库
66	移车台	其他
67	搬运设备	其他
68	起重设备	其他

表 4.5-15　CR200J 动力集中动车组主要设备配置

序号	名　称	设置地点
\multicolumn{3}{	c	}{CR200J 动力集中动车组}
1	轮对动态检测设备	出入所线
2	受电弓动态检测设备	出入所线
3	动车组外皮清洗机	洗车线
4	落轮机	临修库
5	架车机	临修库
6	不落轮镟床	临修库
7	牵车设备	临修库
8	变压器滤油充氮设备	临修库
9	顶轮检测设备	临修库
10	动车组 D1/D2 修便携式检测设备	整备场
11	整备除尘设备	整备场
12	上砂设备	整备场
13	整备作业平台	整备场
14	安全联锁设备	整备场
15	起重设备及运输设备	临修库、整备场

4.5.8　室外构筑物设计

1．道　路

机辆段（所）内道路主要为满足消防、车辆运输和人员走行需求。设计标准可按照《公路工程技术标准》（JTG B01—2014）Ⅲ或Ⅳ级道路设计。

1）总平面布置

在存车线区域最外两侧线路之间距离小于或等于 80 m 时，应设一条消防车道，且应有回车场地；最外两侧线间距大于 80 m、小于或等于 160 m 时，应设两条消防车道；大于 160 m 时，应设三条消防车道。

2）宽　度

双车道采用 7 m，单车道采用 4 m。

3）净　高

道路净空高度不小于 4 m。段（所）内电气化铁路平交道净空高度不应超过 4.5 m。机务段（所）内设有附属油库时，通往油库消防通道净空高度不小于 5 m。

4）最小圆曲线半径

单车道不应小于 9 m，双车道不应小于 7 m。

5）最大纵坡

段内坡道应考虑搬运车辆的爬坡能力，电动叉车、内燃叉车爬坡能力为 8%。根据《公路工程技术标准》（JTG B01—2014），Ⅲ或Ⅳ级道路不应大于8%；困难情况下，当纵坡大于8%时，可采用陡坡道、梯道或梯道带坡道。

6）视　距

圆曲线和竖曲线上的停车视距不小于15 m，会车视距不小于30 m；交叉口停车视距不宜小于20 m，困难条件下，不应小于15 m。

7）行车速度

Ⅲ级道路双车道按照 60 km/h 考虑，单车道按照 30 km/h 考虑；Ⅳ级道路双车道按照 40 km/h 考虑，单车道按照 20 km/h 考虑。

8）与相邻建筑物最小距离

道路与相邻建筑物最小距离如表 4.5-16 所示。

表 4.5-16　道路与相邻建筑物最小距离

序号	相邻建筑物名称		最小距离/m
1	建筑物的外墙面	建筑物面向道路一侧无出入口时	1.5
		建筑物面向道路一侧有出入口，但无汽车引道时	3.0
		建筑物面向道路一侧有汽车引道，连接单车道时	8.0
		建筑物面向道路一侧有汽车引道，连接双车道时	6.0
		有电动车出入口时	4.5
2		铁路中心线	3.75
3	围墙	当围墙有汽车出入口时，出入口附近	6.0
		当围墙无汽车出入口，设路灯时	2.0
		当围墙无汽车出入口，不设路灯时	1.5
4		车挡	3.0
5	树木	乔木	1.0
		灌木	1.5

9）道路与铁路平面交叉

道路与铁路平面平交时，应设置平过道。平过道铺面应采用坚固、耐用、平整、稳定且宜维修的钢筋混凝土板或橡胶板。

平过道铺面范围内不应有钢轨普通接头，不可避免时应将钢轨焊接或冻结。

电力牵引铁路的平过道，应在两侧设置高度为 4.5 m 的限界架。

2. 围　墙

机务段（所）围墙高度不低于 2.2 m，附属油库应设高度不低于 2.5 m 的非燃烧实体围墙。车辆段（所）、动车段（所）围墙高度不低于 2.4 m。

3. 登车梯

动车所存车场、整备动力集中动车组的客车技术整备所整备线、存车线应设置司机登车梯，登车梯高度与司机室地面平齐。

客车、动车组登车梯按照高出轨顶面 1.25 m；机务整备棚内，设低地面情况下，按照 1.8 m 设置。

4. 停车牌

停车牌用于指示列车、机车应停靠的位置，由混凝土浇筑基础和钢结构标识牌组成。停车牌设置方式采用竖式，其面板临近线路侧距线路中心线不得小于 2.1 m，底边距股道钢轨面净高为 1 m。停车牌表面采用反光材料的蓝底白字牌。

5. 平过道

机辆段（所）内通行汽车的道路与铁路平交的道口宜采用橡胶铺面板。整备棚、检修库前的平交道宜采用整体道床平过道，以提高平交道的耐用性。

6. 灯桥基础

灯桥柱跨度一般不超过 42 m，立柱的外缘距股道中心不应小于 2.45 m，位于最外侧股道以外时，距离股道中心线不应小于 3.1 m。立柱宽度不大于 1.34 m。设有立柱的股道间距不小于 6.5 m，设有立柱的股道与道路间距不小于 4.5 m。

7. 接触网立柱基础

股道与道路平行布置时，应充分考虑接触网立柱及其防撞墩的安装位置，避免相关设施侵入道路。防撞墩尺寸（长×宽×高）一般为 1 000 mm × 500 mm × 1 000 mm。

8. 排水沟

室外线路间的纵向排水沟分为砟顶式和砟底式两种。有作业人员通行需求的有砟轨道线间（如段、所内整备线技术作业区，车站到发线列检作业区）宜设置砟顶式排水沟，利用沟盖板作为人行通道。

1）砟顶式排水槽

砟顶式排水槽设置在填满道砟的线路间。盖板面比轨枕底低 3 cm，宽度为 0.4 ~ 0.6 m。砟顶式排水槽分为直墙式、斜墙式两种，直墙式侧壁厚 0.3 m，深度为 0.9 ~ 1 m，斜墙式深度为 1 ~ 1.6 m。

2）砟底式排水槽

砟底式排水槽设置在不填满道砟的线路间。盖板面与路基面平齐，宽度为 0.4 ~ 0.6 m。直墙式深度为 0.3 ~ 1 m，斜墙式深度为 1 ~ 1.6 m。

9. 检查坑

1）检查坑（地沟）的种类

机车车辆检查坑主要分为两种：一种为壁式检查坑，采用国铁集团发布的通用图集《铁路机车车辆检查坑（壁式）》（通房〔2016〕1003-Ⅰ），如图 4.5-15 所示；另一种为柱式检查坑，采用国铁集团发布的通用图集《铁路机车车辆检查坑（柱式）》（通房〔2016〕1003-Ⅱ），如图 4.5-16 所示。

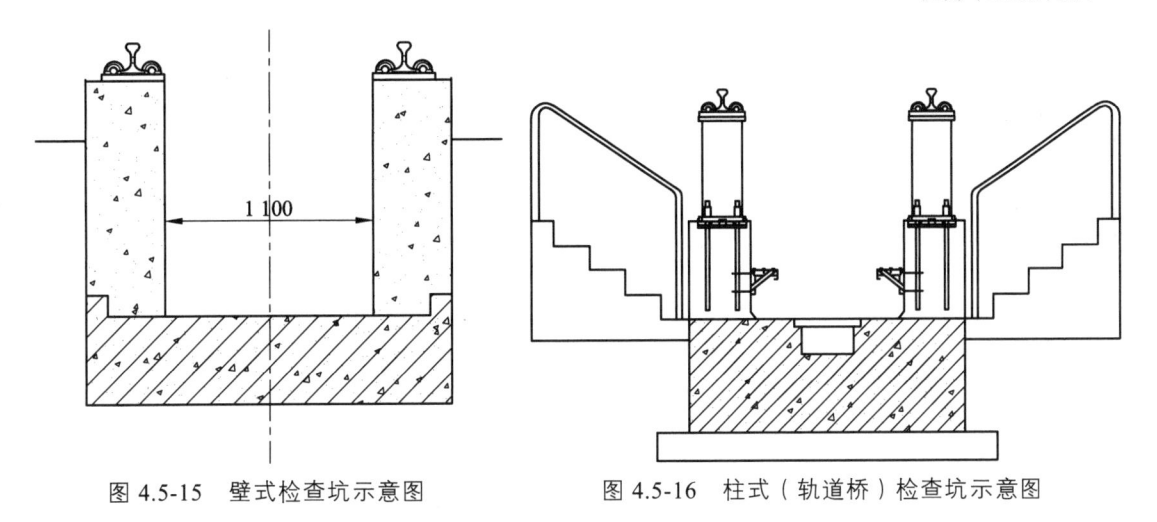

图 4.5-15 壁式检查坑示意图　　图 4.5-16 柱式（轨道桥）检查坑示意图

2）检查坑（地沟）的深度

检查坑深度的选择主要考虑两个因素：行走通过不碰头（机车用短检查坑少弯腰），作业区域（轮对车轴中心线附近）手可达到。以身高 1.75 m 作业人员为例，根据人机工学原理，人手方便地可达到区的上限高度为 1.9 m，站立时手可达到区高度为 2.1 m。设计规范一般以 1.75 m 身高计算确定检查坑深度，不同区域还应根据当地人员平均身高进行修正，选用适合当地使用的检查坑深度设计参数。常用检查坑（地沟）参数如表 4.5-17 所示。

表 4.5-17　常用检查坑（地沟）参数

形　式	通用图集	类　别	检查坑宽度及深度	适用范围
壁式检查坑	通房〔2016〕1003-Ⅰ	有短轨枕无地沟	宽 1.1 m 深 1.2 m/1.4 m （不带纵向踏板）	机务段（所），客车整备所车辆段
		无短轨枕无地沟		
		有短轨枕带地沟		
		无短轨枕带地沟		
柱式检查坑	通房〔2016〕1003-Ⅱ	动车用轨道桥	宽 1.1 m 深 1.65 m （带纵向踏板）	动车段（所）
		非动车用轨道桥		机务段（所），客车整备所
		混凝土柱式		

10. 管沟、电缆井

常用管沟、电缆井尺寸如表 4.5-18 所示。

表 4.5-18　常用管沟、电缆井尺寸

专　业	工程名称	规格型号	通用图号
电力	电力电缆槽	截面净尺寸 400 mm×400 mm（宽×深）	参通路〔2017〕8401
		截面净尺寸 500 mm×400 mm（宽×深）	
		截面净尺寸 600 mm×600 mm（宽×深）	
		截面净尺寸 800 mm×800 mm（宽×深）	

续表

专　业	工程名称	规格型号	通用图号
通信、信号	通信、信号电缆槽	截面净尺寸 200 mm×200 mm（宽×深）	参通路〔2017〕8401
		截面净尺寸 300 mm×400 mm（宽×深）	
		截面净尺寸 450 mm×400 mm（宽×深）	
		截面净尺寸 1 000 mm×800 mm（宽×深）	
电力	电力电缆井	净尺寸 1 800 mm×1 200 mm×900 mm（长×宽×深）	
通信、信号	Ⅰ型电缆井	净尺寸 1 200 mm×1 200 mm×900 mm（长×宽×深）	
	Ⅱ型电缆井	净尺寸 1 500 mm×1 200 mm×900 mm（长×宽×深）	
	半封闭电缆井	净尺寸 900 mm×600 mm×900 mm（长×宽×深）	

11．综合管线

管线主要满足检修需求和相关规范需求，布置原则如下：
（1）压力管道避让自流管道；
（2）管径小的避让管径大的管道；
（3）易弯曲的避让不易弯曲的管道；
（4）临时性的避让永久性的管道；
（5）工程量小的避让工程量大的管道；
（6）新设计的避让既有的管道。

4.5.9　铁路油库（加油站）

随着我国经济的快速发展，新建干线铁路均为电气化铁路，既有内燃铁路也在加快推进电气改造，内燃铁路正在逐步被电气化铁路所替代。但内燃调机仍然是工矿企业、站内调车作业的主型机车，高速铁路也需要在沿线设置热备内燃机车存放设施。涉及铁路调机的项目以及国外的内燃干线铁路项目需考虑设置柴油库，为铁路内燃机车用油提供保障。

1．铁路柴油的性质

根据《车用柴油》（GB 19147—2016），常用的 5#、0#、-10#柴油闪点大于等于 60 ℃，火灾危险分类属于丙类，其他标号柴油属于乙 B 类。

根据《化学品分类和标签规范》第 7 部分（GB 30000.7—2013），闪点不大于 93 ℃ 的液体归类为易燃液体，即柴油属于易燃液体；根据《石油库设计规范》（GB 50074—2014），闪点低于 45 ℃ 的液体归类为易燃液体，闪点高于或等于 45 ℃ 的液体归类为可燃液体，故柴油属于可燃液体。两者存在一定的矛盾。

根据《危险化学品目录（2022 年调整）》，柴油（编号 1674）不再区分闪点，各标号柴油均纳入危险化学品管理。

2. 铁路柴油库建设管理要求

根据《建设项目安全设施"三同时"监督管理暂行办法》(国家安全生产监督管理总局令第36号),铁路柴油库工程属于"生产、储存危险化学品的建设项目",按照该文件要求,在可行性研究阶段,生产经营单位需委托具有相应资质的安全评价机构开展安全预评价,编制安全预评价报告;初步设计阶段,生产经营单位需委托有资质的设计单位进行安全设施设计,编制安全专篇;工程竣工或者试运行完成后,生产经营单位应当委托具有相应资质的安全评价机构对安全设施进行验收评价,并编制建设项目安全验收评价报告。

3. 铁路柴油库设计采用的相关标准

铁路柴油库的设计采用的现行国家标准及行业标准主要有:

(1)《石油库设计规范》(GB 50074—2014);

(2)《工业企业总平面设计规范》(GB 50187—2012);

(3)《铁路机务设备设计规范》(TB 10004—2018);

(4)《铁路工程设计防火规范》(TB 10063—2016);

(5)《铁路危险货物运输安全监督管理规定》(交通运输部令 2015 年第 1 号);

(6)《铁路危险货物办理站、专用线(专用铁路)货运安全设备设施暂行技术条件》(铁运〔2010〕105号文)。

4. 机车耗油量及油库容量的计算

(1)油库布点应根据一次上油允许走行的最大里程及机务段(所)布点综合确定。一次上油允许走行的最大里程计算公式如下:

$$L_{\max} = 0.85\gamma V \times 10^4 /(Qq_c)$$

式中　$L_{\max}$——机车一次上油允许走行的最大里程,km;

　　　γ——柴油密度,取 0.84 kg/L;

　　　V——机车燃油箱容量,L;

　　　Q——列车牵引质量,t;

　　　0.85——安全使用系数;

　　　q_c——机车耗油指标,kg/($10^4 \cdot t \cdot km$)。

(2)机车每日柴油耗油量计算公式如下:

$$E = 2nLQq_c /(10^4 \times 10^3)$$

式中　E——机车每日耗柴油量,t/d;

　　　2——往返;

　　　n——列车对数;

　　　Q——列车牵引质量,t;

　　　L——机车交路里程(单程),km;

　　　q_c——机车耗油指标,kg/($10^4 \cdot t \cdot km$)。

（3）油库总容量计算公式如下：

$$V_O = ER/(0.95\gamma)$$

式中　E——机车每日耗油量，t/d；
　　　0.95——油罐容积利用系数；
　　　γ——介质密度，柴油取 0.84 kg，机油取 0.9 kg；
　　　R——储存天数，一般取 30 d，供油条件较好可适当减少。

5. 柴油库内主要建（构）筑物、设施之间的防火距离

柴油库内主要建（构）筑物、设施之间的防火距离如表 4.5-19 所示。

表 4.5-19　柴油库内主要建（构）筑物、设施之间的防火距离

设施名称	建（构）筑物	石油库设计规范距离/m	铁运〔2010〕105号文距离/m	石油库设计规范附注 1	铁运〔2010〕105号文附注 2
立式固定顶油罐 $V \leqslant$ 1 000 m³	铁路机走线	25	25/19	5.1.3 表，4.0.16 表	5.2.8-2 表其他铁路线/铁路走行线
	卸油线	11	20	5.1.3 表	5.2.8-2 表 $V \leqslant 500$ m³，距离 15 m
	道路	15/10		4.0.16 表主要道路/次要道路	
	油库消防道路	3		5.2.7 条防火堤计算	
	库区围墙	8		5.1.3 表	
	油泵间	12	15	5.1.3 表	6.2.5 表
	油罐之间	0.75D	0.75D	6.1.15 表，$V \leqslant$ 300 m³，距离 2 m	5.2.3 表
	防火堤	0.5H		6.5.2 条	
	办公、生活房屋	30		5.1.3 表	
	配电间	15		5.1.3 表	
	10 kV 露天变压器	20		5.1.3 表	
	消防泵房	25		5.1.3 表	
地上卧式油罐	铁路机走线	19	25/19	5.1.3 表	5.2.8-2 表其他铁路线/铁路走行线
	卸油线	8	15	5.1.3 表	5.2.8-2 表
	道路	15/10		4.0.16 表主要道路/次要道路	
	油库消防道路	3		5.2.7 条	
	库区围墙	6		5.1.3 表	
	油泵间	9	12	5.1.3 表	6.2.5 表
	油罐之间	0.8	0.8	6.1.15 表	5.2.3 表
	防火堤	3		6.5.2 条	

续表

设施名称	建（构）筑物	石油库设计规范距离/m	铁运〔2010〕105号文距离/m	石油库设计规范附注1	铁运〔2010〕105号文附注2
地上卧式油罐	办公、生活房屋	23		5.1.3表	
	配电间	11		5.1.3表	
	10 kV露天变压器	15		5.1.3表	
	消防泵房	19		5.1.3表	
油库与库外建（构）筑物距离	居住区及公共建筑	四级70（35）五级50（35）	100	4.0.10表，括号内为少于100人或30户	
	工矿企业	四级35 五级30		4.0.10表	
	国家铁路线 工业企业铁路线	$V \leqslant 1\,000\ m^3$ 立式油罐：25 卧式油罐：19	35/45	5.1.3表，4.0.10表（注6）	5.2.8-1表 45 m为距离编组站
	库外道路	15		4.0.10表	
卸油线（仅卸车作业）	铁路机走线	15	20	5.1.3表	8.8.2表
	道路	11	10	5.1.3表 其他构筑物	8.8.2表 运输道路
	消防道路	≤80	≥15，≤80	5.2.4条	10.6.2条 装卸栈桥
	库区围墙	11	30	5.1.3表	8.8.2表
	油泵间	8	8	5.1.3表	8.8.2表12 m, 6.2.5表8 m
	栈桥	2/1.85	2/1.85	8.1.12条3 m以下/3 m以上	8.8.2-6条3 m以下/3 m以上
	办公、生活房屋	23	25	5.1.3表	8.8.2表 参照辅助生产设施
	配电间	11		5.1.3表	
	10 kV露天变压器	15	30	5.1.3表	8.8.2表
	消防泵房	15		5.1.3表	
	无栈桥侧其他构筑物	3.5/2.44		8.1.5条 露天/非露天	
油泵间	铁路机走线	15	15	5.1.3表	6.2.5表
	卸油线	8	8	5.1.3表	6.2.5表
	道路	10/5		4.0.16表主要道路/次要道路	
	库区围墙	10	15	5.1.3表	6.2.5表
	办公、生活房屋	30	30	5.1.3表	6.2.5表 参照重要设施一类
	配电间	15		5.1.3表	
	10 kV露天变压器	15		5.1.3表	
	消防泵房	30		5.1.3表	

6. 柴油库典型平面布置

根据《铁路危险货物运输安全监督管理规定》（交通运输部令2015年第1号）的相关要求，危险货物的装卸、储存专用场地和安全设施设备需要封闭管理。因此，机务段附属油库的装卸线、装卸作业区、储罐区及泵房等设施宜集中布置，并设置独立的围墙。典型机务段附属油库布置如图4.5-17所示。

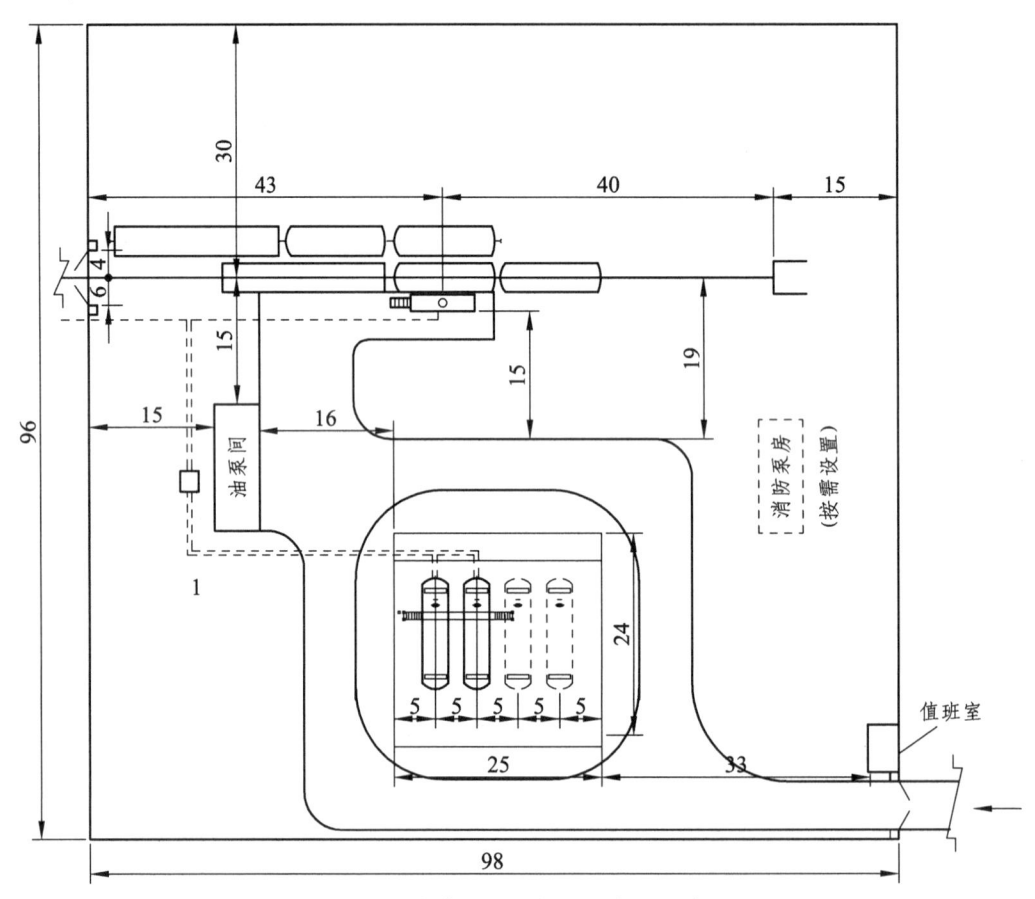

图4.5-17 典型柴油库平面布置示意图（单位：m）

7. 橇装加油站

1）橇装加油站简介

橇装加油站全名为阻隔防爆橇装式加油装置，是一种集加油机、阻隔防爆双层储油罐、阻隔防爆油气回收和自动灭火器于一体的地面加油装置，外形像一个大集装箱，可进行吊装移动，具有固定加油站的所有功能，如图4.5-18所示。阻隔防爆橇装加油站的储油罐进行了阻隔防爆技术改造，阻隔防爆技术改造是将阻隔防爆材料（阻隔防爆材料是用特种铝合金组成的一种网状结构材料）按一定的密度方式填充在储存有易燃、易爆液体的储油罐中，当遇到明火、静电、撞击、雷击、枪击、焊接、意外猛烈撞击事故时不会发生爆炸。

2）橇装加油站主要规格

橇装加油站按容量划分，有 5 m³、10 m³、15 m³、20 m³、25 m³、30 m³、40 m³、50 m³ 等容量规格。

图 4.5-18 橇装加油站

3）橇装加油站的主要应用场景

橇装加油站广泛适用于公交站、港口、码头、机场、物流园、工业园、大型施工场地、企业内部加油站等车辆集中的场所。

根据产品特点及规格，橇装加油站也可应用在铁路沿线货场、工区、机务段内，给内燃调机、工务轨道车、铁路站（段）各类运输汽车、巡检车、卸污车、内燃公铁两用汽车等加注柴油。

用于内燃调机加油时，可根据耗油量需求选择 20 m³ 及以上的橇装加油站，加油机流量选择 200 L/min 以上。

4）橇装加油站与铁路站（段）内主要建（构）筑物、设施之间的防火距离

橇装式加油装置与站外建、构筑物的防火距离如表 4.5-20 所示。

表 4.5-20 橇装式加油装置与站外建、构筑物的防火距离

项　　　目		橇装式加油装置	
		$V>20 \text{ m}^3$	$V\leqslant 20 \text{ m}^3$
重要公共建筑物		50	50
明火或散发火花地点		25	25
民用建筑物保护类别	一类保护物	20	16
	二类保护物	16	12
	三类保护物	12	10
甲、乙类物品生产厂房、库房和甲、乙类液体储罐		22	18
其他类物品生产厂房、库房和丙类液体储罐以及容积不大于 50 m³ 的埋地甲、乙类液体储罐		16	15
室外变配电站		22	18
铁路		22	
城市道路	快速路、主干路	8	
	次干路、支路	6	
架空通信线	国家一、二级	1 倍杆高	
	一般	不应跨越加油站	
架空电力线路		1 倍杆高	

8. 橇装加油站的比较优势

铁路附属石油库设计验收阶段，安全评估单位要求机务段附属油库参照执行"铁运 105 号文"相关要求执行，该文对安全距离的要求较为严苛，以卸油线为例，要求距离段围墙 30 m，与段外居民区距离乙 B 类柴油为 100 m，丙 A 类柴油为 75 m，高于《石油库设计规范》的相关要求。采用橇装加油站可减少与相邻设施的安全距离，工程建设适应性更强。

4.6 检修工艺流程

4.6.1 相关概念

1. 工艺流程

工艺流程指在设备检修过程中，用分解、检查、修复、调整、试验、装配等方法，形成的检修过程。工艺流程一般由一系列的工序组成，而工序又由工步组成。

（1）工序。在修理过程中，一组（或一个）工人，在一个工作地点，对一零件或一部件所施行的、连续进行的工艺过程为一个工序。

（2）工步。在检修过程中，当使用的工具、仪器基本不变时，对一零件或一部件所完成的一部分连续工作称为一个工步。

2. 设备配备

设备配备应满足检修规程等功能需求和高效、可靠、节能、适用等性能要求。需重视设备的土建、安装等外部接口工程，如用电、给水、排水、温度、线路要求等。

（1）用电。机辆设备多需提供电源，核实交直流、电压、制式、功率、负荷等级需求，比如电压有 DC 600 V、AC 380 V、AC 220 V 等，用电一级负荷设备需两路可靠电源，二级负荷设备可由一路可靠电源供电。

（2）给排水。部分设备有给水、排水需求，注意水质要求以及管道管径、标高等要求。

（3）通风空调。部分设备对环境温度、湿度等有要求。比如轮轴组装需同温，室内温度应为 16 ~ 30 °C。

（4）线路要求。部分设备安装在线路上，对线路坡度、直线长度、钢轨有要求。

3. 工艺流程设计基本原则

（1）满足机辆装配流程；
（2）配置的设备满足机辆零部件运营检修规程；
（3）满足设备接口需求；
（4）人行方便快捷，物流路径短、通畅，信息共享；
（5）布局应紧凑、节约、能力最大化。

4. 工艺流程设计重要性

工艺流程设计是极为重要的环节，具有多样性，它关乎生产作业的效率。机辆段（所）具有工艺流程复杂、设施装备多、占地面积大等特点，合理的工艺设计是实现检修功能、提升能力和效率的重要因素。

工艺规程设计主要包括确定工艺流程、各工序采用的工艺设备及工时定额、操作细则等。工艺规程设计主要由机辆段（所）或其上级管理部门承担，工程设计人员参与其中的部分工作。工艺设备设计主要是按照工艺规程相关要求，在工程建设项目中确定主要车间的生产纲领（即检修工作量）、建设规模、所有车间的工艺设备及布置，提出工艺设备运行、检修作业及办公生活等所需条件相应的工程设计要求（包括站场、房、水、电、暖、通要求等），确定工艺设备等相关投资。工艺设备设计主要由工程设计单位承担，机辆段（所）或其上级管理部门协助。

常规的铁路机辆段（所）设计是按照完备的设计规范，在可充分借鉴既有段（所）设计资料的基础上进行的。目前，高速铁路动车段检修工艺，尤其是动车段高级修检修工艺仍在不断探索改进。因此，动车段车间工艺设计应按工厂设计流程，从工艺规程设计成果开始正向设计。

4.6.2　机车整备工艺流程

典型机务段机车整备作业流程：

机车入库→在线轮对受电弓动态检测→尾线上砂、吸污→自动洗车→整备场待检区交接→棚内整备作业（中上部检查、走行部检查、车顶瓷瓶清洁、油脂加注、机车保洁、6A及机车远程监测与诊断系统数据转储），如图4.6-1所示；另有三项设备检查（电务）→整备场待班区高压试验、制动机试验→钥匙工具交接、司机检查试验→出库。

客运机车还另增加机车直供电试验环节，作业时间约15分钟。

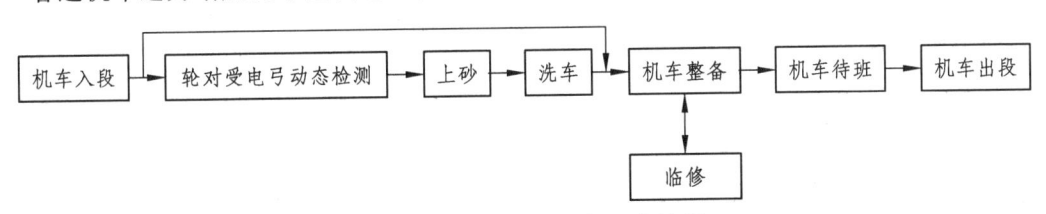

图 4.6-1　典型机车整备工艺流程

4.6.3　机车检修工艺流程

1. 机车各级修程检修作业范围（见表 4.6-1）

表 4.6-1　交流传动电力/内燃机车各级修程作业范围

序号	检修项目	C1修	C2修	C3修	C4修
1	转向架				
（1）	轮对	◎□	◎□	◎□	◎□
（2）	牵引电机	◎□	◎□	◎□	◎□
（3）	轴箱	◎□	◎□	◎□	◎□
（4）	驱动装置	◎□	◎□	◎□	◎□
（5）	牵引装置	◎	◎	◎	◎

续表

序号	检修项目	C1修	C2修	C3修	C4修
（6）	减振橡胶	◎	◎	◎	◎
（7）	一、二系弹簧	◎	◎	◎	◎
（8）	油压减振器	◎	◎	◎	◎
（9）	构架	◎	◎	◎	◎
（10）	基础制动装置	◎	◎	◎	◎
（11）	停车制动装置	◎	◎	◎	◎
（12）	扫石器	◎	◎	◎	◎
（13）	撒砂装置	◎	◎	◎	◎
（14）	接地装置（仅电力机车）	◎	◎	◎	◎
（15）	轮缘润滑装置	◎	◎	◎	△
2	制动装置				
（1）	压力表	◎	△	△	△
（2）	空气软管	◎	◎	◎	◎
（3）	调压器	□	□	□	□
（4）	安全阀	□	□	□	□
（5）	微油过滤器	◎	◎	◇	◇
（6）	总风缸	◎	◎	◎	◎
（7）	制动管	◎	△	△	△
（8）	干燥器	□	□	□	△
（9）	各种塞门	◎	◎	◎	△
（10）	各种滤尘器	◎	◎	◇	◇
3	车体连接装置				
（1）	车钩	◎	◎□	◎△	◎△
（2）	缓冲器	◎	◎	◎	◎△
（3）	排障器	◎	◎	◎	◎
（4）	车体过滤器	◎	◎	◎	◎
4	高压系统装置（仅电力机车）				
（1）	受电弓	◎□	◎□	◎□	◎□△
（2）	车顶绝缘子	◎	◎	◎	◎
（3）	空气绝缘子	◎	◎	◎	◎
（4）	避雷器	◎	◎△	◎△	◎△
（5）	高压接地开关	◎	◎	◎	◎△

续表

序号	检修项目	C1修	C2修	C3修	C4修
（6）	受电弓隔离开关	◎	◎	◎	◎△
（7）	真空断路器	◎	◎	◎□	◎△
（8）	高压互感器	◎	◎	◎□	◎□△
（9）	主变压器	◎□	◎□	◎□	◎□
（10）	主变流器	◎□	◎□	◎□	◎□
5	辅助系统装置				
（1）	辅助变流器	◎□	◎□	◎□	◎□
（2）	主空气压缩机装置	□	□	□	△
（3）	辅助空气压缩机装置	□	□	□	△
（4）	厕所设备	◎	◎	◎	◎
（5）	蓄电池及箱体	◎□	◎□	△	△
（6）	辅助电机	◎□	◎□	◎□	◎□
（7）	电磁阀	◎	◎	◎	◇
6	司机室				
（1）	司机控制器	◎	◎	◎□	◎△
（2）	多功能状态仪表	◎□	◎□	◎△	◎△
（3）	制动控制器	□	□	□	△
（4）	制动控制屏	□	□	□	△
（5）	前照灯、副灯、标志灯、指示灯	◎	◎	◎	◎
（6）	空调	◎	◎	◎□	△
（7）	前窗、侧窗	◎	◎	◎	◎
（8）	刮雨器	□	□	□	△
（9）	遮阳板	◎	◎	◎	◎
（10）	换气扇	◎□	◎□	◎□	◎□
（11）	各种开关	◎□	◎□	◎□	◎□△
（12）	后视镜	◎	◎	◎	◎
（13）	汽笛	□	□	□	□
7	柴油机及辅助系统（仅内燃机车）				
（1）	动力组	◎	◎	◎	◎
（2）	机体及油底壳	◎	◎	◎	◎
（3）	曲轴及主轴瓦	◎	◎	◎	◎
（4）	增压器及中冷器	◎	◎	◎	◎
（5）	进气排气总成	◎	◎	◎	◎
（6）	机油系统	◎□	◎□	◎□	◎□
（7）	机油滤清器	◇	◇	◇	◇

续表

序号	检修项目	C1修	C2修	C3修	C4修
（8）	喷油器、喷油泵	◎□	◎□	◎□	△□
（9）	燃油泵	◎□	◎□	△□	△□
（10）	高低温水泵	◎□	◎□	◎□	△□
（11）	袋式滤清器	◇	◇	◇	◇
（12）	燃油滤清器	◇	◇	◇	◇
（13）	散热器	◎□	◎□	◎□	△□
（14）	主发电机	◎□	◎□	◎□	◎□
（15）	辅助发电机	◎□	◎□	◎□	◎□
（16）	整流单元	◎□	◎□	◎□	◎□
（17）	逆变器	◎□	◎□	◎□	◎□
图例					
◎	目视检查				
□	在线诊断、车上测试				
△	下车检修				
◇	只检不修，直接更换				

2. 典型机车段修作业流程（见图4.6-2和图4.6-3）

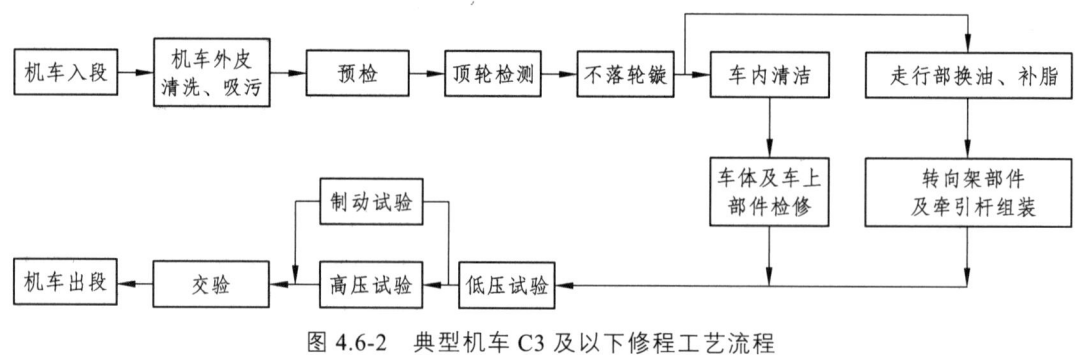

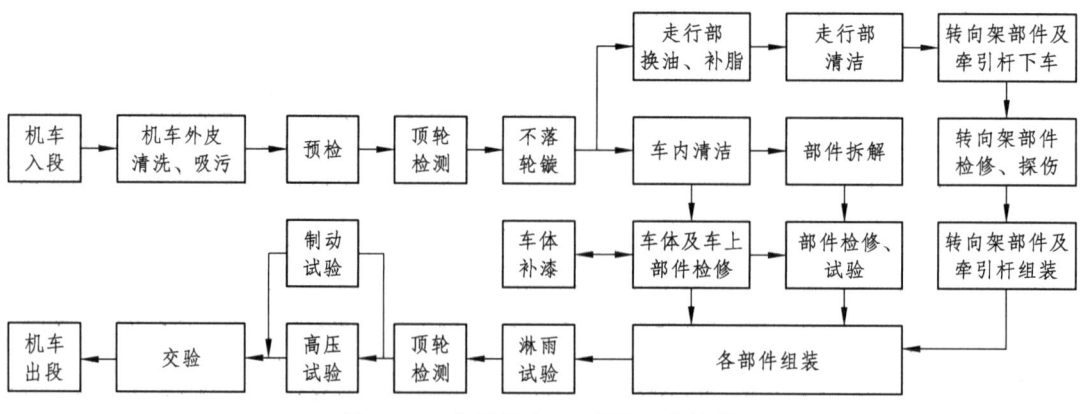

图4.6-2 典型机车C3及以下修程工艺流程

图4.6-3 典型机车C4修程工艺流程

3. 机车主要零部件检修作业流程

机车 C5 修需对主要零部件分解检修，主要零部件检修工艺流程见图 4.6-4～图 4.6-8。

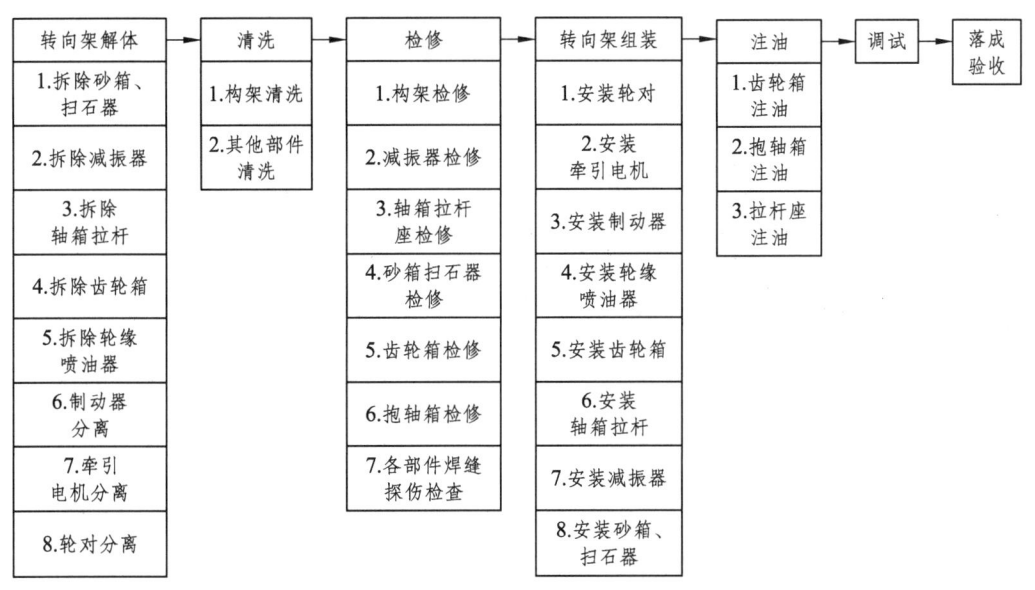

转向架解体	清洗	检修	转向架组装	注油	调试	落成验收
1.拆除砂箱、扫石器	1.构架清洗	1.构架检修	1.安装轮对	1.齿轮箱注油		
2.拆除减振器	2.其他部件清洗	2.减振器检修	2.安装牵引电机	2.抱轴箱注油		
3.拆除轴箱拉杆		3.轴箱拉杆座检修	3.安装制动器	3.拉杆座注油		
4.拆除齿轮箱		4.砂箱扫石器检修	4.安装轮缘喷油器			
5.拆除轮缘喷油器		5.齿轮箱检修	5.安装齿轮箱			
6.制动器分离		6.抱轴箱检修	6.安装轴箱拉杆			
7.牵引电机分离		7.各部件焊缝探伤检查	7.安装减振器			
8.轮对分离			8.安装砂箱、扫石器			

图 4.6-4　典型机车转向架分解检修工艺流程（C5）

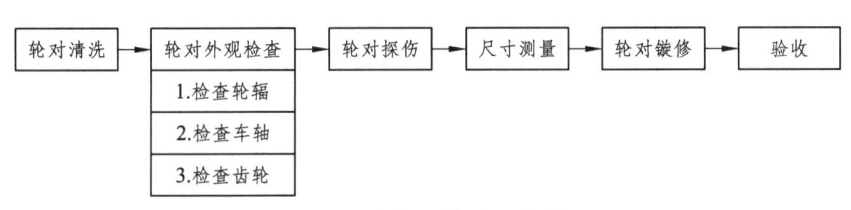

轮对清洗	轮对外观检查	轮对探伤	尺寸测量	轮对镟修	验收
	1.检查轮辐				
	2.检查车轴				
	3.检查齿轮				

图 4.6-5　典型机车轮对检修工艺流程（C5）

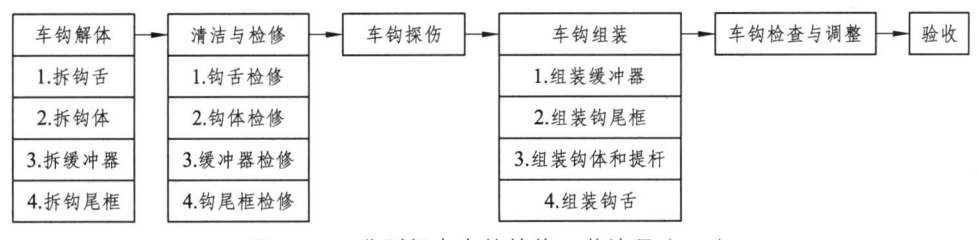

车钩解体	清洁与检修	车钩探伤	车钩组装	车钩检查与调整	验收
1.拆钩舌	1.钩舌检修		1.组装缓冲器		
2.拆钩体	2.钩体检修		2.组装钩尾框		
3.拆缓冲器	3.缓冲器检修		3.组装钩体和提杆		
4.拆钩尾框	4.钩尾框检修		4.组装钩舌		

图 4.6-6　典型机车车钩检修工艺流程（C5）

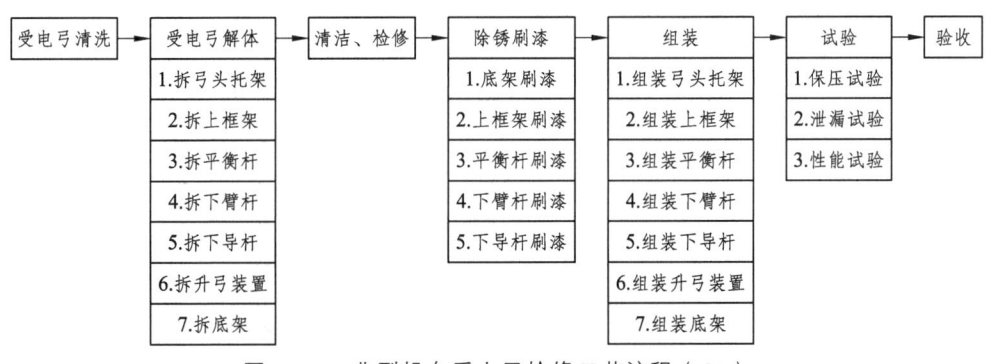

受电弓清洗	受电弓解体	清洁、检修	除锈刷漆	组装	试验	验收
	1.拆弓头托架		1.底架刷漆	1.组装弓头托架	1.保压试验	
	2.拆上框架		2.上框架刷漆	2.组装上框架	2.泄漏试验	
	3.拆平衡杆		3.平衡杆刷漆	3.组装平衡杆	3.性能试验	
	4.拆下臂杆		4.下臂杆刷漆	4.组装下臂杆		
	5.拆下导杆		5.下导杆刷漆	5.组装下导杆		
	6.拆升弓装置			6.组装升弓装置		
	7.拆底架			7.组装底架		

图 4.6-7　典型机车受电弓检修工艺流程（C5）

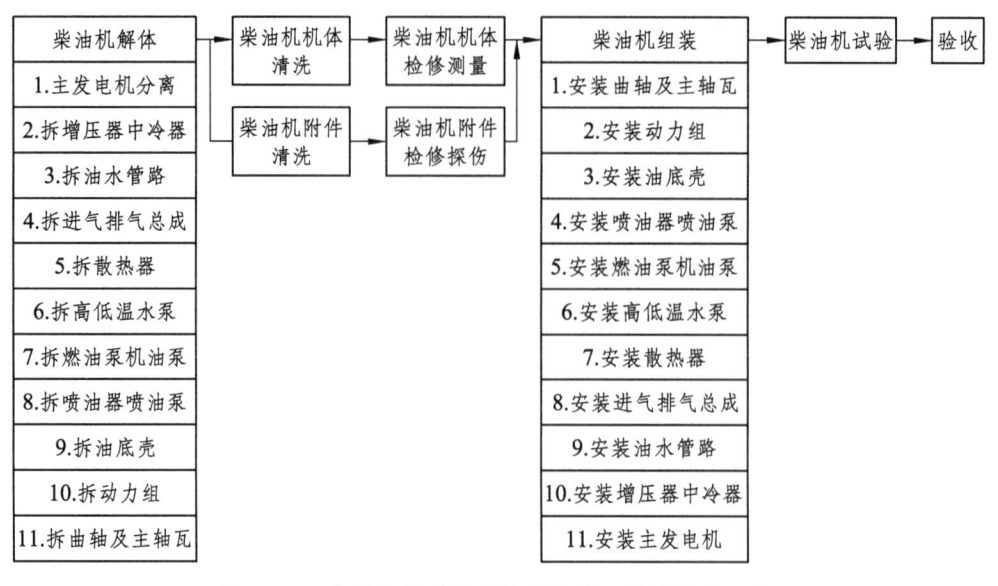

图 4.6-8 典型内燃机车柴油机检修工艺流程（C5）

4.6.4 客车整备工艺流程

典型客车整备工艺流程如图 4.6-9 所示。

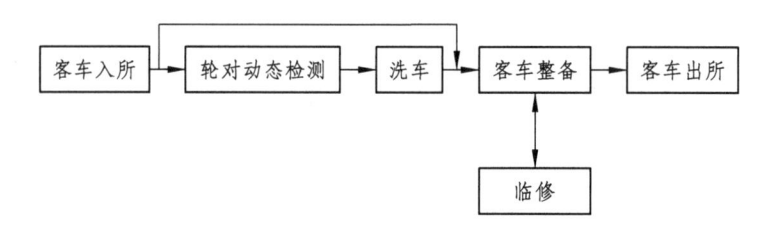

图 4.6-9 典型客车整备工艺流程

4.6.5 客车段修工艺流程

1. 客车各级修程检修作业范围

客车车辆各级修程作业范围如表 4.6-2 所示，客车车辆专项检修周期如表 4.6-3 所示。

表 4.6-2 客车车辆各级修程作业范围

序号	检修项目	A1 修	A2 修	A3 修	A4 修	A5 修
1	转向架					
（1）	轮对	◎□	◎□	△	△	△
（2）	构架	◎	△	△	△	△
2	制动装置					
（1）	压力表	◎	△	△	△	△
（2）	软管	◎	△	△	◇	◇

续表

序号	检修项目	A1修	A2修	A3修	A4修	A5修
(3)	制动阀	△	△	△	△	△
(4)	各种塞门	◎	◎△	△	△	△
(5)	手制动机	◎	◎	◎	△	△
(6)	制动、供风管系	◎	◎	◎	△	◇
(7)	中间体	◎	◎	◎	△	△
(8)	风缸及吊带（座）	◎	◎	◎	△	△
(9)	模块吊架	◎	◎	◎	△	△
(10)	单元制动缸	◎	△	△	△	△
(11)	旋压（铸铁）制动缸	△	△	△	△	△
(12)	J型闸瓦自动间隙调整器		△	△	△	△
(13)	杠杆	◎	◎	◎	△	△
(14)	空重阀	◎	△	△	△	△
3	车体及连接装置					
(1)	车钩	◎	◎	△	△	△
(2)	缓冲器	◎	◎	△	△	△
(3)	底架各梁	◎	◎	◎	◎	◎
(4)	裙板	◎	◎	◎	◎	◎
(5)	通过台	◎	◎	◎	△	△
(6)	橡胶风挡	◎	◎	◎	◇	◇
(7)	铁风挡	◎	◎	◎	△	△
(8)	折棚风挡	◎	◎	◎	△	△
(9)	风挡下部缓冲装置	◎	◎	◎	△	△
(10)	风挡扁簧	◎	◎	◎	△	△
(11)	车端阻尼装置	◎	◎	△	△	△
(12)	防火装置	◎	◎	◎	△	△
(13)	木结构及内装饰	◎	◎	◎	△	◇
(14)	车窗	◎	◎	◎	△	△
(15)	侧门、风挡门	◎	◎	◎	△	△
(16)	非电气化餐车厨房燃煤炉灶	◎	◎	◎	△	△
(17)	给水系统	◎	◎	◎	△	△
(18)	燃煤茶炉	◎	◎□	◎□	△	△
(19)	采暖系统	◎	◎□	◎□	△	△
(20)	卫生系统	◎	◎	◎	△	△

续表

序号	检修项目	A1修	A2修	A3修	A4修	A5修
4	车电系统					
（1）	空调		◎□△	◎□△		
（2）	真空集便装置		△□	△□		
（3）	车下电源（逆变电源、充电器、单相逆变器）		△□	△□		
（4）	控制柜		◎□	◎□		
（5）	电加热器		◎□	◎□		
（6）	电热开水器		◎□△	◎□△		
（7）	电子防滑器		◎□△	◎□△		
（8）	轴温报警装置		◎□△	◎□△		
（9）	烟火报警系统	□	□	□		
（10）	行车安全监控系统	□	□	□		
（11）	蓄电池	◎	△	△		
（12）	电池箱	◎	□	□		
（13）	视频监控系统	□	□	□		
（14）	客列尾附属装置	□	□	□		
（15）	轴驱发电机	□	△	△		
（16）	电风扇	◎	△	△		
5	发电车柴油机及辅助系统					
（1）	柴油机	◎	△	△		
（2）	发电机	◎	△	△		
（3）	控制柜	◎	□	□		
（4）	油箱	◎	△	△		
（5）	电池	◎	△	△		
（6）	电池箱	◎	△	△		
（7）	冷却风机	◎	△	△		
（8）	废排风机	◎	△	△		
（9）	燃油泵	◎	△	△		
图例						
◎	目视检查					
□	在线诊断，车上测试					
△	下车检修					
◇	只检不修，直接更换					

表 4.6-3　客车车辆专项检修周期

序号	专项检修项目	周期/月	备注
1	轮对鉴定	1	
2	转向架深度检查	1	
3	首尾车钩分解检查	1	
4	密接式车钩分解检查	6	
5	电热开水器	3	
6	塞拉门	3	
7	电气控制柜	1	
8	列车网络	1	
9	轴驱发电机	12	
10	柴油发电机组及其附属装置	1	
11	烟火报警系统	3	
12	行车安全监控系统	1	
13	蓄电池及箱体	2	
14	客列尾附属装置	3	
15	视频监控系统	3	
16	电风扇	12	
17	客列尾主机年检	12	
18	客列尾主机月检	1	
19	DC 600 V 供电请求和车端电气连接装置	3	
20	真空集便装置	3	
21	车下电源（逆变电源、充电器、单相逆变器）	3	
22	电气化厨房设备	3	

2. 典型客车检修作业流程（见图 4.6-10）

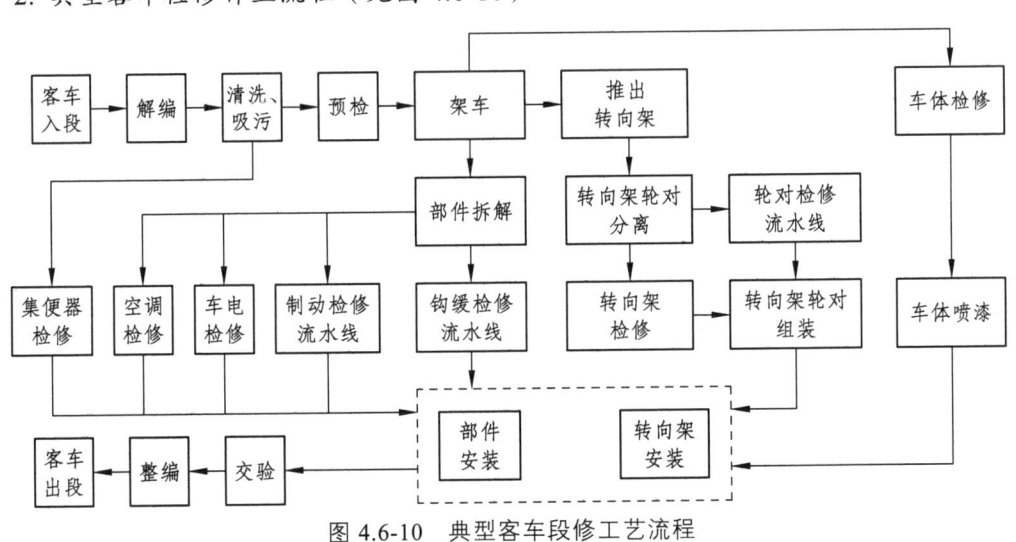

图 4.6-10　典型客车段修工艺流程

3. 客车主要零部件检修作业流程（见图 4.6-11～图 4.6-13）

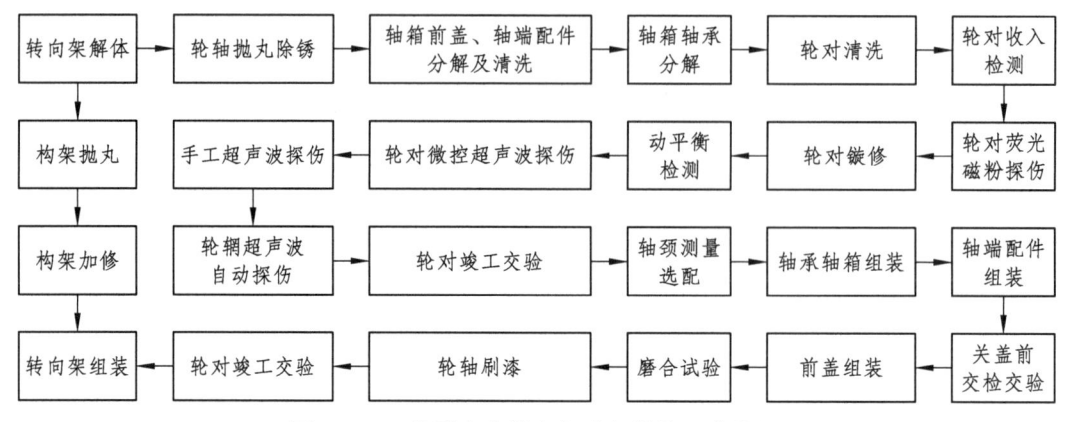

图 4.6-11 典型客车转向架分解检修工艺流程

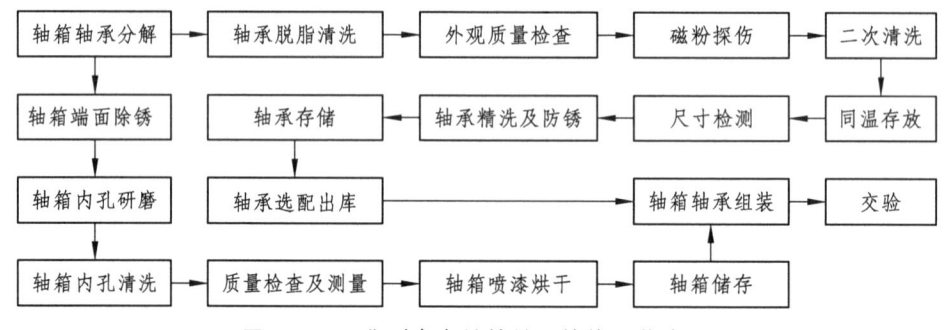

图 4.6-12 典型客车轴箱轴承检修工艺流程

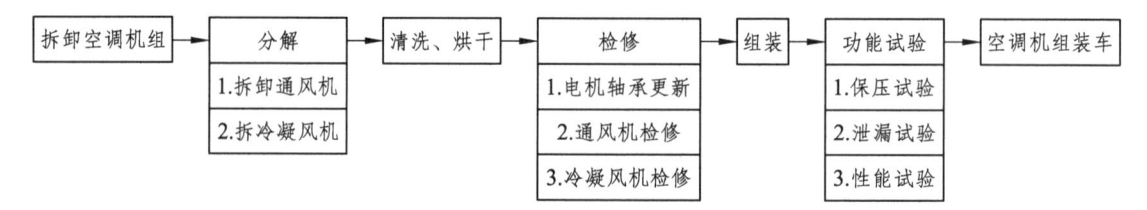

图 4.6-13 典型客车空调机组检修工艺流程

4.6.6 货车段修工艺流程

1. 货车各级修程检修作业范围（见表 4.6-4）

表 4.6-4 货车车辆各级修程作业范围

序号	检修项目	列检	段修	厂修
1	转向架			
（1）	轮对	◎	△	△
（2）	构架	◎	△	△
（3）	摇枕		◎	△

续表

序号	检修项目	列检	段修	厂修
（4）	减振装置		△	△
（5）	下心盘		△	△
（6）	基础制动装置		△	△
（7）	下旁承		△	△
（8）	交叉杆		◎	△
（9）	滚动轴承		△	△
2	制动装置			
（1）	压力表	◎	△	△
（2）	制动缸	◎	□	△
（3）	制动管	◎	□	△
（4）	制动阀	◎	△	△
（5）	各种塞门	◎	□	△
（6）	闸调器	◎	□	△
（7）	制动软管连接器	◎	△	△
（8）	人力制动机	◎	□	△
（9）	脱轨自动制动装置	◎	□	△
（10）	车体基础制动装置	◎	□	△
3	车钩连接装置			
（1）	车钩	◎	△	△
（2）	缓冲器	◎	△	△
（3）	钩腔配件	◎	△	△
（4）	钩尾框	◎	△	△
（5）	钩舌	◎	△	△
（6）	钩尾扁销	◎	△	△
（7）	从板	◎	△	△
图例				
◎	目视检查			
□	在线诊断，车上测试			
△	下车检修			
◇	只检不修，直接更换			

2. 典型货车段修作业流程（见图 4.6-14）

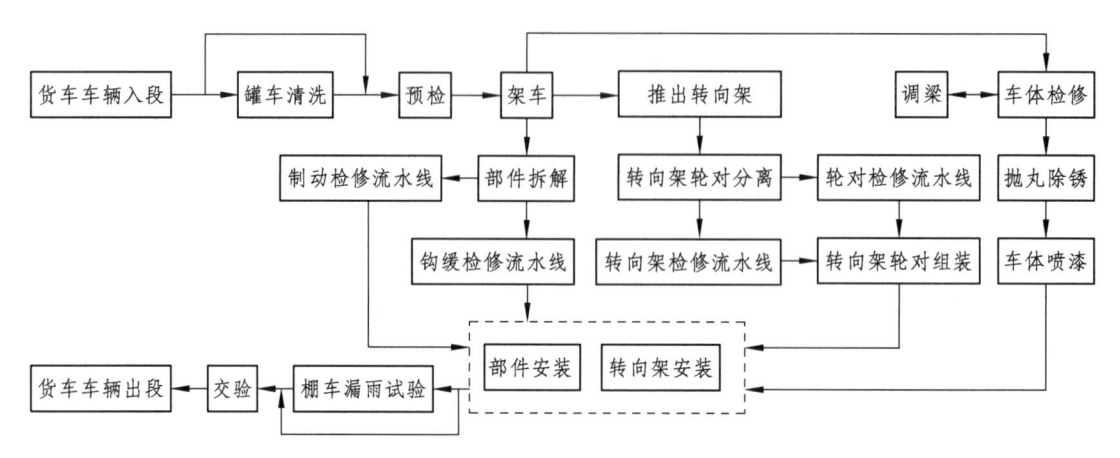

图 4.6-14 典型货车段修工艺流程

3. 货车主要零部件检修作业流程（见图 4.6-15～图 4.6-17）

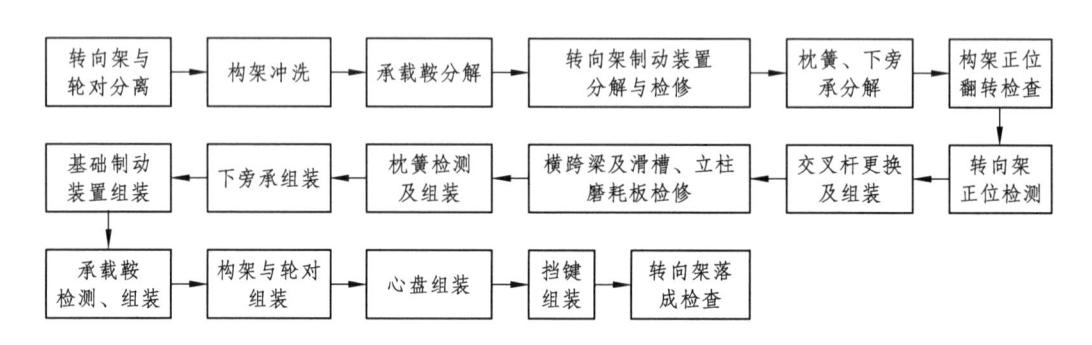

图 4.6-15 典型货车转向架分解检修工艺流程

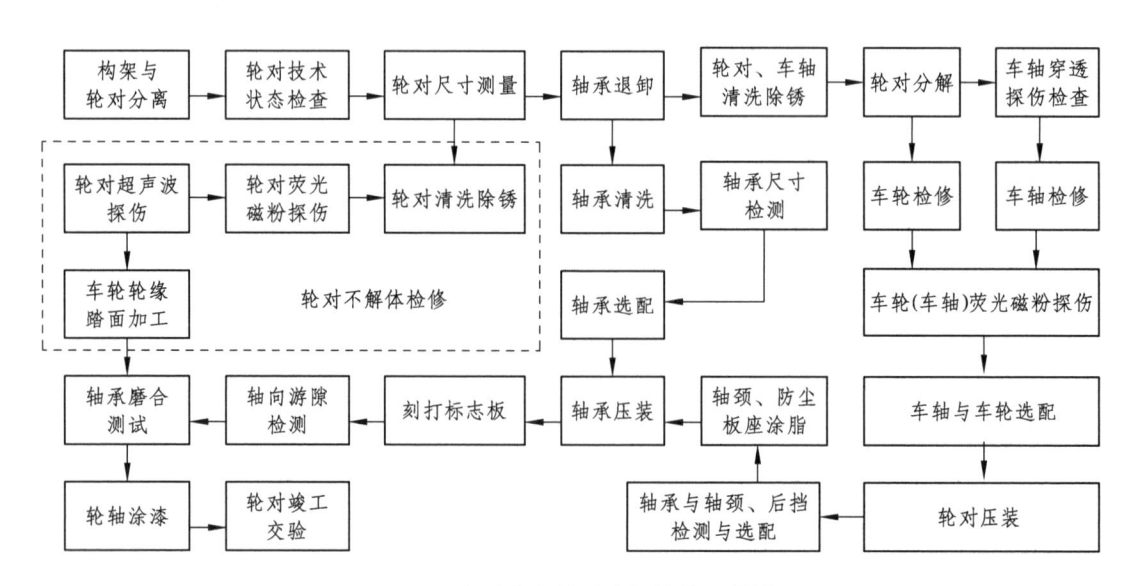

图 4.6-16 典型货车轮对分解检修工艺流程

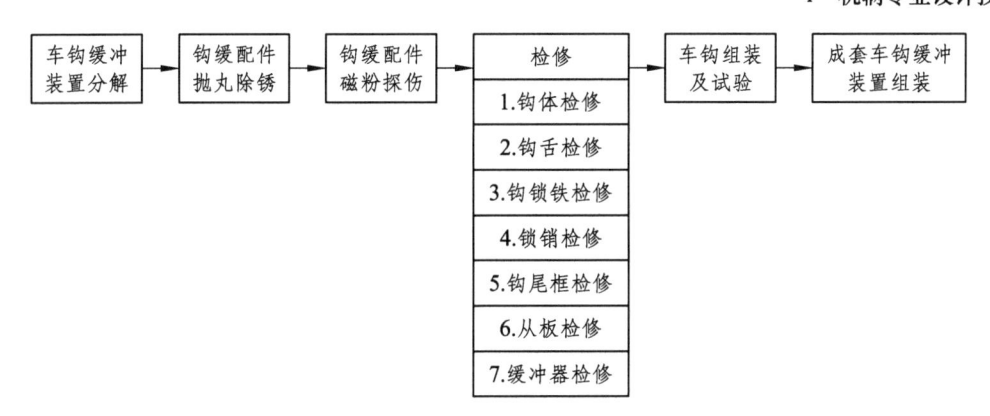

图 4.6-17　典型货车车钩检修工艺流程

4.6.7　动车运用检修工艺流程

1. 动车组一、二级修程检修作业范围

动车组一、二级修程作业范围如表 4.6-5 所示，二级修专项检修及定期保养周期如表 4.6-6 所示。

表 4.6-5　动车组一、二级修程作业范围

序号	检修项目	一级修	二级修
1	转向架		
（1）	轮对	◎□	◎□
（2）	轴箱及定位装置	◎	◎
（3）	空气弹簧及附属装置	◎	◎
（4）	油压减振器	◎	◎
（5）	构架	◎	◎
（6）	排障器	◎	◎
（7）	牵引电机	◎	◎
（8）	联轴节	◎	◎
（9）	齿轮箱、速度传感器	◎	◎
（10）	盘形制动装置	◎	◎
（11）	制动管系	◎	◎
（12）	抗侧滚扭杆	◎	◎
（13）	牵引装置	◎	◎
（14）	接地回流装置	◎	◎
2	制动装置		
（1）	基础制动装置	◎	◎
（2）	供风管系	◎	◎

131

续表

序号	检修项目	一级修	二级修
（3）	空气压缩机及附属装置		◎
（4）	制动试验	□	□
（5）	综合制动试验		□
3	头车外部设备		
（1）	前罩	◎	◎
（2）	排障器	◎	◎
（3）	车载信号接收器	◎	◎
（4）	盖板机构、自动车钩		◎□
（5）	AC 380 V 连接器座		◎
4	车端连接装置		
（1）	半永久车钩	◎	◎
（2）	电气连接器	◎	◎
（3）	跨接连接线	◎	◎
（4）	车钩油压减振器	◎	◎
5	车下设备		
（1）	车底架各梁		◎
（2）	蓄电池及箱体		◎
（3）	牵引电机风机		◎
（4）	牵引变流器及附属装置		◎
（5）	辅助变流器及附属装置		◎
（6）	配电箱		◎
（7）	空调装置		◎
（8）	滤波器箱		◎
（9）	主变压器及冷却装置		◎
（10）	主空气压缩机装置		◎
（11）	辅助空气压缩机装置		◎
（12）	制动控制装置		◎
（13）	水箱、污物箱		◎
6	车体		
（1）	车体外墙板、侧裙板、玻璃及车底板	◎	◎
（2）	车外显示屏及各液位指示灯	◎	◎□
（3）	内外风挡	◎	◎
（4）	外门	◎	◎

续表

序号	检修项目	一级修	二级修
（5）	外门开关功能	□	□
（6）	外门综合性能		□
7	司机室		
（1）	驾驶台设备	◎	◎
（2）	驾驶台附属设备	◎	◎□
（3）	行车安全设备	◎	◎
8	车内设备		
（1）	乘务室设备	◎	◎□
（2）	车厢内显示屏、液晶电视及各指示灯	◎	◎
（3）	厕所设备	◎	◎
（4）	小卖部吧台设备	◎	◎
（5）	电茶炉	◎	◎
（6）	照明、空调、通风、座椅、车窗、玻璃、窗帘、扶手、行李架、大件行李存放架、各指示牌	◎	◎
（7）	紧急破窗锤、灭火器	◎	◎
（8）	车内各门、风挡及附属设施	◎	◎
（9）	车内地板、墙板及顶板	◎	◎
（10）	配电柜		◎
9	车顶设备		
（1）	受电弓	◎	◎□
（2）	无线电信号天线		◎
（3）	车顶空调装置		◎
（4）	特高压装置	◎	◎
（5）	网侧断路器	◎	◎
（6）	车顶盖板		◎
10	列车控制和管理系统		□
11	视频娱乐系统		□
12	乘客信息系统		□
图例			
◎	目视检查		
□	在线诊断，车上测试		
△	下车检修		
◇	只检不修，直接更换		

表 4.6-6 二级修专项检修及定期保养周期

序号	专项检修项目	周期 月	周期 万千米	备注
专项检修项目				
1	检测轴端回流装置		10	
2	空心车轴探伤		20	
3	车轮踏面修形		20	
4	车顶高压设备及受电弓检测	3		
5	制动系统测试	6		
6	联轴器小修	12		
7	主变压器系统小修	12		
8	供风系统小修	12		
9	空调系统小修	12		春季
10	外门小修	12		
定期保养项目				
1	清洁主变流器热交换器	0.5		
2	主、辅助压缩机保养	1		
3	更换空调蒸发器过滤网	1		
4	更换空调新风过滤网	1		
5	牵引电机轴承润滑	3		
6	试验外门	3		
7	清洗牵引电机冷却风机进气口滤网	3		
8	检查蓄电池水位、外壳	3		
9	更换齿轮箱油润滑	6		
10	集便器定期保养	6		
11	辅助变流器模块和配电箱接触器检查	12		
12	检查并清理干净蓄电池充电器	12		

2. 典型动车组一、二级检修作业流程（见图 4.6-18）

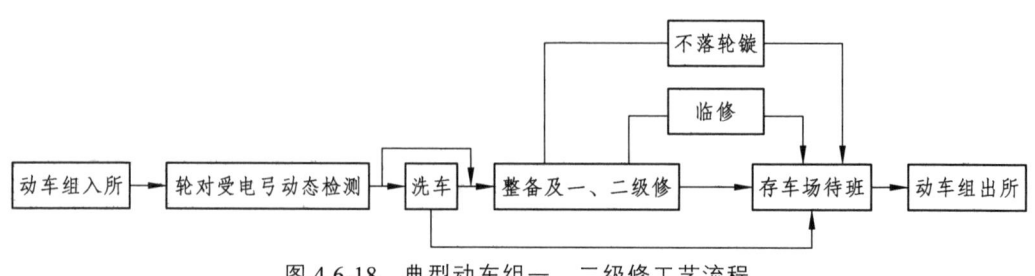

图 4.6-18 典型动车组一、二级修工艺流程

4.6.8 动车检修工艺流程

1. 动车组三、四、五级修程检修作业范围（见表4.6-7）

表4.6-7 动车组三、四、五级修程作业范围

序号	检修项目	检修要求			试验要求		
		三级修	四级修	五级修	三级修	四级修	五级修
1	转向架						
（1）	转向架组成	△	△	△	☆	☆	☆
（2）	构架组成	△	△	△			⊙
（3）	轮对	△	△	△			
（4）	轴箱轴承	○	△	◇			
（5）	轴箱装置	△	△	△			
（6）	定位节点	△	△	◇	⊙	⊙	
（7）	轴箱弹簧	△	△	△	⊙	⊙	⊙
（8）	油压减振器	△	△	△	⊙	⊙	⊙
（9）	防振橡胶	△	△	◇	⊙	⊙	
（10）	空气弹簧装置	△	△	△	☆	☆	☆
（11）	高度调整阀	○	△	△		⊙	⊙
（12）	抗侧滚扭杆装置	○	△	△		⊙	⊙
（13）	齿轮箱组成	△	△	△		⊙	
（14）	联轴节	△	△	△			
（15）	牵引拉杆组成	△	△	△	⊙	⊙	
（16）	中心销组成	○	○	△			
（17）	制动夹钳装置	○	○	△	☆	☆	☆
（18）	停放制动缓解装置	○	○	○			
（19）	速度传感器	△	△	△	☆	☆	☆
（20）	轴温检测器	△	△	◇		⊙	⊙
（21）	排障及撒砂装置	△	△	△			
（22）	齿轮箱接地装置	△	△	△			
（23）	轴端接地装置	△	△	△			
（24）	管路安装装置	○	○	○			
（25）	转向架配线及附件	○	○	○	☆	☆	☆
（26）	踏面清扫装置	○	○	△	☆	☆	☆

续表

序号	检修项目	检修要求 三级修	检修要求 四级修	检修要求 五级修	试验要求 三级修	试验要求 四级修	试验要求 五级修
2	制动系统						
（1）	主空气压缩机		△	△	☆	☆	☆
（2）	除湿装置		△	△		☆	☆
（3）	辅助空气压缩机		△	△	☆	☆	☆
（4）	制动控制装置		△	△	☆	☆	☆
（5）	阀类		○	△	☆	☆	☆
（6）	防滑阀组成		○	△	☆	☆	☆
（7）	滑行控制装置		○	△	☆	☆	☆
（8）	风缸		○	△			☆
（9）	气压开关		△	△	☆	☆	☆
（10）	空气管开闭器		○	△		☆	☆
（11）	制动转换装置		○	△	☆	☆	☆
（12）	踏面清扫电磁阀箱		○	△	☆	☆	☆
（13）	制动管救援装置		○	△		☆	☆
（14）	停放制动控制装置		△	△	☆	☆	☆
（15）	救援用调压阀		○	△		☆	☆
（16）	连挂解联电磁阀		○	○		☆	☆
（17）	撒砂控制箱		○	△	☆	☆	☆
（18）	砂箱及撒砂单元组成		○	△	☆	☆	☆
（19）	撒砂口	△	△	◇	☆	☆	☆
（20）	受电弓	○	○	△	☆	☆	☆
3	牵引系统						
（1）	主断路器		○	△	☆	☆	☆
（2）	接地保护开关		○	△		☆	☆
（3）	高压隔离开关		○	△	☆	☆	☆
（4）	避雷器		○	△		⊙	⊙
（5）	电流互感器		○	○			
（6）	高压绝缘子	○	○	◇			
（7）	高压电缆及高压连接器	○	○	○	☆	☆	☆
（8）	高压设备箱		○	△			⊙
（9）	高压连锁钥匙箱		○	△		☆	☆

续表

序号	检修项目	检修要求 三级修	检修要求 四级修	检修要求 五级修	试验要求 三级修	试验要求 四级修	试验要求 五级修
（10）	接地电阻器		○	△		⊙	⊙
（11）	光学电压互感器		○	◇		☆	☆
（12）	牵引变压器及通风装置		○	△	☆	☆	☆
（13）	牵引变流器		○	△	☆	☆	☆
（14）	牵引电机	△	△	△	☆	☆	☆
（15）	牵引电机冷却风机		○	△		☆	☆
4	辅助系统						
（1）	辅助电源装置	○	○	△		☆	☆
（2）	辅助整流装置	○	○	△		☆	☆
（3）	蓄电池箱		○	△			
（4）	碱性蓄电池		△	◇	☆	☆	☆
（5）	配电盘、配电柜		○	○		☆	☆
（6）	接触器箱		○	△		☆	☆
（7）	控制、辅助、高压电路接线箱		○	○			
（8）	车间高压连接器		○	○		☆	☆
（9）	车钩电连接器		○	△		☆	☆
（10）	头车自动电气连接器		○	△		☆	☆
（11）	广播连接器		○	○		☆	☆
（12）	影视、烟火及视频监控		○	○		☆	☆
（13）	外部电源连接器及连接插头		○	○		☆	☆
（14）	救援用电力连接器			○		☆	☆
（15）	车间连接器跳线			○		☆	☆
（16）	车下配线		○	○		☆	☆
（17）	救援用电源变换装置		○	△		☆	☆
（18）	单相逆变电源		○	△		☆	☆
（19）	不间断电源系统（UPS）		○	○		☆	☆
（20）	隔离变压器		○	○		☆	☆
（21）	保温继电器		○	◇		☆	☆
（22）	车辆信息显示器		○	△	☆	☆	☆

续表

序号	检修项目	检修要求 三级修	检修要求 四级修	检修要求 五级修	试验要求 三级修	试验要求 四级修	试验要求 五级修
5	信息系统						
（1）	IC卡控制装置		○	○		☆	☆
（2）	数据记录及无线传输装置		○	△		☆	☆
（3）	数据记录装置		○	○		☆	☆
（4）	烟火报警系统		○	○		☆	☆
（5）	旅客信息系统		○	○		☆	☆
（6）	影视系统		○	△		☆	☆
（7）	广播系统		○	△		☆	☆
（8）	自动过分相系统		△	△		☆	☆
（9）	车外温度采集系统		○	△		☆	☆
（10）	轴温实时检测系统主机		○	△		☆	☆
（11）	受电弓视频监控系统		○	○		☆	☆
（12）	车厢视频监控系统		○	○		☆	☆
（13）	电子标签		○	○		☆	☆
（14）	半主动控制箱		○	△		☆	☆
（15）	转向架失稳装置		○	△		☆	☆
（16）	车载设备		○	○		☆	☆
6	空调采暖通风						
（1）	客室空调		△	△		☆	☆
（2）	司机室空调		○	△		☆	☆
（3）	显示设定器		○	△		☆	☆
（4）	采暖系统		○	△		☆	☆
（5）	换气装置本体	○	△	△	☆	☆	☆
（6）	换气装置逆变器		○	△		☆	☆
（7）	司机室通风机		○	△		☆	☆
（8）	风道		○	○		☆	☆
（9）	应急通风装置		○	○		☆	☆
7	给排水及卫生系统						
（1）	车下水箱装置			△			☆
（2）	车上水箱			△			☆
（3）	车上水泵系统			△			☆

续表

序号	检修项目	检修要求 三级修	检修要求 四级修	检修要求 五级修	试验要求 三级修	试验要求 四级修	试验要求 五级修
(4)	温水器			△			☆
(5)	液位显示器			○			☆
(6)	电开水炉			△			☆
(7)	集便器			△			☆
(8)	盥洗室、卫生间、洁具室			○			☆
(9)	污物箱			△			☆
(10)	水封装置、电控排水装置			△			☆
8	内装与设备						
(1)	内装			○			
(2)	卷帘			○		☆	☆
(3)	照明设备			○		☆	☆
(4)	防火端门			○			☆
(5)	内端门及小间门			△		☆	☆
(6)	门锁、把手			△			
(7)	司机室座椅			△		☆	☆
(8)	司机室操纵台		○	○	☆	☆	☆
(9)	牵引控制器		○	△	☆	☆	☆
(10)	司机制动控制器		○	△	☆	☆	☆
(11)	故障显示器		○	△	☆	☆	☆
(12)	无人警惕装置		△	△	☆	☆	☆
(13)	风笛装置		○	△	☆	☆	☆
(14)	配管单元箱		○	△	☆	☆	☆
(15)	司机室各类开关		○	○	☆	☆	☆
(16)	连接器及配线		○	○	☆	☆	☆
(17)	座椅			△			☆
(18)	客运服务设备			○			
(19)	垃圾箱和垃圾袋筐			○			
(20)	安全锤、灭火器固定设施、广告框、备品			○			
(21)	客室火灾报警、紧急制动、紧急呼叫按钮		○	○		☆	☆

续表

序号	检修项目	检修要求			试验要求		
		三级修	四级修	五级修	三级修	四级修	五级修
9	车体						
（1）	车体结构		○	○			
（2）	客室侧门		○	△		☆	☆
（3）	司机室服务门		○	△		☆	☆
（4）	侧窗		○	○			
（5）	司机室前窗		○	○		☆	☆
（6）	设备舱		○	△			
（7）	内风挡		○	△			⊙
（8）	外风挡		○	○			
（9）	防雪风挡		○	○			
（10）	密接式车钩		○	△		⊙	⊙
（11）	车钩缓冲器		△	△			
（12）	车钩托架		○	△			
（13）	车钩从板座组成		○	○			
（14）	统型过渡车钩		○	△			
（15）	自动钩缓装置		○	△			⊙
（16）	前罩		○	△			
（17）	开闭机构		○	△			☆
（18）	前照灯		○	△	☆	☆	☆
（19）	刮雨器装置		○	△	☆	☆	☆
（20）	车体主排障装置		○	△			
（21）	受电弓导流罩		○	○			
（22）	车体设备吊挂组件		○	△			
（23）	油漆		○	◇			
（24）	标记	○	○	◇			
图例							
○	状态修						
△	下车检修，分解检修						
◇	只检不修，直接更换						
⊙	部件试验						
☆	部件试验及整车试验						

2. 典型动车组三、四、五级检修作业流程（见图 4.6-19 和图 4.6-20）

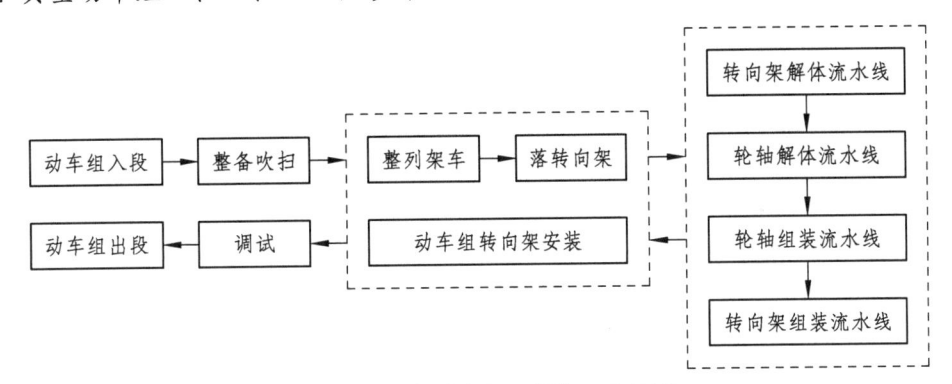

图 4.6-19 典型动车三级修工艺流程

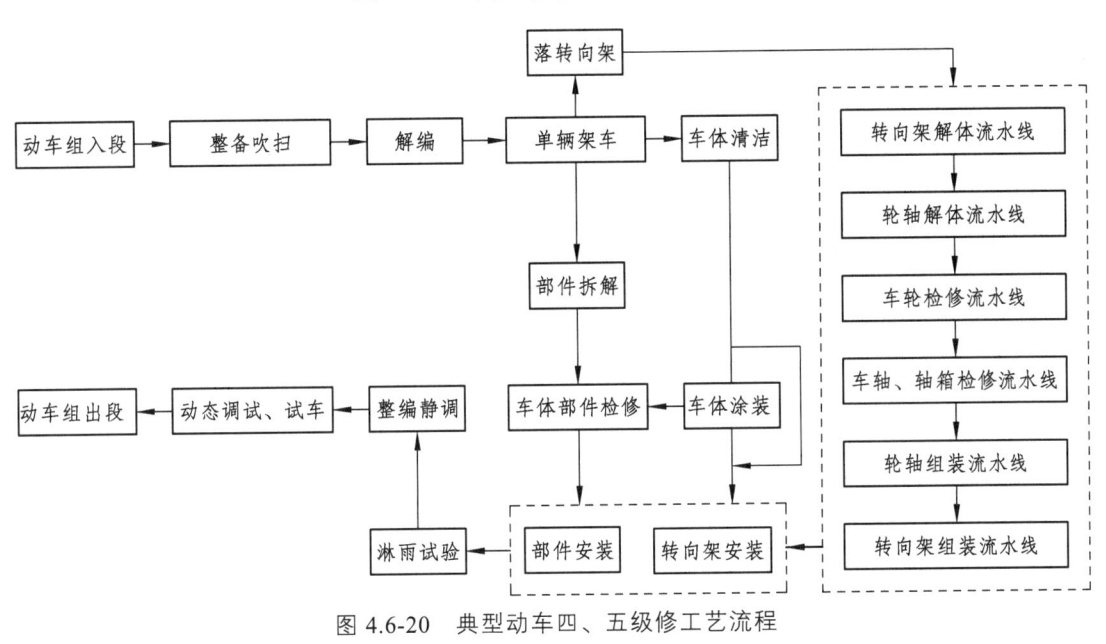

图 4.6-20 典型动车四、五级修工艺流程

4.7 接口设计

机辆为总体性专业，应牵头做好专业接口设计。

4.7.1 与站场专业接口

向站场专业提出总平面布置示意图、线路、通站道路、平过道等设计要求。站场完成线路设计后，返回总平面图。

4.7.2 与桥涵专业接口

向桥涵专业提出转车盘、移车台基础以及下穿道路涵洞设计要求，指导规划排水涵洞总图布置方案。

4.7.3 与轨道专业接口

向轨道专业提出整体道床、轨道桥设计要求。

4.7.4 与房建专业接口

（1）向房建专业提出各个房屋长、宽、高、层数、开间、地面等设计要求，有起重机的房屋，还应提出起重机最大轮压要求，以及房建返回单体房屋的平、立、剖面图资料。
（2）机辆专业向房建专业提出大型设备基础、作业平台等设计要求。
（3）机辆专业规划布置机辆段（所）内道路、硬化地面、停车场、围墙、大门，提交房建专业计列工程费用。
（4）机辆专业配合房建专业完成房屋总平面消防设计。

4.7.5 与电力专业接口

向电力专业提出机辆段（所）内电力照明、动力系统用电需求，规划配电所、变电所总图位置方案，提出卸油线、油库防雷、接地设计需求。

4.7.6 与暖通专业接口

向暖通专业提出各单体房屋给排水、采暖、通风、空调设计要求。

4.7.7 与给排水专业接口

向给排水专业提出机辆段（所）室外消防、室外给排水、卸污、上水设计要求，规划污水处理场总图位置。

4.7.8 与通信专业接口

向通信专业提出有线、无线通信设计要求，提出卸油线与相邻线路的绝缘轨缝、卸油设施接地、等电位连接电火花防护的设计要求。

4.7.9 与信息专业接口

向信息专业提交办公信息化、室外监控设计要求。

4.7.10 与信号专业接口

向信号专业提出道岔联锁、机车测试环线、存车方案设计要求，规划布置信号工区等房屋位置方案。

4.7.11 与接触网专业接口

向接触网专业提出股道挂网、隔离开关设计要求。

4.8 设备技术及运营生产需求

4.8.1 主要技术原理

机辆维修设备主要技术原理：

1. 分解方法

常用的分解方法有：击卸法、拉拔法、顶压法、温差法、破坏法。

2. 组装方法

常用的组装方法有：互换法、选配法、调整法、修配法。

3. 清洗方法

清洗可分为机械清洗、物理化学清洗。

机械清洗包括手工清洗法、机械工具清理、压缩空气吹扫、吸尘法、高压喷射清洗、超声波清洗。

物理化学法包括碱溶液煮洗、有机溶剂清洗、水基清洗、气相清洗。

4. 检测方法

检测方法主要有感官检测法、量具仪器检验法、探测法、图像识别法。

感官检查法包括目检、听检、触检。

量具仪表检验包括用游标卡尺、万用电表等工具进行检验。

探测法包括荧光磁粉探伤法、涂色探伤法、电磁探伤法、超声波探伤法、射线探伤法、相控阵探伤法。

图像识别包括视景识别、图片识别等。

5. 故障诊断方法

故障诊断方法包括振动诊断技术、声诊断技术、红外线诊断技术、润滑油分析技术、铁谱分析技术。

6. 修复技术

修复技术主要有钳工和机械加工方法、压力加工法、金属喷涂法、焊修法、电镀法、刷镀法、黏接法、激光除锈法。

（1）钳工和机械加工方法，主要有铰孔、研磨、刮削。

（2）压力加工法，主要有压力校正、冷作校正、热校。

（3）焊修法，主要有焊补、堆焊、喷焊、钎焊。

4.8.2 主要设备技术

设备技术关系到检修功能的实现、生产质量的保障、生产效率的满足等需求。

1. 设备功能

针对机辆构造的特殊性,设备技术满足维修功能,如空心轴探伤设备的小直径探杆技术、轮对推卸的拉拔技术、轮对动态监测设备的动态通过特殊截面尺寸检测技术等。

2. 主要精度参数

相比设备功能实现技术,精度参数是主要考究设备的制造技术。部分设备在行业中一直占据领头羊的位置,或者部分设备无法被行业所接受,主要原因是有些设备精度不够。目前,图像识别技术、智能诊断技术等还有待进一步发展。

3. 数字化

计算机时代,数字化是常态,将平时复杂多变的检修信息转变为可以直观处理的数字或者数据,利用计算机进行数据处理,分析并传达列车或设备的状态信息。

4. 智能化

相对传统设备,智能化设备及系统是建立在数据化基础上的智能技术的全面升华,意味着新媒体能通过智能技术的应用,以人类的需求为中心,按照与人类思维模式相近的方式和给定的知识与规则,通过数据的处理和反馈,对随机性的外部环境做出决策并付诸行动。随着科学技术的发展,机辆段(所)检修设备也在迭代更新,从人工检修发展至现在的人检+机检模式,但人检仍然占据主要检修内容。例如轮对受电弓检测系统、巡检机器人等,已替代并加强了部分人检内容。

将来机辆段(所)的检修设备应是往智能系统方向发展,由点带面,点由智能设备组成,面由大数据、物联网等综合而成的智能检修系统组成,建立物联网基础及平台,配合工业视觉技术,建立检修智能系统,按照检修思维模式完成检修作业任务。

4.8.3 工程接口

设备的基本接口包括土建、用电、给排水、压缩空气、蒸汽等。

1. 土　建

部分设备需要建造基础坑、悬挂(悬挑)预埋,需考虑几何尺寸、荷载需求。

2. 用　电

电气设备的基本需求,需要包括电压等级 AC 220 V、AC 380 V,地面电源现场布点,使得电源靠近动力负荷中心,布线最短,并测算同时用电需求。

3. 给排水

凡是设置基础坑的设备,都需要考虑排水设施,通常在坑底部设置集水井,配置潜污泵;部分设备需要用水,除主要用于清洗用水外,还有超声波探伤耦合用水等。

4. 压缩空气

用于动力、吹扫功能,如气动设备、吹扫设备等。

5. 蒸　汽

传统的机车构架煮洗用蒸汽，另外喷漆工艺也采用蒸汽。

4.8.4　运营生产需求研究

实践是检验真理的唯一标准，设计成果的质量需要通过运营效果的检验。为什么在运营后部分设备存在闲置，而又缺少一些装备，研究其中的缘由，有助于改进设计。

（1）盲目依靠以往的经验或规范。

规范具有成熟性、滞后性、统一性的特点，规范的部分内容可能无法适应当前快速发展的生产技术、运营个性化需求。比如：

① 机务整备场，按照规范和传统的做法仅仅在整备棚和待班台位区域设置硬化场坪，而在实际生产过程中，为最大化提高生产能力，将作业范围延伸至两端咽喉警冲标处。

② 检修台位的计算并未充分考虑运营单位每年春运前机车车辆集中检修、每年春鉴春检、暑运整修、秋检整修的需求，也未考虑新造和大修（厂修）出厂机车车辆的整修。

（2）未考虑生产成本和生产效率。

比如动车运用所人工补洗线，功能重要，但生产效率比较低，主要是考虑接触网断电以及人员管理，安全保障投入量较大。

（3）设计和运营的不一致性。

比如设有两个动车运用所的客运站，或者两个机务段（所）的编组站，设计一般考虑两个动车所/机务段（所）独立运营，而实际运营常采用一主一辅模式（本属车与外属车分离模式），容易产生"一个能力富余，另一个能力紧张，但总能力富余"的矛盾。

（4）运营生产的部门壁垒。

比如机待线、牵出线有效长，不仅受到股道有效长的制约，还受到供电部门对无电终端标志位规章制度的制约，导致运营实际可利用有效长度小于股道有效长度。

（5）生产安全性的要求。

比如库前平过道增加安全防护道闸，股道区与平行道路间设置防护栅栏。

（6）调车方式推送列车流程。

调车作业时，需车站调度员与机车乘务员紧密配合，调车人员必须正确及时显示信号，机车乘务员要认真确认信号，并回示。推送车辆时需先试拉。在计算机辆段（所）出入段线通过能力时，应充分考虑等待信号及确认信号所需的时间。

（7）人性化管理要求。

人性化管理要求，各地运营单位诉求各有不同，以下列举几个共性意见：

① 在铁路建设项目中，机务设施中内燃调机整备台位、热备机车存放台位、上砂台位一般露天设置的较多，运营单位强烈要求设置遮阳防雨棚，从而改善作业环境。与铁路工务部门轨道车均设置轨道车库（棚）的建设标准相比，机务段（所）的基础设施配置偏低。

② 南方炎热地区机辆段（所）夏季库内温度高，作业条件恶劣，运营单位强烈要求设置库内空调，从而改善高温作业环境。

③ 在铁路建设项目中，机辆段（所）内职工生活类设施一般配置不足，包括车位数量不足，绿化面积较少，无充电桩、文体设施等，运营单位强烈要求设置篮球场、羽毛球场等文体设施，足额设置汽车停车位、电动汽车充电桩、自行车和电瓶车停车棚及充电设施等。

5 配套专业设计技术

机辆设备工程设计涉及机辆、经调、行车、测量、地质、站场、路基、桥涵、轨道、房屋建筑、电力、暖通、给排水、牵引变电、接触网、通信、信号、信息、施预等19个专业，机辆设备工程设计应以机辆专业为主导，相关专业配合。

专业工程设计比较复杂，因现场情况、功能要求、工程投资、业主需求等的不同而不同，也因技术的积累与传承、个人的经验等不同而不同，很难提出一个全面的设计方案，这也是工程设计的魅力所在。本章主要介绍与机辆工程相关的配套专业在设计中与机辆工程的关系，浅谈配套专业与设计有关的一些概念。

5.1 经 调

在机辆设备工程设计中，经调专业向行车专业提交客货运量资料，向机辆专业开放旅客列车径路资料。

5.1.1 设计技术

经调专业在项目过程中，需对项目运量进行预测，预测依据主要有《中长期铁路网规划》（国外项目采用当地规划文件）、铁路统计资料、项目所在省市统计年鉴和沿线市县城市总体规划等资料。

预测思路：研究项目通道城际或者长短途客流分配，确定本项目合理运量水平和列车开行方案，并根据沿线地区经济、人口、旅游发展规范等预测各车站旅客发送量及最高聚集人数。

预测方法：主要有弹性系数法、线性回归法、指数平滑法、重力模型、Logit模型等；车站旅客发送量及最高聚集人数预测主要有乘车率法、高峰聚集系数法等。

5.1.2 接口管理

1. 与行车专业接口

提供运量，用于计算列车对数。

2. 与机辆专业接口

提供客流、货流方向，用于考虑机车交路设计。

5.2 行 车

行车专业根据经调专业客货运量的资料，以及线路坡度、标准等，确定客运形式、客货车编组数量，向机辆专业开放客货列车对数、列流图。

5.2.1 相关概念

1. 列流图

列流图反映一定时间内在某个铁路枢纽或技术站衔接的各方向线路上，一昼夜内上、下行各种列车数的图形。在列流图上，常以不同的线条符号来区别列车的种类，以线条的数量或线条加上数字来表示列车的数量，如图 5.2-1 所示。

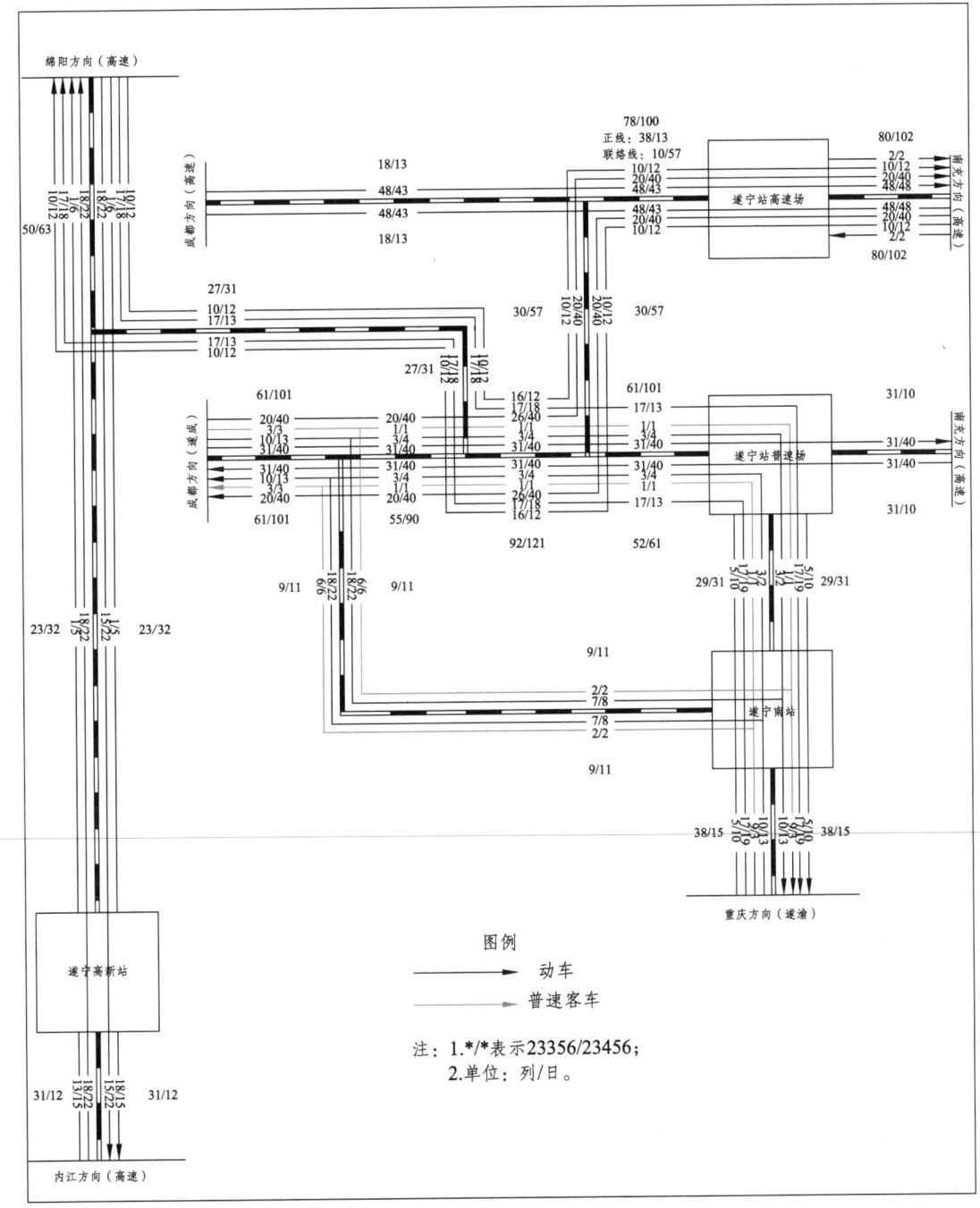

图 5.2-1 列流图示意

2. 列车编组

目前，动车多采用标准编组（8辆编组）、长编组（16辆编组），城际CRH6型车还采用4辆编组方式；普速客车多采用18辆编组，如春运等大型节假日会根据客运量加挂编组，最多不超过20辆编组；货车根据运量需求灵活编组。

5.2.2　接口管理

主要与机辆专业接口：

提供机车列流图，用于设计机车交路。

提供机辆对数表、开行径路表，用于计算机辆配属、工作量计算等。

机辆专业与行车专业密切相关的内容为行车专业开放的客货列车对数、车底数、列车编组。机辆段（所）及配套设施设备规模，均由行车专业输入数据作为主要设计依据。

5.3　测　量

测量专业完成工程择址区域地形地貌、高程等的测量工作，为各专业设计提供设计基础资料。

5.3.1　相关概念

1. 2000国家大地坐标系

2000国家大地坐标系，是我国当前最新的国家大地坐标系，英文名称为China Geodetic Coordinate System 2000，英文缩写为CGCS2000。自2008年7月1日起，中国已全面启用2000国家大地坐标系，国家测绘局授权组织实施。

2000国家大地坐标系的原点为包括海洋和大气的整个地球的质量中心；2000国家大地坐标系的Z轴由原点指向历元2000.0的地球参考极的方向，该历元的指向由国际时间局给定的历元为1984.0的初始指向推算，定向的时间演化保证相对于地壳不产生残余的全球旋转，X轴由原点指向格林尼治参考子午线与地球赤道面（历元2000.0）的交点，Y轴与Z轴、X轴构成右手正交坐标系，并采用广义相对论意义下的尺度。

2. 1985国家高程基准

我国黄海平均海面是以青岛验潮站1952—1979年的潮汐观测资料为计算依据，称为"1985国家高程基准"，并用精密水准测量位于青岛的水准原点，得出1985年国家高程基准高程，水准原点的高程是72.260 m。

3. 导线测量

导线测量指的是测量导线长度、转角和高程，以及推算坐标等的作业。在地面上选定一系列点连成折线，在点上设置测站，然后采用测边、测角方式来测定这些点的水平位置。导线测量是建立国家大地控制网的一种方法，也是工程测量中建立控制点的常用方法。

设站点连成的折线称为导线，设站点称为导线点。测量每相邻两点间距离和每一导线点上相邻边间的夹角，从一起始点坐标和方位角出发，用测得的距离和角度依次推算各导线点的水平位置。

导线测量采用全站型电子测距仪（Electronic Total Station，简称全站仪）进行测量。全站仪是一种集光、机、电为一体的高技术测量仪器，是集水平角、垂直角、距离（斜距、平距）、高差测量功能于一体的测绘仪器系统。与光学经纬仪比较，电子经纬仪将光学度盘换为光电扫描度盘，将人工光学测微读数代之以自动记录和显示读数，使测角操作简单化，且可避免读数误差的产生。因其一次安置仪器就可完成该测站上全部测量工作，所以称之为全站仪。全站仪广泛用于地上大型建筑和地下隧道施工等精密工程测量或变形监测领域。

全站仪由电源部分、测角系统、测距系统、数据处理部分、通信接口及显示屏、键盘等组成，如图 5.3-1 所示。

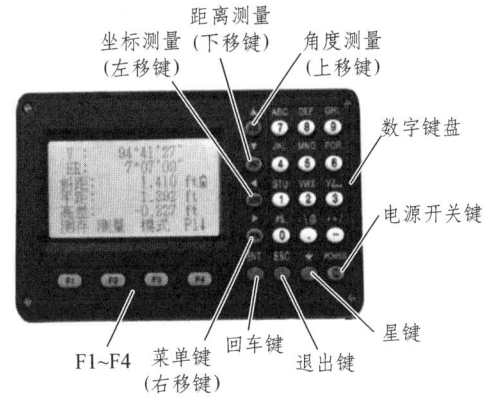

图 5.3-1　全站仪

4. 三角测量

三角测量在三角学与几何学上是一借助测量目标点与固定基准线的已知端点的角度，测量目标距离的方法。而不是直接测量特定位置的距离（三边测量法）。当已知一个边长及两个观测角度时，观测目标点可以被标定为一个三角形的第三个点。

5.3.2　设计技术

1. 基本要求

（1）铁路工程测量平面坐标系统应采用 2000 国家大地坐标系（CGCS2000）基准的工程独立坐标系，线路设计高程上的投影长度变形值不宜大于 25 mm/km。

（2）高程系统采用 1985 国家高程基准。

（3）工程勘测、施工、运营维护各阶段的平面、高程控制测量必须采用统一的基准。

（4）测量精度以中误差衡量，极限误差（简称限差）规定为中误差的 2 倍。

2. 测量内容

（1）根据各专业测量要求，进行导线测设、高程测量、地形测绘和沟渠纵坡测绘、地质放孔、既有线复测等。

（2）进行现场调查。各专业应与测量专业同步开展现场调查工作。

（3）勘察作业应遵守"事前指导、中间检查、成果验收"的原则。勘察前应编制勘察大纲，并进行相应级别的审核；勘察过程中，应进行中间质量检查，对存在的问题进行分析、技术整改；勘察完成后，主体单位应与总体组对外业勘测成果进行检查、审核、验收。

3．勘察方法

（1）线路平面测量采用卫星定位测量、导线测量和三角形网测量等方法进行施测。卫星定位测量应符合《铁路卫星定位测量规范》(TB 10054—2010)的有关规定，全站仪测距作业应符合《铁路工程测量规范》(TB 10101—2018)的有关规定。

（2）高程测量可采用五等水准测量或光电测距三角高程测量方法。

（3）地形测量宜采用航空摄影测量方法，也可采用全站仪数字化测图法、GNSS RTK 数字化测图法、激光扫描法等方法测图。

（4）横断面可采用航测法、全站仪、GNSS RTK 法施测。路基横断面间距一般为 20 m，若有路基工点，需加密。

5.3.3　设计流程

各专业勘测技术要求→组织勘察队伍→出工准备→现场勘测（包括现场踏勘、测绘、专业调查、勘探实验、签订协议等）→勘察资料内业整理→交付各专业验收→勘察资料归档刻盘正式交付各专业。

5.3.4　接口管理

1．与站场专业接口

1）测量范围

对机辆段（所）用地范围内及段外 50 m 范围内房屋及其基础、道路、水井、池塘、沟渠、河流（注明河名、流向及通航情况）、地下给排水系统、电力线、地下电缆及管道、地上高压线走向、杆塔位置、电压等级等进行定测，并标明房屋层数及建筑材料，且根据实际地形地物，按照比例 1∶1 000，绘制 CAD 电子文档地形。

2）调查报告

对测量范围应进行调查，提出调查报告，内容应比较全面地反映现场情况。如居民区位置、工矿企业、城市规划、乡镇道路、交通运输、农田水利等情况，并对通段道路、改移工程、区域排水系统及相关规划、用地和拆迁等重大问题与相关部门交换意见；建（构）筑物拆迁调查；取弃土调查。

3）基线测量

由站场专业选定基线，基线应平行于机辆段（所）主轴，测量单位对基线进行测量，并设置控制桩，其位置应保证测量人员及仪器的安全，且与相应精度导线联测，闭合平差。

4）断面测绘

机辆段（所）断面测绘间距一般为 20～30 m，平缓地段可适当减少，在有路基工点处应加密。

5）水准点位置

为便于施工，机辆段（所）内应设置水准点，水准点应设于不宜破坏的永久性建筑物或天然稳定的石质体上。

2. 与路基专业接口

机辆段（所）一般路基勘察由站场提出，路基专业仅负责提出个别工点勘察技术要求，主要是路基加固工点。

3. 与桥梁专业接口

（1）桥梁专业勘察前应向有关部门调查，收集水文、气象资料。

水文资料包括水文站计算水位、流速以及50年洪水位、100年洪水位等。气象资料主要包括最高气温、最低气温等。

（2）小桥涵水文勘测。

机辆段（所）选址一般避开大型河流区域，有时可能有城市小型沟渠穿越机辆段（所），需设置小型排水涵洞，小桥涵水文勘测一般采用汇水面积法。

4. 与房建专业接口

（1）机辆段（所）择址区最高、最低、经常水位标高。

（2）机辆段（所）择址区地形、地貌特征及地貌单元形成过程。

（3）提出地震参数。

5. 与电力专业接口

（1）收集最高、最低气温，风速，年平均暴雨日，土壤电阻率。最大风速采用空旷地区的以下数据：10 kV 电力线路——离地面 10 m 高处 10 年一遇的 10 min 平均最大值；35 kV 电力线路——离地面 15 m 高处 15 年一遇的 10 min 平均最大值。

（2）调查 35 kV 及以上电力线路的名称、电压等级、回路数量、杆塔号、产权单位。

（3）测量与电气化铁路交叉的 35 kV 及以上电力线路交叉处最低导线高程，对于非电气化铁路，还应测量与 10 kV 及以上电力线路交叉处最低导线高程。

6. 与给排水专业接口

（1）测量择址区附近给水管道和水源、给水所、污水处理场、排污口等构筑物平面及高程。

（2）既有给排水管道管径、径路、产权单位等。

7. 与信号专业接口

（1）调查收集既有信号楼布置情况。

（2）既有站场线路名称、道岔编号、警冲标等。

5.4 地 质

地质专业负责探明择址区土质、岩质等地质情况并完成地质填图。

5.4.1 相关概念

1. 地球结构

地球由外至内由地壳、地幔、地核组成,平均地壳厚 33 km。地壳由岩石组成,岩石由矿物组成,矿物则由各种化合物或化学元素组成,氧、硅、铝三元素约占83%。

2. 岩石的工程性质

岩石的工程性质指岩石的物理性质、水理性质和力学性质三方面。

(1) 物理性质,包括质量性质、空隙性质。

(2) 水理性质,是岩石与水作用时表现出来的特性,包括吸水性、透水性、软化性、抗冻性、可溶性、膨胀性、崩解性。

(3) 力学性质,如抗压强度、抗拉强度、抗剪强度等。

3. 岩石分类

岩石按照坚硬程度划分,可分为硬质岩、软质岩;按照施工工程等级,可分为Ⅰ级(松土)、Ⅱ级(普通土)、Ⅲ级(硬土)、Ⅳ级(软石)、Ⅴ级(次坚石)、Ⅵ级(坚石)。

4. 土

土是由固体矿物颗粒、水、气体组成的三相体系。固体颗粒是土的最主要的物质成分,界于一定粒径范围内的土粒称为土颗粒分组,又称为粒组。土中不同粒组的相对含量称为土的颗粒级配。土按颗粒级配(或可塑性指数)可划分为碎石类土、砂类土、粉土和黏性土。以上可称为一般土,特殊土主要有黄土、膨胀土、软土、冻土。

1) 膨胀土

膨胀土是一种黏性土,具有明显的膨胀、收缩特性,主要由蒙脱石、伊利石组成。这两种矿物质具有强烈的亲水性,吸收水后强烈膨胀,失水后收缩,在多次膨胀、收缩后,其强度很快衰减,导致修建在膨胀土上的工程建筑物开裂、下沉、失稳破坏。目前多采用以下措施进行防治:

(1) 防水防湿措施。防止地表水下渗、地基土中水分蒸发,保持地基土湿度,控制其胀缩变形等。具体方法有:设置水平和垂直隔水层;加强地下水管防漏措施;建筑物周边合理绿化,防止植物根系吸水造成地基土不均匀收缩;保证基槽不被暴晒或浸泡并及时回填。

(2) 地基土改良措施。消除或减小土的胀缩性能,如换土、换填、石灰加固等。

2) 软　土

软土指天然含水量大、压缩性高、承载力低和抗剪强度很低的呈软塑状态的黏性土。软土吸水、亲水性强,透水性差,承载力低,目前多采用以下措施进行防治:

(1) 堆载预压法。在施工前,采用等荷载或大于设计荷载重堆在建筑场地上,压实地基土,该方法经济、有效,但预压时间长。

(2) 强夯法。采用 10~20 t 的重锤从 10~40 m 高处自由落下,夯实土层。

(3) 砂垫层。在底部设砂垫层,加速排水。

(4) 砂井。在软土地基中挖直径为 0.4~2.0 m 的井眼,置入砂土。

（5）石灰桩。用石灰代替砂土，生石灰水化时吸水膨胀，温度升高，在桩周围形成一个密实的土桩。

（6）旋喷注浆法。将带有特殊喷嘴的注浆管置入土层预定深度，以 20 MPa 左右的高压向土旋喷砂浆或水玻璃与氯化钙的混合液，浆液与水搅拌混合，经过凝结固化，在土中形成固结体，从而提高地基的抗剪强度，改善土的性质。

5. 地质年代

地质年代指地壳上不同时期的岩石和地层，时间表述单位有：宙、代、纪、世、期、时；地层表述单位有：宇、界、系、统、阶、带。地质年代表示在形成过程中的时间（年龄）和顺序。

6. 地质勘探

地质勘探分为简易勘探、钻探两种。

1）简易勘探

（1）挖探，是最简易的勘探方法，常用的有剥土、槽探和坑探。

剥土：人工清除地表不厚的覆盖土层直至岩层表面，一般表层土厚不超过 0.25 m。

槽探：在地表挖掘宽 0.6~1.0 m、深不超过 2 m 即可到达岩层面的长槽。

坑探：垂直向下挖掘的土坑，坑平面形状可为直径 0.8~1.0 m 的圆形，或为 1.5 m×1.0 m 的矩形，深度一般不超过 2~3 m。

（2）轻便勘探。

使用轻便工具如洛阳铲、锥具及小螺纹钻等进行勘探。

洛阳铲：冲进深度一般土层中为 10 m，在黄土中可达 30 m。

锥探：一般锥具向下冲入土中，凭感觉来探明疏松覆盖层厚度，探深可达到 10 m 以上。

小螺纹钻：由人力加压回转钻进，能取出扰动土样，适用于黏性土及砂类土层，一般探深在 6 m 以内。

2）钻　探

当勘探深度较大，或地层不适宜采用简易勘探时，都可以用钻探。不同的钻径钻深不同。常用的钻探方法有回转钻探、冲击钻探及振动钻探等。

7. 试　验

试验是为了解岩土体的物理力学特性和建筑荷载引起的力学效应，如岩土物理性质、水理性质、力学性质、变形特性等，评价工程地质条件和问题，为工程设计、施工提供参数而进行的试验总称。在工程地质勘察中，通过工程地质试验可对岩土体进行分类，探讨岩土体在外部荷载与内部应力重分布条件下的变形过程和破坏机制，论证地基、边坡和地下工程围岩等的稳定性，并为设计提供计算参数。这些成果既影响工程布置、工程安全和工程量，又关系到建设造价、工期和最优方案的选择。鉴于岩土体具有各向异性的特点，工程地质试验通常采用室内试验与现场试验、原体测试与模型试验、静力法与动力法等相互验证，同时还必须与现场地质研究相结合，力求真实反映岩土体的工程地质特性。

8. 地　震

地壳发生的颤动或振动称为地震，震级表征地震的能力大小，烈度表征地震的破坏程度。我国使用的是十二度地震烈度表，在工程实际中，地震烈度可分为基本烈度、建筑场地烈度、设计烈度。

基本烈度指该地区 100 年内能遭受的最大地震烈度。

建筑场地烈度指建设地点在工程有效使用期间内，可能遭遇的最高地震烈度。

设计烈度指抗震设计中采用的烈度，又称为计算烈度或设防烈度。

5.4.2　设计技术

1. 工程地质调查测绘内容

（1）地形、地貌：查明地形、地貌形态的成因和发育特征，以及地形、地貌与岩性、构造等地质因素的关系，划分地貌单元。

（2）底层、岩性：查明底层层序、成因、时代、厚度、岩石名称、成分、胶结物及岩石风化破碎的程度和深度等。

（3）地质构造：查明有关断裂和褶曲等的位置、走向、产状等形态特征和力学性质方面的特征；查明岩层产状、接触关系、节理、裂隙等的发育情况；查明新构造活动的特点。

（4）水文地质：通过底层、岩性、构造、裂隙、水系和井、泉地下水露头的调查，判明区域水文地质条件。

（5）查明不良地质和特殊地质的性质、范围，及其生成、发展和分布的规律。

（6）查明土、石成分及其密实程度、含水情况、物理力学性质，划分岩土施工工程分级等。

2. 调查测绘方法

地质资料一般通过调查测绘、勘探、试验等手段获得。

（1）测绘。机辆段（所）基线附近选择观测点，进行测绘。

（2）勘探。对于地表缺乏足够的、良好的露头，不能对地下一定深度内的地质情况做出充分根据的判断时，就必须进行适当的地质勘探工作。常用的勘探方法分为简易勘探、钻探、地球物理勘探。简易勘探分为挖勘、轻便勘探两种；对于不同孔径的钻机，钻探深度也不同。

（3）航空工程地质勘察，是直接或间接利用飞机或其他飞行工具，借助各种仪器对地面做各种地质调查，通过野外核对工作，编制工程地质图的一种专门方法，一般用于预可研和可研阶段。

3. 质量要求

通过对所取土、石、水样进行各种试验和化验，取得各种必需的数据，用以验证、补充测绘和勘探工作的结论，并使这些结论定量化，作为设计、施工的依据。

（1）取样。土、石试样可分为原状的和扰动的两种。原状土、石试样要求比较严格，现场取出后要注明各种标志，并迅速密封，运输、保存时要注意不能太冷、太热和受振动。

（2）土工试验。通过试验求取土的力学性质。

（3）水质化验及抽水试验。确定水中所含各种成分，从而正确确定水的种类、性质，以判定水的侵蚀性，对施工用水和生活用水做出评价。

4. 完成的勘探工作量

根据各专业的勘察技术要求，进行勘察。

5. 地层及构造

（1）地层岩性。
（2）地质构造。

6. 水文地质特征

（1）地下水文分布及特征。
（2）测区水质对混凝土的侵蚀性评价。

7. 工程地质特征

（1）不良地质特征及工程措施。
（2）特殊岩土特征及工程措施。

8. 地质评估

地质灾害危险性评估、压覆矿产资源评估和地震安全性评价。

9. 一般机辆设备场所工作量

（1）工程勘探。
机动钻探：约1 100 m/55孔，动探、标贯30～50次。
（2）岩土参数测试。
土样试验：20～30组；岩石试验：6组；水样试验：4组。

5.4.3 设计流程

收集各专业地勘技术要求→外业钻探→内业整理→交付成果。

5.4.4 接口管理

1. 与站场专业接口

断面需采集横断面地形、地貌信息数据及地质加载带地质分层、钻孔等信息的数据参数，并形成sec文件后，生成站场横断面图（比例为1:200），生成的断面要有底层分界、钻孔、试坑、静探位置及标高，同时填绘地质资料（包括但不限于地层分界线、地下水位线、地质图例等；地层符号应居中，每个地层应封闭）。

2. 与路基专业接口

机辆段（所）一般路基勘察由站场提出，路基专业仅负责提出个别工点勘察技术要求，主要是路基加固工点。

（1）设置支挡结构地段应根据线路纵断面的填挖高度结合地形、地质情况和在代表性横断面上试戴"帽子"的情况，提出设置支挡结构的长度、高度、类型、基底情况等。

（2）为避免拆迁而设置的支挡工程应逐一落实，并在横断面上标注准确位置及勘测诸表，附注中加以文字说明。

3．与桥梁专业接口

桥涵位置的地质资料。

4．与房建专业接口

（1）机辆段（所）择址区地形、地貌特征，地貌单元形成过程及其与地层、构造不良地质现象的关系，划分地貌单元。

（2）查明建筑物范围内的岩土性质、成因、年代、厚度和分布。

（3）查明地下水的类型、含水层的岩性特征、埋藏深度，水位变化、污染情况及其与地表水体的关系等，判断水和土对建筑材料的腐蚀性。

（4）提出房建区域地基的稳定性，地基处理、基础设计所需计算指标和资料，以及对工程采取措施的意见。

（5）查明每个建筑范围的土层分布情况、物理力学试验数据、地下水埋深等。地下水位较高时，还要查明其侵蚀性和含水层渗透性能。若房屋还需进行变形计算，则还需有物理力学试验，包括分层缩模量、压缩曲线、凝聚力等。

（6）当基本烈度为Ⅶ度及以上，且场地内有饱和的砂土或粉土时，根据粉土的黏粒含量百分率及地震烈度等级，判断在地震作用下，有无产生液化的可能性，是否有构造断裂或发震断裂。

（7）当新建房屋区域有厚度较大或厚薄不均的填土及局部填土情况时，应着重查明地物和地形的变迁及填土的来源、堆积年限、堆积方法、压实系数等；同时评判人工填土作为天然地基的适宜性，并提出建筑物地基处理意见。

（8）在膨胀土地区，查明膨胀土的分布范围、厚度、地基承载力、地质年代、胀缩系数等；同时评判人工填土作为天然地基的适宜性，并提出建筑物地基处理意见。

（9）地基勘探点根据设计阶段设计要求，确定布点要求。可研阶段，保证每个房屋区布置有钻孔；初步设计时应在房屋排柱区每隔20 m布孔；施工阶段，在每个排柱下布孔。

5．与暖通专业接口

（1）水质情况，包括总硬度、酸碱度、浑浊度、大肠菌群数等。
（2）地源热泵、水源热泵、空调系统地下水温情况。
（3）室外温度、土壤最大冻土深度。

5.5　站　场

站场主要承担以下工作：
（1）与机辆专业一并完成段址选择，做好车站与机辆段（所）之间的走行线连接。

（2）择址区征地拆迁工程，土石方调配。
（3）机辆设备股道、道岔铺设及路基辅助构筑物工程。
（4）通站道路设计。

5.5.1 相关概念

1. 铁路线路

铁路线路分为正线、站线、段管线、岔线、安全线及避难线。

正线是指连接车站并贯穿或直股伸入车站的线路。

站线是指站内除正线以外的到发线、调车线、牵出线、货物线及站内指定用途的其他线路。到发线用于接发客车和货车。调车线用于车列解体和编组并存放车辆。牵出线用于调车作业时牵引车辆。货物线用于货物装卸作业的货车停留。站内指定用途的其他线路包括机车走行线、车辆站修线、驼峰迂回线及驼峰禁溜线等。

段管线是指机务、车辆、工务、电务等段专用并由其管理的线路。

岔线是指在区间或站内接轨，通向路内外单位的专用线路。

安全线为防止列车或机车、车辆从一进路进入另一列机车车辆占用的进路而发生冲突的一种安全隔开线路。

避难线是在长大坡道上能使失控列车安全进入的线路。

1）铁路等级

根据在铁路网中的作用、性质、旅客列车设计行车速度和客货运量，我国铁路划分为4个等级，如表5.5-1所示。

表 5.5-1 铁路等级

等 级	铁路在路网中的意义	近期年客货运量/Mt
Ⅰ级铁路	在铁路网中起骨干作用	≥20
Ⅱ级铁路	在铁路网中起联络、辅助作用	10（含10）~20
Ⅲ级铁路	为某一地区或企业服务的铁路	5（含5）~10
Ⅳ级铁路	为某一地区或企业服务的铁路	<5

2）线路坡度

根据《铁路技术管理规程》（普速铁路部分），线路限坡要求如表5.5-2所示。

表 5.5-2 铁路区间线路最大限制坡度

铁路等级	Ⅰ		Ⅱ	
	一般地段/‰	困难地段/‰	一般地段/‰	困难地段/‰
电力牵引	6.0	15.0	6.0	20.0
内燃牵引	6.0	12.0	6.0	15.0

采用多机牵引的坡道，内燃牵引可至25‰，电力牵引可至30‰。

高速铁路区间正线坡度不宜大于20‰,困难条件下经技术经济比较后不应大于30‰。动车组走行线的最大坡度不宜大于30‰,困难条件下不应大于35‰。

3）圆曲线和缓和曲线

在铁路线路平面上,曲线包括圆曲线和缓和曲线。缓和曲线是在直线与圆曲线之间需插入一段曲率连续变化的曲线,缓和曲线可使得列车安全、平顺、舒适地由直线过渡到曲线。

缓和曲线范围内,曲线半径由无限大渐变到等于它所衔接的圆曲线半径（或相反）,从而使车辆产生的离心力逐渐增加（或减少）,有利于行车平稳。

缓和曲线范围内,外轨超高由零递增到需要的超高量（或相反）,使向心力与离心力相配合。

4）竖曲线

为保证列车运行的安全与平稳,缓和相邻坡道的急骤变化,当相邻坡段的坡度差超过一定限度时,须在变坡点处以竖曲线连接。

动车组走行线相邻坡段坡度差大于3‰时宜设置圆曲线型竖曲线,竖曲线半径不宜小于5 000 m,困难条件下不应小于3 000 m。

5）曲线外轨超高

《铁路车站及枢纽设计规范》(TB 10099—2017)第3.2.9条规定:"动车组列车到发进路上的曲线应设超高,且不应小于20 mm。"仅到发进路上根据规范应设超高,动车段（所）内线路无超高设置要求。对于机务、车辆设备设计,无相关规范要求进行超高设计,一般根据项目具体情况考虑超高设置。

曲线外轨超高是指铁路曲线轨道上外轨与内轨的高度差。机车车辆在曲线上行驶时产生离心力,使外轨承受较大的压力,发生剧烈的侧面磨耗,并使旅客感觉不适,严重时甚至会造成倾覆事故。为此须将外轨抬高到一定的程度,利用车体重力产生的向心分力（向心力）来平衡离心力。

在设置外轨超高数据时,主要采用线路中心高度不变法和外轨提高法。后者使用较为普遍,前者一般在建筑限界受到限制时采用。

外轨超高计算公式如下:

$$F = \frac{mv^2}{R} = \frac{Gv^2}{gR}$$

式中　F——离心力（kN）;

m——列车质量（t）;

G——列车重力（kN）;

v——列车速度（m/s）;

R——曲线半径（m）;

g——重力加速度,一般取 g = 9.8 m/s²。

为了使内外轨所受垂直压力相等,故使离心力与列车重力的合力作用于轨道的中心点上,则相应的外轨超高为

$$h = \frac{11.8v_0^2}{R}$$

式中 h——外轨超高值（mm）；
　　　v_0——各次列车平均速度（km/h）；
　　　R——曲线半径（m）。

为便于管理，曲线外轨超高按 5 mm 整倍数设置，如表 5.5-3 所示。

表 5.5-3　最大、最小设计超高值　　　　　　　　　　单位：mm

项　　目		最大值	最小值
无砟轨道		175	15
有砟轨道	一般情况	150	
	客货共线铁路单线地段	125	

6）影响曲线限界的因素

曲线地段影响限界加宽的因素有曲线超高、曲线半径和轨距加宽。

(1) 曲线轨距加宽：《铁路技术管理规程》规定，曲线轨距加宽值在 $R<300$ m 时为 15 mm，300 m $\leqslant R<350$ m 时为 5 mm，$R\geqslant 350$ m 时，轨距加宽为 0 mm。可知轨距加宽发生在 R 小于 350 m 的曲线，且加宽值较小，对限界加宽的影响很小，一般都忽略该因素的影响。

(2) 超高加宽：曲线超高地段，外侧轨面高于内侧轨顶，车体向曲线内侧倾斜，产生限界加宽。曲线内侧，超高加宽为正值，且与计算点高度成正比。曲线外侧，超高加宽为负值，负加宽值最大值（绝对值最小）发生在车底板处。

(3) 曲线加宽：车辆中心线由前后轮轴点位控制，曲线地段车体中心线与线路中心线不一致，前后轮轴之间的车体向曲线内侧偏移，车体两端向曲线外侧翘出。因曲线地段车辆中心线的偏移产生的加宽简称曲线加宽。在圆曲线范围，内侧加宽最大值发生在车体中心点处，外侧加宽最大值发生在车体两端。

在机辆工程设计中，主要影响是超高加宽，其加宽量为

$$W_1 = \frac{H}{1\,500}h$$

式中 W_1——曲线内侧加宽量（mm）；
　　　H——轨顶面至计算点的高度（mm）；
　　　h——外轨超高（mm）。

曲线上建筑限界的加宽范围，包括全部圆曲线、缓和曲线和部分直线。加宽方式可采用阶梯形方式，或采用曲线圆顺方式。

7）安全线

根据《铁路技术管理规程》（普速铁路部分）第 55 条：岔线、段管线与正线、到发线接轨时，均应铺设安全线。岔线与站内到发线接轨，当站内有平行进路及隔开道岔并有联锁装置时，可不设安全线。机务段和客车整备所与到发线接轨时，也可不设安全线。安全线的设计应符合下列规定：

(1) 安全线的有效长度不应小于 50 m。

(2) 安全线的纵坡应设计为平道或面向车挡的上坡道。

（3）安全线上均应设置缓冲装置。

（4）邻靠正线的安全线均应设置双侧护轮轨和止轮土基，有条件时，邻靠正线的安全线应采用曲线形布置。

（5）安全线不应设在桥上和隧道内。

（6）安全线曲线地段与相邻线的间距应能确保机车、车辆侧翻时不影响相邻线的安全。

2. 钢 轨

钢轨是轨道的主要部件，用于引导机车车辆的车轮前进，承受车轮的巨大压力，并将所承受的荷载传于轨枕、道床及路基。

（1）我国的钢轨类型主要有 75 kg/m、60 kg/m、50 kg/m、43 kg/m，实际质量分别为 74.414 kg/m、60.64 kg/m、51.514 kg/m、44.653 kg/m。机辆段（所）内一般铺设 50 kg/m 钢轨，轨道桥区段铺设 60 kg/m 钢轨。

（2）我国轨道钢轨标准长度为 12.5 m 和 25 m 两种。

3. 道 岔

道岔指机辆由一条线路进入或越过另一条线路的连接与交叉设备，道岔组成如图 5.5-1 所示。

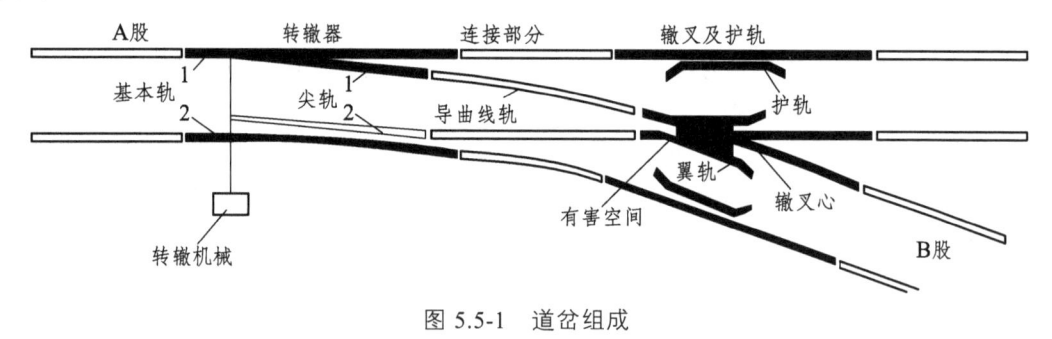

图 5.5-1 道岔组成

1）分 类

道岔分为多种形式，机辆段（所）内多采用单开道岔，在两条出入段线之间常设交叉渡线，如图 5.5-2 和图 5.5-3 所示。

图 5.5-2 单开道岔示意

图 5.5-3 交叉渡线道岔示意

2）道岔号

道岔号是保持辙叉号数与两心轨工作边夹角的余切。简单说就是连接道岔的两条股道交角的余切。夹角为 6°20′25″ 的道岔为 9 号道岔（注：cot6°20′25″ = 9），6 号交叉渡线夹角为 9°27′44″。

3）容许通过速度

道岔直向容许通过速度：50 kg/m 钢轨不得超过 120 km/h，其中 9 号道岔不超过 90 km/h，12 号道岔不超过 110 km/h。

道岔侧向容许通过速度：50 kg/m 钢轨 9 号道岔不得超过 30 km/h。

4）主要尺寸

道岔的 a、b 数值是股道连接设计的重要数据，如图 5.5-4 和图 5.5-5 所示。9 号道岔 $a=13.839$ m，$b=15.009$ m（50 kg/m），$b=15.730$ m（60 kg/m），6 号交叉渡线 $a=7.397$ m。

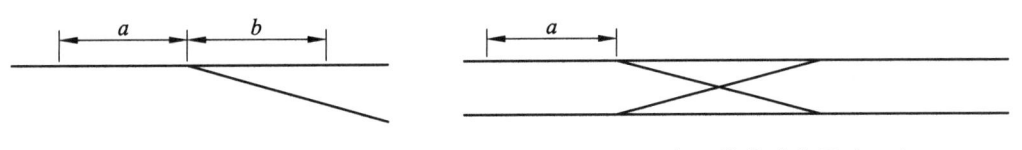

图 5.5-4　单开道岔尺寸示意

图 5.5-5　交叉渡线道岔尺寸示意

5）道岔前后直线长度要求

站线的道岔至圆曲线间的直线长度按照表 5.5-4 的要求设置。

表 5.5-4　道岔前后至其圆曲线直线长度

序号	道岔前后圆曲线半径 R/m	最小直线段长度/m			
		一般		困难	
		岔前	岔后	岔前	岔后
1	$R \geqslant 350$	2	$0+L'$	0	$0+L'$
2	$350>R \geqslant 300$	2.5	$2.5+L'$	2	$2+L'$
3	$R<300$	7.5	$7.5+L'$	5	$5+L'$

注：① L' 为道岔跟端至末根岔枕的距离。
　　② 困难情况下，道岔后直线长度可采用道岔跟端至末根长岔枕的距离 $L'_\text{长}$ 替代 L'。

6）道岔连接

（1）对向布置。

道岔之间插入短轨主要是考虑单个车体的全轴距应置于直线段，以降低钢轨和车辆轮对之间的磨耗和损伤，如图 5.5-6 所示。

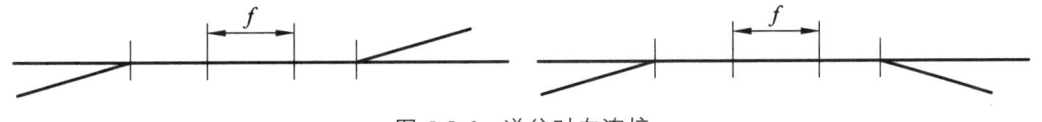

图 5.5-6　道岔对向连接

以动车组走线股道为例，各型动车组全轴距如表 5.5-5 所示。

表 5.5-5　动车组全轴距

车型	CRH1	CRH2	CRH3	CRH5	CRH6	CRH380A	CRH380B
全轴距/m	21.700	20.000	19.875	20.435	20.000	20.000	19.875

道岔导曲线起点至道岔基本轨接缝的距离如表 5.5-6 所示。

161

表 5.5-6　道岔导曲线起点至道岔基本轨接缝的距离

道岔图号	专线 4249 60 kg/m 12 号	SC330 60 kg/m 12 号	专线 4257 50 kg/m 12 号	CZ577 60 kg/m 9 号	SC402 60 kg/m 9 号	CZ2209A 50 kg/m 9 号
尖轨类型	曲线尖轨			直线尖轨		
导曲线起点至基本轨缝距离/m	6.621	6.000	6.094	4.654	4.900	2.65

对向道岔间插入钢轨长度 = 全轴距 − 导曲线起点至基本轨缝距离 × 2，计算结果如表 5.5-7 所示。

表 5.5-7　插入轨道长度

道岔图号	专线 4249 60 kg/m 12 号	SC330 60 kg/m 12 号	专线 4257 50 kg/m 12 号	CZ577 60 kg/m 9 号	SC402 60 kg/m 9 号	CZ2209A 50 kg/m 9 号
导曲线起点至基本轨缝距离/m	8.458	9.7	9.512	12.392	11.9	16.4

从表 5.5-7 中可以看出，除 CZ2209A、50 kg/m、9 号道岔外，插入钢轨长度为 8.458~12.392 m，因此，对于动车组走行股道，采用 12.5 m 的插入轨道是合适的。对于 CZ2209A、50 kg/m、9 号道岔，需插入 16.4 m 钢轨，与采用 12.5 m 插入轨相差 3.9 m，但道岔尖轨处的轨距为 1 450 m，有 15 mm 的轨距加宽，轮对和钢轨之间的游间距相应增加 15 mm，可有效降低钢轨和车辆轮对之间的磨耗。因此，规定动车组同时通过两侧线时，对向道岔间插入钢轨不小于 12.5 m；无动车组同时通过两侧线时，不存在上述情况，可插入不小于 6.25 m 长的钢轨，困难条件下也可不插入钢轨。

（2）顺向布置。

道岔间插入短轨主要是考虑混凝土岔枕道岔结构要求，使两组道岔的混凝土岔枕不相互重叠，如图 5.5-7 所示。

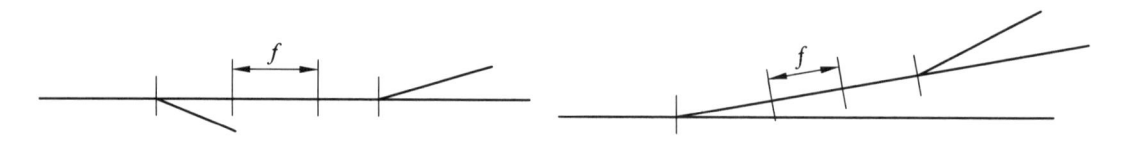

图 5.5-7　道岔顺向连接

现有的混凝土道岔岔枕结构尺寸如表 5.5-8 所示。

表 5.5-8　混凝土道岔岔枕结构尺寸

道岔图号	专线 4249 60 kg/m 12 号	SC330 60 kg/m 12 号	专线 4257 50 kg/m 12 号	CZ577 60 kg/m 9 号	SC402 60 kg/m 9 号	CZ2209A 50 kg/m 9 号
道岔跟端至末根岔枕的距离 L'/m	11.100	11.100	10.500	7.500	7.500	8.100
道岔跟端至末根长岔枕的距离 L'_k/m	7.500	6.300	8.100	5.100	4.500	5.700

由表 5.5-8 可以看出，12 号道岔的道岔跟端至末根岔枕的距离 L' 为 10.5～11.1 m，采用 12.5 m 的标准短轨可以满足要求；道岔跟端至末根长岔枕的距离 $L'_{长}$ 为 6.3～8.1 m，困难条件下采用 8.0 m 的标准短轨可以满足要求。

9 号道岔的道岔跟端至末根岔枕的距离 L' 为 7.5～8.1 m，采用 8.0 m 的标准短轨可以满足要求；9 号道岔的道岔跟端至末根长岔枕的距离 $L'_{长}$ 为 4.5～5.7 m，困难条件下采用 6.25 m 的标准短轨可满足要求。

另外，考虑到轨旁安装所需空间，并尽可能减少单个车体前后轴的相对位移，从而最大限度地减少钢轨和车辆轮对之间的磨耗，因此，规范规定：12 号道岔后应插入不小于 12.5 m 长度的钢轨，9 号道岔后应插入不小于 8.0 m 长度的钢轨；困难条件下 12 号道岔后应插入不小于 8.0 m 长度的钢轨，9 号道岔后应插入不小于 6.25 m 长度的钢轨。

4. 轨　枕

轨枕的作用是支承钢轨，并将钢轨传来的压力传递给道床，同时可固定钢轨的位置及保持规定的轨距。目前，新建铁路都采用混凝土轨枕，部分既有线铺设有木枕。混凝土枕轨道宜采用弹性扣件，橡胶垫板应与扣件配套使用。

轨枕按照使用目的可分为普通轨枕、宽混凝土枕、岔枕等。

我国普通轨枕的长度为 2.5 m，现主要采用新Ⅱ型混凝土轨枕，机辆段（所）铺设根数为 1 440 根/km，如图 5.5-8 所示。

图 5.5-8　普通轨枕

宽混凝土轨枕（又称为轨枕板）外形和普通钢筋混凝土相似，铺设根数为 1 760 根/km，如图 5.5-9 所示。道岔用的岔枕长度为 2.6～4.85 m，如图 5.5-10 所示。

图 5.5-9　宽混凝土枕　　　　　　　图 5.5-10　岔枕

5. 路　基

路基是指经开挖或填筑而形成的直接支承轨道结构的土木结构物，如图 5.5-11 所示。路基有路堤、路堑、半路堤、半路堑、半路堤半路堑、不填不挖等多种形式，在机辆设备的场坪较为平坦，路基多为不填不挖形式。

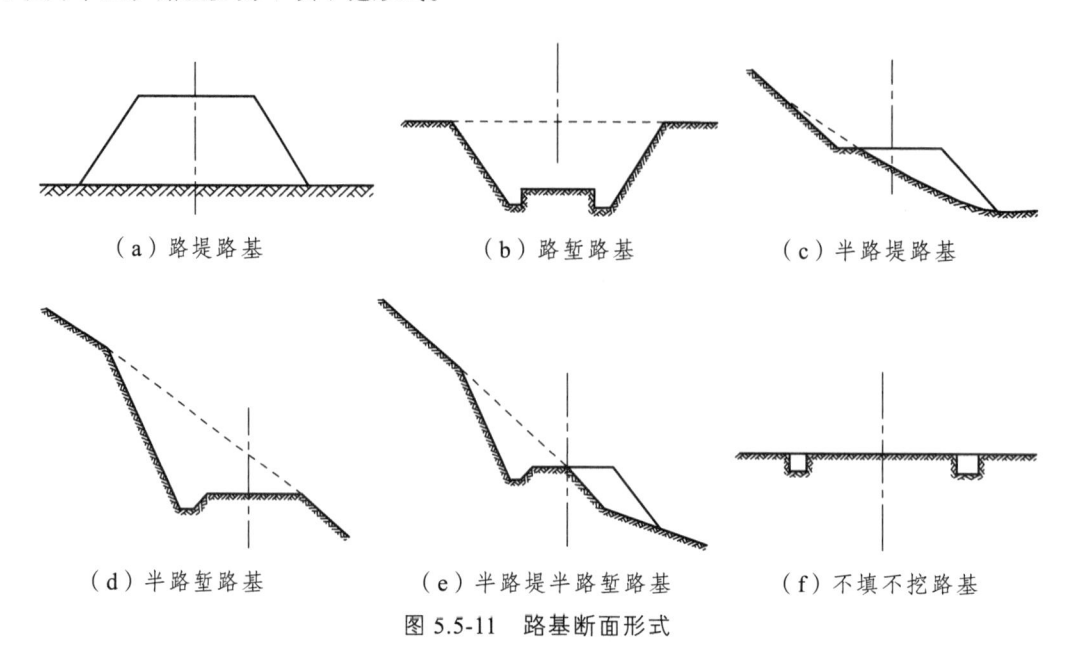

（a）路堤路基　　（b）路堑路基　　（c）半路堤路基

（d）半路堑路基　　（e）半路堤半路堑路基　　（f）不填不挖路基

图 5.5-11　路基断面形式

路基由路基本体和附属建筑物组成，路基本体由五部分组成：路基面、路肩、基床、边坡、基底。路基附属建筑物由路基防护和加固建筑物、路基排水设备组成。路基断面如图 5.5-12 所示。

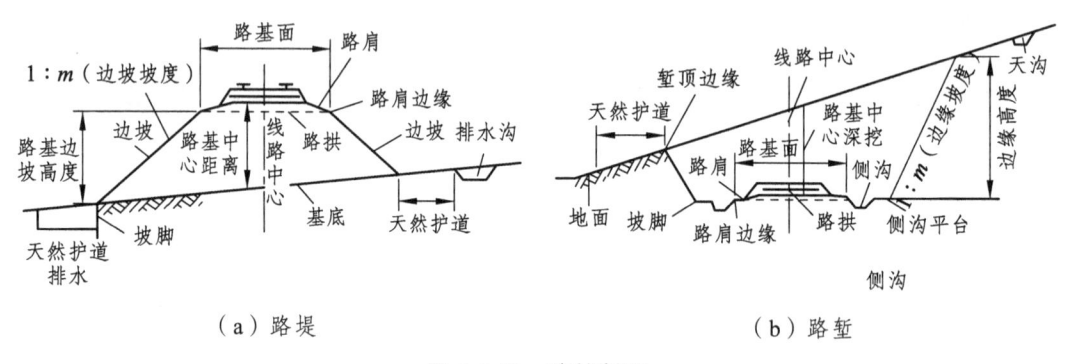

（a）路堤　　（b）路堑

图 5.5-12　路基断面

路基面即路基顶面，由直接在其上面铺设轨道的部分及路肩组成。路基面宽度是指从路基一侧的路肩边缘到另一侧路基边缘之间的距离。

基床指路基上部承受轨道、列车动力作用，并受水文、气候变化影响而具有一定厚度的土工结构，分为表层和底层。

道床指在路基面以上、轨枕底下的部分，是铺设在路基面上的石砟（道砟）垫层。轨道可采用二级碎石道砟。

6. 路基填料

普通填料按颗粒大小可分为三大类别：巨粒土、粗粒土和细粒土。巨粒土、粗粒土填料根据颗粒组成、颗粒形状、细粒含量、颗粒级配、抗风化能力等，可分为 A、B、C、D 组。

细粒土分为粉土、黏性土和有机土。粉土和黏性土采用液限含水率 ω_l 进行填料分组：当 $\omega_l<40\%$ 时，为 C 组；当 $\omega_l \geqslant 40\%$ 时，为 D 组；有机土为 E 组。

Ⅱ级铁路基床表层优先选用 A 组填料，其次为 B 组填料。对不符合要求的填料，应采用土质改良或加固措施，物理改良的掺和料可采用砂、砾石、碎石等；化学改良的掺和料可采用水泥、石灰、粉煤灰等。基床底层可采用 A、B、C 组填料，当采用 C 组填料时，在年平均降水量大于 500 mm 的地区，其塑性指数不得大于 12，液限不大于 32%，否则采用土质改良措施或加固。

路堤基床以下部位填料，宜选用 A、B、C 组填料。当选用 D 组填料时，应采取加固或土质改良措施，严禁使用 E 组填料。路堤基床以下部位填料的压实标准：对于细粒土、粉砂、改良土，应采用压实系数和地基系数作为控制指标，一般不小于 0.9。

7. 压实系数

压实系数为填料压实后的干密度与击实试验得出的最大干密度的比值。

Ⅱ级铁路路堤基床以下部位填料标准：细粒土、粉砂、改良土压实系数为 0.9，一般也按照该要求规定场坪的填筑要求。

8. 路基排水

机辆设备线路路基填料和压实度应按Ⅱ级铁路路基标准设计，路基基床表层厚度为 0.3 m，基床底层厚度为 0.9 m，基床总厚度为 1.2 m。

路基纵向排水设备的坡度不应小于 2‰，在困难条件下，不应小于 1‰。穿越线路的横向排水设备的坡度不应小于 5‰，在特别困难条件下，可根据具体情况设置。

排水设备的横断面尺寸，应按 1/50 洪水频率的流量设计。当有充分依据时，可按当地采用的洪水频率进行设计。纵、横向排水槽的底部宽度不应小于 0.4 m，深度不宜大于 1.2 m；当深度大于 1.2 m 时，其底部宽度适当加宽。

根据《铁路车站及枢纽设计规范》（TB 10099—2017）第 15.2.4 条内容：路基面横向坡度及一个坡面的最大线路数量，可按表 5.5-9 确定。

表 5.5-9 单个坡面最大线路数

序号	路基岩石种类	地区年平均降水量/mm	横向坡度/%	一个坡面的最大线路数量/条
1	块石类、碎石类、砾石类、砂类土（粉砂除外）等	<600	2~4	4
		≥600	2~4	3
2	除上述外其他岩土	<600	2~4	3
		≥600	2~4	2

9. 站场排水槽

线路间的纵向排水槽分为砟顶式和砟底式两种。

1）砟顶式排水槽

砟顶式排水槽设置在填满道砟的线路间。盖板面比轨枕底低 3 cm，宽度为 0.4~0.6 m。砟顶式排水槽分为直墙式、斜墙式两种，直墙式侧壁厚 0.3 m，深度多数为 0.9~1 m，斜墙式深度为 1~1.6 m。

2）砟底式排水槽

砟底式排水槽设置在不填满道砟的线路间。盖板面与路基面平，宽度为 0.4~0.6 m。直墙式深度多数为 0.3~1 m，斜墙式深度多数为 1~1.6 m。

3）公路排水槽

公路排水槽与前两种排水槽的主要区别在于，排水槽盖板可承受汽车等通行。

10. 安全线设置

安全线作为安全隔开设备之一，是为了防止列车或机车车辆进入其他列车或机车车辆进入的线路，以免造成冲突事故的安全设施。

岔线在区间或站内与正线、到发线接轨均应设置安全线。段管内与站内正线接轨也应该设置安全线。

11. 车挡/挡车器设置

根据《铁路车站及枢纽设计规范》，安全线尾部应设置车挡和缓冲装置。实际工程中，站场专业设计尽头式线路时，均需考虑设置车挡与缓冲装置（挡车器）。

机辆段（所）线路设计中，尽头式线路多采用滑动式挡车器 + 车挡的组合形式，如图 5.5-13~图 5.5-15 所示。

图 5.5-13　滑动式挡车器

图 5.5-14　车挡

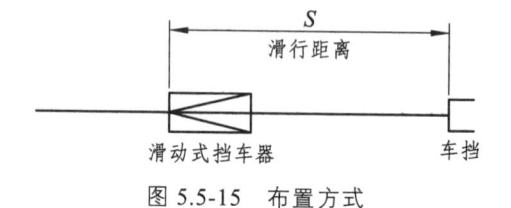

图 5.5-15　布置方式

图 5.5-15 中 S 一般情况取 8~15 m。

5.5.2 设计技术

站场专业负责完成：场坪土石方、铺轨及附属工程。

1. 场坪高程

场坪最低标高应满足Ⅱ级铁路技术标准、路肩洪水频率1/100的要求，场坪设计标高另需考虑出入段线坡度、土石方等因素。土石方一般要求以挖作填，尽量平衡。

2. 土石方调配

尽量移挖作填；在保证土质、环保、水保等要求的前提条件下，本着不占或少占良田的原则，尽量就近取、弃土；根据土源点和改良土拌和站的位置，并结合机辆段（所）填、挖方量，选用合理的机具进行调配。

弃土场应设置挡土墙，平整砟顶，弃土场、取土场均采用撒播草籽绿化，恢复植被，并考虑复垦的措施。在用地范围内，采用当地树种，种植乔木、灌木林带。

3. 轨道工程

（1）机辆段（所）内线路按照段线或站线标准设计。
（2）机辆段（所）内铺设有缝线路。
（3）进行线路平、纵断面设计。
（4）线路采用新Ⅱ型混凝土枕，道床厚度为0.25 m，钢轨中心线处轨道最小高度为0.61 m。
（5）采用P50钢轨。

4. 道　岔

单开道岔不得小于9号，段管线的对称道岔不得小于6号。动车段（所、存车场）内到发停车到达（出发）端的道岔宜采用12号道岔，困难条件下可采用9号道岔。

5. 站场路基

（1）路基面形状设计为单面坡，由路基中心线向两侧设2%的人字排水坡，既有线改建地段，当路肩宽度不足（不满足单线半路基面宽度）时，帮宽路肩。线路中心线至路基边缘距离为3.5 m，每一坡面原则上不超过2条股道。

（2）基床结构厚度及填料。

填方路基基床表层采用0.3 m A组+0.1 m中粗砂夹复合土工膜，表层以下原则上移挖作填；挖方路基基床表层采用0.3 m A组+0.1 m中粗砂，表层以下若密实度不够规范要求，换填0.5 m改良土。

（3）边坡处理。

边坡一般按照1∶1.5设置；因膨胀土、软土等原因，边坡按照1∶1.75设置；当边坡高度>6 m时，采用1∶2.0。

路堤两侧设干砌片石护肩。

路堤边坡高度小于3 m地段，坡面采用种草籽并间植低矮灌木防护；路堤边坡高度大于3 m小于6 m时，边坡采用双向土工格栅加固，层间距为0.5 m，铺设宽度为2.5 m，采用人字形截水骨架内种草籽并间植低矮灌木防护。路堤边坡高度大于6 m时，边坡采用双向土工格栅加固，层间距为 0.5 m，铺设宽度为 4.0 m，并采用人字形骨架护坡。

（4）排水沟、线间排水槽设计。

① 路堑侧沟一般采用底宽 0.4 m、深 0.6 m 的矩形沟，采用 C30 混凝土现浇，厚 0.3 m；排水沟采用 C30 混凝土现浇，厚 0.2 m。

② 纵向排水槽槽底宽不应小于 0.4 m，深度不宜大于 1.2 m，当深度大于 1.2 m 时，底宽应为 0.6 m。

③ 沟底纵坡一般不小于 2‰，困难地段不小于 1‰。

④ 横向排水槽可采用 M10 水泥砂浆砌片石或 C15 混凝土，盖板可采用 C20 或 C15。纵向排水槽可采用 M7.5 水泥砂浆砌片石或 C15 混凝土，盖板可采用 C15 混凝土预制。

⑤ 横向排水沟坡度不应小于 5‰。

⑥ 排水沟与灯桥、接触网柱基础交叉时，在灯桥柱、接触网柱基础应进行特殊设计。

⑦ 围墙处为路堤时，在围墙内侧设置排水沟槽；为路堑时，在围墙外侧设置侧沟。围墙内路基排水，通过围墙泄水孔排至侧沟，也可在围墙内同时设置排水沟槽。

6. 用地及拆迁

（1）机辆段（所）用地按远期规模计算，按水田、旱地、经济林、荒地等分别统计。取弃土用地、施工用地按临时用地单独计列，不划入铁路用地范围。

（2）拆迁房屋分路内、路外拆迁，路内拆迁要分清生产房屋和生活房屋，路外拆迁按普通民房、工矿企业房屋、营业房屋统计。

（3）用地宽度：排水沟边缘外不小于 3 m。

（4）取、弃土场用地根据占用的土地面积设置挡护，取、弃土堆尽量平整造地、土地复垦，采取撒播草籽绿化，防止水土流失。

（5）临时用地。

取、弃土场用地，改良土场用地，大临等施工用地应列入临时用地。临时用地期满及时清理后交还原所有者或使用者。

7. 邻近既有线施工及施工防护

在邻近既有线施工时，必须采用合理的施工过渡措施和施工防护措施，以减少对既有线行车的干扰，确保行车和施工安全。可采用钢轨桩、钢筋混凝土防护桩等挡护措施进行施工。

根据机辆专业要求计列平过道橡胶道口板。

5.5.3 设计流程

与机辆专业一并研究段址选择→机辆专业提交接轨要求和总平面布置示意图→站场开放站场平面图→完成土石方、铺轨及站场附属工程设计。

5.5.4 接口管理

1. 与轨道专业接口

与轨道专业配合划分整体道床与有砟股道分界点，避免遗漏或重复计列铺轨工程。

2. 与路基专业接口

站场专业给路基专业提供机辆段（所）内路基横断面，由路基专业根据地质情况确定地基加固措施。

3. 与桥涵专业接口

站场专业给桥涵专业提供机辆段（所）场坪标高，以及排水口标高。桥涵专业配合站场完成机辆段（所）内站场排水涵洞位置设计。

4. 与电气化专业接口

站场专业给接触网专业开放总图，接触网专业核实股道间距是否满足接触网立柱要求。或者首先由接触网专业向站场提交立柱方式和股道间距要求。

5. 与机辆专业接口

给机辆专业提供总平面布置形式。

6. 与给排水专业接口

给排水专业向站场专业提交利用站场排水沟放置给水、卸污管道需求，并提交整备场排水需求，站场配合做好站场排水沟兼顾给排水需求设计。

7. 与信号专业接口

（1）信号专业向站场专业提供机辆段（所）内股道信号机的采用形式、设置位置要求。
（2）站场专业给信号专业提供站场平面图，配合确认道岔编号。

8. 与电力专业接口

站场专业向电力专业开放站场总图，电力专业核实股道间距是否满足灯桥立柱安装要求。若电缆需敷设在路基边，由电力专业向站场专业提交设计要求，站场完成电缆沟设计。

9. 与结构专业接口

站场专业向房建专业开放站场总图，房建专业核实场坪标高，特别是库内低地面场坪标高。

10. 与测绘、地质专业接口

见 5.3.4 节、5.4.4 节。

5.6 路 基

路基专业主要完成股道区地基加固和防护路基工点设计。

5.6.1 相关概念

地基加固方式多采用高压旋喷桩加固技术、CFG 桩加固技术、化学灌浆加固技术等。

1. 高压喷射注浆法

高压喷射注浆法适用于淤泥、淤泥质土、黏性土、粉土、黄土、砂土、人工填土和碎石土等地基。当现场含有较多大粒径块石、大量植物根茎或其他有机质时，应根据现场的具体条件来判断其适用程度，对地下水流过大及已经涌水的工程，应谨慎使用。

高压喷射注浆就是利用钻机钻孔，把带有喷嘴的注浆管插至土层的预定位置后，以高压设备使浆液成为 20 MPa 以上的高压射流，从喷嘴中喷射出来冲击破坏土体。部分细小的土料随着浆液冒出水面，其余土粒在喷射流的冲击力、离心力和重力等作用下，与浆液搅拌混合，并按一定的浆土比例有规律地重新排列。浆液凝固后，便在土中形成一个固结体与桩间土一起构成复合地基，从而提高地基的承载能力，减少地基的变形，达到地基加固的目的，如图 5.6-1 所示。

2. CFG 桩

CFG 桩（Cement Fly-ash Gravel，水泥粉煤灰碎石桩），由碎石、石屑、砂、粉煤灰掺水泥加水拌和，用各种成桩机械制成的具有一定强度的可变强度桩，如图 5.6-2 所示。CFG 桩是一种低强度混凝土桩，可充分利用桩间土的承载力共同作用，并可传递荷载到深层地基中去，具有较好的技术性能和经济效果。

图 5.6-1　高压旋喷桩　　　　　图 5.6-2　CFG 桩

通过调整水泥掺量及配比，其强度等级在 C15～C25 间变化，是介于刚性桩与柔性桩之间的一种桩型。CFG 桩和桩间土一起，通过褥垫层形成 CFG 桩复合地基共同工作，故可根据复合地基性状和计算进行工程设计。CFG 桩一般不用计算配筋，并且还可利用工业废料粉煤灰和石屑作掺和料，进一步降低了工程造价。

施工顺序：钻机到位→钻进至设计深度→停钻→泵送混合料→提升钻杆→泵送孔底混合料→边泵送边均匀拔管至桩顶→成桩→钻机移位。成桩后 28 d 不得有任何机械在上面走行。

3. 注浆加固法

注浆加固法适用于砂土、粉土、黏性土和人工填土等地基加固，一般用于防渗堵漏，提高了地基土的强度、变形模量以及控制地层沉降等。

压力注浆施工工序：钻孔→清管→打管→注浆→拔管→清管。

（1）钻孔：电动钻孔机在布孔位置钻孔，钻至设计标高。

（2）清管：注水清理胶管、无缝钢管，检查能否保证注浆通畅。

（3）打管：分次按设计要求，将无缝钢管插至设计标高位置。

（4）注浆：灰浆搅拌机搅拌水泥浆，吸入注浆泵内，通过胶管注入无缝钢管。

4. 抗滑桩

抗滑桩是穿过滑坡体深入于滑床的桩柱，用以支挡滑体的滑动力，起稳定边坡的作用，适用于浅层和中厚层的滑坡，是一种抗滑处理的主要措施，如图 5.6-3 所示。

图 5.6-3　防滑桩

5.6.2　设计技术

1. 地基加固

对于站场采用改良仍无法满足线路承载要求的工点，可采用 CFG 桩地基加固方式，主要技术如下：

（1）桩径：宜取 350～600 mm。

（2）桩长：达到持力层。

（3）桩身强度：混凝土强度满足设计要求，通常≥C15。

（4）桩间距：宜取 3～5 倍桩径。

2. 边坡防护

土质挖方路段高度小于 3 m 时，由站场专业完成边坡防护设计，一般采用坡面直接植草方式。

当边坡高度大于 3 m 时，由路基专业根据地质情况以及边坡高度，完成边坡防护设计。可采用三维植被网植草防护、骨架内植草灌防护、支挡结构等方式。

3. U 形槽

部分大型机辆段（所）内设置下穿道路，在下穿道路两端设置 U 形槽。U 形槽基本设计要求如下：

（1）结构安全等级为一级，设计使用年限为100年。
（2）地板、侧墙：采用C35、P8防水混凝土。
（3）防水等级：二级。
（4）结构底板厚度：800/1 100 mm；上部侧墙厚度：300 mm；下部侧墙厚度：1 000/1 800 mm。

4. 支　　挡

需设置支挡结构的地段，应严格按《铁路路基支挡结构设计规范》（TB 10025—2019）的要求，控制支挡结构的设置高度，一般重力式挡土墙的高度应控制在8 m以内。填方边坡支挡结构的位置选择，一般采用路肩式。对于基础埋置较深或高大的支挡结构，可采用桩基础和新型支挡结构。

5.6.3　设计流程

地基加固：站场提供地质断面资料→选择加固方式→计算工程量。
边坡防护：路堑断面资料→水文、地质资料→设计边坡防护。
U形槽：下穿道路平面、断面资料→水文、地质资料→设计U形槽。

5.6.4　接口管理

1. 与站场专业接口

站场专业将机辆段（所）内断面按站场布置设计好后提供给路基专业，路基专业根据设计标高以及地质情况，核实是否需要地基加固，完成地基加固工点设计。

2. 与桥涵专业接口

桥梁专业向路基专业提供下穿涵洞资料，施工图阶段还应及时提供涵洞详图，路基专业根据地质资料、水文资料等完成下穿涵洞两端U形槽设计。

3. 与地质专业接口

（1）控制性工点：初测及定测等阶段，路基专业向地质专业提出控制性工点断面，地质专业向路基专业提供可靠的地质填图及地质参数。

（2）路基断面：初测及定测等阶段，路基专业向地质专业提出路基断面，地质专业向路基专业提供地质填图及地质参数等工程地质资料。

（3）工程地质说明：包括详细的段落说明、填料类别、各项地质参数等，重点工程如滑坡、岩堆、软弱土、岩溶等应提供满足路基设计需要的 γ 值、C 值、ϕ 值、弹性模量 E、泊松比 μ、基底摩擦系数 f、侧向摩阻力等参数。

（4）填料及取弃土场：现场勘察时，路基专业应与地质专业配合选取路基取弃土场，地质专业结合后期勘探提供取弃土场的地质填图、工程地质说明等资料，配合路基专业，根据其填料方案比选需要，进行相关实验，并提出填料的类别、填料塑性指数、最优含水率及改良土配合比等参数。当路基挖方直接利用时，大于5万 m³ 的段落提供给地质专业，进行钻孔取样核实。

5.7 桥　涵

桥涵专业主要完成段内排水涵洞、下穿道路涵洞设计，以及转车盘、移车台等大型室外设备基础设计。

5.7.1 相关概念

1. 涵　洞

涵洞的标准孔径分为 0.75 m、1.0 m、1.25 m、1.5 m、2.0 m、2.5 m、3.0 m、3.5 m、4.0 m、4.5 m、5.0 m、5.5 m、6.0 m。

排洪涵洞的最小孔径不应小于 1.25 m。各式涵洞的长度应视其净高（或内径）而定：H = 1.25 m，长度不宜超过 25 m；H≥1.5 m，长度不受限制。

涵洞一般采用钢筋混凝土盖板箱涵或框架箱涵，可设单孔或双孔。

涵洞顶至轨底的填方厚度不应小于 1.2 m，若为 0.6~1.2 m，采用弹性过渡措施。

涵洞基础宜采用整体式基础，软土地区（基）上的涵洞应采用换填、旋喷桩、刚性桩加固等措施处理软基。

2. 洪水位设计

小桥和涵洞洪水位按照 1/100 设计洪水频率。

5.7.2 设计技术

1. 主要采用技术标准

（1）设计活载：ZK 活载。

（2）设计洪水频率：小桥、涵洞 1/100。

（3）建筑限界。桥梁建筑限界：桥限-2（GB 146.2—2020）；建筑接近限界：建限-1。

（4）轨底至路肩高度：按站场专业提供断面办理。

（5）下穿涵洞净空：按照《公路工程技术标准》（JTG B01—2014）办理，具体规格可参见第 4 章内容。

2. 桥涵设计要求

（1）桥涵小流域流量计算。

应圈绘计算流量，对于汇水面积大多无法圈绘情况，可调查现场沟渠的灌溉系统需求，参考既有小桥涵的孔径，合理设计孔径。

（2）小桥涵式样选用：对于孔径小于或等于 6.0 m 的涵洞，一般采用钢筋混凝土盖板涵，孔径大于 6.0 m 者则选用钢筋混凝土框架桥；下穿既有铁路按顶进框架结构进行设计。

小桥涵位于软弱层或特殊土质上时，根据软弱层厚度或地基土类型确定地基处理措施。对于接长涵情况，应根据工务部门相关资料及现场对既有涵的病害、水害等使用情况，确定涵洞孔径。

（3）小桥涵孔径选用。

若涵洞位于机辆段（所）股道密集的存车场区域，小桥涵长度较长，孔径可按不小于 1.5 m 适当放大设计。

（4）小桥涵尽量正交设置，若需斜交，则斜交角度不大于 45°。

（5）对于软基涵洞，当基底软土层小于或等于 3.0 m 时，采用砂夹卵石、级配碎石等换填处理；当软弱土层较厚（大于 3.0 m）、埋藏较深时，一般采用深层处理法，如碎石桩、旋喷桩、CFG 桩等。

（6）桥涵结构按照《铁路混凝土结构耐久性设计规范》（TB 10005—2010）要求进行耐久性设计，当地下水或地表水对结构混凝土具有侵蚀性时，桥涵埋入地面以下部分及地面以上受影响部分采用抗侵蚀性材料。

3. 桥涵建筑材料的采用

若地表水和地下水对混凝土具有侵蚀性，应采用抗侵蚀性的建筑材料，混凝土强度等级满足《铁路混凝土结构耐久性设计规范》（TB 10005—2010）的要求。

主体工程均采用混凝土圬工（包括钢筋混凝土），附属工程采用浆砌圬工或混凝土。地表水及地下水水质对混凝土有侵蚀性地区，桥涵工程设计按百年水位以上 1 m 以下或地面以上 1 m 以下范围采用抗侵蚀性的建筑材料。

4. 防洪评价

机辆段（所）附近若有大中型河流，需考虑夏季暴雨引起洪水对机辆段（所）淹没，根据工程影响范围设置必要的排洪小桥涵。

5. 桥涵基础

桥涵采用整体式基础，根据地质情况，对桥涵基底进行处理，比如设置碎石或砂夹卵石垫层，并采用混凝土进行封底。

6. 涵洞孔径式样、出入口铺砌类型

根据涵洞功能、相关资料合理确定。孔径宜大不宜小，宜宽矮不宜高窄。

5.7.3 设计流程

桥涵设计流程：外业测绘→站场挖填表、地质资料→站场资料→涵洞设计。
转车盘、移车台基础设计流程：机辆专业设计资料→基础设计。

5.7.4 接口管理

1. 与机辆专业接口

根据机辆专业提出的移车台和转车盘规格、荷载要求，桥涵专业完成基础设计。

2. 与站场专业接口

配合站场完成场坪排水涵洞设计。

根据行洪论证水文计算结论,桥涵专业确定涵洞孔径及顶板标高,并按规范要求板顶填高以确定最低轨面标高,提供站场专业综合考虑各种因素后确定机辆段(所)设计高程。

配合站场专业选择引水盖板涵位置,确定站场排水沟高,将段内汇水引入排水涵洞内。

5.8 轨　道

根据机辆专业要求,完成整体道床及轨道桥设计。

5.8.1 相关概念

1. 钢轨温度力

无缝线路在温度变化时,钢轨不能自由伸缩,只能在钢轨内部产生应力,这个力叫作温度力。目前多采用加强轨道结构的方法,如采用高强度Ⅲ型轨枕、高强度螺栓、加强扣件弹条扣压力等,把钢轨紧扣于轨枕上,这种方法称为锁定线路。

2. 锁定轨温

锁定轨温指锁定时(即铺设或维修时)的钢轨温度。锁定轨温的关键是克服长钢轨因轨温变化而产生的温度力。

机辆段(所)内整体道床一般采用有缝钢轨,无锁定轨温要求;当整体道床采用无缝钢轨时,便需设计锁定轨温,应按照《铁路无缝线路设计规范》(TB 10015—2012)中4.4条"设计锁定轨温"相关要求进行设计。

3. 轨　距

轨距是两股钢轨接头顶面下16 mm范围内两钢轨作用边之间的最小距离,我国铁路轨距采用标准轨距1 435 mm。

5.8.2 设计技术

1. 钢　轨

我国钢轨的类型或强度以每米长度的大致质量(kg/m)表示,现行的标准钢轨类型有75 kg/m、60 kg/m、50 kg/m和43 kg/m;钢轨的标准长度有25 m和12.5 m两种,对于75 kg/m的钢轨,只有25 m一种。

库内轨道桥区段钢轨采用60 kg/m,其他库内钢轨可采用50 kg/m。钢轨标准长度为25 m,整体道床区间采用U71Mn热轧无孔钢轨,在整体道床与碎石道床之间需设置过渡段,若库内外钢轨类型不一致,过渡段钢轨需采用U71Mn50~60 kg/m热轧有孔新异型轨。钢轨质量应符合《43 kg/m~75 kg/m钢轨订货技术条件》(TB/T 2344—2012)的相关要求。

2. 扣　件

钢筋混凝土枕用扣件的形式有扣板式、拱形弹片式和ω形弹条式。

60 kg/m钢轨整体道床采用弹条Ⅱ型分开式扣件,50 kg/m钢轨整体道床采用弹条Ⅰ型分开式扣件。有砟轨道过渡段范围采用弹条Ⅰ型扣件。弹条Ⅰ型扣件和弹条Ⅱ型扣件分别如图 5.8-1 和图 5.8-2 所示。

图 5.8-1　弹条Ⅰ型扣件　　　　图 5.8-2　弹条Ⅱ型扣件

特殊情况下，机车检查地沟宽度常为 1.33 m，地沟宽度过宽将导致正常 50 kg/m 钢轨扣件无安装空间，无法进行安装。目前，针对 1.33 m 宽度的检查地沟，50 kg/m 钢轨扣件需要单独定制。

3. 轨　枕

轨枕按照制作材料可分为钢筋混凝土枕和木枕两种。我国普通轨枕长度为 2.5 m，但道岔上用的轨枕和钢桥上用的轨枕长度为 2.6~4.85 m，每千米线路上铺设轨枕的数量应根据运量及行车速度等运营条件确定，一般为 1 520~1 840 根。

整体道床范围采用短轨枕（其中轨枕Ⅰ长 500 mm，与弹条Ⅱ型分开式扣件配套使用；轨枕Ⅱ长 450 mm，与弹条Ⅰ型分开式扣件配套使用），轨枕间距为 625~660 mm。

4. 整体道床

库内整体道床采用 C40 钢筋混凝土结构，整体道床宽 2 400 mm、厚 306（303）mm。道床两侧设纵向伸缩缝，当道床长度≥9 m 时，应在道床中部位置设横向伸缩缝，缝宽为 20 mm，缝内填充聚苯乙烯硬质发泡材料板，并采用聚氨酯密封。道床顶面采用 C20 混凝土封面，并在钢轨两侧留出沟槽，沟槽采用橡胶条嵌缝。在封面混凝土两侧混凝土边缘预埋 M-1 预埋件。

一般地段轨枕采用钢筋混凝土支承块。道床采用 30 cm 厚的 C40 钢筋混凝土，垫层采用 20 cm 厚的 C20 素混凝土。整体道床两端各设置 10 m 长有砟过渡段，过渡段采用的钢轨、轨枕、扣件以及道床与两端线路一致。

5. 支承层

支承层采用 C20 素混凝土结构。支承层宽 2 400 mm、厚 200 mm，支承层对应道床板伸缩缝处设置假缝，假缝深度为 70 mm，并用聚氨酯密封。支承块采用 C50 钢筋混凝土。

6. 有砟无砟过渡段

整体道床与有砟轨道连接处设置 10 m 的过渡段，过渡段范围内有砟下设置 C20 混凝土基础，宽 2.8 m、厚 150 mm，过渡段两侧排水由站场专业设计。

7. 设计锁定轨温

无缝线路应在设计锁定轨温范围内锁定，且相邻单元轨的施工锁定轨温差不应大于 5 ℃，同一单元轨节左右单元轨的施工锁定轨温差不应大于 3 ℃。

8. 焊接接头

（1）钢轨焊接应采用闪光焊。钢轨焊接应按《钢轨焊接接头技术条件》（TB/T 1632）相关要求执行，焊接接头质量应符合相关规定。

（2）左右股钢轨焊接接头相错量不宜超过 100 mm。

5.8.3　设计流程

机辆专业提出要求→整体道床、轨道桥设计。

5.8.4　接口管理

1. 与机辆专业接口

机辆专业向轨道专业提供整体道床和轨道桥的位置、类型及设计范围等。

2. 与房建专业接口

向房建专业提出沉降要求，房建专业根据地质情况，选择地基加固措施。

3. 与站场专业接口

与站场专业对接铺轨分界位置，避免遗漏和重复计列。

5.9　房　建

根据各专业要求，完成房屋以及围墙、道路等室外构筑物设计。

5.9.1　相关概念

1. 建筑工程设计

建筑工程设计是指设计一个建筑物或建筑群所要做的全部工作，一般包括建筑设计、结构设计、设备设计等几个方面的内容。

（1）建筑设计：综合考虑环境、结构施工、材料设备、建筑经济及建筑艺术等。

（2）结构设计：根据建筑设计选择切实可行的结构方案，进行结构计算、构件设计、结构布置及构造设计等。

（3）设备设计：包括暖通、电气照明、通信、空调通风、动力等。

2. 建筑物的分类

建筑物按照使用性质分类，可分为生产性建筑和非生产性建筑。生产性建筑即工业建筑等，非生产性建筑即民用建筑（可分为居住建筑、公共建筑）。

根据建筑物高度，建筑物又可分为普通建筑和高层建筑。普通建筑：建筑高度不大于 24 m 的公共建筑和建筑高度大于 24 m 的单层公共建筑。高层建筑：建筑高度大于 24 m 的公共建筑。《建筑设计防火规范》对不同建筑形式的防火设计要求不尽相同。

3. 设计使用年限

根据《民用建筑设计统一标准》(GB 50352—2019),普通建筑和构筑物设计使用年限为 50 年。

4. 柱　距

工业厂房排柱采用钢筋混凝土结构或钢结构时,基本柱距是 6 m;当库房较长时,柱距可采用 9 m 或 12 m。小型房屋采用砖混结构时,其柱距宜小于 4 m,采用 3.9 m、3.6 m、3.3 m 等。

5. 建筑模数

建筑模数是指选定的尺寸单位,作为尺度协调中的增值单位。所谓尺度协调,是指房屋构件(组合件)在尺度协调中的规则,供建筑设计、建筑施工、建筑材料与制品、建筑设备等采用,其目的是使构配件安装吻合,并有互换性。

(1)基本模数。规定为 100 mm,符号为 M,即 1 M = 100 mm,世界上绝大多数国家均采用 100 mm 作为基本模数值。

(2)导出模数:分为扩大模数和分模数。

扩大模数是指基本模数的整倍数,扩大模数的基数为 3 M、6 M、12 M、15 M、30 M、60 M 共 6 个。分模数是指整数除基本模数的数值,分模数的基数为 M/10、M/5、M/2 共 3 个。

6. 抗震设防类别

建筑工程分为以下四个抗震设防类别。

(1)特殊设防类:使用上有特殊设施,涉及国家公共安全的重大建筑工程和地震时可能发生严重次生灾害等特别重大灾害后果,需要进行特殊设防的建筑,简称甲类。

(2)重点设防类:地震时使用功能不能中断或需尽快恢复的生命线相关建筑,以及地震时可能导致大量人员伤亡等重大灾害后果,需要提高设防标准的建筑,简称乙类。

(3)标准设防类:大量除(1)、(2)、(4)款以外按标准要求进行设防的建筑,简称丙类。

(4)适度设防类:使用上人员稀少且震损不致产生次生灾害,允许在一定条件下适度降低要求的建筑,简称丁类。

7. 抗震设防标准

各抗震设防类别建筑的抗震设防标准,应符合下列要求:

(1)标准设防类,应按本地区抗震设防烈度确定其抗震措施和地震作用,达到在遭遇高于当地抗震设防烈度的预估罕遇地震影响时不致倒塌或发生危及生命安全的严重破坏的抗震设防目标。

(2)重点设防类,应按高于本地区抗震设防烈度 1 度的要求加强其抗震措施;但抗震设防烈度为 9 度时,应按比 9 度更高的要求采取抗震措施;地基基础的抗震措施,应符合有关规定。同时,应按本地区抗震设防烈度确定其地震作用。

(3)特殊设防类,应按高于本地区抗震设防烈度提高 1 度的要求加强其抗震措施;但抗震设防烈度为 9 度时,应按比 9 度更高的要求采取抗震措施。同时,应按批准的地震安全性评价的结果且高于本地区抗震设防烈度的要求确定其地震作用。

（4）适度设防类，允许按本地区抗震设防烈度的要求适当降低其抗震措施，但抗震设防烈度为 6 度时不应降低。一般情况下，仍应按本地区抗震设防烈度确定其抗震作用。

注：对于划为重点设防类且规模很小的工业建筑，当改用抗震性能较好的材料且符合抗震设计规范对结构体系的要求时，允许按标准设防类设防。

目前，房建专业考虑项目抗震烈度，主要参考《建筑抗震设计规范》（GB 50011—2010）（2016 年版）。

8. 变形缝

变形缝包括温度伸缩缝、沉降缝、抗震缝三种。抗震缝应同伸缩缝、沉降缝协调布置，做到一缝多用。

（1）温度伸缩缝。伸缩缝从基础顶面开始，将墙体、楼板、屋顶全部构件断开，因基础埋于地下，受气温影响较小，因此不必断开。伸缩缝的宽度一般为 20~30 mm。

（2）沉降缝。沉降缝将房屋从基础到屋顶的全部构件断开，使两侧各为独立单元，可以垂直自由沉降。沉降缝宽度一般为 30~70 mm。建筑物的下列部位，宜设置沉降缝：

① 建筑平面的转折部位；
② 高度差异或荷载差异处；
③ 长高比过大的砌体承重结构或钢筋混凝土框架结构的适当部位；
④ 地基土的压缩性有显著差异处；
⑤ 建筑结构或基础类型不同处；
⑥ 分期建造房屋的交界处。

（3）抗震缝。一般情况下，抗震缝仅在基础以上设置。

9. 基　础

建筑基础按其形式不同可分为带形基础、独立基础和联合基础。

1）带形基础

凡墙下的长条形基础，或柱和柱间距离较近而连接起来的条形基础，都称为带形基础。

2）独立基础

建筑物上部结构采用框架结构或单层排架结构承重时，基础常采用圆柱形和多边形等形式的独立式基础，这类基础称为独立式基础，也称为单独基础。独立基础分为三种：阶形基础、坡形基础、杯形基础。

3）联合基础

联合基础有两根或两根以上的立柱（简体）共用的基础，或两种不同形式基础共同工作的基础。联合基础的类型较多，常见的有柱下条形基础、柱下十字交叉基础、片筏基础和箱形基础。联合基础有利于跨越软弱的地基。

10. 地基压实系数

当利用压实填土作为建筑工程的地基持力层时，在平整场地前，应根据结构类型、填料性能和现场条件等，对拟压实的填土提出质量要求。压实系数要求如表 5.9-1 所示。

表 5.9-1　压实填土地基压实系数控制值

结构类型	填土部位	压实系数/λ_c	控制含水量/%
砌体承重及框架结构	在地基主要受力层范围内	≥0.97	$w_{op} \pm 2$
	在地基主要受力层范围以下	≥0.95	
排架结构	在地基主要受力层范围内	≥0.96	
	在地基主要受力层范围以下	≥0.94	

11. 地基处理

当地基承载力或变形不能满足设计要求时，地基处理可选用机械压实、堆载预压、真空预压、换填垫层或复合地基等方法。

（1）机械压实：包括重锤夯实、强夯、振动压实等方法，可用于处理由建筑垃圾或废料组成的杂填土地基，处理有效深度应通过试验确定。

（2）堆载预压：可用于处理较厚淤泥和淤泥质土地基。预压荷载宜大于设计荷载，预压时间应根据建筑物的要求以及地基固结情况决定，并应考虑堆载大小和速率对堆载效果和周围建筑物的影响。采用塑料排水带或砂井进行堆载预压和真空预压时，应在塑料排水带或砂井顶部设置排水砂垫层。

（3）换填垫层：（包括加筋垫层）可用于软弱地基的浅层处理。垫层材料可采用中砂、粗砂、砾砂、角（圆）砾、碎（卵）石、矿渣、灰土、黏性土以及其他性能稳定、无腐蚀性的材料。加筋材料可采用高强度、低徐变、耐久性好的土工合成材料。

（4）复合地基：设计应满足建筑物承载力和变形要求，当地基土为欠固结土、膨胀土、湿陷性黄土、可液化土等特殊性土时，设计采用的增强体和施工工艺应满足处理后地基土和增强体共同承担荷载的技术要求。

12. 房屋指标

根据《铁路房屋建筑设计标准》（TB 10011—2019）要求，各种办公生活房屋面积指标如表 5.9-2 所示。

表 5.9-2　房屋面积指标

房屋名称	定员	指标	备注
办公房屋	20~40 人	17~18 m²/人	
	41~100 人	16.5~17 m²/人	
	101~200 人	16~16.5 m²/人	
	201 人及以上	16 m²/人	
公寓	50 床	27.5~29 m²/床	机务、动车乘务员公寓应按住 1 人设计。公寓内应设置餐厅，每 2 床设一个餐厅座位，每座按 1.1 m² 计算，餐厨比宜采用 1:1
	100 床	26.5~28 m²/床	
	200 床	25.5~27 m²/床	
食堂	60 座	3.4~3.6 m²	最大当班人数 240 人及以上单位可设职工食堂，最大当班人数 240 人以下的单位可设职工伙食团房屋。餐厅座位数应按单位最大当班人数的 50%就餐及二次进餐计算
	100 座	2.8~3.1 m²	
	200 座	2.5~2.7 m²	
	300 座	2.4~2.5 m²	
	400 座	2.3~2.4 m²	
	伙食团	2.6~2.4 m²	

续表

房屋名称	定员	指标	备注
浴室	100 人	17~18 m²	最大当班人数 100 人及以上应设集中浴室；100 人以下，设淋浴间。浴室规模应按最大当班人数的 100%，且每个淋浴器使用人数宜按 9 人计算，淋浴间每个淋浴器建筑面积宜采用 5.5~6.5 m²
	200 人	11~12 m²	
	300 人	9~10 m²	
	400~600 人	8~9 m²	
单身宿舍		17~19 m²/人	按照职工人数的 80%~100% 配置床位数

《党政机关办公用房建设标准》规定了各级工作人员办公室使用面积要求，机辆段相当于县级机关，正处级 30 m²，副处级 24 m²，正科级 18 m²，副科级 12 m²，科级以下 9 m²。

13. 最大建筑面积、防火间距、疏散要求

1）最大建筑面积

根据《建筑设计防火规范》（GB 50016—2014）（2018 年版）3.3.1 条内容，厂房的层数和每个防火分区的最大允许建筑面积应符合表 5.9-3 规定。

表 5.9-3 房屋防火分区

生产的火灾危险性类别	厂房的耐火等级	最多允许层数	每个防火分区的最大允许建筑面积/m²			
			单层厂房	多层厂房	高层厂房	地下或半地下厂房（包括地下或半地下室）
甲	一级	宜采用单层	4 000	3 000	—	—
	二级		3 000	2 000	—	—
乙	一级	不限	5 000	4 000	2 000	—
	二级	6	4 000	3 000	1 500	—
丙	一级	不限	不限	6 000	3 000	500
	二级	不限	8 000	4 000	2 000	500
	三级	2	3 000	2 000	—	—
丁	一、二级	不限	不限	不限	4 000	1 000
	三级	3	4 000	2 000	—	—
	四级	1	1 000	—	—	—
戊	一、二级	不限	不限	不限	6 000	1 000
	三级	3	5 000	3 000	—	—
	四级	1	1 500	—	—	—

注：① 防火分区之间应采用防火墙分隔。除甲类厂房外的一、二级耐火等级厂房，当其防火分区的建筑面积大于本表规定，且设置防火墙确有困难时，可采用防火卷帘或防火分隔水幕分隔。采用防火卷帘时，应符合本规范第 6.5.3 条的规定；采用防火分隔水幕时，应符合《自动喷水灭火系统设计规范》（GB 50084）的规定。
② 厂房内设置自动灭火系统时，每个防火分区的最大允许建筑面积可按本规范第 3.3.1 条的规定增加 1.0 倍。机辆段（所）检修主厂房多为丙二类单层厂房，根据本表规定，最大允许建筑面积为 8 000 m²，若厂房内设置自动灭火系统时，最大允许建筑面积为 16 000 m²。

2）防火间距

机辆段（所）检修主厂房多为丙类单层房屋，根据《建筑设计防火规范》（GB 50016—2014）（2018 年版）3.4.1 条内容，各类厂房防火间距要求如表 5.9-4 所示。

表 5.9-4　各厂房防火间距　　　　　　　　　　　　　　　　　单位：m

名称			甲类厂房 单、多层 一、二级	乙类厂房（仓库）			丙、丁、戊类厂房（仓库）				民用建筑				
				单、多层		高层	单、多层			高层	裙房，单、多层			高层	
				一、二级	三级	一、二级	一、二级	三级	四级	一、二级	一、二级	三级	四级	一类	二类
甲类厂房	单、多层	一、二级	12	12	14	13	12	14	16	13					
乙类厂房	单、多层	一、二级	12	10	12	13	10	12	14	13	25			50	
		三级	14	12	14	15	12	14	16	15					
	高层	一、二级	13	13	15	13	13	15	17	13					
丙类厂房	单、多层	一、二级	12	10	12	13	10	12	14	13	10	12	14	20	15
		三级	14	12	14	15	12	14	16	15	12	14	16	25	20
		四级	16	14	16	17	14	16	18	17	14	16	18		
	高层	一、二级	13	13	15	13	13	15	17	13	13	15	17	20	15
丁、戊类厂房	单、多层	一、二级	12	10	12	13	10	12	14	13	10	12	14	15	13
		三级	14	12	14	15	12	14	16	15	12	14	16	18	15
		四级	16	14	16	17	14	16	18	17	14	16	18		
	高层	一、二级	13	13	15	13	13	15	17	13	13	15	17	15	13
室外变、配电站	变压器总油量	≥5 t, ≤10 t	25	25	25	25	12	15	20	12	15	20	25	20	
		>10 t, ≤50 t					15	20	25	15	20	25	30	25	
		>50 t					20	25	30	20	25	30	35	30	

注：① 乙类厂房与重要公共建筑的防火间距不宜小于 50 m；与明火或散发火花地点，不宜小于 30 m。单、多层戊类厂房之间及与戊类仓库的防火间距可按本表的规定减少 2 m，与民用建筑的防火间距可将戊类厂房等同民用建筑按本规范第 5.2.2 的规定执行。为丙、丁、戊类厂房服务而单独设置的生活用房应按民用建筑确定，与所属厂房的防火间距不应小于 6 m。确需相邻布置时，应符合本表注②、③的规定。
② 两座厂房相邻较高一面外墙为防火墙，或相邻两座高度相同的一、二级耐火等级建筑中相邻任一侧外墙为防火墙且屋顶的耐火极限不低于 1.00 h 时，其防火间距不限，但甲类厂房之间不应小于 4 m。两座丙、丁、戊类厂房相邻两面外墙均为不燃性墙体，当无外露的可燃性屋檐，每面外墙上的门、窗、洞口面积之和各不大于外墙面积的 5%，且门、窗、洞口不正对开设时，其防火间距可按本表的规定减少 25%。甲、乙类厂房（仓库）不应与本规范第 3.3.5 条规定外的其他建筑贴邻。
③ 两座一、二级耐火等级的厂房，当相邻较低一面外墙为防火墙且较低一座厂房的屋顶无天窗，屋顶的耐火极限不低于 1.00 h，或相邻较高一面外墙的门、窗等开口部位设置甲级防火门、窗、防火分隔水幕，或按本规范第 6.5.3 条的规定设置防火卷帘时，甲、乙类厂房之间的防火间距不应小于 6 m；丙、丁、戊类厂房之间的防火间距不应小于 4 m。
④ 发电厂内的主变压器，其油量可按单台确定。
⑤ 耐火等级低于四级的既有厂房，其耐火等级可按四级确定。
⑥ 当丙、丁、戊类厂房与丙、丁、戊类仓库相邻时，应符合本表注②、③的规定。

3）疏散距离

根据《建筑设计防火规范》(GB 50016—2014)(2018年版)3.7.4条内容,厂房内任一点至最近安全出口的直线距离不应大于表5.9-5规定。

表5.9-5 厂房内任一点至最近安全出口的直线距离 单位:m

生产的火灾危险性类别	耐火等级	单层厂房	多层厂房	高层厂房	地下或半地下厂房（包括地下或半地下室）
甲	一、二级	30	25	—	—
乙	一、二级	75	50	30	—
丙	一、二级	80	60	40	30
	三级	60	40	—	—
丁	一、二级	不限	不限	50	45
	三级	60	50	—	—
	四级	50	—	—	—
戊	一、二级	不限	不限	75	60
	三级	100	75	—	—
	四级	60	—	—	—

机辆段（所）检修主厂房多为丙二类单层房屋，根据表5.9-5规定，疏散规定不小于80 m。

根据《建筑设计防火规范》(GB 50016—2014)(2018年版)要求，民用建筑如办公楼等，部分疏散要求如下：

（1）5.5.2条内容规定：建筑内的安全出口和疏散门应分散布置，且建筑内每个防火分区或一个防火分区的每个楼层、每个住宅单元每层相邻两个安全出口以及每个房间相邻两个疏散门最近边缘之间的水平距离不应小于5 m；

（2）5.5.8条内容规定（部分）：公共建筑内每个防火分区或一个防火分区的每个楼层，其安全出口的数量应经计算确定，且不应少于2个。

（3）5.5.15条内容规定（部分）：公共建筑内房间的疏散门数量应经计算确定且不应少于2个。

（4）5.5.17条内容规定（部分）：公共建筑的安全疏散距离应符合下列规定。

① 直通疏散走道的房间疏散门至最近安全出口的直线距离不应大于表5.9-6规定。

② 楼梯间应在首层直通室外，确有困难时可在首层采用扩大的封闭楼梯间或防烟楼梯间前室。

4）火灾危险分类

根据《铁路工程设计防火规范》(TB 10063—2016)附录A"主要生产房屋的火灾危险性分类"，机辆段（所）内主要房屋火灾危险性分类如下：

（1）酸性蓄电池充电间属于甲类生产房屋；

（2）喷漆库、易燃品库属于乙类生产房屋；

（3）油脂发放间、杂品库、客车修车库、整备库、动车检查库属于丙类生产房屋；

表 5.9-6 直通疏散走道的房间疏散门至最近安全出口的直线距离　　　单位：m

名　称		位于两个安全出口之间的疏散门			位于袋形走道两侧或尽端的疏散门		
		一、二级	三级	四级	一、二级	三级	四级
托儿所、幼儿园、老年人照料设施		25	20	15	20	15	10
歌舞娱乐放映游艺场所		25	20	15	9	—	—
医疗建筑	单、多层	35	30	25	20	15	10
	高层 病房部分	24	—	—	12	—	—
	高层 其他部分	30	—	—	15	—	—
教学建筑	单、多层	35	30	25	22	20	10
	高层	30	—	—	15	—	—
高层旅馆、展览建筑		30	—	—	15	—	—
其他建筑	单、多层	40	35	25	22	20	15
	高层	40	—	—	20	—	—

（4）机车中修库及小修库、空压机间、柴油机间、电机间、电器间、转向架间、轮轴间、货车修车库、站修棚、车电间、调机库等属于丁类生产房屋；

（5）冷却水制备间、计量室、碱性蓄电池间、钩缓间、交车棚、洗车库等属于戊类生产房屋。

5）耐火等级

根据《建筑设计防火规范》（GB 50016—2014）（2018年版）要求，相关耐火极限要求如表 5.9-7 所示。

表 5.9-7 不同耐火等级厂房和仓库建筑构件的燃烧性能和耐火极限　　　单位：h

	构件名称	耐火等级			
		一级	二级	三级	四级
墙	防火墙	不燃性	不燃性	不燃性	不燃性
		3.00	3.00	3.00	3.00
	承重墙	不燃性	不燃性	不燃性	难燃性
		3.00	2.50	2.00	0.50
	楼梯间和前室的墙 电梯井的墙	不燃性	不燃性	不燃性	难燃性
		2.00	2.00	1.50	0.50
	疏散走道两侧的隔墙	不燃性	不燃性	不燃性	难燃性
		1.00	1.00	0.50	0.25
	非承重外墙房间隔墙	不燃性	不燃性	难燃性	难燃性
		0.75	0.50	0.50	0.25

续表

构件名称	耐火等级			
	一级	二级	三级	四级
柱	不燃性	不燃性	不燃性	难燃性
	3.00	2.50	2.00	0.50
梁	不燃性	不燃性	不燃性	难燃性
	2.00	1.50	1.00	0.50
楼板	不燃性	不燃性	不燃性	难燃性
	1.50	1.00	0.75	0.50
屋顶承重构件	不燃性	不燃性	难燃性	可燃性
	1.50	1.00	0.50	
疏散楼梯	不燃性	不燃性	不燃性	可燃性
	1.50	1.00	0.75	
吊顶（包括吊顶格栅）	不燃性	难燃性	难燃性	可燃性
	0.25	0.25	0.15	

注：二级耐火等级建筑内采用不燃材料的吊顶，其耐火极限不限。

另有：

① 甲、乙类厂房和甲、乙、丙类仓库内的防火墙，其耐火极限不应低于4.00 h。

② 一、二级耐火等级单层厂房（仓库）的柱，其耐火极限分别不应低于2.50 h和2.00 h。

③ 采用自动喷水灭火系统全保护的一级耐火等级单、多层厂房（仓库）的屋顶承重构件，其耐火极限不应低于1.00 h。

④ 除甲、乙类仓库和高层仓库外，一、二级耐火等级建筑的非承重外墙，当采用不燃性墙体时，其耐火极限不应低于0.25 h；当采用难燃性墙体时，不应低于0.50 h。4层及4层以下的一、二级耐火等级丁、戊类地上厂房（仓库）的非承重外墙，当采用不燃性墙体时，其耐火极限不限。

⑤ 二级耐火等级厂房（仓库）内的房间隔墙，当采用难燃性墙体时，其耐火极限应提高0.25 h。

⑥ 二级耐火等级多层厂房和多层仓库内采用预应力钢筋混凝土的楼顶，其耐火极限不应低于0.75 h。

⑦ 一、二级耐火等级厂房（仓库）的上人平屋顶，其屋面板的耐火极限分别不应低于1.50 h和1.00 h。

6）需独立设置的房屋

根据《建筑设计防火规范》（GB 50016—2014）（2018年版）要求，甲、乙、丙类液体储罐区，液化石油气储罐区，可燃、助燃气体储罐和可燃材料堆场，应与装卸区、辅助生产区及办公区分开布置。机辆段（所）设计过程中，油脂存放间、酸性蓄电池间等相关房屋按照规范要求，应单独设置。

5.9.2 设计技术

1. 定　员

机辆段（所）定员包括生产定员、生活定员，生产定员由机辆、通信、信号等各专业确定，生活定员由房建专业确定，定员由房建专业汇总。

原铁道部发布的《关于印发〈铁路新线定员核定试行办法〉的通知》（铁劳卫〔2005〕63号），规定了各专业定员标准，各个铁路局劳卫处也相继发布过定员标准文件，比较详细地规定了机务、车辆部门各工种定员要求。

2. 房屋设计

机辆段（所）房屋包括生产房屋和办公生活房屋以及公安房屋。

生产房屋由各专业根据相关规范、建设规模等提出要求，房建专业具体设计。

食堂、浴室、单身宿舍等办公生活房屋由房建专业根据《铁路房屋建筑设计标准》（TB 10011—2019）确定，办公楼一般由机辆专业牵头提出要求。

公安房屋由房建专业根据公安部《公安派出所警备配置标准》（公装财〔2002〕65号文）计算确定。

根据《建筑设计防火规范》，厂房内设置自动灭火系统时，每个防火分区的最大允许建筑面积可按规范的规定增加1.0倍。当丁、戊类的地上厂房内设置自动灭火系统时，每个防火分区的最大允许建筑面积不限。厂房内局部设置自动灭火系统时，其防火分区的增加面积可按该局部面积的1.0倍计算。

机辆段（所）内厂房多数为丙类，根据《建筑设计防火规范》中要求，防火间距多为10 m；且厂房多为单层，厂房内任一点至最近安全出口的直线距离不小于80 m。

3. 房屋总平面布置

一般由机辆专业提总体要求，各专业核实，房建专业综合考虑作业功能、消防、道路等要求，绘制房屋总平面布置图。

4. 建筑分类、耐火等级、防水等级

建筑物合理使用年限为二级（50年），建筑物耐火等级为二级，主要生活生产房屋建筑屋面防水等级为Ⅰ级，部分辅助房屋屋面防水等级为Ⅱ级。

5. 墙　身

厚度为370 mm或240 mm。

6. 屋　面

钢结构的库房可采用钢骨架轻型屋面板；其他砖混、钢筋混凝土结构房屋采用混凝土块瓦坡屋面或不上人平屋面、钢筋混凝土屋面板。

7. 门　窗

（1）门：通行机车、车辆的大门一般采用电动四折门，办公生活房屋外门一般采用铝合金门，内门采用成品木门、钢门、塑钢门等，局部有防火要求处采用相应等级的防火门，其余均采用彩色涂层钢大门或钢防盗门。铁路进段处采用钢质火车大门,道路进段入口采用电动伸缩门。

(2)窗:检修库房墙体高处采用电动上悬窗,屋面采用电动通风采光天窗;办公生活房屋采用碳素钢窗或铝合金窗,其他生产附属房屋采用彩色涂层钢板窗,并根据需要配置不锈钢防盗网、纱窗。

8. 屋面排水系统

大型库房可采用虹吸排水系统,其余房屋采用重力排水系统,雨水管采用 UPVC 管。

9. 室外工程

可采用台阶做法或坡道做法,房屋四周设混凝土散水,散水宽度不得小于 3 m。

10. 围 墙

围墙高度为 2.2~2.6 m,围墙可采用铁艺、实体等形式。围墙上方设置滚刺笼、铁蒺藜或周界系统等防护设施。

11. 地面做法

检修库房采用环氧树脂地面、地砖地面或水磨石地面。

水磨石地面优点:水磨石地面具有硬度高、耐磨、耐老化、耐污损、耐腐蚀等性能,防滑和防尘效果突出,使用寿命长,具有一定的吸潮作用,日常保养简单。

地砖地面优点:耐磨耐用,使用寿命长;防火、防水、防潮性能好,适用于各种气候环境;维护清洁方便,不易藏污。

环氧树脂地面缺点:环氧树脂地面无法抵抗严重的地下潮气,抗刮性能差,耐老化、耐高温、耐候性差。

办公、宿舍、食堂浴室等生产附属建筑采用地砖地面、防滑缸砖地面、架空防静电地面等。

12. 外 墙

一般生产房屋外墙采用刷外墙涂料、彩钢板、装配式等方式。

13. 抗震设防及分类

根据《建筑抗震设计规范(2016版)》(GB 50011—2010)进行抗震烈度设防,根据《建筑工程抗震设防分类标准》(GB 50223—2008)进行房屋抗震设防类别划分。35/10 kV 变配电所、消防车库、燃气锅炉房应为重点设防外,其他生产生活房屋按标准设防建筑设计。

14. 结构设计标准

(1)建筑结构安全等级:生产生活房屋安全等级均为二级,重要性系数取 1.0。

(2)结构工程设计使用年限及耐久性要求:结构设计使用年限为 50 年。根据环境类别确定混凝土强度等级,按照《混凝土结构设计规范》《工业建筑防腐蚀设计规范》等确定耐久性、混凝土保护层厚度等。

(3)环境类别:室内正常环境为一类,露天、卫生间的结构构件所处环境为二(a)类,地下水或土对基础有腐蚀时,根据腐蚀等级另行确定环境类别。

（4）结构形式：根据建筑平面、设备工艺要求确定。

① 大型检修库房纵向柱网为 9 m 的生产房屋，采用钢结构。

② 35/10 kV 变配电所、食堂、浴室等综合生产办公房屋及技术作业复杂的房屋采用钢筋混凝土框架结构。

③ 单身宿舍、门卫等一般的小型建筑，当横墙较密、层高在 3.6 m 以内时，采用砌体结构。

④ 材料库纵向柱网为 6 m，采用钢-混凝土混合排架结构，柱子采用钢筋混凝土柱，屋架为钢屋架。

（5）裂缝宽度限制：按照《混凝土结构设计规范（2015 版）》（GB 50010—2010）、《工业建筑防腐蚀设计规范》（GB 50046—2018）、《混凝土结构耐久性设计规范》（GB/T 50476—2019）要求设计。

15．地基基础设计

（1）基础设计安全等级应符合《建筑地基基础设计规范》（GB 50007—2011）的要求。

（2）地基承载力按工程地质报告综合分析后取值。

（3）非填方地段的房屋，钢筋混凝土框架结构一般采用柱下独立基础或柱下条形基础。钢结构房屋为钻孔桩基础。对于特殊不良地质条件的工点，基础形式应视具体情况单项研究决定。采用桩基时，根据地质资料确定桩的形式，可采用钻孔灌注桩或采用复合地基。

（4）大填方的地基处理应根据地质和回填土的情况采用换填、复合地基、桩基础等处理措施。其基础形式根据上部结构和地基处理情况采取相应的基础形式。

（5）地基处理初步确定原则。

土的换填厚度在 3.0 m 以内一般采用换填垫层基础。若地下水位高，采用级配砂夹石垫层换填，要求分层换填夯实，压实系数应大于 0.97。填土厚度大于 3.0 m 的，根据具体地质情况研究决定采用桩基础、复合地基等，提出复合地基承载力特征值要求。遇地下水有腐蚀时，根据腐蚀等级及类型，按《混凝土结构耐久性设计规范》（GB/T 50476—2019）、《工业建筑防腐蚀设计规范》（GB 50046—2018）要求设计，并采取相应的防腐蚀措施。

5.9.3　设计流程

机辆专业提交总图要求及单体资料、各专业提交单体资料→建筑平、立、剖面图设计→各专业核实确认→房建（建筑或结构）完成设计。

5.9.4　接口管理

1．与地质专业接口

（1）结构专业结合各相关专业的资料及各建筑物、构筑物的类型特征，按照《岩土工程勘察规范（2009 版）》（GB 50021—2001）的有关要求向地质专业提出拟建建筑物、构筑物的勘察要求及任务书。

（2）地质专业向结构专业提供工程地质说明、工程地质平面、横断面图及地质柱状图、水质土壤有关分析测试化验资料、沿线地震烈度划分表。对于主要生产厂房、仓库、牵变电所、通信站、信号楼等四电房屋，三层及以上的楼房应按照《岩土工程勘察规范（2009版）》（GB 50021—2001）提供个别地质详勘报告。

2. 与机辆专业接口

（1）机辆专业向结构专业提供机辆设备总平面布置图资料（含各种生产房屋、构筑物、道路、硬化地面、围墙等附属工程布置及数量）。

（2）机辆专业向结构专业提供机车乘务员公寓床位（间）数、机辆设备生产定员，结构、建筑专业根据机辆专业的以上资料确定行车公寓及相关机辆生产附属生活房屋的建筑规模并进行相应设计。

（3）机辆专业向结构专业提供各种机辆生产房屋单项设计的土建资料，结构、建筑专业根据机辆专业资料进行生产房屋设计，并将生产房屋平、立、剖面图资料返回机辆专业确认。

（4）机辆专业向结构专业提供大型机辆设备（不落轮镟床、转向架机、洗车机、落轮机、大型综合试验台等）基础及相关室外构筑物[检查地沟、油罐（库）基础等]的土建设计资料及相关技术要求，结构专业进行设备基础及构筑物的设计。

（5）机辆专业向结构专业提供各机辆设备综合管线平面布置图，结构专业根据机辆专业资料进行综合管沟断面结构设计。

3. 与给排水专业接口

（1）给排水专业向结构专业提供给水所、净水所、泵站、污水处理站等生产房屋单项设计的土建资料及相关技术要求，结构专业根据给排水专业资料进行相应生产房屋设计，并将生产房屋平、立、剖面图资料返回给排水专业确认。

（2）房建专业根据各相关专业资料汇总向给排水专业提供各段（所）房屋总平面布置图（资料）及定员表、房屋表，给排水专业进行室外给排水设计。

4. 与通信专业（有线、无线）接口

通信专业向结构专业提供各种通信生产房屋及构筑物（电缆沟、铁塔基础）单项设计的土建资料及相关技术要求，结构、建筑专业根据通信专业资料进行相应生产房屋及构筑物设计，并将生产房屋平、立、剖面图资料返回通信专业确认。

5. 与信号专业接口

信号专业向结构专业提供各种信号生产房屋及构筑物（电缆沟）单项设计的土建资料及相关技术要求，结构、建筑专业根据信号专业资料进行相应生产房屋及构筑物设计，并将生产房屋平、立、剖面图资料返回信号专业确认。

6. 与电力专业接口

（1）电力专业向结构专业提供变配电所等平面布置图资料（含各种生产房屋、构筑物、道路、硬化地面、围墙等附属工程布置及数量），结构专业据此资料在站场平面图基础上汇总完成相应电力房屋总平面布置图设计。

（2）电力专业向结构专业提供各种电力生产房屋及构筑物（电缆沟、灯塔及灯桥基础、大型箱变基础）单项设计的土建资料及相关技术要求，结构、建筑专业根据电力专业资料进行相应生产房屋及构筑物设计，并将生产房屋平、立、剖面图资料返回电力专业确认。

7. 与建筑专业接口

（1）建筑专业向结构专业提供大型生产厂房、公寓、单身宿舍等平、立、剖面图资料，结构专业根据建筑专业资料进行相应房屋结构设计；结构专业向建筑专业返回主体结构柱、梁、板的主要结构尺寸并确认。

（2）结构专业向建筑专业提供一般中小型办公、大中型货物仓库、公寓宿舍及公共建筑的平、立、剖面图资料，建筑专业据此资料进行相关节能及消防设计，并返回结构专业汇总确认。

8. 与暖通专业接口

（1）结构专业向暖通专业提供一般生产办公技术作业房屋、乘务员公寓宿舍及生产附属房屋等的平、立、剖面图资料以及定员表、房屋表，暖通专业据此资料进行相关室内给排水、消防、通风空调、屋面排水等设计。

（2）暖通专业向结构专业提供锅炉房、水泵房（地上、地下）通风净化空调机房（与站房合建时提供建筑专业）等各种设备生产房屋单项设计的土建资料及相关技术要求，结构专业根据暖通专业资料进行相关设计。

（3）暖通专业向结构专业提供楼屋面设备（包括屋面水箱、空调机组）荷载重量以及房屋结构预留孔洞、预埋件等，结构专业在结构设计中统筹设计。

5.10 电　力

电力专业完成低压配电、变电、供电、照明设计以及 FAS（火灾报警系统）设计。

5.10.1 相关概念

1. 负荷分级及供电要求

铁路用电负荷根据对供电可靠性的要求及中断供电在政治、经济上所造成的损失或影响程度，分为一级负荷、二级负荷和三级负荷。

1）一级负荷。

一级负荷应由两路相对独立电源分别供电至用电设备或低压双电源切换装置处，并宜采用双电源自动切换方式，当两个电源中一个电源发生故障时，另一个电源不应同时受到损坏。

2）二级负荷。

二级负荷宜由两回线路供电。在负荷较小或地区供电条件困难时，二级负荷可由一回专用的电力线路供电。当专用电力线路采用架空线路时，可为一回架空线路供电；当采用电缆线路时，应采用两根电缆组成的线路供电，其每根电缆应能承受 100%的二级负荷。二级负荷的消防设备、为通信信号主要设备配置的专用空调等，宜由两回线路供电至用电设备或低压双电源切换装置处。

3）三级负荷。

三级负荷可由一路电源供电。

2. 电源及供应系统

铁路供配电系统的电源，应优先采用公共电网可靠电源。在电气化区段，技术经济合理时可与牵引变电所共用电源。当所在地区偏僻，远离公共电网，设置自备电源较从外部取得电源技术经济合理时，宜设置自备电源或在牵引变电所二次侧设动力变压器取得电源。

铁路供配电系统电源电压应根据用电容量、电源线路长度、当地公共电网现状及其发展规划等因素，经技术经济比较确定，应优先采用 10 kV 电源；当电源线路较长，经技术经济比较，选择 35 kV 或以上电源合理时，宜选择 35 kV 或以上电源。

构成网络的铁路供配电系统一级配电电压应采用 10 kV；当供电电压为 35 kV 且配电电压采用 35 kV 能减少变电级数、简化接线、技术经济合理时，配电电压宜采用 35 kV。

向一级负荷供电的 10（6）kV 配电所和 35 kV 及以上变电所，当一级负荷的两路电源均由本所提供时，应有两路独立电源。当电源电压为 10（6）kV 及以下时，其中一路宜为专盘专线，另一路也应可靠。为特大型客站供电的变、配电所宜设第三路电源。

为自动闭塞电力线路、电力贯通线路供电的 10 kV 配电所的电源一路宜为专盘专线。相邻两变、配电所电源应相互独立，且其中一个变、配电所的电源宜为两路电源。

其他 10（6）kV 配电所和 35 kV 及以上变电站，应有一路可靠电源。有条件时，宜有两路电源。

具有两路电源的变、配电所，每路电源宜保证全部负荷供电。如供电条件确有困难，当一路电源停电时，另一路电源应保证一级和二级负荷供电。

3. 电力远动系统

电力远动系统为电力系统调度服务的远距离监测、控制技术，即管理和监控分布甚广的众多厂、所、站及设备、元器件的运行工况的一种技术手段。电力远动系统一般由监控主站、远动终端及远动通道构成。

4. 变压器

变压器是利用电磁感应的原理来改变交流电压的装置，主要构件是初级线圈、次级线圈和铁心。其主要功能有：电压变换、电流变换、阻抗变换、隔离、稳压（磁饱和变压器）等。按照冷却方式，变压器可分为干式变压器和油浸式变压器两种。

（1）干式变压器：依靠空气对流进行自然冷却或增加风机冷却，多用于高层建筑、高速收费站点用电及局部照明、电子线路等小容量变压器，如图 5.10-1 所示。

（2）油浸式变压器：依靠油作冷却介质，如油浸自冷、油浸风冷、油浸水冷、强迫油循环等，如图 5.10-2 所示。

图 5.10-1　干式变压器　　　　图 5.10-2　油浸式变压器

5. 供电方式

1）单相双线

一根火线，一根零线。

2）单相三线

一根火线，一根零线，一根地线。

3）三相四线制

三根相线加一根零线。我国目前大多采用三相四线制低压供电系统，即 380 V/220 V 中性点直接接地低压供电系统。该供电系统具有三条相线（火线）A、B、C，一条零线。这条零线之所以称为零线，是因为它是由变压器二次侧中性点引出的，而二次侧中性点又直接接地与大地零电位连接，因此称之为零线。在三相四线制低压供电系统中，零线既是工作零线，又是保护零线，称为 PEN 线，其中 PE 是保护零线，N 是工作零线，合起来就是 PEN 线。PEN 线表示工作零线兼作保护零线，俗称"零地合一"。

4）三相五线制

三相五线制包括三相电的三个相线（A、B、C 线）、中性线（N 线）以及地线（PE 线），如图 5.10-3 所示。中性线（N 线）就是零线。三相负载对称时，三相线路流入中性线的电流矢量和为零，但对于单独的一相来讲，电流不为零。三相负载不对称时，中性线的电流矢量和不为零，会产生对地电压。三相五线制标准导线颜色为 A 线黄色、B 线绿色、C 线红色、N 线淡蓝色、PE 线黄绿色。

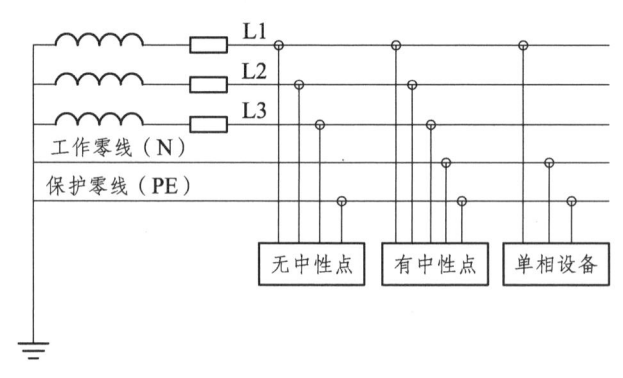

图 5.10-3　三相五线制供电方式

在三相四线制供电方式中，当三相负载不平衡和低压电网的零线过长且阻抗过大时，零线将有零序电流通过，过长的低压电网，由于环境恶化、导线老化、受潮等因素，导线的漏电电流通过零线形成闭合回路，致使零线也带一定的电位，这对安全运行十分不利。

在零线断线的特殊情况下，断线以后的单相设备和所有保护接零的设备将产生危险电压，这是不允许的。采用三相五线制供电方式，用电设备上所连接的工作零线 N 和保护零线 PE 是分别敷设的，工作零线上的电位不能传递到用电设备的外壳上，这样就能有效隔离三相四线制供电方式所造成的危险电压，使用电设备外壳上电位始终处在"地"电位，从而消除了设备产生危险电压的隐患。

5.10.2 设计技术

1. 负荷划分

一级负荷：应急照明、变电所操作电源、电动排烟窗、FAS与BAS（机电设备监控系统）电源、消防炮泵、消火栓泵和喷淋泵、通信、信息主机、气体灭火等。

二级负荷：污水泵、通风设备、检修设备、化验和试验设备等。

三级负荷：除一、二级负荷以外的其他负荷。

2. 供电方式

根据负荷分布情况，采用分区域供电方式，可设置35/10 kV变配电所、10/0.4 kV变电所或箱式变电站方式，变电设施位置设置尽量靠近负荷中心，以保证供电质量。

变配电所需采用两路供电方式，以保证供电的可靠性。机辆设备用电可能扩容改造上游电力设备，相应增加扩容工程，需报送当地电力部门，获取审批后方可实施。

3. 35/10 kV变配电所

在机辆段（所）内，若用电负荷较大，一般需设置35/10 kV变配电所。变配电所应独立修建，设置围墙、道路。

变配电所内设两台变压器，互为备用，每台容量应能满足机辆段（所）内所有一级、二级负荷用电需求。35 kV侧2进2出规模，内桥接线，母联设断路器，35 kV电源采用电缆线路。

10 kV侧2进若干出（根据实际需要）规模，10 kV电源线采用封闭母线，正常情况时两路电源同时受电，母联分段运行，当一路电源故障或维修时，母联自动投入运行。

4. 10/0.4 kV变电所

10/0.4 kV变电所一般设于用电负荷较大的生产库房内。

在有2路电源的10/0.4 kV变电所，宜装设两台容量相同可互为备用的所用变压器。如能从变电所内引入一个可靠的低压备用所用电源时，也可装设一台所用变压器。只有1路电源进线、向贯通线路供电的变电所，宜由贯通线路再接引一路所用电源。所用变压器宜为干式。

5. 变压器选型

35/10 kV变压器选用有载调压油式变压器，10/0.4 kV变电器可选用带壳体的干式变压器。

6. 电力远动系统

电力远动系统接入既有铁路局供电段调度中心，调度中心根据需要增设E1通信适配器，实现主备通道自动切换。由通信专业提供一主一备2对2M通道至35/10 kV变配电所、10/0.4 kV变电所、10/0.4 kV室外箱式变电站。所有远动终端设备组成光纤自愈环网。

7. 电线电缆的选择及敷设方式

（1）电线电缆均采用铜芯线。

（2）变配电所、通信设备房、信息设备房内电缆线路采用阻燃型；火灾时需继续工作的线路采用耐火阻燃型。

（3）室内线缆较集中敷设时，一般采用电缆桥架，分散时采用穿钢管敷设。室外电缆集中地段采用沿电缆沟支架敷设，分散时采用直埋敷设。

8. 消防系统

根据《铁路工程设计防火规范》（TB 10063—2016）9.1.5 条中第 5 条：机务段、车辆段、动车段（所）、综合维修基地（段）中有多个建筑设置火灾自动报警及联动控制系统的，应在其中一个建筑内设置消防控制室。

新建机辆段（所）内，大型生产库房一般设有消防联动系统，故需设置消防控制室。若为扩建类工程，考虑利用既有消防控制室，需考虑既有消防控制室空间是否足够增设设备、既有设备（如大屏等）是否满足扩建工程消防控制室要求。

9. 机电设备监控系统（BAS）

机辆段（所）内设置机电设备监控系统（BAS）由现场控制器、就地仪表以及通信网络光纤构成。BAS 监控对象包括场区室外照明、室内照明及段内 10/0.4 kV 变电所、室外箱式变电站所有高低压回路电流、电压等电气参数。

10. 照度

照度指单位面积上所接受可见光的光通量，单位为勒克斯（lx），用于指示光照的强弱和物体表面积被照明程度的量。在机辆段（所）内，需根据厂房、线路以及室外场地的具体作业要求设定适合作业环境的光照强度。铁路照明照度标准值应按 0.5 lx、1 lx、2 lx、3 lx、5 lx、10 lx、15 lx、20 lx、30 lx、50 lx、75 lx、100 lx、150 lx、200 lx、300 lx、500 lx、750 lx、1 000 lx 分级。

根据《铁路照明设计规范》（TB 10089—2015）4.5.2 条规定，铁路机辆段（所）主要生产用房室内、室外场地照明标准值如表 5.10-1 和表 5.10-2 所示。

表 5.10-1　铁路机辆段（所）主要生产用房室内照明标准值

场所名称		参考平面及其高度	照度/lx	统一眩光值（UGR）	照度均匀度 U_2	显色指数 R_a
生产站、段及车间	动车组检查库、检修车库及辅助车间，架修、清洗、定修、中检、整备、修车、站修库（棚）及轮轴选配间	0.75 m 水平面	200*	—	0.6	80
	转向架间、动车调试库、解体组装库、冰箱修理间	地面	300*	—	0.6	80
	整车试验库、调试库、涂装库、整车清洗库	0.75 m 水平面	200*	—	0.6	80
	轮轴检验间	0.75 m 水平面	500*	—	0.6	80
	轴承检验间	0.75 m 水平面	300*	—	0.6	80
	存车棚	地面	100	—	0.4	80
	检查地沟	被照面	200*	—	0.6	80

续表

场所名称		参考平面及其高度	照度/lx	统一眩光值（UGR）	照度均匀度 U_2	显色指数 R_a
生产站、段及车间	计量室、测量室	0.75 m 水平面	500*	19	0.7	80
	油脂发放间	地面	50	—	—	—
	锻工间、热处理间	0.75 m 水平面	200	—	0.6	20
	油漆间（库）	0.75 m 水平面	300	22	0.6	80
	木工间	0.75 m 水平面	200	22	0.6	60
仓库	机械库、叉车库	1.0 m 水平面	75	—	0.4	20
	货物仓库及储藏室	1.0 m 水平面	100	—	0.4	60
	材料棚	1.0 m 水平面	50	—	—	60
能源动力站	风机、空调机房	地面	100	—	0.4	60
	泵房	地面	100	—	0.4	60
	冷冻机房	地面	150	—	0.4	60
	锅炉房、煤气站	地面	100	—	0.4	60
	压缩机房、热交换站	地面	150	—	0.6	60
控制室	一般控制室	0.75 m 水平面	300	22	0.6	80
	主控制室、调度中央大厅	0.75 m 水平面	500*	19	0.6	80

注：*指混合照明照度。

表 5.10-2　铁路机辆段（所）主要室外场地照明标准值

场所名称	参考平面及其高度	照度/lx 水平	照度/lx 垂直	照度均匀度 U_2	眩光值（GR）	显色指数 R_a
到发线、存车线、牵出线、调车线、道岔咽喉区	轨面	3	—	—	—	20
编组线、整备场、编发场道岔区尾端	轨面	5	—	—	—	20
存轮场、客车整备线、机车整备台位、列检作业场所、动车存车场人工洗车线	地面	20*	—	0.25	45	60
转车盘	轨面	20	—	0.25	45	20
有人看守道口、露天油罐区、卸油栈台	地面	10	—	0.25	45	20
汽车室外停车场、室外配电装置	地面	10	—	0.25	45	20

注：*指混合照明照度。

11. 常用灯具特点（见表 5.10-3）

表 5.10-3　常用灯具特点

灯具种类	特　点
荧光灯	优点：发光效率高，使用寿命长，光线柔和； 缺点：体积较大，显色性一般，不能调光，有频闪
金卤灯	优点：照明效果好，衰减慢，穿透力强； 缺点：光照刺眼，启动时间长，热量大
LED 灯	优点：高效节能，寿命长，绿色环保，体积小； 缺点：价格高，照明亮度小

目前，机辆段（所）场区内多用 LED 灯。其中，灯桥、库内（室内）照明常用 LED 灯；室外照明、灯塔常用 LED 灯，也有机辆段（所）目前使用金卤灯，但使用场所日趋减少。

5.10.3　设计流程

根据各专业用电需求资料完成设计。

5.10.4　接口管理

1. 与机辆、给排水、暖通专业接口

自带控制箱的用电设备，以控制箱为界，电力专业负责配线至控制箱，设备供应方负责控制箱至用电点的配线，其他用电设备电力专业负责配线至设备用电点。

2. 与通信专业接口

（1）通信设备供电以动力配电箱为界，配电箱以后的由通信专业负责。

（2）设备接地以等电位端子箱为界，等电位端子箱以后的由通信专业负责。

（3）远动接口以电力远动终端设备为界，电力远动终端设备以前的通道由通信专业负责。

3. 与信息专业接口

（1）信息设备供电以动力双电源切换箱为界，双电源切换箱以后的由信息专业负责。

（2）设备接地以等电位端子箱为界，等电位端子箱以后的由信息专业负责。

4. 与房建专业接口

（1）沟槽管洞：变配电所房建应根据电力专业需求预留变配电所土建沟槽，预埋槽钢、钢管等设施，并根据电力综合管线要求设置电力电缆沟、电缆井、桥架孔洞、室外综合排管等设施。电缆支架、接地圆钢由电力专业负责。

（2）防雷接地：结构设计应在女儿墙每隔 0.5 m 预留避雷带钢筋支撑，便于避雷带连接，利用柱内主筋作为引下线的构造柱，结构设计应采用焊接或绑扎的方式保证柱内主筋的电气连通，柱内主筋引下线距离地面 0.5 m 处应预留接地板，以便于外引接地体。

5.11 暖 通

暖通专业完成通风、空调、采暖以及室内给排水设计、室内消防管网设计。

5.11.1 相关概念

1. 室内温度

根据国内外有关卫生部门的研究结果，室内温度 20 ℃ 比较舒适。寒冷地区民用建筑室内温度应采用 18～24 ℃，夏热冬冷地区宜采用 16～22 ℃。

2. 地热源泵

地源热泵是利用水源热泵的一种形式，它是利用水与地能（地下水、土壤或地表水）进行冷热交换来作为水源热泵的冷热源。冬季把地能中的热量"取"出来，供给室内采暖，此时地能为"热源"；夏季把室内热量取出来，释放到地下水、土壤或地表水中，此时地能为"冷源"。地源热泵工作原理如图 5.11-1 所示。

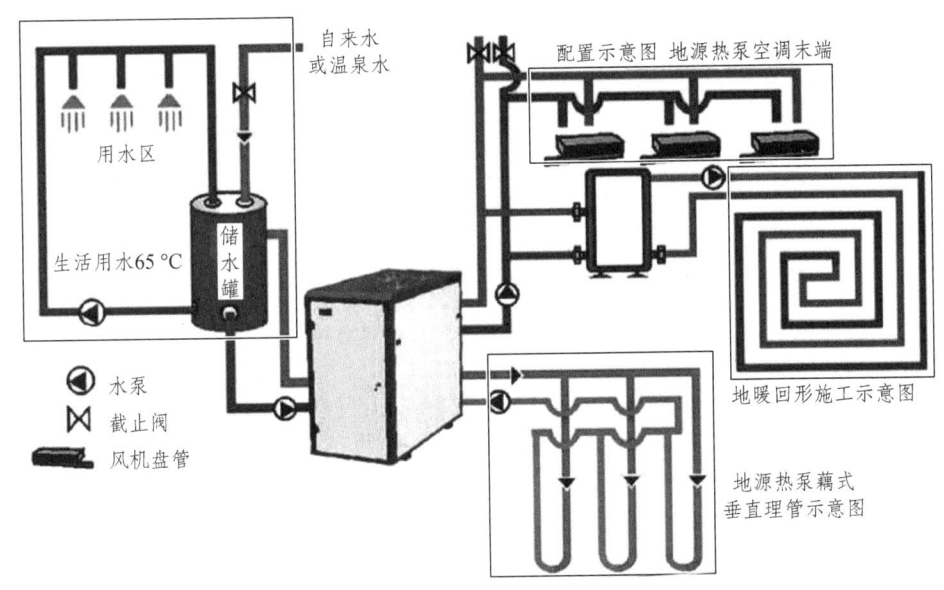

图 5.11-1 地热源泵工作原理

地热源泵的优点：

（1）供暖运行费用低：地源热泵利用地下温度一年四季相对稳定的特性，COP 值（制冷效率）高达 4 以上，产生同样的制冷取暖效果时，地源热泵比一般中央空调省电 30%～40%。

（2）节能环保：室内侧由冷冻水输送，减少冷媒充注量，从而减少对大气的污染；室外侧换热环境由大气转变为土壤或者水体，从而减少大气热排放，减轻热岛效应。只需消耗少量电能，在运行过程中不会产生二氧化碳等污染环境的气体，也不会因为泄漏的问题影响室内人员的健康。

地热源泵的缺点：地源热泵的初投资比较高。

3. 空气源热泵

空气源热泵热水器是把空气中的热量通过冷媒搬运到水中。传统的电热水器和燃气热水器是通过消耗燃气和电能来获得热能，而空气能热水器是通过吸收空气中的热量来达到加热水的目的，在消耗相同电能的情况下可以吸收相当于 3 倍电能左右的热能来加热水。

空气能热水器把空气中的低温热量吸收进来，经过压缩机压缩后转化为高温热能以此来加热水温。空气能热水器具有高效节能的特点，制造相同的热水量，比电辅助太阳能热水器利用能效高。

该方式克服了太阳能热水器依靠阳光采热和安装不便的缺点。由于空气能热水器的工作是通过介质换热，因此其不需要电加热元件与水直接接触，避免了电热水器漏电的危险，也防止了燃气热水器有可能爆炸和导致人员中毒的危险，更有效控制了燃气热水器排放废气造成的空气污染。空气源热泵工作原理如图 5.11-2 所示。

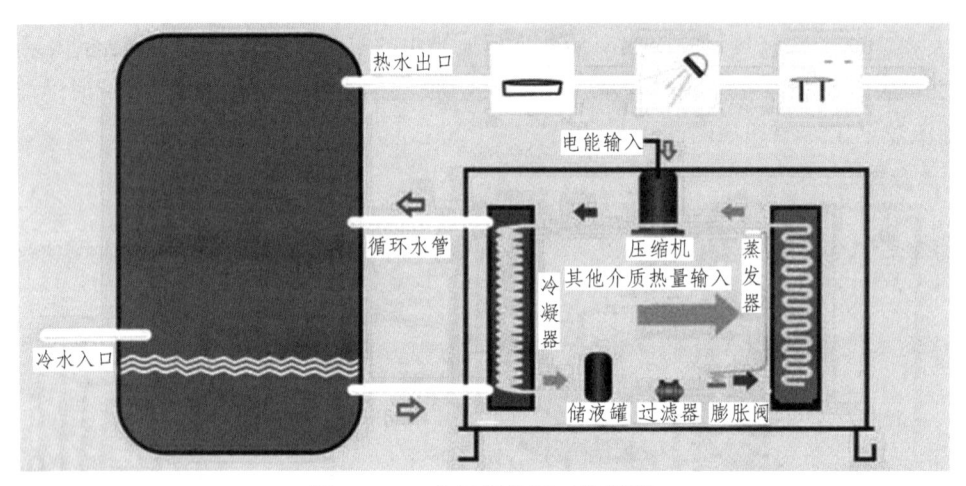

图 5.11-2 空气源热泵工作原理

空气源热泵的优点：

（1）适用范围广：适用温度范围在 -7~40 °C，并且一年四季全天候使用，不受阴、雨、雪等恶劣天气和冬季夜晚的影响。

（2）运行成本低：节能效果突出。

（3）环保型产品：无污染，无燃烧外排物，不会对人体造成损害。

空气源热泵的缺点：

（1）由于空气源是分散能源，制热速度慢，热效率不是很高。

（2）空气源热泵供暖容易出现结霜问题，受地域限制。在 -10 °C 或更低的极低温环境中，空气中热能少，能转换的热能有限，工作效能会大打折扣。

5.11.2 设计技术

1. 通 风

检修库房设置天窗，可合理利用自然通风，设置屋顶通风机实现库内机械通风，在作业区设置工业风扇局部降温。

生产过程中产生有害气体、粉尘的车间,根据有害气体性质、粉尘浓度,设置净化通风、除尘通风或全面通风系统。食堂油烟经油烟过滤排气罩处理后排放。

2. 空调

通信机械室、信息机房、调度机房等设置机房专用空调,满足室内温、湿度环境。

办公房间设置舒适性空调,一般采用分体式空调系统,冷热源采用地源热泵机组或用电空调。

3. 采暖

南方地区,办公房屋一般采用空调采暖,淋浴间可采用电热水器供热,集中浴室可采用空气源热泵热水机组等方式供热,生产车间不设置采暖设备;北方地区,设置燃气蒸汽锅炉采暖。

4. 室内给排水

大型检修库房雨水排放一般采用虹吸式雨水系统,室内污水经处理后排入室外排水系统,雨水、污水分流排放。其他房屋采用重力式排水系统。

5. 室内消防

根据《建筑设计防火规范》规定,丙类二级单层厂房最大允许防火分区面积为 8 000 m²,若设置自动灭火系统时,防火分区的最大允许建筑面积可增加 1.0 倍,即 16 000 m²。

因此,面积大于 8 000 m² 的生产库房一般设置消防炮灭火系统和消火栓系统,面积大于 16 000 m² 的库房消防设计需经专家评审确定;小于 8 000 m² 的生产库房设置室内消火栓系统,材料库、办公楼设置自动喷水灭火系统。

变配电所及控制室、通信机械室、信号机械室、信息化机房设置无管网七氟丙烷气体灭火装置。各类房屋均配置手提式磷酸铵盐干粉灭火器。在检修库线每 2 条股道之间设置移动式高压细水雾灭火装置。

5.11.3 设计流程

根据各专业要求,完成通风、空调、取暖、室内给排水、室内消防设计。

5.11.4 接口管理

1. 与桥涵专业接口

暖通专业在进行下穿道路消防、排水、通风、排烟设计时,应在满足功能要求的前提下,尽量减少在涵洞主洞身开洞,以降低地道施工难度和工程投资。暖通专业应向桥涵专业提供预留孔洞和套管等具体位置、大小及标高。

2. 与房建专业接口

房建(建筑、结构)专业应向暖通专业各单体提供建筑平、立、剖面图设计资料,并提供防火分区示意图、梁板柱布置图,生产房屋应明确火灾危险等级和结构耐火等级。

暖通专业应向建筑专业提供水池、集水坑、机房、管井、风井等位置、大小与净高等资料，应向结构专业提供设备荷载（含网架内风管、水管的线性荷载）集水坑（不含地道）吊装孔、设备基础、楼板（含屋面）及墙体留洞、预埋套管等位置、大小和标高资料。

房建（建筑、结构）专业原则上应按暖通专业要求进行预留、预埋，当需进行调整时，应及时向暖通专业提出，暖通专业在确保系统功能的前提下，进行配合处理。

3. 与电力专业接口

电力专业应向暖通专业提供变电所等设备布置、设备发热量、环境温湿度特殊要求等资料。暖通专业根据工艺需求进行通风、空调和消防设计。

暖通专业应向电力专业提供通风、空调、防排烟、室内给排水及消防的设备（含大型风阀、水阀）名称、编号、位置、功率、电压等级、设备防雷接地、防爆、大型设备启动电流、设备是否自带控制箱等强电资料，以及设备、阀门、系统自动控制等BAS、FAS弱电资料。自带控制箱的设备，接口在控制箱进线端子；不带控制箱的设备，接口在设备接线端子。

电力专业原则上应按暖通专业要求进行配电及控制设计，当确需调整时，应及时向暖通专业提出，暖通专业在确保系统功能的前提下予以配合。

4. 与给排水专业接口

暖通专业应向给排水专业提供室内给水、排水接管点的位置、标高、管径、水量、水压、污废水性质等资料。水表设于室外时，给水接管点在水表井入口；水表设于室内时，在距建筑物外墙3 m处。当室内消防系统采用常高压，或与室内室外合用临时高压给水系统时，接管点在阀门井入口。室内排水接管点在距建筑物外墙3 m处。

5. 与通信、信号、信息专业接口

通信、信号、信息等弱电专业应向暖通专业提供机房设备布置、设备发热量、环境温湿度控制特殊要求等资料。暖通专业根据工艺和规范要求进行通风、空调和消防设计。

6. 与机辆专业接口

机辆专业应向暖通专业提供检修设施室内需要用水、排水的点位和接管管径、水量、水压等详细要求，提供对温湿度有特殊要求的房间名称和温湿度标准、换气次数等具体要求，以便暖通专业有针对性地开展配套设计。

5.12 给排水

给排水专业承担室外给排水设计以及室外消防设计。

5.12.1 相关概念

1. 生产、生活用水

机辆段（所）给水量包括生活用水、生产用水、浇洒道路和绿地用水、管网漏损水量、未预见用水、消防用水。生活、生产用水等指标如下：

（1）生活用水：用水定额可按照 200 L/（人·d）设计，其中，乘务员公寓可按照 200~400 L/（床·d），职工食堂按照 20~25 L/（人·d），职工浴室按照 120~150 L/（人·d）设计。

（2）生产用水：机辆段（所）生产用水应根据生产工艺、设备用水要求计算确定，当无资料时，可按照表 5.12-1 取值。

表 5.12-1　生产用水量

序号	用水种类	单位	用水量/m³	备注
1	机车外皮洗刷	台	1.5~2.0	
2	清洗污物箱	个	0.4~1.0	根据污物箱的容积确定
3	罐车洗刷（黏油）	辆	5.0~10	
4	罐车洗刷（轻油）	辆	1.0~2.0	
5	客车外皮洗刷	辆	1.5~2.0	
6	货车洗刷	辆	3.0~5.0	
7	客车空调滤网清洗	辆	1	
8	客车车厢保洁	辆	0.5	
9	客、货车修理库	d	3.0~5.0	小于或等于 2 线库取小值，大于 2 线库取大值
10	煮洗池	处·次	20~30	第一次充满水，以后一季度或半年更换一次
11	滚动轴承清洗间		5.0~10	
12	轮轴清洗间		10	
13	转向架清洗间		20	
14	电机清洗间		12	
15	柴油机清洗间		15	
16	制动间		3.5	
17	蓄电池间		2.0~8.0	动车段（所）、客车段、客车整备所、机务段取大值，其他单位取小值
18	柴油机间	d		
19	水阻试验	次	25	试验池更换水
20	罐车修车库	d	30	
21	中修库	d	10	
22	小、辅修库	d	5.0~10	
23	动车组检查、检修库		10~20	
24	设备维修车间		1	
25	配件加修间		5	
26	车体配线间		3.5	
27	空调机组检修间		2	

续表

序号	用水种类	单位	用水量/m³	备注
28	冷却器热交换器间		8	
29	电扇检修间		2	
30	过滤器间		3	
31	水冷型空气压缩机间		3	
32	冷却水制备间		4.0~6.0	
33	电机轮对间		1.5	
34	干砂间		2	
35	油脂发放间		1.5	
36	化验间		1.5	
37	燃油库	罐	5	油罐清洗，2~4年一次
38	机油库	罐	2	
39	喷漆库	台车	4	
40	汽车库	d	3.0~5.0	小于或等于3台位取小值，大于3台位取大值
41	机车整备场	台位	0.5	
42	洗衣房	kg（干衣）	0.04~0.08	
43	蒸汽锅炉 4 t/h	台·d	57	
44	蒸汽锅炉 2 t/h	台·d	24	
45	蒸汽锅炉 1 t/h	台·d	20	
46	热水锅炉 2.8 MW	台·d	37	
47	热水锅炉 1.4 MW	台·d	24	
48	热水锅炉 0.7 MW	台·d	20	

（3）浇洒道路：按照浇洒面积以 2~3 L/（m²·d）计算。

（4）绿地用水：按照浇洒面积以 1~3 L/（m²·d）计算。

（5）管网漏损水量：按照生活用水 + 生产用水 + 浇洒道路和绿地用水的 10%~12% 考虑。

（6）未预见水量：按照生活用水 + 生产用水 + 浇洒道路和绿地用水 + 管网漏损水量的 8%~12% 考虑。

2. 地下取水方式

地下取水方式一般有管井、大口井、渗渠、泉室等方式，一般可采用管井方式，设计时应考虑备用。

3. 饮用水消毒

饮用水必须消毒，可采用氯消毒、氯胺消毒、二氧化氯消毒、臭氧消毒及紫外线消毒等。

4. 扬　程

扬程是指单位质量液体流经泵后获得的有效能量。

水泵扬程＝净扬程＋水头损失。净扬程就是指水泵的吸入点和高位控制点之间的高差，如从清水池抽水，送往高处的水箱，净扬程就是指清水池吸入口和高处的水箱之间的高差；水头损失就是指水流在运动过程中单位质量液体的机械能的损失，产生水头损失的原因是管道对水流的摩擦阻力和液体的黏滞性阻力。

5. 序批式活性污泥法

活性污泥法是向生活污水中注入空气并进行曝气，每天保留沉淀物，更换新鲜污水，如此操作并持续一段时间后，污水中生成一种黄褐色的絮凝体，即活性污泥。以活性污泥为主体的污水生物处理工艺称为活性污泥法。在活性污泥法中起主要作用的是活性污泥。在活性污泥上栖息着具有强大生命力和降解水中有机物能力的微生物群体。活性污泥法的基本工艺流程为：曝气池→二沉池→曝气系统→污泥回流→剩余污泥排放。

序批式活性污泥法（Sequencing Batch Reactor，SBR）工艺的过程是按时序来运行的，一个操作过程分五个阶段：进水、反应、沉淀、滗水、闲置。由于SBR在运行过程中，各阶段的运行时间、反应器内混合液体积的变化以及运行状态等都可以根据具体污水的性质、出水水质、出水质量与运行功能要求等灵活变化。对于SBR反应器来说，只是时序控制，无空间控制障碍，所以可以灵活控制。基本工艺流程为：前处理→SBR反应器→过滤→出水。

SBR工艺的主要特点有：出水水质较好；不产生污泥膨胀；除磷脱氮效果好。其缺点是池容和设备利用率低，占地面积较大，运行管理复杂，自控水平要求高。

5.12.2　设计技术

1. 给水工程

1）生产生活用水

机辆段（所）内的生活用水一般由市政给排水管网供应，若供水压力不足，可采用叠压供水设备和水塔，以解决水压不足的问题。给水工艺如图5.12-1所示。

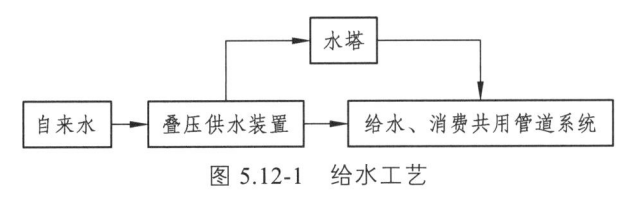

图5.12-1　给水工艺

根据水力计算，设置叠压供水装置数量，并考虑备用。水塔一般采用钢筋混凝土倒锥壳方式。

2）室外消防

室外股道区消防可利用叠压供水系统和水塔的压力实现常高压消防，水枪充实水柱≥10 m，消防水管采用地下式65 mm双阀双出口消火栓，其余地点可按低压消防的形式。消火栓设置在路旁时可采用地上式，设置在道路上时采用地下式，消火栓间距不应大于50 m。火灾持续时间不超过2 h。

3）上水设施

在客整所整备场、动车运用所检查库线需要考虑列车上水设施，一般每隔 20 m 设一处上水栓，以满足每辆车辆的上水需求。

2. 排水工程

昼夜最大排水量包括生产废水、生活污水等。生产废水与生活污水采用分流的方式收集，生产废水用管道收集至污水处理场处理达标后回用，生活污水通过管道收集后排入段外市政污水管网。

1）生活污水处理

生活污水处理工艺目前已相当成熟，其核心技术为活性污泥法和生物膜法等，若机辆段（所）附近有市政污水管网，可采用化粪池，简单处理后排入市政污水管网。

2）生产废水处理

污水处理场应将污水处理后回用，回用水质应达到《铁路回用水水质标准》（TB/T 3007—2000）中铁路生活杂用水水质标准。

污水、污泥处理工艺如图 5.12-2 和图 5.12-3 所示。

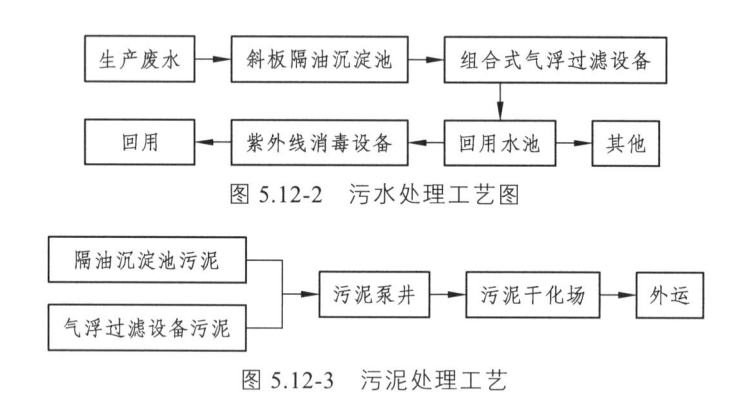

图 5.12-2　污水处理工艺图

图 5.12-3　污泥处理工艺

3）旅客列车卸污

在整备线间设置真空卸污单元，每隔 20 m 设 1 座，卸污干管可铺设于线间排水沟中。

4）下穿道路雨水泵站

下穿道路敞口段雨水通过涵洞内排水沟收集至雨水泵井，经抽升后排入机辆段（所）内的站场排水沟。

5）杂品库废水处理

杂品库存放油脂等多种危险品，在杂品库附近设置 1 座 400 m³ 消防废水应急池，并在杂品库周围设置一圈排水沟，消防时通过切门井将该处消防废水截留至消防废水应急池中储存，转运专业公司处理，以防杂品库消防废水对环境造成污染。

根据《城镇污水处理厂污染物排放标准》（GB 18918—2002）中 4.1 条 "水污染物排放标准"：根据城镇污水处理厂排入地表水域环境功能和保护目标，以及污水处理厂的处理工艺，将基本控制项目的常规污染物标准值分为一级标准、二级标准、三级标准。一级标准分为 A 标准和 B 标准。一类重金属污染物和选择控制项目不分级。根据《污水排入城镇下水道水质标准》（GB/T 31962—2015）中 4.2.1 条内容：根据城镇下水道末端污水处理厂的处理程度，将控制项目限值分为 A、B、C 三个等级。

（1）采用再生处理时，排入城镇下水道的污水水质应符合 A 级的规定。

（2）采用二级处理时，排入城镇下水道的污水水质应符合 B 级的规定。

（3）采用一级处理时，排入城镇下水道的污水水质应符合 C 级的规定。

若机辆段（所）选址位置周边有城市市政污水管网，机辆段（所）内污水排放可接入市政管网，但需达到该市政污水管网排放要求；若机辆段（所）周边无市政污水管网，根据具体情况考虑接入不同系统，如雨水或天然水体系统，但需提前取得水务相关部门同意并达到相应排放标准。污水排到对应的系统需要满足对应系统的标准，机辆段（所）污水含油污，需要经处理后排放，故机辆段（所）一般设有污水处理站，经污水处理站处理后排入相应的系统，满足排放要求。

5.12.3 设计流程

根据各专业给排水要求，以及段外给水、排水管网情况完成设计。

5.12.4 接口管理

1. 与站场专业接口

给排水专业向站场专业提供上水和卸污管道对站场排水沟宽度、深度要求等资料。给排水专业配合站场专业完成站场排水沟设计工作。

2. 与房建专业接口

房建专业向给排水专业提供定员表、房屋表。给排水专业向房建专业提供本专业的定员、单体生产及行政机构房屋面积、定员和布置要求。

3. 与暖通专业接口

暖通专业向给排水专业提供室内给排水管道的管径、流量、标高、接管点位置及所需接口压力等资料。

给排水专业向暖通专业提供需要设置通风的房屋要求。

当室内外消防水池合建于室内，一般由暖通专业设计消防水池，消防泵房应考虑给水专业设计的室外消防泵安装位置；如消防水池有消防车取水要求时，消防水池应设置取水口，暖通专业予以配合。

4. 与电力专业接口

给排水专业向电力专业提供给排水生产房屋平面布置图、设备表、用电量和自动化要求等资料。当给排水有自控设备时，电力专业一般供电到给排水设备的配电箱；客车上水栓和卸污单元设备的用电需沿站场沟铺设到每个单元设备处。

5. 与机辆专业接口

给排水专业向机辆专业提供段（所）内给水所、卸污泵站、污水处理站的位置和平面布置要求，提供检查检修库内上水、卸污管道管线、管沟资料，会同机辆专业、结构专业、其他管线专业共同确定综合管沟设计。

机辆专业应向给排水专业提供机辆段（所）内列车对数、卸污线位置及排污要求，提供油库平面布置图、油罐容积及相关灭火技术消防设施要求。给排水专业配合机辆专业完成机辆段（所）综合管线图中给排水部分。

机辆专业的生产水池设于室外时，应向给排水专业提供相关设计要求，并尽可能方便给排水专业采用国标水池图。

5.13 牵引变电

牵引变电专业完成隔离开关远动控制设计。

5.13.1 相关概念

1. 牵引供电调度所

电气化铁路牵引供电系统应设牵引供电调度（简称"电调"），电调分国铁集团电调、铁路局电调和供电段生产调度等层次。其中，铁路局电调直接指挥电气化铁路牵引供电系统的运行。

牵引供电调度所（简称"电调所"）应设置在铁路局调度所内，电调台宜按电调业务的工作量、接触网的停送电条件等因素进行分台，可与行车调度台的调度范围不同，但电调台的布置宜与相对应的行车调度台靠近。

2. 远动系统

远动系统由控制站、被控站（含中继站）及联系控制站和被控站的通道组成。控制站应设于电调所，被控站宜设于牵引变电所、开闭所等。

5.13.2 设计技术

1. 调度区划分

新建的机辆段（所）牵引变电设施一般纳入既有枢纽电力调度所统一调度。

2. 远动系统及通道配置

新建的机辆段（所）远动系统一般利用既有枢纽电力调度所远动主机系统、调度台。被控站（如开闭所等）设置微机综合自动化装置，电调所至被控站远动系统通道及视频通道采用光纤通信，光端机进所。

3. 调度管理自动化系统

被控站纳入电力调度所后，均采用远动控制，被控站采用综合自动化装置，负责执行遥控、遥测、遥信、遥视功能，实现各所无人值班的要求。电力调度所设置有牵引供电远动监控系统，实现电力调度管理自动化。

4. 接触网开关监控系统

监控主站设于机辆段（所）牵引供电的开闭所（或牵引变电所等）内。

（1）系统由监控主站、监控子站和网络通信设备构成。

（2）子站设备按集散方式布置在机辆段（所）内线路上的网上开关处，与隔离开关同址安装，主站设备与各子站设备间通过光缆构成自愈环形光纤现场总线，实现主站设备与子站设备间的信息传递；各监控子站通过控制电缆与其管辖范围开关操作机构箱相连。

（3）监控主站设置主控屏，监控主站数据可通过综合自动化系统上传调度端，实现远程监控功能。为动调服务的监控主站数据应上传动调。

（4）主站设备与现场各子站设备之间采用高性能的光纤自愈环形网络作为数据通道，构成现场总线。

5.13.3 设计流程

根据接触网资料完成变电设计。

5.13.4 接口管理

1. 与接触网专业接口

接触网专业向变电专业提供接触网电动隔离开关位置、数量。

2. 与电力专业接口

对于接触网接入大型检修库房情况，由于库内设置火灾报警、消防炮等设施，在火灾发生时，为避免二次灾害发生，必须在消防炮动作之前，切断接触网开关，电力专业需将火灾报警与消防控制室的隔离开关控制台进行联动。

5.14 接触网

接触网专业完成段内股道挂网设计、隔离开关设计。

5.14.1 相关概念

1. 架空接触网

机辆段（所）内采用柔性架空接触网方式，主要由支柱与基础、支持与定位、接触悬挂、为保障接触网安全和供电安全而增加的电气辅助设施四部分组成。刚性架空接触网一般用于隧道。

2. 支柱与基础

支柱与基础是接触网的重要承力设备，承受接触网的全部机械负荷并将其传递给大地。

目前，支柱已形成系列化和标准化，类型有：13 m、15 m 钢柱，8.8 m、9.2 m、12 m 横腹杆预应力钢筋混凝土腕臂柱（简称"方柱"），环形等径预应力钢筋混凝土柱（简称"圆柱"）。

基础埋深一般为 2.5～3.5 m。钢柱基础为现场浇注的混凝土整体基础，钢柱通过预埋在基础内的地脚螺栓固定在基础上。一般埋深不超过 4 m，基础面超过地面 0.2 m；底面尺寸不超过 4 m×4 m，顶面尺寸顺线路方向为 0.8 m、垂直线路方向为 1.2 m。特殊地质情况下的基础需专门设计。

由于站房规模、征地拆迁等原因，线间距往往较小，且设置有排水沟，因此，接触网支柱需要设置立在股道线间；根据相关铁路设计规范，立柱位置必须满足对左右两侧线路侧面限界的要求。对于线间距较宽的线路来说，接触网支柱往往可以采取通用做法，采用工程上应用比较成熟的扩大基础或钻孔桩基础以实现立柱。但实际工程中线路路径错综复杂，线间距并不一定都能满足线间立柱的要求。在这种情况下，就需要进行特殊设计，采用水沟基础合并的设计方案，如图 5.14-1 所示，适度增加基础深度及配筋，保证强度要求，同时使得基础内的排水截面与线间水沟深度和宽度截面一致。为保证立杆，在基础的上方设计一个接触网基础钢底座，从而使得支柱可以立在钢座上，保证接触网支柱和基础的结构稳定性，并且不影响排水的效果，如图 5.14-2 所示。

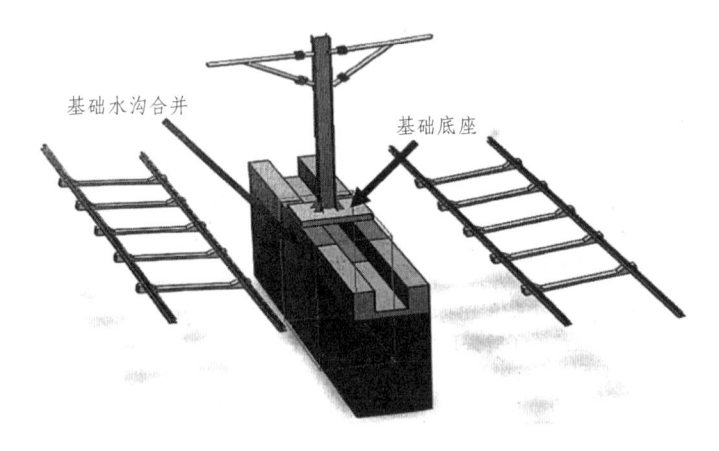

图 5.14-1 水沟基础合并效果图

图 5.14-2 接触网过水沟基础安装示意图

3. 支持与定位

支持与定位是接触悬挂的支撑与定位结构，将接触悬挂的全部机械负荷传递给支柱。其结构形式有腕臂式、软横跨式、硬横跨式，一般采用腕臂式，有拉杆-斜腕臂和平腕臂-斜腕臂两种结构形式。

一般来说，对于要跨越较大的站场和较多的股道时采用软横跨，同时软横跨可以节约钢材，投资比较少。目前，我国普速线路中软横跨应用较广。

随着高速铁路的迅速发展，硬横跨目前在国内外也得到了广泛应用。硬横跨的安装形式比较单一，结构简单，便于施工。硬横跨由于采用硬横梁，所以不仅表现出结构稳定，风稳定性比较好，而且可以有效降低支柱的高度。硬横跨的安装还采用模块化的安装结构，机械方面相对比较独立，股道之间影响相对较小，可以有效缩小事故范围。硬横跨从外观上来说比较整洁、简单、匀称、美观。

硬横跨是由线路两侧的支柱及其上的横梁组成的门式结构。软横跨是用横向承力索及定位索代替横梁的门式结构。接触网软横跨跨越的线路数不应超过 8 条，硬横跨跨距不应超过 40 m。

一般每千米线路大概有 50 组软横跨，投资约 4 万元/组。而采用硬横跨投资约是软横跨的两倍，若采用吊柱硬横跨，则投资会更高。

机辆段（所）内一般采用软横跨和平腕臂-斜腕臂方式，如图 5.14-3 和图 5.14-4 所示。

图 5.14-3　软横跨　　　　　　　图 5.14-4　平腕臂-斜腕臂式

4. 接触悬挂

接触悬挂是安设于支持和定位装置之上的线索及其组成的各类结构的总称。

按照承力索的有无，接触悬挂分为简单悬挂和链形悬挂。

1）简单悬挂

无承力索，接触线直接固定或通过弹性吊索悬挂在支持和定位装置上。该方式弹性均匀度较差。

2）链形悬挂

有承力索，接触线通过吊弦悬挂在承力索上。链形悬挂可分为单链和复链，单链形又可分为简单链形悬挂和弹性链形悬挂。

（1）简单链形悬挂。

定位处无弹性吊索和弹性吊弦。其结构简单，便于施工和维护，但弹性均匀度较弹性链形悬挂差。

（2）弹性链形悬挂。

与简单链形悬挂概念、功能互补。

按照承力索和接触线的锚固方式，接触悬挂可分为未补偿、半补偿、全补偿三种方式，如图 5.14-5～图 5.14-7 所示。

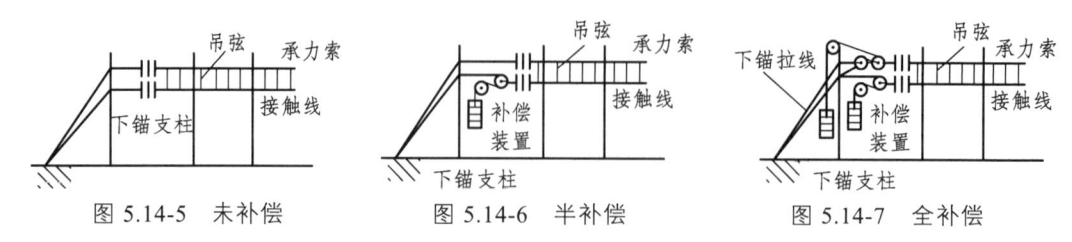

图 5.14-5　未补偿　　　　图 5.14-6　半补偿　　　　图 5.14-7　全补偿

补偿有滑轮补偿等方式，滑轮补偿装置由铝合金滑轮组、不锈钢绳、坠砣、坠砣杆及其连接零件组成。坠砣由混凝土或铸铁组成，每块 25 kg。

3）锚　段

为满足接触网在电气化和机械两方面的技术要求，必须按照一定规律将接触网划分成若干一定长度且相互独立的段落，这种段落称为锚段。锚段的电气连接需经隔离开关进行控制。

5．电气辅助设施

电气辅助设施包括附加导线、防雷与接地、标识及保安等设备和设施。

接触网供电方式主要有直接供电、带回流线的直接供电、吸流变压器供电方式、自耦变压器供电方式。

1）直接供电方式

由于钢轨与大地没有绝缘，钢轨、大地一起接收机车的牵引回流，导致电流无法尽可能回流至变电所，这样钢轨点位不能得到有效控制，从而加大了事故发生的概率，且电磁干扰较大，轨道电位较高，不适合用于电气化铁路。

2）带回流线的直接供电方式

这种方式是在接触网支柱上架设一条与钢轨并联的回流线（NF），利用接触网与回流线之间的互感作用，使钢轨中的电流尽可能地由回流线流回牵引变电所，回流线把钢轨、大地中的牵引回流引入牵引变电所的主变压器，如图 5.14-8 所示。

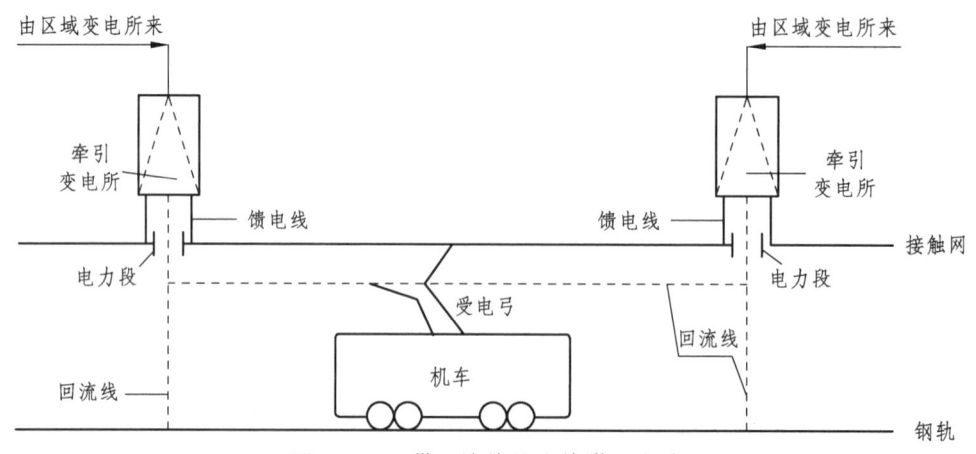

图 5.14-8　带回流线的直接供电方式

交流制式的国铁，回流主要采用走行轨、回流线和大地三个路径，一般主要利用走行轨回流，大地作为回流途径之一。利用走行轨回流造价低，但因为走行轨对地绝缘不完全，有杂散电流危害，对地有电压差，所以接触网旁考虑设置回流线，回流线是连接钢轨和变电所的地线。走行轨和回流线间隔一定距离，会设计电气连接，保证回流线零电位，以确保安全。

机辆段（所）一般采用大地回流方式进行杂散电流回流。

3）吸流变压器（BT）供电方式

每隔 2~4 km 在接触网中串入一个特殊变压器，作为吸流变压器。

4）自耦变压器（AT）供电方式

自耦变压器（AT）供电方式由接触网、负馈线、保护线和自耦变压器等组成。

5.14.2 设计技术

1. 接触网悬挂类型

需接触网入库的房屋（如静调库、检查库等）内接触网采用简单悬挂，室外接触网采用全补偿简单链形悬挂。

2. 接触线悬挂高度

接触线悬挂高度不小于 5 700 mm，不大于 6 500 mm。机辆段（所）内接触线悬挂点高度一般为 6 000 mm。挂网高度变化时，坡度不宜大于 2‰，困难条件下不大于 4‰。

3. 跨　距

接触网立柱最大跨距不宜大于 65 m，一般按照 50 m 设计。

4. 锚段长度

单边补偿时，最大锚段长度不宜大于 850 m，困难时不宜大于 950 m。附加导线锚段长度不大于 1 000 m。

5. 侧面限界

接触网支柱侧面限界一般不小于 3 500 mm，困难条件下不应小于 3 100 mm，曲线段需加宽。

6. 支持装置及支柱、绝缘子的采用

1）支持装置

接触网腕臂支持装置采用绝缘旋转平腕臂支持结构形式，即由水平腕臂、斜腕臂组成的刚性支撑结构。转换柱、道岔柱采用双腕臂装配形式，采用非限位定位器；吊弦采用载流型可调式整体吊弦。多股道并行区段采用软横跨方式。

2）支柱及基础

路基上腕臂柱采用 ϕ350 mm 钢筋混凝土等径圆杆，腕臂柱高度按平腕臂距柱顶距离 100~300 mm 确定；多股道并行区段采用软横跨。所有钢柱防腐措施采用热浸镀锌。

路基腕臂柱基础采用杯形基础，支柱埋深 1.5 m，软横跨支柱采用现浇混凝土基础，下锚拉线（含附加导线下锚）在地面段采用钢筋混凝土拉线基础（采用拉线板方式）。

3）绝缘子

除附加导线绝缘子外,其余均采用合成绝缘子,棒式绝缘子抗弯强度不小于 12 kN。

7. 供电分段原则

(1) 馈线上网处均设置电动隔离开关。

(2) 机辆段(内)内线路根据生产性质进行合理分束、分段供电,采用电动隔离开关。为考虑在紧急情况下,隔离开关能正常切断,故采用带负荷的隔离开关。带负荷的隔离开关在接触网有负荷作业时不会烧毁开关本身结构,正线通常使用此类较少,一般采用普通隔离开关,需在无负荷条件下才能断开。为考虑火灾等紧急情况,在机辆段(所)的检查库等生产房屋内采用带负荷的隔离开关,在有无负荷情况下均可断开,以保证作业人员安全。

(3) 工艺用的检修库两端开关就地控制,其余电动隔离开关均纳入远动,采取有线控制方式。

8. 接触网接地方式

1) 工作接地

接触网支柱利用回流线作闪络保护地线的集中接地方式。

当成排的支柱不悬挂回流线时,增设架空地线实现集中接地。

零散的接触网支柱单独设接地极或采用接地基础接地。

2) 安全接地

接触网支柱基础均采用接地基础；开关、避雷器等设备底座应双接地；接触网坠砣限制架应单独接地；距接触网带电体 5 m 以内的金属结构(桥栏杆、水鹤、信号机、声屏障、隔离栅栏等)均单独设接地极实现安全接地,高柱信号机必须满足其对接触网带电部分 2 m 的安全距离。

3) 接地电阻

开关、避雷器、架空地线接地电阻不大于 10 Ω,零散的接触网支柱、距接触网带电体 5 m 以内的金属结构接地电阻不大于 30 Ω。

4) 防 雷

在供电线上网处、绝缘锚段关节处、供电电缆与架空线转换处设置氧化锌避雷器。

9. 接触网终端下锚

在不同工程环境,接触网下锚方式不同,主要有以下几种方式：

1) 普通接触网终点下锚方式

一般适用于在挂网的安全线、牵出线等线路终端。该方式结构简单,容易安装。

2) "V"形下锚方式

当车挡后不具备立终端下锚柱的条件时,将采用"V"形下锚方式。

两个终端下锚柱立于车挡处,接触网通过三角连板一端连接工作支,另一端连接两个非工作支抬高在终端柱下锚。

3) 库前接触网终点下锚方式

库前接触网终点下锚方式适用于库内不挂网、电化至库前 10 m 的情况。

在库门墙上预留承力索、接触线下锚拉环,接触网下锚在库门墙上。

4）龙门架结构接触网终点下锚方式

龙门架支柱布置在距龙门吊车挡 2 m 处，承力索终端下锚布置在龙门架横梁下锚拉环上，接触线终端下锚采用基础网下锚过渡装置，利用梁将接触网夹紧，受电弓最大可利用接触取流的位置与接触网下锚终点一致，满足电化终点设置在龙门吊车挡外 2 m 以内的要求。

10. 其 他

（1）附加导线的安装形式。

供电线一般采用独立架设方式，回流线、架空地线一般与支柱同杆架设。

（2）接触网补偿下锚装置。

接触网补偿下锚采用铝合金滑轮组下锚补偿装置、混凝土坠砣。

（3）支柱号码及标识、标志牌。

接触网支柱号码牌、高压危险牌、接触网终端标、安全作业标等均采用反光标志牌，反光标志牌必须满足《铁路线路及信号标志牌》（TB/T 2493—2018）规定。

（4）支柱防护。

在装卸线等机动车辆通过容易损坏支柱和基础的场所，应对其进行防护。

（5）电连接设置。

在每个锚段的 1/3 和 2/3 处各设一处横向电连接，半锚段在中部设置一处横向电连接。道岔及关节处采用双电连接。

（6）软横跨跨越股道数不宜大于 8 股。

（7）机动车和非机动车通行的铁路平交道口两侧应设限界门，其高度应为 4 500 mm。

（8）供电线与建筑物间最小垂直距离为 4 000 mm（计算最大驰度时），最小水平距离为 3 000 mm（计算最大风偏时）。

5.14.3　设计流程

根据机辆专业挂网以及隔离开关要求，在站场开放的平面图上完成设计。

5.14.4　接口管理

1. 与站场专业接口

接触网专业向站场专业提供股道间立柱方式、预留接地扁钢等资料要求。站场专业向接触网专业提供满足立柱的线间距资料，同时需按照接触网要求预留接地扁钢。

2. 与牵引变电专业接口

接触网专业向变电专业提供接触网电动隔离开关位置、数量及用电要求，牵引变电专业根据接触网专业所提供资料完成电动隔离开关的远动控制设计并提供隔离开关的电源。

3. 与电力专业接口

接触网专业向电力专业提供接触网电动隔离开关位置、数量及用电要求；电力专业提供电动隔离开关的电源，并根据电动隔离开关位置完成电源电缆过轨设计。

4. 与机辆专业接口

机辆专业向接触网专业提供电力机辆段（所）内接触网设置要求（电化股道表、隔离开关及无电区设置要求）。接触网专业根据机辆专业提供的资料进行相应设计。

5.15 通　信

通信专业完成段内通信设计。

5.15.1 相关概念

1. 铁路通信网络的构成

铁路通信网主要由通信线路、传输网、接入网、电话交换、数据通信、调度通信、列车无线调度、GSM-R 数字移动通信、会议通信、广播与站场通信、电话通信、应急通信、通信电源、电源及机房环境监控、综合视频监控、同步网、网管等系统组成。

2. 通信线路

长途传输网的传输通道以光纤数字通信为主，综合利用数字微波和卫星通信等传输手段共同构成。区间用户可采用光纤、电缆或无线等接入方式。

1）光　缆

通信线路一般采用单模光缆，如 GYTA5324B1，具体表示含义如下：

分类型号 GY——通信用室（野）外光缆。

结构特征代号：TA——填充结构。

护套的代号铠装层：5——皱纹钢带；外被层或外套：3——聚乙烯套。

24——24 芯。

B1——G.652 类单模光纤。

光纤芯数有 4、6、8、12、24、32、48、96、144 芯等。

2）电　缆

电缆线路按使用范围可分为长途电缆、市内电话电缆和农村电话电缆；按敷设方式分为架空电缆、地下电缆和海底电缆；按其结构分为对称电缆和同轴电缆。

3）无　线

采用基于 GSM-R 数字移动通信。

3. 传输网系统

承载接入网、数据网、调度通信、GSM-R 基站、综合视频监控、电源及机房环境监控、应急通信、信号、电力和牵引供电系统等业务，并实现与其他网络的互联互通。

主要采用光纤传输，光纤传输技术主要有光同步数字传送体系（SDH）、多业务传送平台（MSTP）、密集波分复用（DWDM）和光传送网（OTN）。目前多采用基于 SDH 的 MSTP 平台构建网络。

1）SDH/MSTP 传输技术

SDH（Synchronous Digital Hierarchy），即同步数字传送体系。SDH 是一种全新的传输体制，具有全世界统一的帧结构标准，将流行的两种 PDH（准同步数字体系）数字传输体制融合在统一的标准中。

SDH 具有一套标准化的信息结构等级，称为同步传递模块（STM-N）。其中，最基本的模块是 STM-1，更高等级的 STM-N 是将 N 个 STM-1 按字节间插同步复用后所获得，目前国际标准化 N 的取值为 1、4、16、64、256。

SDH 网是由一些基本网络单元组成，将复用、线路传输、分插及交叉连接融为一体，并由统一网管系统操作的综合信息传送网络。

SDH 的基本网元由终端复用器（TM）、分插复用器（ADM）等组成。

SDH 通过映射结构实现不同速率的时分复用技术（TDM）业务接入和传送。

随着 IP 业务发展，多业务传送平台（MSTP）技术孕育而生，并很快被运用在传输网络中。MSTP 技术是基于 SDH 平台同时实现 TDM、ATM（异步传输模式）、以太网等业务的接入、处理和发送，提供同一网管的多业务节点。MSTP 技术设备集成了 SDH 完善的网络保护机制和网络管理、配置管理功能，较好地解决了在网络中传送 TDM 业务和 IP 数据业务承载。因此，MSTP 技术常用于传输网络汇聚层及接入层的建设。

SDH/MSTP 网元的基本类型有终端复用器（TM）、分插复用器（ADM），如图 5.15-1 和图 5.15-2 所示。

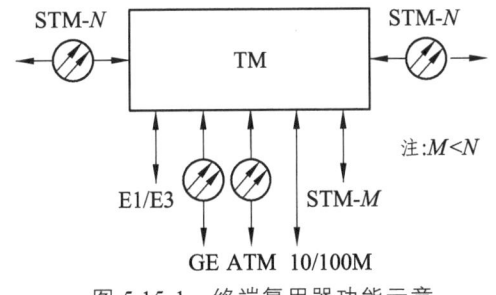

图 5.15-1 终端复用器功能示意

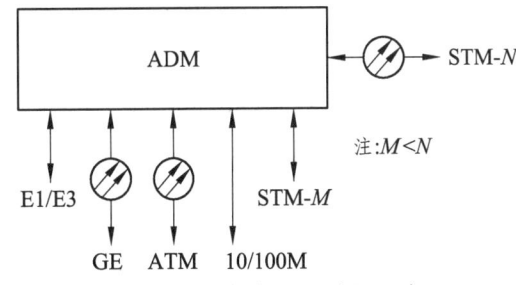

图 5.15-2 分插复用器功能示意

终端复用器：用在网络的终端节点上，其功能是将低速的支路信号（包括 PDH 信号和 STM-M 信号）复用形成高速的 STM-N 信号，或者从 STM-N 信号中分出低速支路信号。

分插复用器：用于 SDH 传输网的转接节点处。其功能是在无须终结 STM-N 信号的条件下，将低速的支路信号交叉复用到 STM-N 线路信号上去，或从线路端口分出低速支路信号。

2）DWDM 技术

密集波分复用（DWDM）技术是在一根光纤中同时传播多个不同波长光信号的一项技术。DWDM 技术有着超大容量、数据透明传输、网络结构简化、可靠性高、灵活的扩展性和经济性好等特点。

3）OTN 技术

光传送网（OTN）是以波分复用技术为基础，在光层组织网络的传送网，是下一代骨干传送网。OTN 技术是在 SDH/MSTP 和 DWDM 技术的基础上发展起来的，兼顾两种技术的优点。OTN 解决了传统 DWDM 网络无波长/子波长业务调度能力、无保护能力、组网能力弱等问题。

4）铁路传输系统

铁路传输系统的网络结构总体上可分为三层，从高到低依次为骨干层、汇聚层和接入层。

（1）骨干层。

骨干层传输网主要承载国铁集团至各铁路局及铁路局间的业务，传输节点选择国铁集团、铁路局、省会城市、铁路交汇点、铁路局分界点。

骨干层网络一般采用 OTN＋MSTP 技术组建，OTN 设备组成的光层系统容量为 40×10 Gb/s。全路规划 6 个骨干层环网，覆盖国铁集团和 18 个铁路局，为国铁集团至各个铁路局、铁路局至铁路局之间的直达业务和迂回保护提供传输通道。

（2）汇聚层。

汇聚层是第二层网络，也称为局干层，以本铁路局的大站或调度所为中心，为铁路局内各类信息提供宽带汇聚通道的传输网络，传输节点为业务汇聚点、铁路交汇点、铁路枢纽和大型车站。汇聚层采用 OTN 或 SDH/MSTP（10 Gb/s 或 2.5 Gb/s）进行组网，或者二者的组合组网，并采用自愈环或 1＋1 链状保护、灵活调度、集中网络管理的网络。

（3）接入层。

接入层承载铁路沿线车站、区间的信息接入业务及传送，节点一般选择在车站或区间节点。

接入层一般采用 SDH/MSTP（622 Mb/s）进行组网。根据业务需要和光缆自愈情况，组建自愈环或 1＋1 链状保护、灵活调度、集中网络管理的网络。

5）SDH/MSTP 传输系统的应用

目前，铁路运营模式分为普速铁路和高速铁路。对于普速铁路，通信系统为铁路提供必要的调度电话、自动电话、红外线轴温监测、铁路应急救援等业务需求；对于高速铁路，SDH 传输系统不但为各通信子系统提供承载信道，还为信号、电力供电、牵引供电、信息、公安信息、防灾等专业提供承载信道。

（1）为通信子系统提供通道。

高速铁路设计的通信子系统有：GSM-R 无线通信、视频监控、机房动力及环境监控、数据网、数字调度、可视会议、应急救援、时间同步 NTP、接入网、综合网管、通信线路、SDH/MSTP 传输等子系统。

为接入网中的 ONU（Optical Network Unit，光网络单元）至 OLT（Optical Line Terminal，光线路终端）的中继电路提供 2 Mb/s 通道。

为数据网中和汇聚层节点至调度所核心层节点连接提供 155 Mb/s（POS）或 622 Mb/s 通道，为接入层节点至汇聚层节点连接提供 155 Mb/s（POS）通道。

为调度系统中相邻铁路局调度所间设备互联提供 2 Mb/s 通道，为调度交换机（FAS）与 GSM-R 移动交换机（MSC）提供 2 Mb/s 通道并实现互联。

为 GSM-R 系统的 BSS（基站子系统）与 NSS（移动交换子系统）、GPRS（通用无线分组业务）系统互联提供 2 Mb/s 通道，为基站发信站点（BTS）设备至基站控制器（BSC）设备组建基站环提供 2 Mb/s 通道。

为综合视频监控系统提供传输通道，为通信电源及机房环境监控系统提供 2 Mb/s 传输通道，在应急通信系统中，提供 2×2 Mb/s 带宽通道。

（2）为信号专业提供通道组网。

为信号专业以下系统提供通道组网及信息传送。

CTC 系统：车站至调度集中系统（CTC）中心 2×2 M 环。

集中监测系统：车站和中继站及线路所维修段 1×2 M 环。

RBC（无线闭塞中心系统）设备至 GSM-R 系统核心网交换机：每个 RBC 设备需要 4×2 M 环。

（3）为牵引及电力供电专业提供通道。

牵引供电及电力供电监控中心至铁路沿线各采集点均采用环形串接方式组网，每个环串接的业务节点应根据传输设备的以太网板共享汇聚处理能力确定。

（4）为信息专业提供通道。

为大站客票业务至铁路局客票中心提供（10~15）×2 Mb/s 通道，其他站至铁路局客票中心提供（5~10）×2 Mb/s 通道，越行站没有客票业务，不需要通道。

（5）为公安信息系统提供通道。

铁路沿线公安派出所、乘警大队至铁路局公安处采用（2~4）×2 M 专线通道，警务区至公安派出所需要提供（2~5）×2 M 专线通道，解决自动电话及视频监控终端接入问题。

（6）为防灾安全监控提供通道。

防灾专业将铁路沿线监控采集点接至就近通信机房，通信提供 2 M 传送系统，将采集信息传送至防灾监控系统信息汇聚处理中心，防灾信息处理中心至调度所采用 2 M 专线通道。

（7）为 5 T 系统提供通道。

将车辆专业沿线 5 T 系统采集点接至附近探测站，通信提供 8 M/100 M 传送系统，将采集信息传至车辆段、列检所、铁路局、国铁集团监控中心。

4. 接入网

接入网主要向车站工作人员、车辆运行系统、电力远动系统、电源及机房环境监控系统等提供自动电话、低速数据、2/4 线音频等业务，并与既有铁路自动电话专网及公众自动电话实现互联，为监测和管理上级单元传送基础信息。

接入网（Access Network，AN）是由业务节点接口（Service Node Interface，SNI）和相关用户网络接口（User Network Interface，UNI）之间的一系列传送实体（诸如线路设施和传射设施）组成的为传送电信业务提供所需传送承载能力的实施系统，如图 5.15-3 所示。接入网通过维护管理接口（Q3）进行配置和管理。

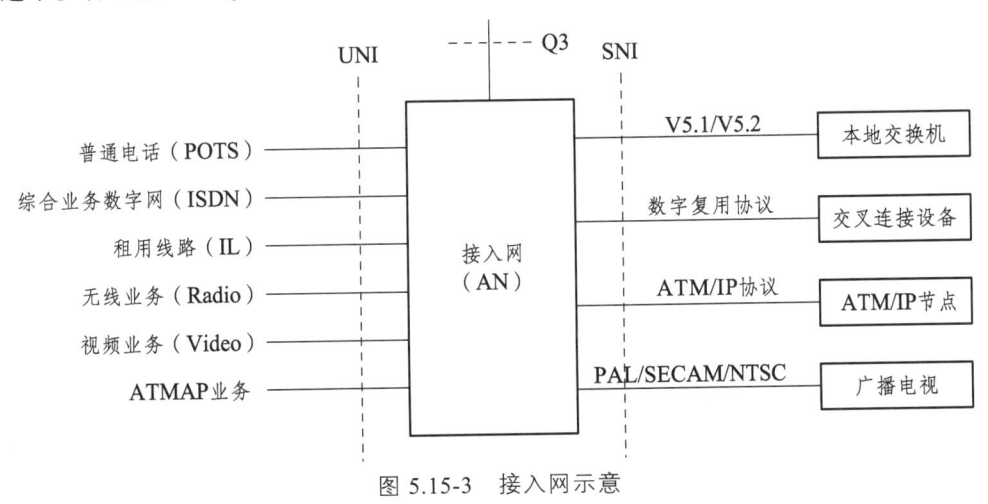

图 5.15-3 接入网示意

接入网是由 UNI、SNI 和 Q3 三个接口定界的，即网络侧经由 SNI 与业务节点（Service Node，SN）相连，用户侧经由 UNI 与用户终端设备（Terminal Equipment，TE）或用户驻地网（Customer Premises Network，CPN）相连，管理方经由 Q3 接口与电信管理网（Telecom Management Network，TMN）相连。

1）接入网的类型

接入网有四种类型的接口，即用户网络接口（UNI）、业务节点接口（SNI）、维护管理接口（Q3）、V5 接口。

（1）用户网络接口（UNI）。

UNI 分为独享式和共享式两种，UNI 的主要表现形式有模拟二线音频接口（POTS）、模拟四线接口、E&M 模拟接口、ISDN 基本速率接口（BRI，2B+D）、ISDN 集群速率接口（PRI，30B+D）、EI 数字接口、$n \times 64$ Kb/s 的 V35 接口等。

（2）业务节点接口（SNI）。

铁路接入网系统都采用数字接口，有 V1、V2、V3、V4、V5 等多种接口。

（3）Q3 接口。

TMN 通过 Q3 接口实施对 AN 的管理、配置等操作，为用户提供所需的接入类型和承载能力。

（4）V5 接口。

作为标准化、完全开放的接口，用于接入网数字传输系统和数字交换机之间的配合。

2）接入网的分类

接入网通常是按其所用的传输介质的不同进行分类的，分为铜线接入网、光纤接入网、混合接入网、无线接入网。

3）光接入网。

光接入网就是以光为传输介质的接入网络，替代铜线，用于接入每个家庭。光接入网由 OLT（Optical Line Terminal，光线路终端）和 ONU（Optical Network Unit，光网络单元）以及 ODN（Optical Distribution Network，光分配网络）三部分组成；其中 OLT 和 ONU 是光接入网的核心部件。光接入网的示意图如图 5.15-4 所示。

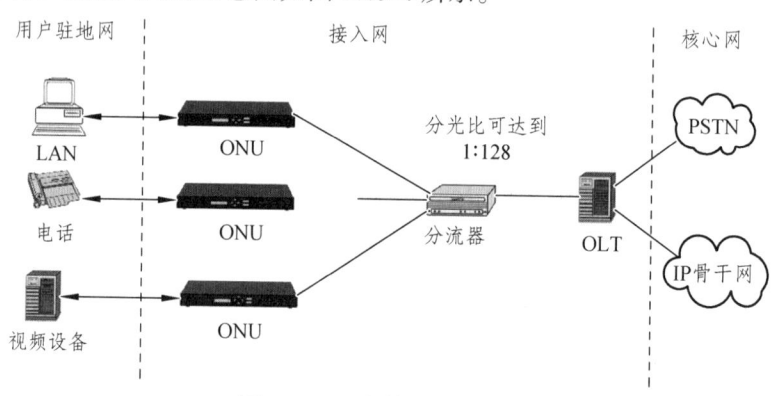

图 5.15-4　光接入网络示意

OLT 是光接入网的核心部件，相当于传统通信网中的交换机或路由器，同时也是一个多业务提供平台，一般放置在局端，提供面向用户的无源光纤网络的光纤接口。它主要实现的功能如下：

（1）上联上层网络，完成 PON（Passive Optical Network，无源光网络）网络的上行接入。

（2）通过 ODN 网络（由光纤和无源分光器组成）下连用户端设备 ONU，实现对用户端设备 ONU 的控制、管理和测距等功能。

ONU 是光网络中的用户端设备，放置在用户端，与 OLT 配合使用，实现以太网二层、三层功能，为用户提供语音、数据和多媒体业务。它主要实现的功能如下：

（1）选择接收 OLT 发送的数据。

（2）响应 OLT 发出的管理命令，并做相应的调整。

（3）对用户的以太网数据进行缓存，并在 OLT 分配的发送窗口中向上行方向发送。

（4）其他用户管理功能。

4）铁路接入网系统

铁路接入网支持的业务范围及接口如表 5.15-1 所示。

表 5.15-1　铁路接入网支持的业务范围及接口

业务类型	范围	接口
电话	普通电话、数字电话	V5、Z、2B+D
数据通信	TMIS、PMIS、DMIS 等各类数据	2B+D、30B+D、64 Kb/s、2 Mb/s
专用通信	列调、货调、电调、车务、工务、电务、水电、供电、站间行车、区间电话、道口等	2 Mb/s、64 Kb/s、2/4 W
控制通信	调度集中、调度监督、电力远动、红外轴温、牵引供电远动、环境监控等	64 Kb/s、2/4 W
图像通信	会议电视、可视电视、图像传达等	$n\times 64$ Kb/s、2 Mb/s、30B+D、2B+D

5. 电话交换系统

铁路电话网是国务院批准建立的专网，以保证铁路运输畅通和行车安全。铁路电话网分为长途交换网和本地交换网。

长途电话交换网分为两级。一级交换中心 C1 设于铁路局，二级交换中心 C2 设于铁路枢纽所在地，长途电话网设置独立的交换机。

本地电话交换网都是用一个电话交换网。本地电话交换网由电话所（Tm）和分电话所（Cs）组成。以 C2 分枢纽组建大本地交换网，由 Tm 和 Cs 接入二级交换中心。本地网采用大容量交换设备组网。

铁路电话交换系统提供全路固定语音通信业务，并与公众自动电话网互联。铁路电话交换系统中的程控电话交换机一般均带有 V5.2 接口，与接入网中的光线路终端（Optical Line Terminal，OLT）设备相连。

6. 数据通信网系统

铁路数据通信网承载着：旅客信息服务系统、办公系统、各专业管理信息系统、5T 系统等客货运营销、经营管理和部分运输组织的信息应用系统；承载铁路综合视频监控系统、GSM-R/GPRS 业务、各类监测及通信网管系统、会议电视系统、电报电话等通信系统业务。

业务覆盖国铁集团、铁路局、车站、段、所、车间及工区。

铁路数据通信网由骨干网和区域网组成。

(1) 骨干网。完成国铁集团与各铁路局间及铁路局间信息转发和业务互通。

(2) 区域网。各铁路局数据通信网作为区域网络，由核心节点、汇聚节点和接入节点组成，国铁集团区域网由接入点组成。

① 核心节点。在铁路局所在地通信机房设置区域网核心节点，设置2台路由器。

② 汇聚节点。考虑到业务接入及组网便利性，汇聚节点宜选择在承载业务量相对集中及传输电路汇聚点进行设置。

③ 接入节点。选择在国铁集团、铁路局、客专调度所、综合维修基地、动车段和车站、路网性编组站段（所）等地设置。

在铁路局、客专调度所、综合维修基地、动车段及GSM-R核心网络机房等处所各设置2台接入路由器。

铁路数据通信网由铁路运输管理信息系统网（TMIS网）、高速铁路数据通信网和由铁通公司划转的专用数据网构成。三网建设周期、管理运营单位、网络覆盖范围不同，信息系统没有构成有机整体，各自独立，信息资源难以共享，其对比如表5.15-2所示。

表5.15-2 三网对比

序号	对比项目	TMIS	高速铁路数据通信网	通信数据网
1	主要承载业务	铁路办公系统、货运管理系统、TDMS调度系统、5T系统等	高速铁路会议电视、视频监控、旅客服务、GSM-R、动力环境监控、客票、时钟等	普速铁路视频监控、会议电视
2	系统性能及可扩展性	没有铁路要求的IS-IS协议，没有采用MPLS VPN方式承载业务，互联能力差，QoS能力较弱	采用铁路要求的IS-IS协议与MPLS VPN方式，互联能力强，QoS能力强	没有采用铁路要求的IS-IS协议，采用MPLS VPN方式，互联能力差，QoS能力中等
3	网络部署范围	部署范围广	主要部署在高速铁路沿线车站	主要部署在普速铁路沿线
4	网络带宽	低	高	中
5	网络管理	设有集中网管	设有集中网管	设有集中网管
6	IP地址规划	1994年由铁路信息中心统一规划	2008年按照铁路统一规划	由原铁通公司规划，地址各铁路局不统一

三部分网络采用相同的技术，相互独立，分别承载着铁路办公、运输生产、统计、经营管理、旅客服务等信息系统和安全生产监测、监控系统以及视频监控、会议电视、GPRS等专用通信系统。铁路数据通信网在规模和能力上均不能满足铁路信息化需要。

后期铁路数据网的发展就是对现有的三张数据网络进行整合，以更好地适应铁路信息化建设。

7. 移动通信网

移动通信指通信的双方或至少一方在移动中进行信息交换的通信方式。移动通信系统一般由移动交换中心（MSC）、基站（BS）和移动台（MS）三部分组成。

1）列车无线调度通信系统

列车无线调度通信系统是以铁路运输为目的，利用无线电波的传播，完成调度中心、车站及列车三者之间通信的系统，简称无线列调。目前，我国列车无线列调系统包括铁路450 MHz无线列调和利用GSM-R综合数字移动通信系统承载的无线列调。在既有线上采用450 MHz无线列调，在客运专线和高速铁路线路上采用GSM-R网络，为满足网络并存兼容性，机车上的机车综合无线通信设备（CIR）是基于列车无线调度通信、GSM-R、800 MHz列车防护报警等系统的终端设备，满足两种网络需求。

无线列调可实现列车调度员、机车调度员、车站值班员等调度指挥人员和列车司机相互通话（大三角通信），车站值班员、机车司机、车长间通信（小三角通信）。

铁路450 MHz列车无线调度通信系统主要由调度总机、车站台、机车台和便携式电台组成，还包括区间设备、系统监测设备、机车出入库自动检测设备，如图5.15-5所示。

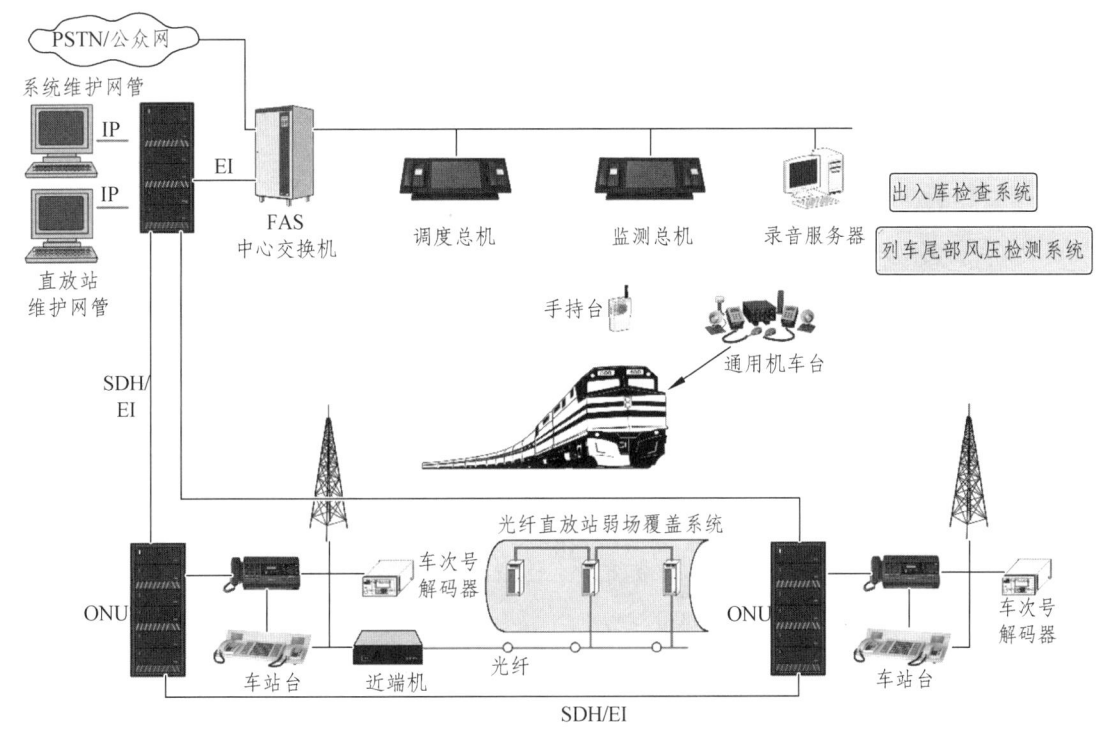

图 5.15-5 列车无线调度通信系统组成

调度命令无线传送系统由CTC/TDCS设备、无线列调设备、机车运行安全记录装置（简称监测装置或TAX箱）、调度命令车站转接器、调度命令机车装置等组成。

2）铁路数字移动通信系统（GSM-R）

GSM-R（Global System for Mobile Communication for Railway）是全球移动通信系统，是专门为铁路通信设计的综合专用数字移动通信系统。

GSM-R系统采用GSM 900 MHz的工作频段，上行885～889 MHz（移动台发，基站收），下行930～934 MHz（基站发、移动台收），共4 MHz频率带宽，双工收发间隔为45 MHz。GSM-R系统选择工作在900 MHz频带的理由如下：

（1）适合500 km/h高速移动体的通信（最大多普勒频移是415 MHz）；

（2）抗电气化铁路电火花干扰（电火花的频率多集中在400～800 MHz）；

（3）典型覆盖距离为5~10 km，对高速列车来说，这是保证系统容量和服务质量的最小范围。

GSM-R在铁路中主要用于调度通信、列车控制信息传送、车次号传输、列车停稳信息传送、调度命令传送、列尾装置信息传送、调车机车信号和监控信息系统传输、机车同步控制传输、区间移动公（工）务通信、应急指挥通信话音和数据业务、旅客列车移动信息服务通道。

GSM-R无线覆盖方式主要有单网覆盖、交织单网覆盖、同站址双网覆盖三种。

单网覆盖主要用于既有线未承载CTCS-3业务的铁路，交织单网覆盖承载CTCS-3业务的铁路，同站址双网运用于青藏线、大秦线。

GSM-R网络结构如图5.15-6所示。

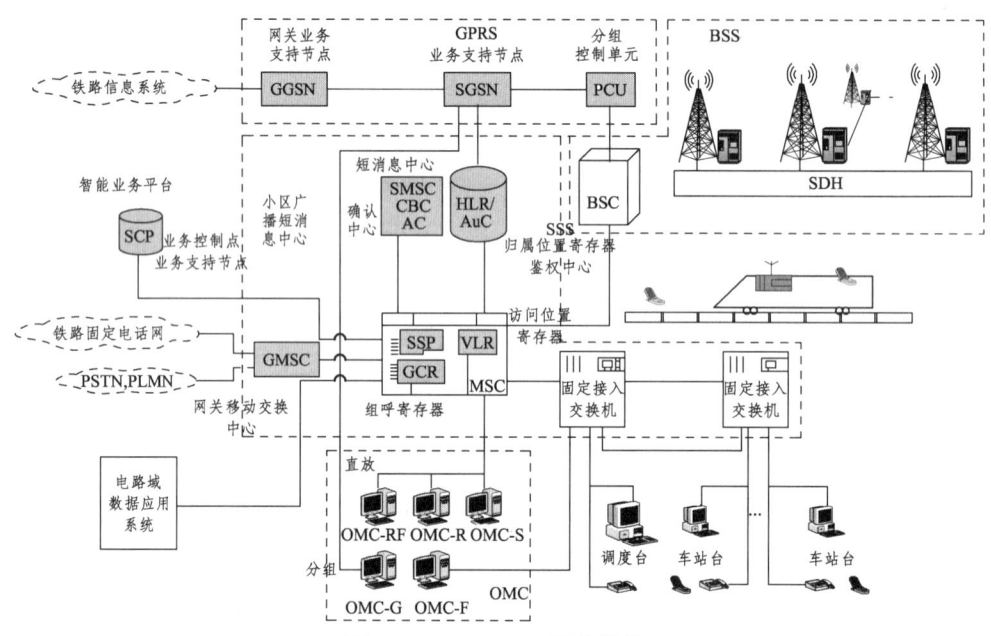

图5.15-6 GSM-R网络结构

3）机车综合无线通信设备（CIR）

CIR用于450 MHz列车无线调度通信系统和GSM-R系统，为机车和地面之间提供语音和数据的传输通道。

CIR设备由主机和操作显示终端（MMI）、送（受）话器、扬声器、打印机、天线、合路器、馈线、缆线、机车数据采集编码器等附属设备组成。

8. 支撑网

支撑网包括同步网、网管网。

1）铁路同步网

通信同步包括频率同步和时间同步，采用准同步、主从同步、混合同步三种同步方式。

2）网管系统

为便于通信系统设备的集中维护与管理，在主要通信站设传输网、接入网、数据网、调度通信、电源及机房环境监控等系统网管设备。

铁路综合网管系统分为两层，上层为国铁集团网管，下层为铁路局网管系统，各个铁路局调度所通信网管采用相互独立的模式。

9. 铁路专用通信业务网

铁路专用通信业务网包括调度通信系统、会议电视系统、综合视频监控系统、铁路应急通信系统。

1）调度通信系统

调度通信系统由干线调度与区段调度通信系统组成，可实现干线调度通信、区段调度通信、站场通信、站间通信、区间通信、专用通信等与运输指挥相关的通信业务。

机辆设备相关的调度通信应包括列车调度电话、牵引供电调度电话、列车无线调度电话等通信系统。

铁路局调度通信网必须设有主用通道和迂回（备用）通道，构成具有保护功能的自愈环。主用、迂回（备用）通道宜安排在不同的径路中。条件不具备时，可安排在同一径路的不同传输系统中。

数字调度通信系统由调度主设备、调度分设备、调度台、调度分机、值班台、值班分机和维护台、维护终端及其配套（如录音）设备等组成。

调度主设备设置于铁路局的调度机械室，在调度员室设置调度台，调度分设备设置于各车站（场）通信机械室，在各车站（场）值班员室设置值班台。维护台设置在调度所调度机械室，维护终端设置在通信维护机构所在地的通信站。

数字调度通信系统应设置网络管理系统。网络管理系统由维护台和维护终端组成，负责铁路局调度通信的网络管理。

调度系统按照结构可分为干线调度（国铁集团调度）和区段调度（铁路局调度）两层网络。

国铁集团调度指挥中心设调度交换机，用数字中继通道与各铁路局调度指挥中心的调度交换机相连，相邻铁路局的调度交换机之间也用数字中继通道相连作为直达路由，组成复合星形网络结构的干线调度通信网。

铁路局调度以铁路局为中心，在铁路局调度指挥中心设数字调度交换机，用数字中继通道与局内各车站的数字调度交换机，用 2 M 数字通道呈串联型逐站相连，形成自愈环，将区段内所有调度业务（行调、货调、电调、无线列调）纳入数字环内（见图 5.15-7）。

在 GSM-R 区段，为实现调度员（或车站值班员）与司机的通信，需将调度通信系统与 GSM-R 系统相连，即将调度通信系统的主系统接入 GSM-R 的 MSC（移动交换中心），此时将调度通信称为 FAS 系统，即固定用户接入交换机系统。一般将 GSM-R 网络中的通信系统称为 FAS，非 GSM-R 网络中的通信系统称为数调。

2）会议通信系统

会议通信系统由会议电视系统和电话会议系统组成。

会议电视网应由设置在国铁集团、铁路局、段级单位所在地的会议电视设备及传输通道组成。会议电视网采用两级网络结构、两级管理的方式。铁路局以上应采用专线方式，铁路局以下新设会议电视网，宜采用互联网（IP）方式，根据需要在机辆段（所）设会议电视终端设备及编解码器。

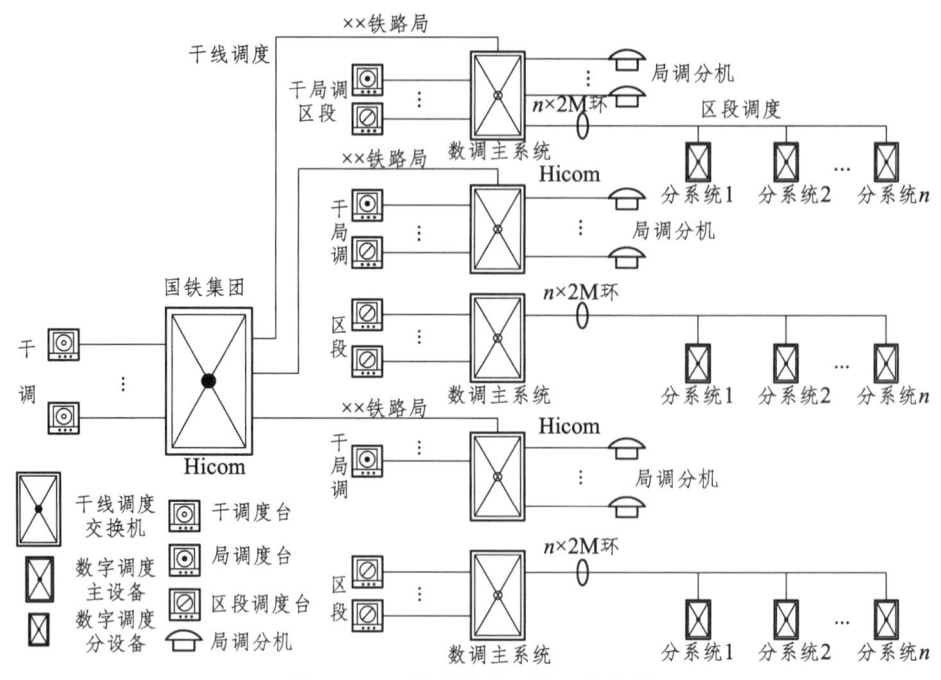

图 5.15-7　铁路调度通信网络结构

国际电联制定了一系列标准框架，比如 H.320、H.323、H.324，H.320 是综合业务数字网会议电视标准，H.323 是分组交换网上的多媒体通信标准，H.324 是公众交换电话网络上的多媒体通信标准。

会议电话网应能满足国铁集团、铁路局分别召开会议的要求，网络结构应采用星形结构。会议电话设备应包括会议电话总机、分机、汇接架、转接机和控制台。会议电话总机应设在国铁集团和铁路局，汇接设备宜设在铁路局以下的汇接点，会议电话分机应设在部属局级单位、编组站、区段站和段级单位，以及经部、局批准的其他单位。会议电话的传输通路由音频通路按四线制构成。地区部分电线路条件不具备时，也可采用二线收听。国铁集团、铁路局间应设专用主、备用会议电话通路，铁路局以下应设专用会议电话通路。

3）综合视频监控系统

采用网络化、数字化视频监控技术和 IP 传输方式构建的视频监控系统，提供铁路各业务部门和信息系统所需的视频信息，实现网络和视频信息资源共享。

综合视频监控系统由视频区域节点设备、视频接入节点设备、视频采集点前端设备、用户终端构成。

视频区域节点主要实现视频的分发/转发、系统管理、用户管理及与其他系统的互联等，并可对节点内的告警信息和重要视频信息进行存储。

视频接入节点主要实现本线视频信息的接入、存储、分发、转发、调用、控制、告警处理以及与其他业务系统互联和联动等功能。视频各接入节点设置云存储服务器（含存储）及网络设备等。

视频采集点前端设备包括摄像机、室外设备箱、摄像机安装立柱及支架、防雷接地装置等。

视频用户终端设置在铁路沿线车站值班员和公安值班室、综合维修工区、各警务区公安值班员、机辆段（所）内值班室。

4）铁路应急通信系统

铁路应急通信系统采用计算机技术、软交换通信技术、视频图像处理技术，可迅速建立多个事发现场、各级应急指挥中心、相关信息系统之间的视频图像、语音、数据信息通信，将应急现场的视频、图像实时接入和转发至各级应急指挥中心，为各级领导提供实时的、直观的决策依据以及方便、快捷、可靠的应急指挥平台。

10. 通信电源

通信电源一般由交流供电系统、直流供电系统和接地系统组成。

交流电源多采用 UPS（不间断电源系统）。

直流电源一般采用整流器、蓄电池、DC/DC 变换器。整流器将交流电整流为 DC 48 V，DC/DC 变换器将 DC 48 V 变换为 DC 24 V、DC 15 V 等。

5.15.2 设计技术

通信基础网传输系统采用层次化结构。骨干网采用 SDH 制式，接入系统采用多业务传送平台（MSTP），与既有铁路通信网构成通道保护和宽带业务的互联；中继层宜采用不低于 SDH 2.5 Gb/s 的速率等级，容量应综合考虑本线的应用需求以及通道的迂回保护；接入层传输系统宜采用基于多业务传输平台（MSTP）的 SDH 622 Mb/s 及以上系统。

移动通信采用 GSM-R 数字移动通信系统，不传送列车运行控制信息，无线网络设置满足业务需求。

业务网按全路统一规划设置调度通信系统、车站客运服务系统、综合视频监控系统、动力和环境监测系统，根据需要设置自动电话、会议系统、光纤监测系统、应急通信系统。

管理支撑系统要统一设置同步及时间分配系统和通信综合网管。

干线光缆按不同的物理径路设置。

1. 传输系统

（1）传输系统采用基于 SDH 的多业务传输平台（MSTP）组建。

（2）网络架构。组建 SDH 2.5 Gb/s 四纤复用段保护环；机辆段（所）内通信机械室设 STM-16 ADM 设备，在铁路局通信站的 STM-16 ADM 设备上扩容 2.5 Gb/s 光接口板。

（3）机辆段（所）内各通信机械室间组建 SDH 622 Mb/s 四纤复用段保护环，各设置 1 套 STM-4 ADM 设备，总机械室内 STM-16 ADM 设备配置 622 Mb/s 光接口板。

（4）新设传输设备均纳入路局既有传输系统网管统一管理。

2. 电话交换及接入系统

（1）机辆段（所）内新增的电话用户通过接入网接至附近车站通信站交换机。

（2）办公楼、变配电所等各设置 1 套接入网 ONU 设备，接入附近通信站既有 OLT 设备。新增自动电话纳入既有程控交换机。

（3）新设接入网设备均纳入铁路局既有接入网网管设备统一管理。

3. 数据通信系统

（1）在办公楼通信机械室内设置接入路由器1台，通过接口与其他段的接入路由器组建数据环网，并通过接口接入铁路局通信站既有汇聚路由器。

（2）新设数据网设备纳入铁路局既有数据网网管统一管理。

4. 专用移动通信系统

根据附近GSM-R覆盖情况，确定工程是否需要建设基站。根据《铁路GSM-R数字移动通信系统工程设计暂行规定》，无线场强覆盖以最小可用接收电平表示。

在检修库内设覆盖系统。光纤直放站远端机安装于通信机械室内，采用壁挂方式进行安装，为检修库室内覆盖提供室内覆盖信源。

人员根据需求配置GSM-R通用手持台N套，GSM-R工作手持台N套，并配置相应的SIM卡。

5. 调度通信系统

（1）采用固定用户接入交换机（FAS）组织调度通信系统，通过与GSM-R系统互联，实现有线无线调度一体化。

（2）在办公楼通信机械室新设FAS站段设备，与其他段的FAS站段设备组建一个2 Mb/s数字环，接入铁路局既有FAS调度所设备，并纳入既有枢纽调度台。

（3）在办公楼调度中心设调度值班台；在监控室内设直通电话机1部，开闭所设电调分机1部，通过FAXS接口分别接入静调库通信机械室和开闭所内的ONU设备，并通过段办公楼通信机械室ONU设备的FXO接口与FAS车站设备的共电接口互联，纳入固定用户接入交换系统。

（4）新设FAS设备纳入既有调度系统网管统一管理。

（5）新设数字录音仪纳入既有录音仪网管统一管理。

6. 会议电视系统

（1）会议电视系统采用数据网进行承载，基于H.323架构、星形组网，采用H.264压缩编码格式。

（2）在办公楼视频会议室设会议电视终端设备1套，接入铁路局既有会议电视MCU。

（3）新设会议电视设备纳入铁路局既有会议电视网管统一管理。

7. 时钟及时间同步系统

利用铁路局通信站既有数字同步设备，为各通信子系统提供同步时钟信号。

8. 通信电源、防雷及接地

1）通信电源

通信机房均由电力专业提供两路独立交流电源、单相三线式电源。在机房内设置直流电源（DC 48 V）、UPS（不间断电源）或蓄电池。

2）防雷及接地

（1）电源系统防雷。

通信机械室交流电源加装过电压保护装置，对通信设备外供电源进行保护。

（2）GSM-R 天馈线系统防雷。

GSM-R 天馈线系统防雷由避雷针和馈线感应雷保护器两部分组成，连接天线与通信设备的天馈线应能防止感应雷通过馈线传播损坏设备。

（3）接地。

通信设备以及通信线路等设施均应设地线，通信设备防雷接地与建筑防雷接地合用一组接地体，阻值≤1Ω，由电力专业预留地线端子。

9. 电源及环境监控系统

（1）电源及环境监控系统为两级管理结构，由监控中心和监控站构成。系统由 IP 数据网承载。

（2）在办公楼等通信机械室、段内信息机房设置电源及环境监控分站设备（SU）各 1 套，接入枢纽既有监控中心设备（SC），实现对通信电源设备和通信、信号、信息机房环境条件监控。

（3）信息机房内设置的电源及环境监控分站设备（SU）通过 FE（O）接口接入邻近传输设备。

10. 通信线路

（1）通信站—机辆段（所）办公楼通信机械室—其他段通信机械室敷设一条 GYTA5324B1 型单模直埋光缆。

（2）机辆段（所）内光缆线路采用 GYTA5312B1 型单模直埋光缆；一般用户采用 HYAT53 型全塑市话电缆，容量根据需要确定。

（3）光缆引入通信机房时，光缆芯线全部终端并接引至配线柜中的 ODF 单元。

（4）光电缆在通信机械室引入时，均按设计规范有关规定进行预留。

（5）光纤接续损耗单个光纤接头双向平均损耗不大于 0.08 dB/个，每个光中继段内平均接头不大于 0.04 dB/个。光缆接头采用光缆接头盒（光缆终端盒）工艺，在光缆接头盒内接续后的光纤收容余长≥1.2 m，光纤的弯曲半径大于等于 40 mm。接续工艺符合国铁集团颁布的光缆接续操作细则的要求。电缆接续采用开启式接头盒方式。

（6）通信光缆芯数应采用 $12 \times N$（N = 1，2，3，…）标准制式。

5.15.3　设计流程

根据机辆设备性质以及各专业要求完成通信设计。

5.15.4　接口管理

1. 与信号专业接口

（1）通信线路在为信号专业提供动车段—动车所信号楼（共 3 处）间的信号列控系统光纤，其接口界面位于信号机房的光纤配线架（ODF）外线侧。

（2）传输系统为信号调度集中（CTC）、计算机监测系统提供 2 Mb/s 专线传输通道[FE（O）接口]，其接口界面位于信号机房的光纤配线架（ODF）外线侧。

2. 与信息专业接口

通信系统为信息化的视频、公安、信息系统等提供 FE（E）接口，接口界面位于通信机房数据配线架的外线侧。

3. 与房建专业接口

（1）通信机械室均采用防静电地板，防静电地板净空 300 mm，通信机械室内净高（至梁下）≥3.0 m，机房地面均布荷载 800 kg/m²，由房建专业进行设计。

（2）为避免光、电缆布线及通信设备安装对建筑物结构造成破坏，土建工程中应为通信系统预留沟槽管洞；在房屋内提供满足通信系统建设要求的光缆进线、配线室。

4. 与暖通专业接口

通信机械室设置独立专用空调，温湿度等要求按《铁路生产设备房屋设计暂行规定》（铁建设〔2010〕63 号）执行，通信专业提出需求，由暖通专业负责设计。

5.16 信 号

信号专业完成段内道岔联锁、股道信号等设计。

5.16.1 相关概念

铁路信号是保证行车安全、提高区间和车站通过能力以及编组站解编能力的自动控制与远程控制技术的总称。铁路信号包括信号系统和信号设备、器材两个层次。

对于机辆设备工程，信号系统包括联锁设备、区间闭塞、列控系统、调度集中系统、集中监测系统等，信号设备、器材包括继电器、信号机、轨道电路、转辙机、控制台、智能电源等。

1. 联锁设备

联锁设备分为继电器集中联锁和计算机联锁两种方式。

继电器集中联锁指采用继电器的方法集中控制和监督全站的道岔、进路和信号机，并实现它们之间联锁的设备。

计算机联锁是用计算机和其他一些电子、继电器（见图 5.16-1）器件组成具有故障-安全性能的实时控制系统。由于采用计算机程序控制技术，故计算机联锁比继电器集中联锁具有优势，目前基本采用计算机联锁方式。

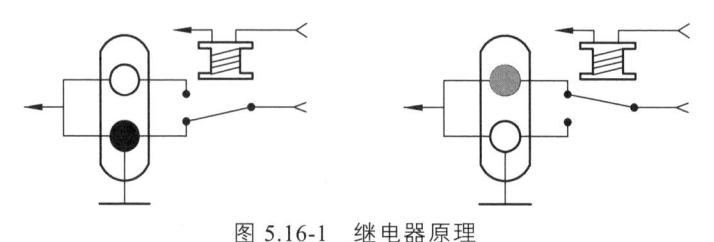

图 5.16-1 继电器原理

2. 区间闭塞

为保证区间行车安全，要求按照一定的方法组织列车在区间的运行，称为行车闭塞法，简称闭塞。区间闭塞分为半自动、自动站间、自动闭塞。机辆段（所）一般采用半自动、自动闭塞两种模式。

1）自动闭塞

在机辆段（所）至车站之间的走行线，若采用 CTCS-2 列车控制方式，一般采用自动闭塞方式，如图 5.16-2 所示。

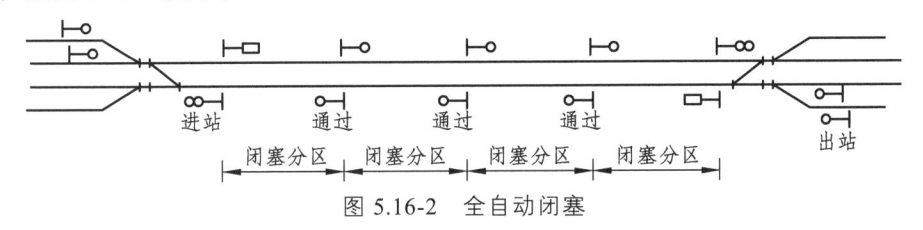

图 5.16-2 全自动闭塞

自动闭塞是将站间区间划分为若干闭塞分区，一个闭塞分区长度一般为 1 200～1 300 m，以闭塞分区作为列车追踪运行空间间隔，根据列车运行及有关闭塞分区状态，自动变换信号显示和发送列车移动授权信息，列车凭地面信号或车载信号行车的闭塞方法。其作用原理是将轨道信息通过钢轨传送到动车组的车载系统，通过信号机红、黄、绿三种显示方式，预告列车运行前方两个闭塞分区的空闲状态。红灯表示分区正被占用，要求列车停车，暂时不得越过（2 min 后可低速度运行）；黄灯表示前方有一个闭塞分区空闲，要求列车注意运行；绿灯表示前方至少有两个分区空闲，指示列车可按规定的最高速度运行。

铁路信号三种不同颜色：红色——停车，黄色——注意或减速行驶，绿色——按规定速度运行。

（1）一个绿色灯光——准许列车按规定速度运行，表示运行前方至少有 3 个闭塞分区空闲。

（2）一个绿色灯光和一个黄色灯光——准许列车按规定速度运行，要求注意准备减速，表示运行前方有两个闭塞分区空闲。

（3）一个黄色灯光——要求列车减速运行，按规定限速要求越过该信号机，表示运行前方有一个闭塞分区空闲。

（4）一个红色灯光——列车应在该信号机前停车。

三显示自动闭塞中，黄灯是注意信号，一个闭塞分区的长度能满足从规定速度到零的制动距离，可以越过黄灯再开始制动。四显示自动闭塞中，绿黄灯是警惕信号，两个闭塞分区的长度能满足从规定速度到零的制动距离，可以越过绿黄灯再开始减速，黄灯是限速信号。我国铁路规定，在 160 km/h 以上区段必须用四显示自动闭塞。四显示相比三显示，增加了一种绿黄显示，能预告列车运行前方 3 个闭塞分区的状态，规定列车以规定的速度越过绿黄显示后必须减速，以使列车在抵达黄灯显示下运行时不大于规定的黄灯允许速度，保证在显示红灯的通过信号机前停车，缩短列车的运行间隔，缩短闭塞分区长度，提高运输效率。

2）半自动闭塞

在机辆段（所）至车站之间的走行线，若采用 CTCS-0 或调车列车控制方式，一般采用半自动闭塞方式，如图 5.16-3 所示。

图 5.16-3 半自动闭塞

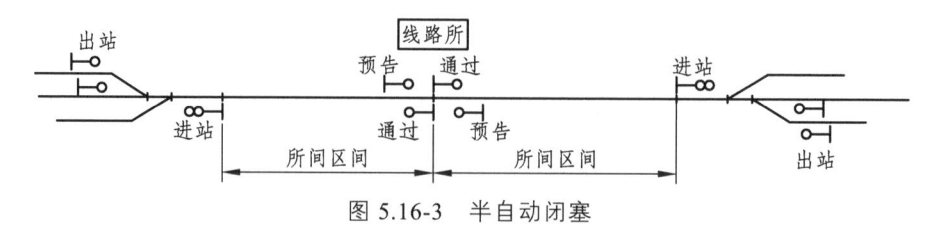

采用半自动闭塞时，列车占用区间的凭证是出站信号机（线路所是通过信号机）的显示。出站信号机不能任意开放，它受半自动闭塞机的控制。只有当区间空闲，经过办理手续后，出站信号机才能开放。还应注意，出站信号机既要防护列车区间运行的安全，又要防护出发列车在站内运行安全。所以它既要受闭塞机的控制，又要受到车站联锁设备的控制。

3. 列车运行控制系统（CTCS）

列车运行控制系统（CTCS）是由地面设备和车载设备构成的，用来控制列车运行速度，保证行车安全，提高运输能力。

2003 年 10 月，原铁道部制定了《中国列车控制系统（CTCS）技术规范总则（暂行）》和相应的 CTCS 技术条件，CTCS 规范是参照欧洲列车运行控制系统（ETCS）编制的。CTCS 系统分为 CTCS-0~CTCS-4 级。

CTCS-0（简称 C0）：由通用机车信号、列车运行监控装置组成，为既有系统。

CTCS-1（简称 C1）：由主体机车信号、安全型运行监控记录装置组成，点式信息作为连续信息的补充，可实现点连式超速防护功能。

CTCS-2（简称 C2）：基于轨道传输信息并采用车-地一体化系统设计的列车运行控制系统，可实现行指-联锁-列控一体化、区间-车站一体化、通信-信号一体化和机电一体化。

C2 相对于 C0 增加了 ATP 设备、车站列控中心、轨旁电子单元（LEU）和有源应答器、区间无源应答器、地面级间切换应答器。

CTCS-3（简称 C3）：基于无线传输信息并采用轨道电路等方式检查列车占用的列车运行控制系统，点式设备主要传送定位信息。

CTCS-4（简称 C4）：完全基于无线传输信息的列车运行控制系统。地面可取消轨道电路，由 RBC 和车载验证系统共同完成列车定位和完整性检查，实现虚拟闭塞或移动闭塞。青藏线采用 C4 级。

1）地面系统

地面系统包括 ZPW-2000（UM）系列轨道电路、无源应答器、有源应答器。

2）车载系统

列车运行控制系统车载设备包括机车信号、列车运行监控记录和列车运行超速防护系统。

（1）机车信号。

通过安装在车底的 BTM、STM 天线接收地面应答器，复示地面信号机的显示，改善机车瞭望条件。机车信号安装在机车、动车组司机室内。机车信号、列车无线调度电话、列车运行监控记录装置简称"三项设备"，相当于机车的眼睛、耳朵和大脑。

（2）列车运行监控记录装置。

列车运行监控记录装置简称 LKJ，监控列车速度，在司机欠清醒或失控的情况下，对列车实施紧急制动。机车和动车组内安装有 LKJ 设备。

（3）列车运行超速防护系统。

列车运行超速防护系统简称 ATP，采用目标距离监控列车安全运行。动车组内安装有 ATP 设备。

3）CTCS-2 级列控车载的控车模式

CTCS-2 级列控车载设备的控车模式有完全监控、部分监控、引导、目视行车、调车、隔离和待机 7 种模式。

① 完全监控模式是列车的正常运行模式。列控车载设备根据控车数据自动生成目标距离模式曲线，司机依据人机界面显示的列车运行速度、允许速度、目标速度和目标距离等信息控制列车运行。

② 部分监控模式是列控车载设备接收到轨道电路允许行车信息，而缺少应答器提供的线路数据或限速数据时使用的模式。在部分监控模式下，限速值为 45 km/h。

③ 引导模式是在进站或出站建立引导进路后，列控车载设备按照最高限速 40 km/h 控车的模式。

④ 目视行车模式是司机控车的固定限速模式，限速值为 40 km/h。列控车载设备显示停车信号停车后，司机按规定操作转入目视行车模式。

⑤ 调车模式是动车组进行调车作业的固定限速模式，限速值为 40 km/h。司机按压专用按钮使列控车载设备转入调车模式。只有在列车停车时，司机才可以选择进入或退出调车模式。

⑥ 隔离模式是列控车载设备控制功能停用的模式。列车停车后，根据规定，司机操作隔离装置使列控车载设备转入隔离模式。

⑦ 待机模式是列控车载设备上电后的默认模式。列控车载设备自检后，自动处于待机模式。在待机模式下，列控车载设备正常接收轨道电路及应答器信息。

7 种模式之间的转换如表 5.16-1 所示。

表 5.16-1　CTCS-2 级列控车载设备 7 种模式之间的转换

当前模式	转换模式						
	待机模式	部分监控模式	完全监控模式	引导模式	目视行车模式	调车模式	隔离模式
待机模式	—	人工/停车	—	—	人工/停车	人工/停车	人工/停车
部分监控模式	人工/停车	—	自动	自动	人工/停车	人工/停车	人工/停车
完全监控模式	人工/停车	自动	—	人工	人工/停车	人工/停车	人工/停车
引导模式	人工/停车	自动	自动	—	人工/停车	人工/停车	人工/停车
目视行车模式	人工/停车	自动	自动	自动	—	人工/停车	人工/停车
调车模式	人工/停车	—	—	—	—	—	人工/停车
隔离模式	人工/停车	—	—	—	—	—	—

4. 行车调度指挥控制

行车调度控制系统是行车调度员（或车站值班员）对其管辖范围内区段、车站联锁道岔和信号状态进行控制监督，并指挥列车运行的设备。行车调度控制系统有两种设备，调度集中和调度监督。

调度集中既是信号设备，又是一种行车方式。它以信号显示代替行车命令。调度员在指挥行车时，不仅可对设备进行控制，还可以监督管辖范围内所有列车的运行情况。

调度监督时，调度员只能监督管辖范围内所有列车的运行情况，不能直接利用该项设备控制列车运行。

1) 调度集中

调度集中是指挥和监督列车运行的一种遥控通信设备，如图 5.16-4 所示。它将调度区段内各中间站的继电集中联锁及区间的自动闭塞设备结合起来，建立一个由列车调度员直接操纵的信号通信与遥控的综合系统。

遥控作用：调度员在调度所里可以集中控制管辖范围内（长达几百千米）每一个中间站的道岔、进路和信号机，直接办理各站的进路，开放进出站信号，指挥各次列车运行。

通信表示作用：区段内的区间和车站的股道占用、进路开通、信号机开放、列车的运行和分布等情况，可以通过信息传输及时反映到调度所内的区间和车站线路表示盘上，可供调度员监督。

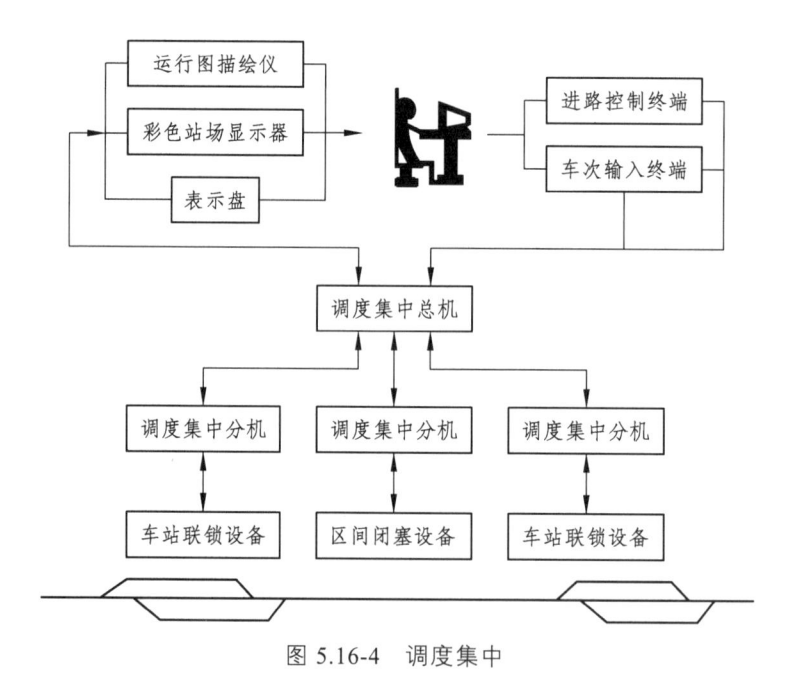

图 5.16-4 调度集中

2) 调度监督

调度监督是铁路行车调度工作中的一种辅助设备，在自动闭塞区段安装使用。

调度监督和调度集中系统的区别：这种设备在调度室内只设反映区间和车站线路情况的表示盘，调度员利用它可以及时了解区段内列车运行和车站到发线使用情况，为调度工作提供方便，但它只监督现场设备的状况，而不能进行直接控制。

5. 集中监测系统

信号集中监测系统以主要信号设备为对象，以融合的现代传感器、现场总线、计算机网络通信、软件工程及数据库等技术为手段，监测和记录设备运行状态、统计分析相关数据、加强设备管理，为信号维护管理部门掌握设备当前状态、进行故障分析、指导现场作业和管理提供科学依据，从而提高信号设备维护效率和维护水平。

信号集中监测系统采用"三级四层"的结构。

三级：国铁集团、铁路局、电务段。

四层：国铁集团电务监测中心、铁路局电务监测中心、电务段监测中心及车站监测网。整个系统是基于 TCP/IP 协议之上的广域网络模式。

6. 继电器

继电器由电磁系统和接点系统组成。我国自主设计的直流 24 V 的 AX 型（安全型）信号继电器系列，已成为主要定型产品。

7. 信号机

信号可分为视觉信号和听觉信号，视觉信号颜色包括红色——停车，黄色——注意或减速，绿色——按规定速度运行，蓝色——容许信号或禁止调车信号，月白色——引导信号或准许调车信号。

机辆段（所）信号机包括进站信号机、出站信号机、调车信号机。

1）进站信号机

进站信号机安装在第一副道岔尖轨尖端（顺向时为警冲标）大于 50 m 的地点，电气化铁路，进站信号机的设置还要考虑接触网的锚段关节等因素。

2）出站信号机

出站信号机安装位置除满足有效长外，钢轨绝缘距离警冲标应不小于 3.5 m 和不大于 4 m。因为车辆的最外方车轮距车辆端部尚有一段不大于 3.5 m 的长度，若该距离小于 3.5 m，车辆会侵限。不应大于 4 m，是为了防止在列车已进入警冲标内方停车时，其尾部尚留在道岔区段，而影响邻线作业。由于轨缝等影响，必须大于 4 m 时，要移设警冲标，满足不大于 4 m 要求。为尽量避免在安装信号机时造成串轨、换轨和锯轨等工作，钢轨绝缘允许设置在出站信号机前方 1 m 或后方 6.5 m 的范围内。

一个红色灯光：不准列车越过该信号机。一个绿色灯光：准许列车按规定速度经正线通过车站。

3）进路信号机

一个车站有几个车场时，需要设置进路信号机，以防护列车从一个车场转线至另一个车场。它和进站、出站信号机设计方式基本相同。

4）调车信号机

在机辆段（所）内一般设置调车信号机，用来指示机车进行调车作业，一般采用矮型信号机。调车信号机分为尽头型调车信号机和咽喉调车信号机两种。

一个月白色灯光：准许越过该信号机调车。一个蓝色灯光：不准越过该信号机调车。

（1）尽头型调车信号机。

非联锁区向联锁区的入口处，由牵出线、场间联络线以及站内各种用途的尽头线，向联锁区的入口处装设的调车信号机，叫作尽头型调车信号机。在股道头部装设的调车信号机叫作出站兼调车信号机或进路兼调车信号机。

（2）咽喉调车信号机。

咽喉调车信号机是设置在咽喉区中间的调车信号机，起到折返、阻拦作用。一个月白色灯光，表示准许越过该信号机调车；一个蓝色灯光，表示不准越过该信号机调车。在尽头式到发线上，设置的起阻挡列车运行作用的调车信号机应采用矮型三显示机构。

动车段、所通常采用矮单柱三灯信号机，如图5.16-5（b）所示。

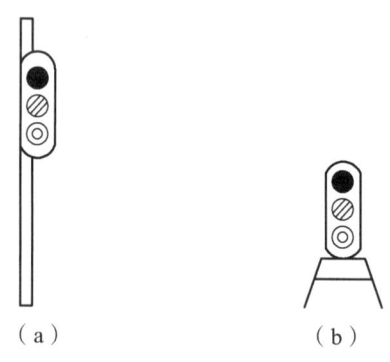

图 5.16-5　单柱三灯信号机

普速机辆段、所常采用调车信号机，矮单柱两灯信号机，如图5.16-6（b）所示。

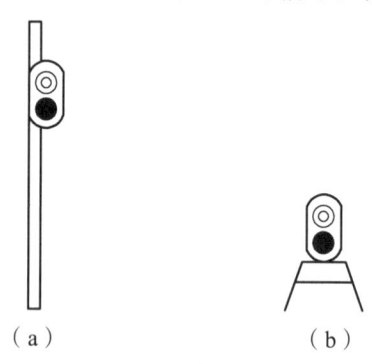

图 5.16-6　单柱两灯信号机

8. 转辙机

转辙机（见图5.16-7）是道岔控制系统的执行机构，用于道岔的转换与锁闭，以及对道岔所处位置和状态的监督。道岔转辙设备优先采用电液转辙机。

图 5.16-7　转辙机

9. 轨道电路

轨道电路（见图 5.16-8）是利用一段铁路线路的钢轨为导体构成的电路，用于自动、连续检测这段线路是否被机车车辆占用，也用于传输列车控制信息。

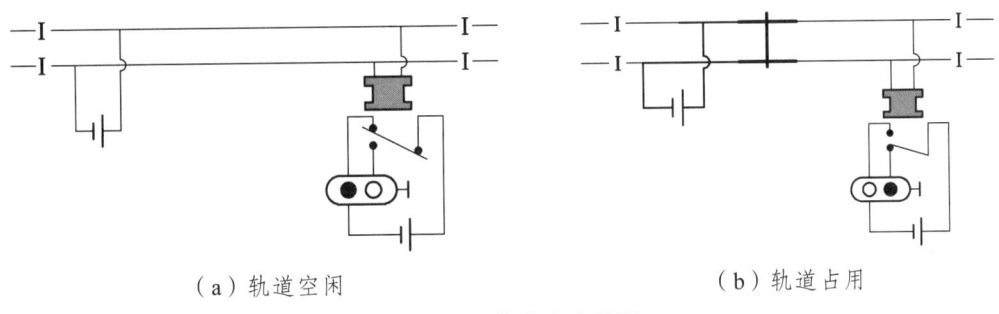

（a）轨道空闲　　　　　　　　（b）轨道占用

图 5.16-8　轨道电路原理

钢轨绝缘是为了划分轨道电路区段，安装于轨道电路分界处，以保证轨道电路可靠工作、满足排列平行进路的需要和便于车站作业。装设钢轨绝缘的地点，在做配轨设计时，应留出轨型相同的轨缝（因异型轨处无法安装绝缘），同时两钢轨绝缘的错开距离（死区段）不得大于 2.5 m，如图 5.16-9 所示。

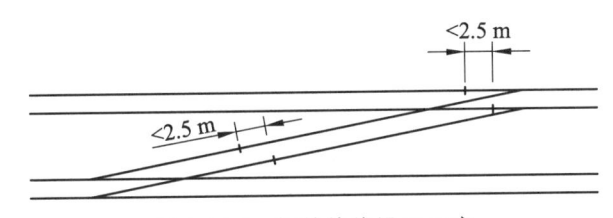

图 5.16-9　钢轨绝缘设置示意

其中，钢轨胶接绝缘是用胶黏剂涂抹于绝缘夹板与钢轨、鱼尾板的缝隙中，使其衔接更牢固，并用螺栓加固钢轨之间的连接，形成一个牢固的绝缘体，以达到轨道电路绝缘区段的隔离作用，如图 5.16-10 所示。

图 5.16-10　钢轨胶接绝缘

目前，一般采用 ZPW-2000A 型无绝缘轨道电路，该轨道电路是在充分利用 UM 系列轨道电路的长处，同时借鉴移频轨道电路应用 DSP 数字信号处理技术成功经验的基础上自主开发出来的。

10. 联　锁

联锁指信号机、进路和道岔三者之间有着一定相互制约关系。

1）进　路

列车或调车车列在站内运行时所通过的路径叫作进路，进路分为列车进路和调车进路。列车进路作业是接车、发车，列车进路必须由列车信号机来防护。调车进路的作用是进行站内的调车作业，其进路作业一般在站内运行，不出车站，调车进路由调车信号机来防护。调车信号机分为牵出进路信号机和折返进路信号机。

2）联　锁

现在一般采用计算机联锁，多采用二乘二取二冗余方式，以保障可靠性，并采用故障-安全技术保障安全。

机辆设备采用股道自动化系统，需与车站信号系统建立联络电路，互相照查条件。

11. 动车段调度集中系统（CCS）

1）系统结构

动车段管理信息系统提供涵盖动车段内各级修程主要业务的信息化管理功能，接收上级任务，根据动车组运行情况，制定动车组入段后的检修作业需求，并将该需求下达给动车段调度集中系统进行作业控制。

CCS 根据路局调度指挥系统的列车运行调整计划、动车段管理信息系统的检修作业需求，编制动车组的列车作业计划、调车作业计划，并以此为依据将计划分解为计算机联锁系统可以识别的控制指令，指挥计算机联锁系统工作，实现列车、调车进路的自动办理；动车段调度集中系统根据计算机联锁系统、AEI 车号识别系统等的反馈信息实时监督作业计划的执行情况，实现动车组位置的准确追踪，并将计划执行结果反馈到动车段管理信息系统和路局调度指挥系统，实现完整的调度作业闭环管理。

计算机联锁系统，接收动车段调度集中系统的控制指令，按该控制指令执行排列进路，向动车段调度集中系统反馈现场设备的实时状态。

AEI 车号识别系统，实时记录经过 AEI 设备的动车组车号及走行方向，并将该信息反馈给动车段调度集中系统，实现动车组位置的准确追踪。

检查检修作业系统，当动车组根据计算机联锁开放的进路走行到检修作业股道后，现场作业人员开始进行各类检查、检修作业，并将作业进度反馈到动车段调度集中系统、动车段管理信息系统，从而更好地掌握检修的实际情况，为生产指挥提供决策依据。

动车段调度系统主要由列车调度和调车调度两部分组成。列车调度纳入铁路局调度所枢纽台管辖，列车运行计划由铁路局调度中心下达到动车段调度集中系统，动车段调度集中系统自动执行列车计划；动车段调车计划由动车段信息管理系统下达，动车段调度集中系统自动执行调车计划，并将控制信息反馈给铁路局调度中心及动车段管理中心。动车段调度集中系统的结构如图 5.16-11 所示。

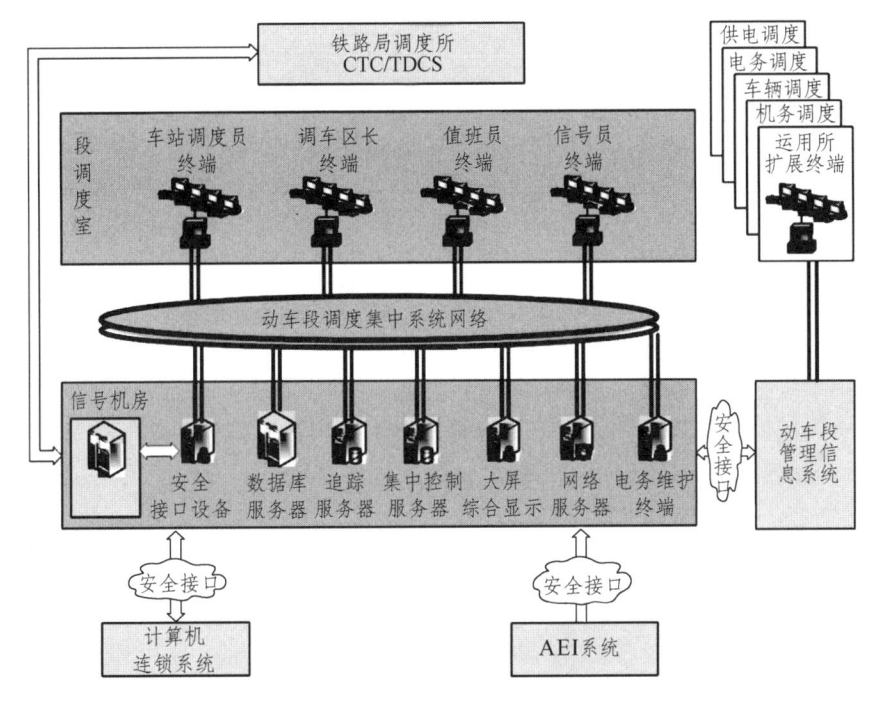

图 5.16-11 动车段调度集中系统结构示意

2）系统组成

CCS 配置有数据库服务器、追踪服务器、集中控制服务器、大屏幕综合表示工作站、网络服务器、电务维护终端、智能接口机、值班员终端、信号员终端、基地调度员工作站等计算机设备。系统设备运行有系统软件及各功能应用软件。系统采用双机热备、双网络通道，通过"双机热备"软件形成冗余结构，确保系统可靠、安全运行。

3）系统功能

CCS 综合协调动车组运用、日常作业、检查、检修等各个方面的作业需求，实现动车段内作业计划动态管理、作业过程自动控制、现存动车追踪管理、人机界面统一管理等主要功能；同时完成动车段内接发车作业、调车作业流程的自动化管理和控制，大幅提高动车段作业效率和综合自动化水平。

5.16.2 设计技术

（1）动车段内设置 CCS 系统。

（2）机务段、车辆段等其他机辆设备设闭塞设备、联锁设备、集中监测设备。

5.16.3 设计流程

根据机辆专业要求设置道岔集中联锁。

5.16.4 接口管理

1. 与站场专业接口

（1）站场范围内电缆槽及过轨管预留。

信号专业向站场专业提供站场范围内信号电缆槽（侧向根据要求设置）过轨管、电缆井设置要求，由站场专业设计站场综合管线图，由信号专业进行会签。

（2）道岔转辙设备安装空间预留。

根据《关于加强信号系统对道岔转辙设备安装空间及动车段（所）股道有效长技术管理的通知》的要求，由站场专业预留道岔转辙设备安装空间。

（3）胶接绝缘及补偿电容专用轨枕。

信号专业提供设置胶接绝缘、有砟区段补偿电容专用轨枕的位置及数量给站场专业，由站场专业进行设计。

2. 与通信专业接口

通信专业提供信号专用光纤和数据传输通道，应符合信号设备运行需要。

3. 与电力专业接口

信号专业向电力专业提供信号楼内信号设备用电容量等需求，由电力专业进行设计。

信号专业向电力专业提供铁路沿线信号楼的避雷网、避雷带、引下线、接地端子排预留位置等要求，由电力专业进行设计。

4. 与房建专业接口

信号专业向房建专业提供铁路信号楼的面积需求、室内电磁屏蔽网、防静电地板等设置要求，房建专业将房屋平面布置图返回信号专业进行确认。

为充分利用混凝土框架结构金属导体，建议屏蔽网、防静电地板、接地端子、室内等电位接地汇聚线等法拉第笼屏蔽网由房建工程统筹考虑设计，纳入房屋工程统筹实施。

5. 与暖通专业接口

信号专业向暖通专业提供铁路信号设备用房室内空调、消防要求，由暖通专业进行设置。

6. 与行车专业接口

出入段线自动闭塞区段，行车专业应向信号专业提供进站信号机外方常用制动条件下的制动距离。

采用 CTCS-2 级列控系统时，行车提供的连续 7 个闭塞分区长度应满足列车从最高运营速度制动到零的距离要求。

7. 与动车专业接口

动车段（所）信号用房及电缆管线的布置应在动车专业的协调下统筹安排。

动车专业向信号专业提供动车段（所）的相关运营模式及存车线股道的停车要求（哪些股道存 2 列短编组，哪些存 1 列长编组）。

信号专业在动车段（所）存车场股道布置的信号机应符合动车专业对相关股道存车及列控参数的要求。

5.17 信　息

信息专业完成办公信息化设计、室外监控设计。

5.17.1 相关概念

1. 动车组管理信息化系统

国铁集团对动车组管理信息化系统有详细的规定，基本内容如下：

1）系统架构

动车组管理信息系统由国铁集团动车组管理信息系统、铁路局动车组管理信息系统、动车段管理信息系统、动车运用所管理信息系统组成，划分为三级四层，即国铁集团、铁路局、动车段（运用所）三级管理，国铁集团、铁路局、动车段、动车运用所四个业务层面。

动车组管理信息系统结构如图 5.17-1 所示。

2）系统网络结构

动车组管理信息系统的网络结构如图 5.17-2 所示。

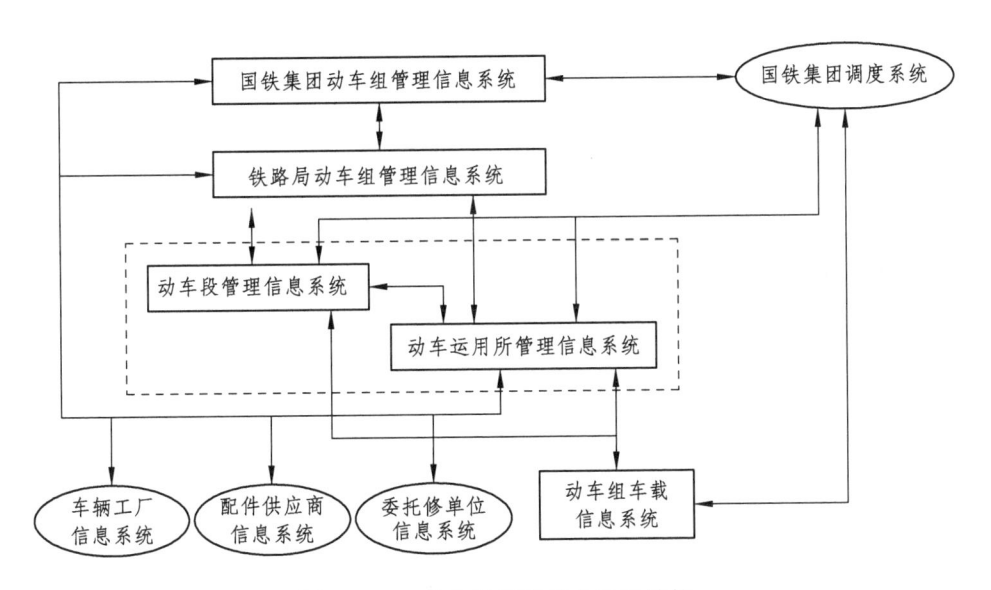

图 5.17-1　动车组管理信息系统结构

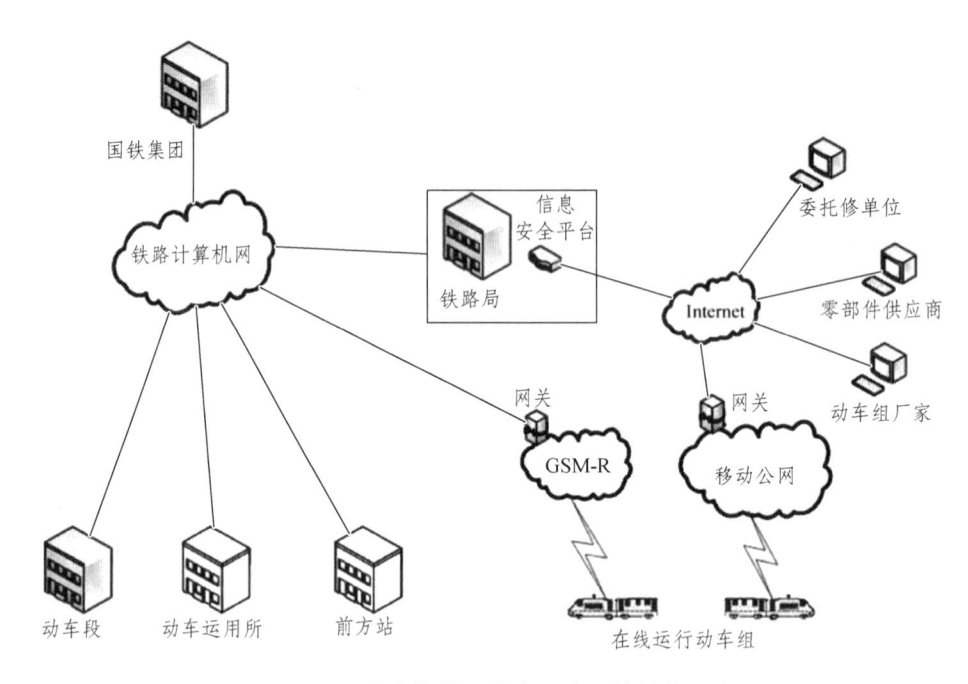

图 5.17-2　动车组管理信息系统网络结构示意

动车组管理信息系统依托铁路计算机网构建其网络平台。国铁集团、铁路局系统部署在铁路计算机网的部级局域网中；动车段、运用所分别建设本地局域网，通过专线通道接入铁路计算机网。配件制造工厂、配件与材料供应商以及委托修单位通过铁路局的信息安全平台接入。

动车运用所广域网接入带宽为 2 M，动车段广域网接入带宽需求为 2 M 以上，预留升级到 4 M ~ 10 M。

动车组车载信息系统产生的数据，借助公共移动通信网落地，通过铁路局信息安全平台转发到相关的动车段、运用所；有条件的，直接通过铁路 GSM-R 移动通信网实现传送。

3）系统物理结构

动车段管理信息系统由动车段中心子系统、车间子系统、相关处所（存车线、轮对踏面诊断、洗车库、试验线等）子系统，以及连接这些子系统的动车段局域网构成，如图 5.17-3 所示。

4）应用功能构成

动车段管理信息系统以运用、维修、技术、物流四类核心业务为主线，涵盖生产管理、生产支持、经营管理三方面。其中，生产管理方面包括调度管理、作业管理两个子系统，生产支持方面包括技术管理、物流管理、设备管理、安全管理、质量管理 5 个子系统，经营管理方面包括生产成本管理、综合管理、统计分析 3 个子系统，如图 5.17-4 所示。

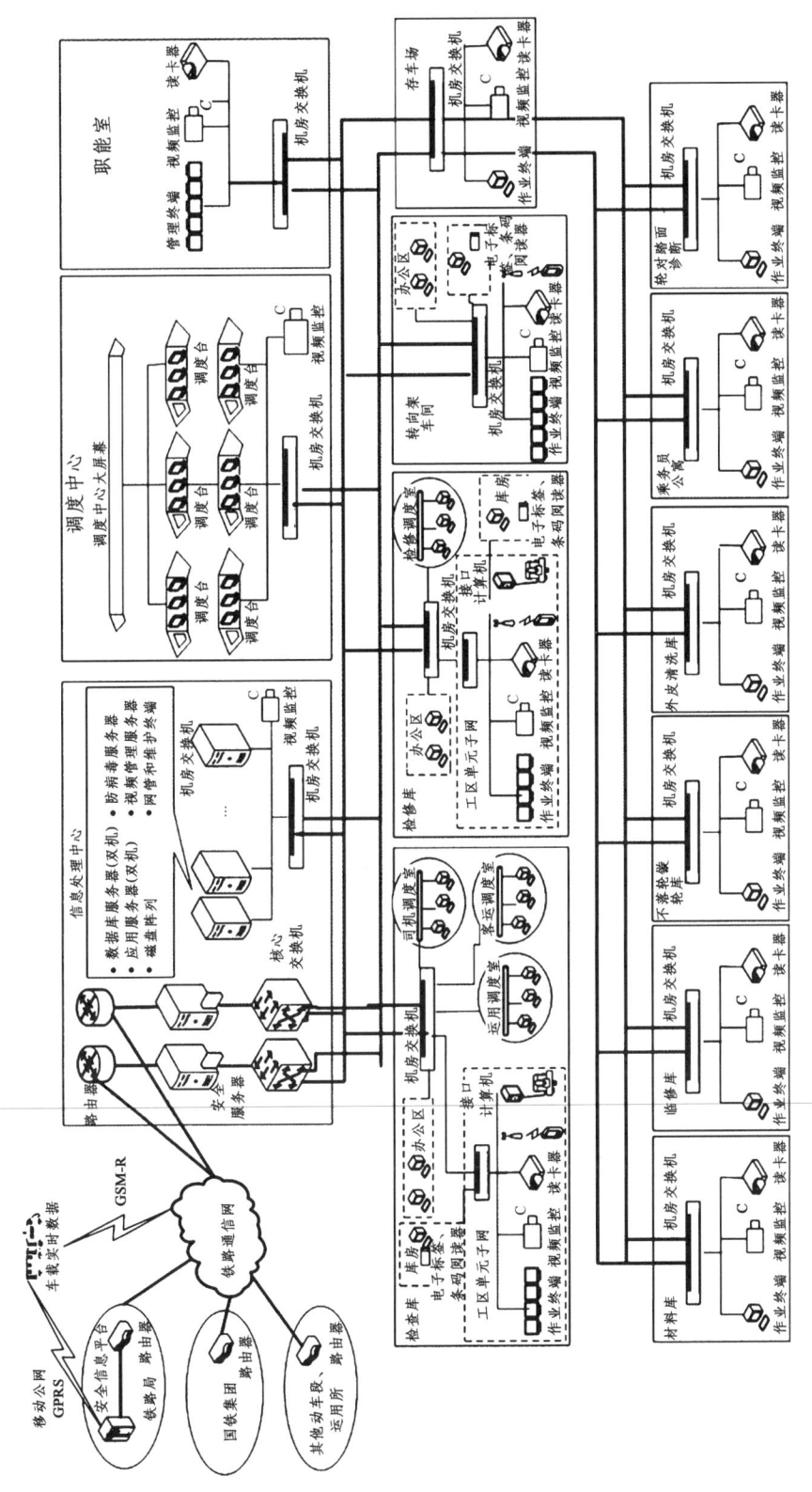

图 5.17-3 动车段管理信息系统的物理结构示意

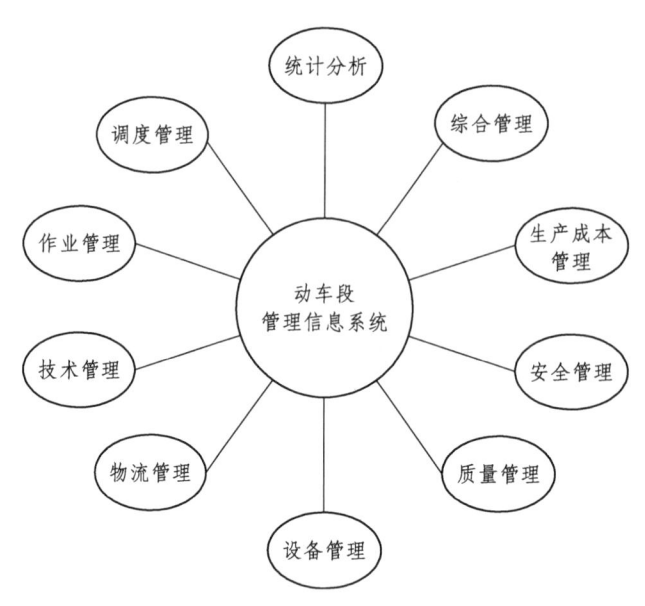

图 5.17-4 动车段管理信息系统主要应用功能构成

5）动车运用所管理信息系统技术方案

动车运用所管理信息系统由中心子系统、生产单元（检查库作业区、临修库、洗车库、存车场等）子系统，以及连接这些子系统局域网构成，如图 5.17-5 所示。中心子系统直接与主干局域网连接，主要包括信息处理中心、调度室及各职能室。其中，信息处理中心是动车运用所管理信息系统的信息存储和处理中枢，集中设置数据库、应用服务器、视频数据管理服务器等核心信息处理设备，以及核心网络设备（路由器、核心交换机、防火墙），配备可靠的 UPS 供电等辅助设备。调度室设置调度终端及大屏显示器、打印机等 I/O 接口。

动车运用所管理信息系统主要包括动车组履历管理、调度管理、作业管理、技术支持、配件管理、设备管理、安全质量管理、综合管理 8 个应用子系统。

2. 办公信息化系统

机务设备办公信息化系统，客车设备设置客车管理信息系统（KMIS），货车设备设置信息系统，基本功能一致，均满足机辆设备的运用、检修及管理需求。

3. 室外监控系统

设置室外视频监控系统，以满足安全生产需求。

5.17.2 设计技术

（1）动车段（所）按照运装管验〔2009〕95 号"关于公布《动车组管理信息系统总体方案》的通知"设置动车组管理信息化系统。

（2）办公信息化系统满足相关技术要求。

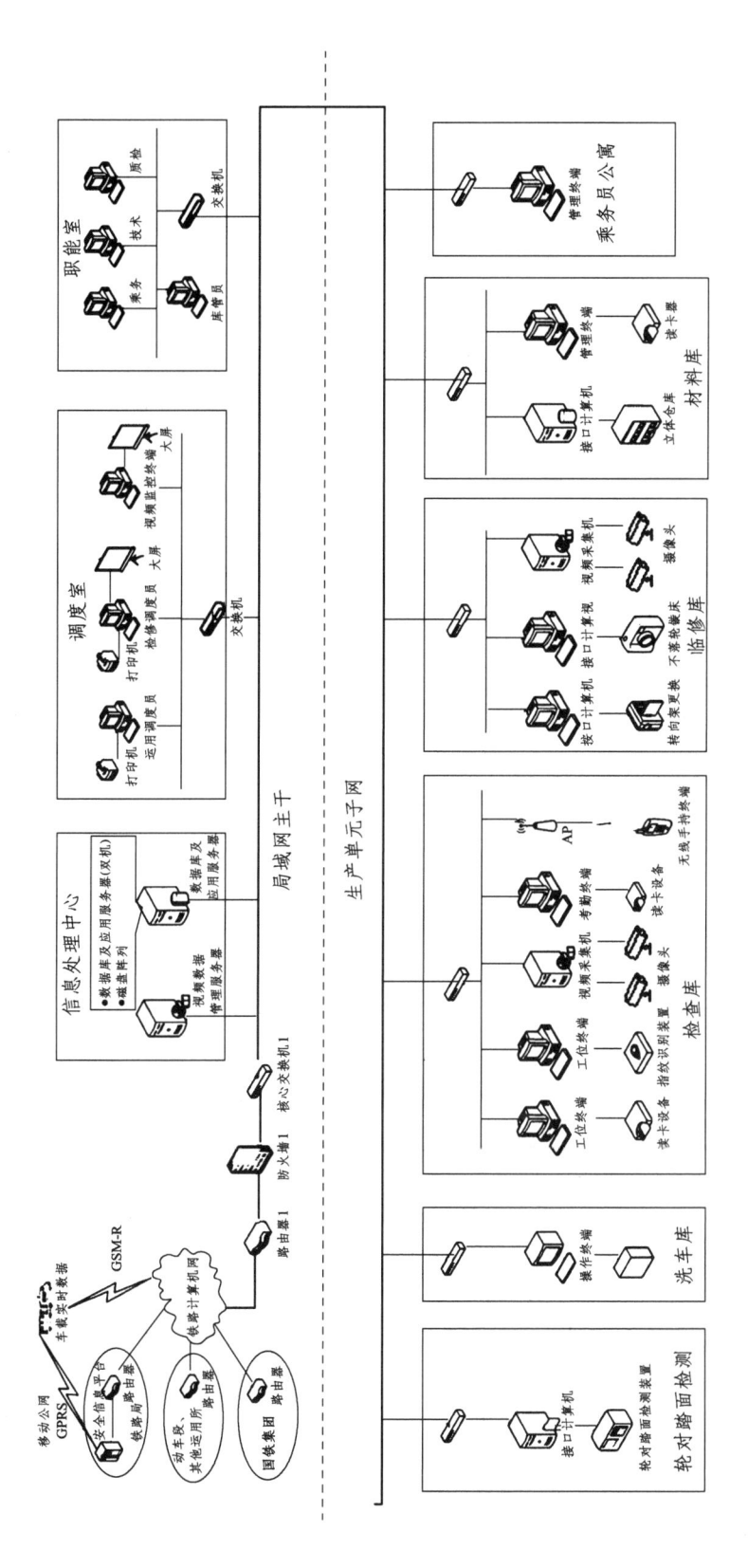

图 5.17-5 动车运用所管理信息系统的构成示意

5.17.3 设计流程

根据机辆设备性质→确定设计方案→向各专业提交资料。

5.17.4 接口管理

1. 与结构专业接口

信息专业提交结构专业信息机房、调度中心、信息配线及设备间设计需求。

2. 与暖通专业接口

暖通专业为信息机房、调度中心、信息配线及设备间设置空调设施和灭火装置。

3. 与电力专业接口

（1）电力专业为信息专业在信息机房、调度中心设置专用配电箱（含 ATS 及防雷单元），接口位于配电箱内侧（低压配电侧）。

（2）电力专业为生产房屋内的工位机信息箱、中继机柜、LED 显示屏提供单路 220 V 交流电源至机柜。

（3）电力专业为信息专业各设备用房、各建筑物内中继机柜预留接地端子，接地电阻 $\leqslant 1\ \Omega$。

4. 与通信专业接口

（1）办公楼信息系统广域网通道由通信专业提供。

机辆段（所）至铁路局信息技术中心提供 6×21 Mb/s 专用通道，通信传输设备提供 2 个 FE 电接口。

机辆段（所）至铁路局公安处提供 5×2 Mb/s 专用通道，通信传输设备提供 2 Mb/s 接口。

（2）机辆段（所）内各信息机房设置电源环境监控系统。

（3）机辆段（所）范围内建筑物间光缆由信息专业实施，市话电缆由通信专业实施。

5.18 施 预

施预专业是各专业工程投资的归口单位，国内铁路项目一般由站前专业提交工程量，施预专业计算工程费用，站后专业自行计算工程费用，施预汇总。

5.18.1 基本概念

1. 执行标准

主要执行《铁路基本建设工程设计概（预）算编制办法》（TZJ 1001—2017）（国铁科法〔2017〕30 号）、《铁路基本建设工程设计概（预）算费税取值规定》等。

2. 编制办法

预可研编制总预估算，可研编制总估算，初步设计编制总概算，施工图编制总预算。概（预）算按照单项概（预）算、综合概（预）算、总概（预）算三个层次编制。

3. 章节划分

铁路基本建设工程的概（预）算费用划分为静态投资、动态投资、机辆购置费、铺底流动资金四部分，共16章36节，如表5.18-1所示。

表 5.18-1 概（预）算章节

工程总量			技术经济指标						
章别	节号	费用类别	概算价值/万元				技术经济指标/万元	费用比例/%
^	^	^	Ⅰ 建筑工程费	Ⅱ 安装工程费	Ⅲ 设备购置费	Ⅳ 其他费	合计	^	^
		第一部分 静态投资							
一	1	拆迁及征地费用							
二		路基							
	2	区间路基土石方							
	3	站场土石方							
	4	路基附属工程							
三		桥涵							
	5	特大桥							
	6	大桥							
	7	中小桥							
	8	框架桥							
	9	涵洞							
四		隧道及明洞							
	10	隧道							
	11	明洞							
五		轨道							
	12	正线							
	13	站线							
	14	线路有关工程							

续表

工程总量			概算价值/万元					技术经济指标	
章别	节号	费用类别	Ⅰ 建筑工程费	Ⅱ 安装工程费	Ⅲ 设备购置费	Ⅳ 其他费	合计	技术经济指标/万元	费用比例/%
六		通信、信号及信息							
	15	通信							
	16	信号							
	17	信息							
	18	灾害监测							
七		电力及电力牵引供电							
	19	电力							
	20	电力牵引供电							
八		房屋							
	21	旅客站房							
	22	其他房屋							
九		其他运营生产设备及建筑物							
	23	给排水							
	24	机务							
	25	车辆							
	26	动车							
	27	站场							
	28	工务							
	29	其他建筑及设备							
十		大型临时设施和过渡工程							
十一	31	其他费							
		以上各章合计							
十二	32	基本预备费							
		以上总计							
		第二部分：动态投资							
十三	33	工程造价增长预留费							
十四	34	建设期投资贷款利息							
		第三部分：机车车辆购置费							
十五	35	机车车辆购置费							
		第四部分：铺底流动资金							
十六	36	铺底流动资金							
		概（预）算总额							

4. 概（预）算组成

建设项目总投资组成如图 5.18-1 所示。

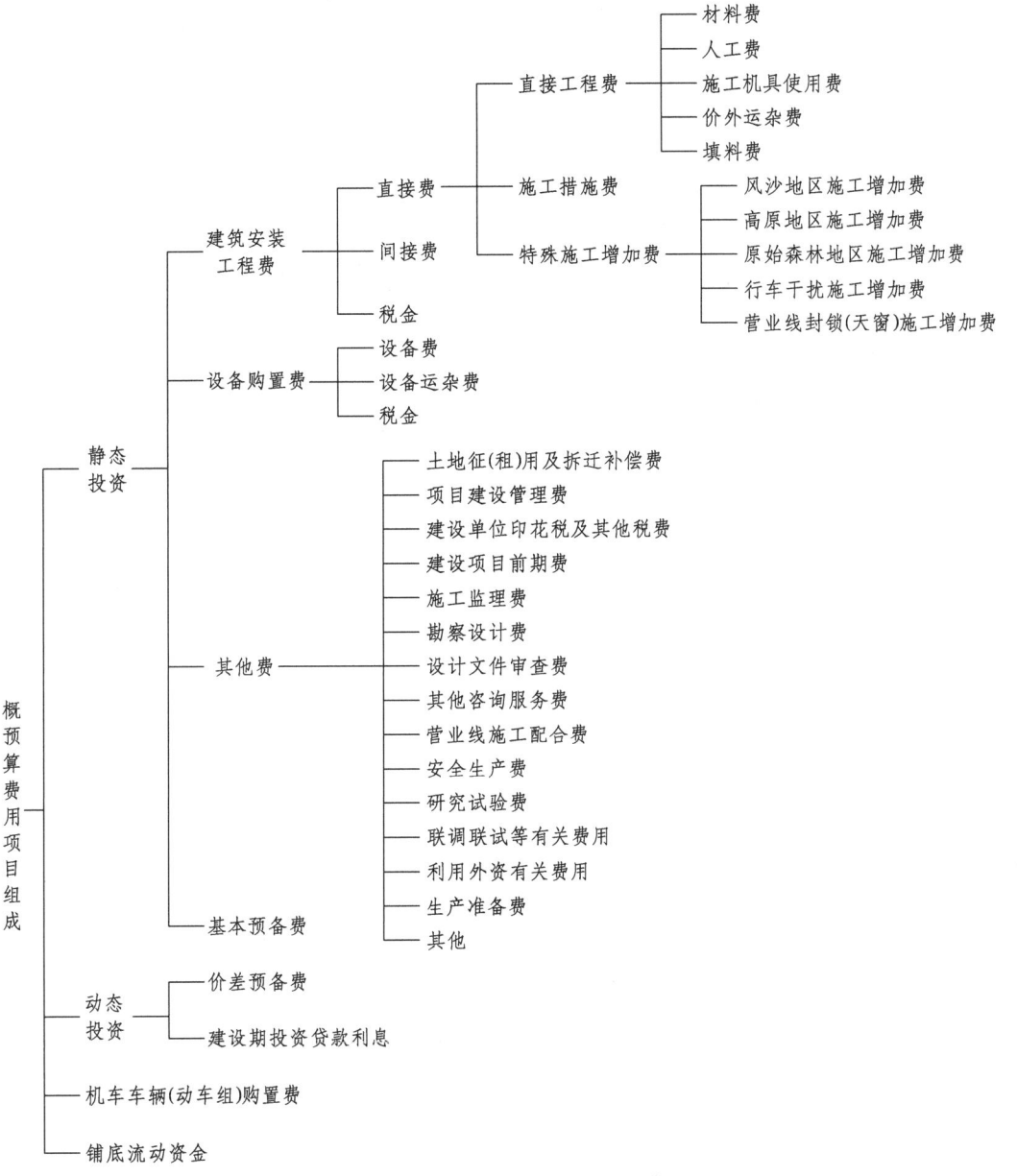

图 5.18-1　建设项目总投资组成

对于机辆设备工程，一般不涉及机车车辆（动车组）购置费、铺底流动资金。

5. 静态投资

静态投资分属下列五种费用。
1）建筑工程费（费用代号：Ⅰ）
建筑工程费指路基、桥涵、隧道、明洞、轨道、通信、信号、信息、灾害监测、电力、电力牵引供电、房屋、给排水、机务、车辆、动车、站场、工务、其他建筑工程及属于建筑工程范围内的管线敷设、设备基础、工作台等费用，同时迁改工程、大型临时设施和过渡工程等产生的费用也属于建筑工程费。

2）安装工程费（费用代号：Ⅱ）

安装工程费指各种需要安装的机电设备的装配、装置工程，与设备相连的工作台、梯子等的装设工程，附属于被安装设备的管线敷设，以及被安装设备的绝缘、刷油、保温和调试等所需的费用。

3）设备购置费（费用代号：Ⅲ）

设备购置费指一切需要安装与不需要安装的生产、动力、弱电、起重、运输等设备（包括备品备件）的购置费，以及构成固定资产的工器具（包括备品备件）、专用工具（包括备品备件）等购置费。

4）其他费（费用代号：Ⅴ）

其他费指土地征（租）用及拆迁补偿费、项目建设管理费、建设单位印花税及其他税费、建设项目前期费、施工监理费、勘察设计费、设计文件审查费、其他咨询服务费、营业线施工配合费、安全生产费、研究试验费、联调联试费、利用外资有关费、生产准备费、其他费用等。

5）基本预备费

基本预备费指为建设阶段各种不可预见因素的发生而预留的可能增加的费用。

5.18.2 机辆概算编制

1. 机辆购置费（2023年参考价，见表5.18-2）

表5.18-2 机车车辆（动车组）购置费

序号	机辆形式	参考单价
1	和谐型电力机车（7 200 kW）	1 500 万元/台
2	和谐型电力机车（9 600 kW）	2 900 万元/台
3	25G 型客车	250 万元/辆
4	25T 型客车	400 万元/辆
5	25T（高原型）客车	450 万元/辆
6	P_{70} 型货车	55 万元/辆
7	C_{70} 型货车	45 万元/辆
8	GQ_{70} 型货车	60 万元/辆
9	140 km/h（4辆编组）市域动车组（D型）	4 400 万元/列
10	140 km/h（8辆编组）市域动车组（D型）	8 800 万元/列
11	160 km/h（4辆编组）市域动车组（D型）	5 600 万元/列
12	160 km/h（8辆编组）市域动车组（D型）	11 200 万元/列
13	160 km/h（4辆编组 CRH6F-A）	5 900 万元/列

续表

序号	机辆形式	参考单价
14	160 km/h（8辆编组 CRH6F）	11 600 万元/列
15	200 km/h（4辆编组 CRH6A-A）	6 600 万元/列
16	200 km/h（8辆编组 CRH6A）	13 000 万元/列
17	250 km/h（8辆编组 CR300AF）	13 500 万元/列
18	350 km/h（8辆编组 CR400AF）	16 800 万元/列
19	160 km/h（9辆编组 CR200J型）	7 200 万元/列
20	160 km/h（18辆编组 CR200J型）	13 300 万元/列

2. 建安费

建安费主要采用设计院相关定额进行计列。

根据《铁路工程预算定额》（国铁科法〔2017〕33号）机辆设备建安费包括：

第一章 通用设备；

第二章 机务设备；

第三章 车辆及动车组设备；

第四章 沟槽基础、设备基础及工艺管道。

其中，除第四章的"基坑及沟槽"和"设备基础"外，其他均为安装工程费。

1）安装工程费（通用设备、机务设备、车辆及动车组设备）

安装工程费包括各种设备的安装工程费，工作内容主要包括开箱检查、外部清理、安装、调试。部分设备还包括地脚螺栓、垫片的安放、找正、找平、固定、灌浆、抹面、养护等。

通过分析工作内容，安装工程费包括"安装、调试"工作，但基价基本在100～2 000元/台。对于很多设备，该基价明显偏低，无法涵盖所有安装、调试工程。因此安装工程费中的"安装、调试"工作指的是安装、调试配合费，比如供电、供水、看护等。设备的安装及调试工作仍纳入设备采购费实施。

2）建筑工程费（基坑及沟槽）

建筑工程费包括沟槽土方开挖、弃土运输、垫层、浇筑混凝土、盖板制作等，设计中据实计列。

3）安装工程费（工艺管道）

安装工程费包括管道、阀门、法兰、管件，以及除锈涂装、防腐、绝热、保护层等工作费用。

3. 设备购置费

根据相关规范、技术标准等配置设备，设备购置费的计列标准主要基于以下原则：

（1）国铁集团相关文件指导价；

（2）以往项目审批价；

（3）成本+利润分析价。

5.18.3 接口管理

（1）站场、轨道等站前专业提交工程量，由施预专业核算。
（2）站后专业，自行编制概（预）算。

5.18.4 工程总费用估算

国内机辆设备工程单价估算见表 5.18-3，各个工程因设计规模、设计内容相差较大，因此在前期工程估算时，应根据具体工程估算投资。

表 5.18-3 机辆设备工程估算建议指标

章别	费用类别	指　　标	影响指标因素
一	拆迁及征地费用	根据地方单价确定	征地地区、拆迁设施
二	路基	按土石方计算，30~40 元/m³	土石方运距、地质、AB 组填料
三	桥涵	涵宽 3 m：3 万元/横延米；涵宽 6 m：6.3 万元/横延米	地质情况、涵洞净高
四	隧道及明洞	一般不涉及该章节	
五	轨道	按铺轨长度，综合指标：280 万~300 万元/km。其中：铺轨 200 万元/km，道岔 24 万~30 万元/组，整体道床 500 万元/km	道岔、整体道岔
六	通信、信号及信息	机务折返段、客车技术整备所：通信 200 万，信号 800 万，信息 200 万；动车运用所：通信 800 万，信号 4 000 万，信息 1 000 万；动车段：通信 2 200 万，信号 7 500 万，信息 5 500 万	动车段若不承担通信、信号高级修，单价可大大降低
七	电力及电力牵引供电	电力：3 000 万元（工艺设备用电负荷 500 kW），6 000 万元（工艺设备用电负荷 2 000 kW），10 000 万元（工艺设备用电负荷 5 000 kW），23 000 万元（工艺设备用电负荷 20 000 kW）；接触网：80 万~100 万元/km，新建开闭所 500 万元/座	若不改建上游变电站，可适当降低指标
八	房屋	含照明、暖通综合指标，检修库房 3 500~3 800 元/m²，一般办公房屋 2 800~3 200 元/m²。仅房屋指标，检修库房 2 600~3 000 元/m²，一般房屋 2 200~2 400 元/m²，棚 1 800 元/m²	
九	其他运营生产设备及建筑物	给排水：普速、动车段 2 000 万元，动车运用所 4 000 万元；机辆：机务、车辆整备均为 5 000 万元，机务、车辆段均为 10 000 万元，大功率机车检修段 5 亿元，动车运用所 2 亿元（四线库）、2.5 亿元（六线库）、3 亿元（八线库），三级修动车段 2 亿~5 亿元；站场：2 000 万~10 000 万元	动车所设卸污、上水设施，单价较高。室外构筑物包括围墙、道路、硬化场坪、停车场、站场排水沟、绿化、移车台等

续表

章别	费用类别	指标	影响指标因素
十	大型临时设施和过渡工程	材料厂 100 万元，拌和站 100 万元，信号过渡 100 万元，接触网过渡 100 万元，电力过渡 100 万元	
十一	其他费	勘察设计费：二～十章的 1.5%，其他费为二～十章的 2.5%～3.5%	
	以上各章合计		
十二	基本预备费	预可研 20%，可研 10%，初设 5%，施工图 3%	
	以上总计		
	第二部分：动态投资	工程费 6%	
十三	工程造价增长预留费		
十四	建设期投资贷款利息	工程费 6%	
	第三部分：机车车辆购置费	不含	
十五	机车车辆购置费		
	第四部分：铺底流动资金	一般不涉及	
十六	铺底流动资金		
	概（预）算总额		
	估算总额		

6 工程设计项目管理

6.1 工程建设阶段

工程项目是指需要一定量的资金注入，经过决策、实施一系列程序，以在一定约束条件下形成固定资产为目标的一次性过程。

工程项目分为6个阶段：项目建议书、可行性研究、设计工作、建设准备、建设施工、竣工验收交付使用阶段。其中，项目建议书阶段和可行性研究阶段被称为"项目决策阶段"，项目设计、施工，直至项目交付使用被称为"项目实施阶段"。

6.1.1 工程项目决策阶段

工程项目决策分为项目建议书（或预可行性研究）、可行性研究两个阶段，研究内容可以归纳为技术研究、工程经济两个方面。

预可行性研究阶段是项目立项依据，可行性研究是项目决策依据。

1. 技术研究

技术研究主要是从项目建设的必要性、技术上的可行性、经济上的合理性等方面给出相应的研究结论，包括以下内容：

1）建设规模

建设规模是在需求预测的基础上，论证、比较、选择拟建项目的建设规模，作为确定项目技术方案、设备方案和工程方案以及投资估算的依据。

2）段址选择

在拟定的选择地区和地点范围内，进行具体位置选择。

3）技术方案、设备方案和工程方案

项目的建设规模确定后，应进行技术方案、设备方案和工程方案的具体研究论证工作，这对后期设备工程设计、采购、安装以及调试过程中的投资控制具有指导性意义。

（1）工艺方案：研究工艺流程方案对机辆检修质量的保证程度，各工序之间的合理衔接，选择主要工艺参数，分析工艺流程的可靠性安排；研究检修生产方式是否满足健康安全、人机工程要求，生产方法是否符合节能、环保、清洁生产的要求等。

（2）设备方案：研究提出所需主要设备的规格、型号和数量；研究项目所需主要设备的来源与投资方案，对于进口设备，应提出设备供应方式、运输和安装的技术措施方案。

（3）工程选择方案：研究生产房屋、民用房屋的建筑特征，选择结构形式、基础工程方案、抗震设防等，选择合理可行的施工工法。

4）投资估算

在项目建设规模、建设方案和实施进度基本确定的基础上，对项目投入总资金进行估算。

2. 工程经济

国内机辆设备工程主要研究融资方案。工程经济研究对国外项目尤为重要，特别是 EPC（工程采购施工）工程。工程经济主要研究各种工程技术方案的经济效益，研究各种技术在使用过程中如何以最小的投入获得预期产出，或者说如何以等量的投入获得最大产出，如何用最低的寿命周期成本实现工程的必要功能。

（1）市场调查：调查拟建的机辆设备项目的需求、检修成本预测、市场风险等。

（2）工程材料供应：对机辆设备工程实施所需材料的品种、规格、成分、数量、价格、来源及供应方式进行研究和论证，确保工程可控建设。

（3）环境影响评估：调查研究环境条件，对拟建项目影响环境的因素进行识别和分析，提出治理和保护环境的措施，对环境保护方案进行比选和优化，以适应相关法律、规范等要求。

（4）劳动安全卫生与消防：分析论证在建设过程和生产过程中存在的对劳动者和财产可能产生的不安全因素，并提出相应的防范措施。

（5）组织机构与人力资源配置：对拟建机辆设备的组织机构配置、人力资源配置、员工培训等内容进行研究，比选和优化方案。

（6）项目实施进度：为科学组织建设过程中各阶段的工作，合理安排建设资金，在项目工程建设方案确定后，提出项目的建设工程和实施进度方案，保证项目按期建成投产，发挥投资效益。

（7）融资方案：在投资估算的基础上，分析拟建项目的资金渠道、融资形式、融资结构、融资成本、融资风险，比选推荐融资方案。

（8）财务评价：在国家现行财务税法制度和市场价格体系下，分析预测项目的财务效益与费用，计算财务评价指标，考察项目的盈利能力、偿债能力，据以判断项目的财务可行性。

（9）国民经济评价：按合理配置资源的原则，采用影子价格等国民经济评价参数，从国民经济角度考察投资项目所耗费的社会资源和对社会的贡献，从而评价投资项目的经济合理性。

（10）社会评价：分析拟建项目对当地社会的影响和当地社会条件对项目的适应性、可接受程度，评价项目的社会可行性。

（11）风险评价：对拟建项目在建设和运营中潜在的主要风险进行综合分析和识别，以揭示风险来源，判别风险程度，提出规避风险的对策，降低风险损失。

（12）研究结论与建议：在前述各项研究论证的基础上，归纳总结，择优提出推荐方案，并对推荐方案进行总体论证。

3. 审核流程

国内铁路机辆设备工程项目决策阶段审核流程一般为：项目委托或项目中标→编制项目建议书（或预可研）文件→国铁集团计划部审批→编制可行性研究文件→国铁集团计划部审批→环评、水土保持等。

国外铁路机辆设备工程审核流程因各个国家国情、管理不同而不同，一般为：编制项目建议书（或设计方案）→当地铁路方、政府方认可或评审→工程融资→工程投标，签订合同。

6.1.2 工程项目实施阶段

工程项目实施阶段包括工程设计、施工，直至项目交付使用阶段。

1. 工程设计

工程设计一般分为3个阶段：初步设计、施工图和审核流程。

1）初步设计

根据可行性研究审批意见，阐明在指定的地点、时间和投资控制数额内，拟建项目在技术上的可行性和经济上的合理性，并通过对工程项目所做出的基本技术经济规定，编制项目总概算。

初步设计不得随意改变可研批复的建设规模、设计方案、工程标准、建设段址和总投资等控制目标，如果初步设计超过可研批复总投资的10%或其他主要指标需要变更时，应说明原因和计算依据，并重新向原批复单位报批可研报告。

2）施工图

根据初步设计批复意见，结合现场实际情况，完成各专业施工图，包括施工图纸、说明书，以及工程量清单、甲供物资/设备清单、设备技术规格书等招标资料。

3）审核流程

国内铁路机辆设备工程设计流程一般为：初步设计→鉴定中心审批→咨询图→咨询单位审核→国铁集团工程管理中心审批→正式施工图。

国外铁路机辆设备工程基本上是 EPC 工程，审核流程一般为：初步设计→业主审批→完成施工图（供审核）→业主（或业主委托第三方）审核→给出审核意见→正式施工图。

2. 建设准备

1）施工招标

建设单位收到设计单位绘制的施工图后，委托设计单位编制招标文件，主要包括工程量、甲供物资（包括甲供材料、甲供设备）清单、劳材表等，开展施工招标工作。

2）甲供物资招标

物资分为甲供和自购两种，甲供物资之外的就是自购物资，自购物资由施工单位自行采购。

根据《中国铁路总公司关于发布铁路建设项目甲供物资目录的通知》（铁总物资〔2015〕117号），甲供物资由国铁集团和建设单位采购。机辆设备甲供范围如表 6.1-1 所示。

表 6.1-1 机辆工程相关专业甲供物资目录

种 类	细 目
接触网	接触网导线
	承力索
信号	综合接地电缆
轨道结构材料	钢轨
	道岔
	厂制轨枕（板）
	钢轨伸缩调节器
	钢轨扣配件

续表

种　类	细　目
电力变电设备	高压开关柜、电容器柜、变压器、箱式变电站、调压器、无功补偿装置、高压网环柜
	交直流电源屏、微机保护综合自动化设备
	有源滤波器
电缆	高压电缆
	钢芯铝绞线及铝包钢芯铝绞线
	通信光、电缆
	信号电缆
接触网设备器材	接触网关键零部件（含腕臂支撑装置，腕臂底座本体，限位及非限位定位装置，终端锚固线夹，中心锚结装置，整体吊弦及吊弦线夹，电连接装置，滑轮、棘轮及弹簧补充装置，弹性吊弦，索线夹，隧道内支撑及定位装置）
	接触网隔离开关、接触网负荷开关
	接触网绝缘子，分相、分段绝缘器
	接触网钢支柱（含硬横梁）、混凝土支柱
机车车辆检测试验、维修、运营维护设备	安全监控设备、电控试风装备、电动脱轨器
	金属切削机车、加工中心、板材加工设备、焊接设备
	铁路救援设备、机车清洗机、部件清洗设备、机车整备设备、机车运用安全设备、安全监控系统、卸污设备
	移车台、起重机、架车机、公铁两用车、运输车、AGV 小车、工艺转向架
	整车试验台、水阻试验台、轮对及受电弓检测设备、检测及测量仪器、探伤设备、部件试验台、漏雨试验装置、罐车水压试验装置
	轮轴加工设备、轮轴分解组装设备、轮轴仓储设备、轮轴检修工艺线及轮轴检修专用工装
	车体冲洗装置、车辆整车机部件除锈装置、车体调修装置、钩缓检修线及工装、转向架检修线及工装、制动阀类检修线及工装、配件仓储设备、客整所地面电源、车辆检修专用工装
	锅炉、空压机、专用空调、环保设备、起重设备
	信息系统设备
动车组运用、检修、检测设备	公铁两用车、地面电源、洗车机、牵车机、真空卸污设备、三层作业平台、轨道桥、架车机、工艺转向架、单车试验台、移车台、起重机、部件清洗设备、滤网清洗设备、空压机、融冰除雪设备、应急指挥系统设备、安全监控系统、作业监控评价管理系统设备
	不落轮镟床、转向架更换设备、轮对及受电弓检测系统、位置追踪系统、配件仓储设备、构架检修线、轮对检修线、检修专用工装、部件检修线
	轮对故障动态检测系统、便携式空心轴探伤系统、空心轴探伤设备、在线移动式轮辋轮辐探伤设备、轮对轮辋超声波探伤仪
	信息系统设备

续表

种 类	细 目
信号设备	列控中心、应答器、LEU等主要地面设备以及RBC（无线闭塞中心）、临时限速服务器
	ZPW-2000（UM）系列自动闭塞和电码化发送设备
	TDCS、CTC设备
	点灯单元、信号机构、信号箱盒（变压器箱及电缆盒）
	驼峰控制系统
	信号集中监测设备、道岔缺口监测设备
	电源屏
	安全型继电器、计轴设备、防雷设备、控制台、组合柜
	驼峰自动化设备及车辆减速器
	转辙机及安装装置、外锁闭装置、断相保护器、密贴检测器
	无线调车机车信号和监控系统
	专用空调
	道床融雪系统
	信号变压器、断路器、道口信号设备
	轨道电路设备、电码化设备、ZPW-2000（UM）系列轨道电路补偿电容
	应答器报文专用读写工具、动车段（所）调车防护系统、动车段（所）ATP车载设备整机检测台
通信设备	铁路GSM-R数字移动通信系统网络设备（含弱场设备）、手持台、SIM卡及管理设备
	光纤传输设备
	数据通信设备
	时钟同步设备
	有线调度通信设备、无线列调通信设备
	铁路应急通信设备
	客运、客服信息系统设备
	电话交换设备
	通信电源设备
	车载无线通信设备、站场无线通信便携台
	动力及环境监控设备、光纤监测设备
	综合视频监控系统设备
	综合网管设备
	会议电视设备
	通信仪器仪表
	专用空调

建设单位委托设计单位编制甲供物资招标技术规格书，主要包括物资数量、功能、技术参数等内容，开展甲供物资招标工作。

3）招标公示与评标

建设单位通过国家指定的报刊、信息网络或者其他媒介发布工程施工招标信息。

在公示后，符合招标条件的不少于三家投标单位，购买招标文件，进行投标；若少于三家则废标，进行二次公示。在招标文件确定的提交投标文件截止时间的同一时间公开进行开标。

评标委员会由招标人的代表和有关技术、经济等方面的专家组成，成员人数为五人以上单数，其中技术、经济等方面的专家不得少于成员总数的 2/3。专家应当从事相关领域工作满八年并具有高级职称或者具有同等专业水平，由招标人从国铁集团或铁路局提供的专家名册或者招标代理机构的专家库内相关专业的专家名单中确定；一般招标项目可以采取随机抽取方式，特殊招标项目可以由招标人直接确定。与投标人有利害关系的人不得进入相关项目的评标委员会；已经进入的应当更换。评标委员会成员的名单在中标结果确定前应当保密。评定后进行公示，以确定施工单位和供货厂家。

4）建设准备工作内容

（1）规划许可、用地许可。初设批复后，建设单位委托设计单位绘制用地红线图，向当地规划局申报土地规划，向当地国土局报用地需求。

（2）征地拆迁和场地平整。在初步设计批复后，可开展征地拆迁工作。由设计单位提供用地红线图，建设单位与当地规划部门协调，开展用地勘界和征地拆迁工作。由于机辆设备工程用地较小，一般可由施工单位负责拆迁工程。

（3）施工单位完成施工用水、电、通信、道路等接通工作。

（4）组织招标监理单位及甲供物资。初设批复后，建设单位可以招标监理单位，招标采购甲供物资。

5）工程质量监督手续和施工许可证的办理

建设单位完成工程建设准备工作并具备工程开工条件后，应及时办理工程质量监督手续和施工许可证。

（1）工程质量监督手续。

根据《建设工程质量管理条例》第十三条：建设单位在领取施工许可证或者开工报告前，应当按照国家有关规定办理工程质量监督手续。办理工程质量监督手续时需满足以下条件：

① 具有规划、用地许可证；

② 已完成招投标工作并签订了施工承包合同；

③ 施工企业、项目经理具有相应的资质、资格证书；

④ 施工企业已制订施工组织设计、安全技术措施等；

⑤ 安全防护用品、机械设备配备合格、齐全，特种作业人员证件合格；

⑥ 具备建筑工程开工前的其他条件。

（2）工程施工许可。

除国务院建设行政主管部门确定的限额以下的小型工程外，建设工程开工前，建设单位应当按照国家有关规定向工程所在地县级以上人民政府建设行政主管部门申请领取施工许可证。申请领取施工许可证应具备以下条件：

① 已办理建筑工程用地批准手续；
② 在城市规划区内的建筑工程，已取得规划许可证；
③ 需要拆迁的，其拆迁进度符合施工要求；
④ 已经确定建筑施工单位；
⑤ 有满足施工需要的施工图纸及技术资料；
⑥ 有保证工程质量和安全的具体措施；
⑦ 建设资金已经落实；
⑧ 法律、行政法规规定的其他条件。

建设单位应当自领取施工许可证之日起3个月内开工。因故延期，需向发证单位申请延期，延期以两次为限，每次不得超过3个月。

3. 施 工

办理了施工许可证后，报送铁路局建设处开工计划，获批准后，按照计划开工。开工时间指工程项目设计文件中规定的任何一项永久性工程第一次正式破土开槽开始施工的日期，以土石方工程的日期作为正式开工日期。设计单位施工阶段主要完成技术交底、基坑验槽、变更设计、概算清理等配合工作。

1）技术交底

技术交底由建设单位组织，监理、设计、施工单位参与，设计单位说明工程主要内容、需注意的事项以及对施工单位答疑。

2）基础验槽

由施工单位组织，建设、设计、监理参加，主要验看基坑平面尺寸是否符合设计的要求，特别是满足基础下垫层的平面尺寸要求，在施工基础垫层清理基底时，要确保垫层的设计厚度。在验查桩基、人工挖孔桩时，验看桩径、桩数、桩间距、桩头锚固尺寸、锚固钢筋等常规项是否符合设计；验看桩孔深度、桩底扩孔尺寸等是否达到持力层并进入设计深度，扩孔尺寸是否满足设计要求。

3）变更设计

变更设计是设计单位在施工阶段重要的配合工作，变更设计指铁路工程建设项目施工图审核合格后至工程初步验收合格后半年以内变更设计的活动，应根据《铁道部关于印发〈铁路建设项目变更设计管理办法〉的通知》（铁建设〔2012〕253号）开展变更设计。变更设计分为Ⅰ类、Ⅱ类。

Ⅰ类变更指建设规模、主要技术标准、重大方案、重大工程措施发生变化的变更设计。除Ⅰ类变更外的其他变更设计为Ⅱ类变更设计。

变更设计应注重依法合规、手续完整，变更设计流程如表6.1-2所示。

表 6.1-2 变更设计流程

序号	变更程序	变更类别	牵头单位	工作内容
1	变更建议书	Ⅰ类、Ⅱ类	建设、施工、监理或设计	变更原因、变更内容、责任单位、类别
2	现场核实	Ⅰ类、Ⅱ类	建设单位	现场核对、影像记录
3	会审变更设计方案	Ⅰ类、Ⅱ类	建设单位	变更原因、变更类别、责任单位、费用处理意见,形成《变更设计会审纪要》
4	编制变更设计文件	Ⅰ类、Ⅱ类	设计单位	变更依据、变更原因、施工现场情况、原设计方案、变更设计方案、工程量及预算对比
5	初审变更设计文件	Ⅰ类	建设单位	对设计单位编制的变更文件进行初审
6	批准变更设计文件	Ⅰ类	建设单位	对设计单位编制的变更文件进行批复
7	审核下发变更施工图	Ⅰ类、Ⅱ类	建设单位	对施工单位下发变更施工图

4）概算清理

概算清理范围一般包括Ⅰ类变更、Ⅱ类变更、拆迁及征地费用、其他费用、预备费、降造费、建设期贷款利息、材料价差。

（1）Ⅰ类变更费用。

根据国铁集团鉴定中心批复意见，完成概算清理，Ⅰ类变更工程费用主要来源于降造费、预备费或国铁集团另行拨付。

（2）Ⅱ类变更费用。

Ⅱ类变更费用一般首先由风险包干费冲抵，风险包干费一般约定占工程总额的 1%；额度较大时，纳入预备费解决，一般在合同中约定额度。

（3）拆迁及征地费用。

主要指路外征地拆迁工程，在建设期，若征地拆迁费用标准超过原批复指标，需单独上报国铁集团另行批复，按照批复投资纳入概算清理。

（4）其他费用。

在施工过程中，可能产生一些配合费、检测费等其他费，一般由建设单位或施工单位提供台账，纳入概算清理。

（5）预备费和降造费。

预备费和降造费可用于冲抵Ⅱ类变更、其他实际发生工程等费用，纳入概算清理。

（6）建设期贷款利息。

根据相关资料，按照建设期实际利息，纳入概算清理。

（7）价差调整。

价差调整指建设单位承担采购的甲供物资的单价调整和施工单位承担的主材单价调整，施工单位自购设备价差不纳入概算清理范围，由施工单位自行承担价格风险。

甲供物资价差根据建设单位招标价格进行调整。甲供物资中标价格原则上不能超出施工图预算价格，确属物价上涨等原因，在不能突破初设批复总概算的情况下，由建设单位确定进入公示定标程序或重新招标。水泥、钢材等主材根据施工期国铁集团等部门发布的单价为准进行调整。

4．竣工验收

1）竣工验收范围和标准

按照国家现行标准，工程项目建成后，由建设单位组织施工单位、运营单位、设计单位、监理单位等开展工程验收工作。

2）隐蔽性工程（基础）验收

隐蔽性工程主要指地下沟、坑、池等，除验看是否满足设计要求外，还应重点验看不同专业之间的接口部门，如防水层有无空鼓现象，预埋管件、孔洞是否按设计要求到位，防腐、防酸、防火材料类型及工程做法是否符合设计要求。

3）主体工程验收

主体结构验收在结构主体"封顶"之后进行，设计主要从工程整体的观感质量上予以评判，如钢筋混凝土保护层是否符合要求等。

4）消防、人防、防疫及设备安装工程验收

进行消防、人防、防疫及设备安装工程（电梯、供电、空调等）验收。

5）专业工程验收

建设单位组织各个专业验收专业工程。

6）压道试验

线路施工完毕后，建设单位组织机车压道试验，一般机辆段（所）内行车速度不超过 30 km/h，压道方案为 5 km/h 压道 10 次，10 km/h 压道 10 次，15 km/h 压道 2 次，20 km/h 压道 2 次，25 km/h 压道 2 次，30 km/h 压道 2 次。

7）竣工验收的准备工作

建设单位组织做好整理技术资料、绘制竣工图、编制竣工决算等工作。

8）竣工验收备案

建设单位应当自工程竣工验收合格之日起 15 日内，向铁路局建设处备案。

该阶段主要由建设单位牵头完成，设计单位配合做好工程验收和清理概算工作。

对于机辆段（所）工程项目验收流程，主要流程分为专业验收、竣工验收和消防验收。专业验收是在监理验收合格后，给建设单位提报专业验收申请，建设单位组织运营单位、设计单位、施工单位参加验收，验收后提出问题库，问题库整改完成后组织运营单位、设计单位、施工单位复验。专业验收合格后，由建设单位组织竣工验收，竣工验收合格后（出具竣工验收报告）向项目所在地住建局申请消防验收，消防验收合格后，验收流程结束。

5．项目后评价

项目后评价主要采用对比法，建成后的工程从实际效果、经济效益、社会效益、环境保护等情况与前期决策阶段的预测情况相对比，与项目建设前的情况相对比，从中发现问题，总结经验和教训。一般从以下两个方面评价：

（1）效益后评价。以项目投产后实际取得的效益（经济、社会、环境等）以及隐含在其中的技术影响为基础，重新测算项目的各项经济数据，得到相关投资效果指标，与项目前期预测数据对比。

（2）过程后评价。对工程项目的立项决策、设计施工、竣工投产、生产运营等全过程进行系统分析，找出项目后评价与原预期效益之间的差异及其产生的原因。

6.2 总体项目管理

机辆设备设计工程同铁路全线勘察设计工程一样，涉及众多专业，即存在多专业接口协调；而工程设计管理涉及建设单位、监理单位、施工单位等多方企业，需要统筹管理设计进度、质量、配合施工等。

6.2.1 项目总体

国内铁路勘察设计院一般采用项目总体组制开展工程设计，成立以项目设计总体、专业设计负责人组成的项目组，负责项目的策划、设计论证、文件编制，参与项目的生产组织等工作。机辆设备工程设计总体作为设计项目总牵头人，是一个机辆设备工程设计组织者。

6.2.2 项目计划

1. 评估组织现状，分析工程面临的机会与挑战

对总体组的技术水平、工作时间等进行优势和劣势评估，对项目重难点进行梳理，评判拟承担的项目带来的技术、经济、绩效方面的机会以及挑战，研究应对措施。

2. 确定目标

根据业主限定的投资额度或预定投资额度，选择设计范围和技术标准等，为总体组各专业设计指明工作方向。

3. 重视外部接口条件

机辆设备工程外部接口条件主要包括设计基础资料和外部接口。设计基础资料包括勘测资料、用地资料、既有设施情况、生产组织、人员编制、作业习惯等；外部接口包括水、电、气等供应资料，以及与其他协作单位工程界面接口等。明确外部接口条件，可有效规避风险。

4. 拟订可行的备选方案

应考虑若无法按照原定时间、原定投资、原定方案完成的情况下，拟定可行的备选方案，在投资、范围、技术方面做好比选方案，使得项目具备"故障导向安全"性。

6.2.3 项目组织

目前，项目总体组管理多采用矩阵式管理方式，如图 6.2-1 所示。在职能上，由各个业

务院承担专业设计工作;在技术上,由集团公司主管副总工程师管理;在生产协调上,由生产管理部管理总体组设计进度,并委任总体牵头完成工程设计。

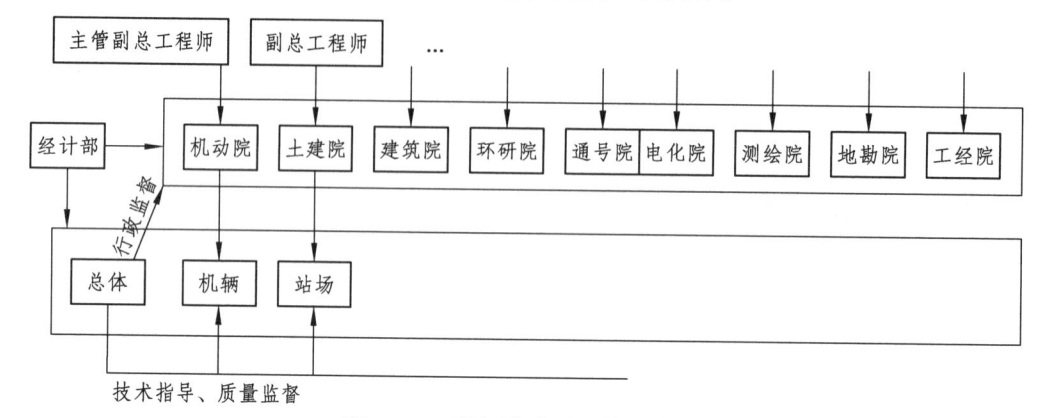

图 6.2-1 强矩阵式项目管理模式

这种模式的优点是总体组机动灵活、各专业技术强、设计资源得到有效配置等。但其缺点也较为明显:

(1)各个专业设计负责人存在职能领导和总体双重领导,当出现矛盾时,专业负责人一般会牺牲项目总体或其他专业利益,听从职能领导,项目总体性不强。

(2)各个专业设计负责人均承担多个项目,在工期紧张的情况下,难以平衡。

(3)总体负责人无法对各专业负责人进行有效的物质激励和精神激励,专业负责人积极性不高。

采用强矩阵式项目管理方式,总体加强行政、技术、质量监管。技术上,总体优先制订设计方案,提前与相关生产院研讨;质量上,总体应积极协调各专业设计工作,加强对各专业技术文件复核工作,主动发现问题,提高总体组的工作效率;行政上,与生管部一并协调各个生产院,并且注重项目评优评奖,增强各专业负责人的个人荣誉感,增强工作积极性,有序推进工程设计。

6.2.4 项目管理

总体的管理能力应是多方面的,总体负责人应具备以下几个条件:具备政策水平和专业知识,具备必要的组织、协调和管理能力,具备表达能力,具备综合决策能力,具有较强的事业心和责任心。

总体工作目标应为:明确设计标准、设计原则、设计深度;保证工程质量,合理规避风险;有效掌控时间进度;明确交付设计成果。

6.2.5 项目控制

1. 设计前期阶段,主要采用前馈控制,重点做好规划

前馈控制是设计前期重要的控制手段,一个科学、切实可行的前馈控制应明确拟建工程设计方案、设计进度、工程投资,可减少工程后期的查漏补缺等补救工作。采用多方案比选方式,使得工程设计具有较强的竞争力、生命力。

2. 工程设计阶段，主要采用反馈控制，重点做好监督

一个设计总体组，仅由各个专业自行监督、自行控制，部分专业因管理不受控可能出现工作偏差或工作协同性较低的现象，总体应加强控制各个专业的技术、时间、投资，比如收集各专业设计电子版图纸，全过程追踪设计流程，审核各专业投资等，形成畅通的监督与审核渠道。应采用人本管理和权变管理方式，尊重各个专业设计负责人的劳动成果，开发他们的潜能，凝聚总体组的合力，处理工期、计划、方案之间的关系。

3. 施工配合阶段，主要采用风险控制，重点做到依法合规

施工配合主要完成设计答疑、解决问题等工作，设计中的敷衍了事、系统性问题都会在施工过程中现形，施工配合首先应做好查漏补缺，规避质量风险，对工程变更应重视设计程序的完整性，依法合规开展工作。施工配合应采用柔性的管理方式，激发各专业负责人的责任心、主动性，使他们能真正做到心情舒畅、不遗余力地积极发现问题、解决问题。

6.3 规范体系研究

设计规范是工程设计的依据，各个国家的铁路设计标准不尽相同，下面罗列了一些国家的设计标准，研究各国标准，取长补短，以提高设计技术的精细化、国际化。

6.3.1 中国铁路设计标准

根据2014年3月29日《中国铁路总公司技术标准管理办法》（铁总科技〔2014〕83号），铁路技术标准体系由铁道国家标准、铁道行业标准、国铁集团（原中国铁路总公司）技术标准以及铁路专用产品技术性标准文件组成，如图6.3-1所示。目前，设计规范仍然采用国铁集团的技术标准管理办法。

1. 国家标准

国家标准是指由国家标准化主管机构批准发布，对全国经济、技术发展有重大意义，且在全国范围内统一的标准。国家标准是在全国范围内统一技术要求，由国务院标准化行政主管部门编制计划，协调项目分工，组织制定（含修订），统一审批、编号、发布的。

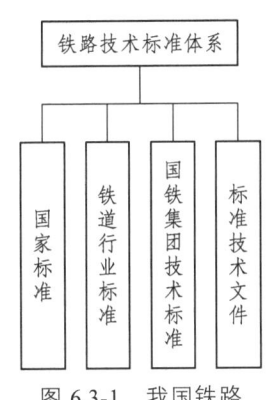

图 6.3-1 我国铁路规范体系

我们国家标准分为强制性国标（GB）和推荐性国标（GB/T）。国家标准的编号由国家标准的代号、国家标准发布的顺序号和国家标准发布的年号（发布年份）构成。

2. 铁道行业标准

铁道行业标准是指在全国铁道行业范围内统一的标准。铁道行业标准由国家铁路局科技与法制司负责管理，标准代号为TB。

3. 国铁集团技术标准

国铁集团科技部负责技术标准的归口管理工作，国铁集团各相关专业管理部门参与技术标准的管理工作，铁道科学研究院标准计量研究所协助管理相关工作。

4. 铁路专用产品技术性标准文件

为保证铁路产品的标准化,《铁路专用产品标准性技术文件目录》(铁总科技〔2014〕89号)规定了铁路产品的技术标准。标准代号有：运装管验、运基信号、铁运、铁总运、铁科技等。

机辆设备工程各个专业主要工程设计相关标准如表 6.3-1 所示。

表 6.3-1　中国铁路设计规范一览表

序号	规范名称	适用专业
1	《铁路技术管理规程》(普速铁路部分)	各专业
2	《铁路技术管理规程》(高速铁路部分)	各专业
3	《高速铁路设计规范》(TB 10621—2014)	各专业
4	《工业企业总平面设计规范》(GB 50187—2012)	各专业
5	《铁路工程设计防火规范》(TB 10063—2016)	各专业
6	《铁路项目建设预可行性研究、可行性研究和设计文件编制办法》(TB 10504—2018)(国家铁路局 2023 年第 21 号局部修订条文)	各专业
7	《建筑设计防火规范(2018 年版)》(GB 50016—2014)	建筑、电力、暖通、给排水
8	《铁路机务设备设计规范》(TB 10004—2018)	机辆
9	《铁路客车车辆设备设计规范》(TB 10029—2022)	机辆
10	《铁路货车车辆设备设计规范》(TB 10031—2021)	机辆
11	《铁路车辆运行安全监控系统设计规范》(TB 10057—2021)	机辆
12	《铁路动车组设备设计规范》(TB 10028—2016)	机辆
13	《中国铁路总公司关于明确动车组运用检修设施及设备配置标准的通知》(铁总运〔2015〕185 号)	机辆
14	《加强动车组高级修工作的指导意见》(铁运〔2012〕41 号)	机辆
15	《动车运用所检查库及边跨标准设计的通知》(运装管验〔2006〕428 号)	机辆
16	《中国铁路总公司关于印发加强机车整备能力建设的指导意见的通知》(铁总运〔2013〕90 号)	机辆
17	《中国铁路总公司关于印发〈铁路机车运用管理规则〉的通知》(铁总运〔2015〕314 号)	机辆
18	《中国铁路总公司关于印发〈动车组司机管理办法〉的通知》(铁总运〔2016〕64 号)	机辆
19	《中国铁路总公司关于印发〈铁路动车组运用维修规则〉的通知》(铁总运〔2017〕238 号)	机辆
20	《中国铁路总公司关于修订〈铁路动车组运用维修规则〉部分内容的通知》(铁总机辆〔2018〕214 号)	机辆
21	《中国铁路总公司关于印发〈铁路客车运用维修规则〉的通知》(铁总运〔2015〕22 号)	机辆

续表

序号	规范名称	适用专业
22	《中国铁路总公司关于印发〈铁路货车运用维修规则〉的通知》（铁总机辆〔2018〕184号）	机辆
23	《中国铁路总公司关于印发〈高速铁路应急热备内燃机车管理办法〉的通知》（铁路总机辆〔2019〕61号）	机辆
24	《中国铁路总公司关于印发〈动力分散型动车组副司机管理暂行办法〉的通知》（铁路总机辆〔2019〕89号）	机辆
25	《中国铁路总公司关于印发时速160公里动力集中电动车组暂行技术条件的通知》（铁总科技〔2017〕239号）	机辆
26	《国铁集团关于印发〈动车组司机间休室管理办法〉的通知》（铁机辆〔2020〕212号）	机辆
27	《中国铁路总公司关于印发〈机务运用安全管理信息系统暂行技术规范〉的通知》（铁总机辆〔2017〕289号）	机辆
28	《中国铁路总公司关于印发〈时速160公里动力集中动车组运用维修管理暂行办法〉的通知》（铁总机辆〔2018〕200号）	机辆
29	《中国铁路总公司关于和谐机车C4及以下修程工装设备配置的指导意见》（铁总运〔2015〕211号）	机辆
30	《中国铁路总公司关于推进动车组及和谐型机车修程修制改革的指导意见》（铁总机辆〔2019〕54号）	机辆
31	《中国铁路总公司关于印发〈铁路客车运营维修规程〉的通知》（铁总运〔2015〕22号）	机辆
32	《中国铁路总公司关于印发〈机车车轮在线检测系统暂行技术条件〉等4项标准性技术文件的通知》（铁总机辆〔2018〕32号）	机辆
33	《中国铁路总公司关于印发〈动车组运行故障图像检测系统（TEDS）探测站设备暂行技术条件〉的通知》（铁总运〔2015〕242号）	机辆
34	《动车组运用所标识标准》（运装管验〔2007〕46号）	机辆
35	《铁路工程卫星定位测量规范》（TB 10054—2010）	测量
36	《铁路工程摄影测量规范》（TB 10050—2010）	测量
37	《国家基本比例尺地图图式》（GB/T 20257.1—2017，GB/T 20257.2—2017，GB/T 20257.3—2017）	测量
38	《铁路工程图形符号标准》（TB/T 10059—2015）	测量
39	《铁路工程制图标准》（TB/T 10058—2015）	测量
40	《国家一、二等水准测量规范》（GB/T 12897—2006）	测量
41	《国家三、四等水准测量规范》（GB 12898—2009）	测量
42	《铁路工程测量规范》（TB 10101—2018）	测量
43	《铁路工程地质勘察规范》（TB 10012—2019）	地质
44	《铁路工程不良地质勘察规程》（TB 10027—2022）	地质
45	《铁路工程特殊岩土勘察规程》（TB 10038—2022）	地质

续表

序号	规范名称	适用专业
46	《铁路工程水文地质勘察规程》(TB 10049—2014)	地质
47	《铁路工程岩土分类标准》(TB 10077—2019)	地质
48	《中国地震参数区划图》(GB 18306—2015)	地质
49	《铁路线路设计规范》(TB 10098—2017)	站场
50	《铁路车站及枢纽设计规范》(TB 10099—2017)	站场
51	《铁路轨道设计规范》(TB 10082—2017)	轨道
52	《铁路路基设计规范》(TB 10001—2016)	路基
53	《铁路特殊路基设计规范》(TB 10035—2018)	路基
54	《铁路工程环境保护设计规范》(TB 10501—2016)	路基
55	《铁路路基支挡结构设计规范》(TB 10025—2019)	路基
56	《铁路工程地基处理技术规程》(TB 10106—2023)	路基
57	《铁路工程抗震设计规范(2009版)》(GB 50111—2006)	路基、桥涵
58	《混凝土结构耐久性设计标准》(GB/T 50476—2019)	路基、桥涵、房建
59	《铁路桥涵设计规范》(TB 10002—2017)	桥涵
60	《铁路桥涵混凝土结构设计规范》(TB 10092—2017)	桥涵
61	《铁路桥涵地基和基础设计规范》(TB 10093—2017)	桥涵
62	《铁路工程基桩检测技术规程》(TB 10218—2019)	桥涵
63	《铁路工程水文勘测设计规范》(TB 10017—2021)	桥涵
64	《铁路房屋建筑设计标准》(TB 10097—2019)	房建
65	《建筑抗震设计规范》(GB 50011—2010)(2016年住房城乡建设部修订的条文)	房建
66	《铁路运输劳动定员标准》(铁劳卫〔2022〕145号)	房建
67	《民用建筑设计统一标准》(GB 50352—2019)	房建
68	《办公建筑设计规范》(JGJ/T 67—2019)	房建
69	《宿舍建筑设计规范》(JGJ 36—2016)	房建
70	《公共建筑节能设计标准》(GB 50189—2015)	房建
71	《屋面工程技术规范》(GB 50345—2012)	房建
72	《建筑结构可靠度设计统一标准》(GB 50068—2018)	房建
73	《工程结构可靠性设计统一标准》(GB 50216—2019)	房建

续表

序号	规范名称	适用专业
74	《混凝土结构设计规范》（GB 50010—2010）（2015年住房城乡建设部修订的条文）	房建
75	《建筑结构荷载规范》（GB 50009—2012）	房建
76	《工业建筑防腐蚀设计标准》（GB 50046—2018）	房建
77	《钢结构设计规范》（GB 50017—2017）	房建
78	《建筑桩基技术规范》（JGJ 94—2008）	房建
79	《建筑工程抗震设防分类标准》（GB 50223—2008）	房建
80	《混凝土结构耐久性设计规范》（GB/T 50476—2019）	房建
81	《砌体结构设计规范》（GB 50003—2011）	房建
82	《铁路电力设计规范》（TB 10008—2015）	电力
83	《供配电系统设计规范》（GB 50052—2009）	电力
84	《3~110kV高压配电装置设计规范》（GB 50060—2008）	电力
85	《低压配电设计规范》（GB 50054—2011）	电力
86	《电力工程电缆设计规范》（GB 50217—2018）	电力
87	《民用建筑电气设计规范》（GB 51348—2019）	电力
88	《建筑照明设计标准》（GB 50034—2013）	电力
89	《建筑物防雷设计规范》（GB 50057—2010）	电力
90	《通用用电设备配电设计规范》（GB 50055—2011）	电力
91	《铁路工程节能设计规范》（TB 10016—2016）	电力
92	《公共建筑节能设计标准》（GB 50189—2015）	电力
93	《节能建筑评价标准》（GB/T 50668—2011）	电力
94	《火灾自动报警系统设计规范》（GB 50116—2013）	电力
95	《消防控制室通用技术要求》（GB 25506—2010）	电力
96	《采暖通风与空气调节设计规范》（GB 50019—2015）	暖通
97	《铁路房屋供暖通风与空气调节设计规范》（TB 10056—2019）	暖通
98	《气体灭火系统设计规范》（GB 50370—2005）	暖通
99	《建筑灭火器配置设计规范》（GB 50140—2005）	暖通
100	《铁路给水排水设计规范》（TB 10010—2016）	给排水

续表

序号	规范名称	适用专业
101	《室外给水规范》（GB 50013—2018）	给排水
102	《室外排水设计规范》（GB 50014—2021）	给排水
103	《污水综合排放标准》（GB 18918—2002）	给排水
104	《生活饮用水卫生标准》（GB 5749—2022）	给排水
105	《铁路电力牵引供电设计规范》（TB 10009—2016）	牵引变电、接触网
106	《铁路电力牵引供电工程施工质量验收标准》（TB 10421—2018）	牵引变电、接触网
107	《铁路通信设计规范》（TB 10006—2016）	通信
108	《铁路通信电源设计规范》（TB/T 2993—2016）	通信
109	《铁路信号设计规范》（TB 10007—2017）	信号
110	《机车信号信息定义及分配》（TB/T 3060—2016）	信号
111	《信号集中监测系统技术条件》（Q/CR 442—2020）	信号
112	《铁路防雷及接地工程技术规范》（TB 10180—2016）	牵引变电、接触网、通信、信号、电力
113	《综合布线系统工程设计规范》（GB 50311—2016）	信息
114	《关于印发〈动车组管理信息系统自动化设备接口规范〉的通知》（运装管验〔2008〕178号）	信息
115	《关于印发〈动车组运用检修设施建设意见〉的通知》（运装管验〔2009〕339号）	信息
116	《关于公布〈动车基地（段）调度中心（室）及信息处理机房建设标准〉的通知》（运装管验〔2009〕587号）	信息
117	《关于公布〈动车组管理信息系统总体方案〉的通知》（运装管验〔2009〕95号）	信息
118	《铁路基本建设工程设计概（预）算编制办法》（国铁科法〔2017〕30号）	施预
119	《铁路基本建设工程设计概（预）算费用定额》（国铁科法〔2017〕31号）	施预
120	《铁路工程施工机具台班费用定额》（国铁科法〔2017〕32号）	施预
121	《国家发展改革委关于深化铁路货运价格市场化改革等有关问题的通知》（发改价格〔2017〕2163号）	施预
122	《国家铁路局关于下调铁路工程造价标准增值税税率的公告》（国铁科法〔2019〕12号）	施预
123	《国家铁路局关于调整铁路工程造价标准编制期综合工费单价的通知》（国铁科法〔2021〕15号）	施预

5. 压力管道设计许可资质

压力管道，是指利用一定的压力，用于输送气体或者液体的管状设备，其范围规定为最高工作压力大于或者等于 0.1 MPa（表压），介质为气体、液化气体、蒸汽或者可燃、易爆、有毒、有腐蚀性、最高工作温度高于或者等于标准沸点的液体，且公称直径大于或者等于 50 mm 的管道。公称直径小于 150 mm，且其最高工作压力小于 1.6 MPa（表压）的输送无毒、不可燃、无腐蚀性气体的管道和设备本体所属管道除外。

机辆段（所）内可能设置有压缩空气管道、铁路油库及附属输油管道，根据《压力管道安全技术监察规程》（TSG D0001—2009）第三十五条：管道的设计单位应当取得相应的设计许可证书。

根据压力管道分级分类标准，符合下列条件之一的工业管道，为 GC1 级：

（1）输送《危险化学品目录》中规定的毒性程度为急性毒性类别 1 介质、急性毒性类别 2 气体介质和工作温度高于其标准沸点的急性毒性类别 2 液体介质的工艺管道；

（2）输送《石油化工企业设计防火规范》（GB 50160）、《建筑设计防火规范》（GB 50016）中规定的火灾危险性为甲、乙类可燃气体或者甲类可燃液体（包括液化烃），并且设计压力大于或者等于 4.0 MPa 的工艺管道；

（3）输送流体介质，并且设计压力大于或者等于 10.0 MPa，或者设计压力大于或者等于 4.0 MPa 且设计温度高于或者等于 400 ℃ 的工艺管道。

制冷管道及 GC1 级以外的管道为 GC2 级。

机辆段（所）内铁路附属油库输油管道属于工业管道 GC2 许可范畴，需具备压力管道 GC2 级设计许可。

6.3.2 国际铁路联盟

国际铁路联盟（UIC）是世界铁路最大的国际性标准化机构。UIC 包含远景规划、商务、财务、运营、机车车辆、固定设备、信息、人事 8 个方面所制定的许多标准。

UIC 组织机构，设有十个专门委员会进行标准制定（修订）的工作；另外，还有两个技术委员会和一个试验研究所。

1. 十个专门委员会

① 远景规划专门委员会；
② 商务专门委员会；
③ 财务专门委员会；
④ 运营专门委员会；
⑤ 机车车辆专门委员会；
⑥ 工务专门委员会；
⑦ 法规专门委员会；
⑧ 人事专门委员会；
⑨ 物资专门委员会；
⑩ 信息处理专门委员会。

2. 两个技术委员会

① 文件技术委员会（CTD）；
② 统计技术委员会（CTS）。

3. 一个研究所

试验研究所（ORE）。

4. 内　　容

UIC 规程按标准对象分为 9 个分册，规程代号用 3 位数字表示，依次为第Ⅰ册~第Ⅸ册，共有 589 个规程。各分册内容如下：

第Ⅰ册　旅客和行李运输：国际联运运价、国内运价、旅行社、客运商业措施、列车上客运服务措施和其他运输方式的联运。

第Ⅱ册　货运：国际联运规程与协定、国际运价、国内运价、发展货运的措施、货物包装与标签、集装箱、托盘运输、联合运输。

第Ⅲ册　财务、结算、成本、统计：货币和一般财务结算、一般经济核算、铁路生产率、减轻客户经济负担、结算组织、成本。

第Ⅳ册　运营管理：一般运营组织、旅客、行李、包裹运输、货物运输、货运车辆、客车、行车和安全规则、站内和列车上的公务、国境站和过境线路、信息交换系统、衔接运输-附加服务、换装设备。

第Ⅴ册　车辆：与线路设备有关的一般规定、走行部和悬挂装置、牵引和缓冲装置、底架和车体、制动机、供电、照明、采暖、客车和行李车规程、货车结构形式和各种规程、车辆统一符号和标志、集装箱、托盘和背负式运输。

第Ⅵ册　牵引动力：电力牵引线路的一般规定、电力牵引、内燃牵引、其他牵引方式、各种牵引方式通用的规程、高速列车。

第Ⅶ册　线路固定设备：线路一般特性、线路铺设和维修、信号和联锁设备、房建、长途通信、平交道口、建筑物、桥隧结构物、遥控设备。

第Ⅷ册　技术条件：材料选用表、走行部、制动设备、非牵引车结构部件、牵引车结构部件、轨道部件、电力牵引的固定设备、其他。

第Ⅸ册　信息及其他：文件编制、数据远距离传输和处理、编码、员工、材料采购、各种协议标准化工作、国际国外高速铁路技术法规及标准体系分析。

6.3.3　美国铁路技术标准

美国联邦铁路管理署（Federal Railroad Administration，FRA）的职责是保证铁路安全条例颁布实施，提供铁路管理援助计划，支持改进国家铁路和铁路交通运输安全的研究及发展，恢复东北铁路客运通道，加强政府对铁路运输服务的支持。FRA 不直接管理铁路企业。铁路企业成立相应的行业协会，依照技术法规和标准自主管理，约束各企业的行为。与 FRA 有关的协会主要有 3 个：北美铁道协会（Association of American Railroads，AAR）、美国铁路工程和道路维护协会（American Railway Engineering and Maintenance-of-Way Association，AREMA）、美国公共运输协会（American Public Transportation Association，APTA）。

1. FRA

FRA 确保美国现在和将来人与货物能够安全、可靠和高效地流动。其日常最主要的职责是负责铁路系统的安全监管，下设 8 个地区安全监察部。FRA 的安全监管工作对象是铁路运营公司，除了对铁路运营公司提出安全建议并与其签约外，主要依靠分布于各地的工作人员遵照技术法规和现场人员工作手册对铁路运营公司及设备进行现场检查。FRA 通过联邦法（CFR）、执行手册、安全咨询、执行协议/执行令、紧急命令确保铁路的安全性。

联邦法内容涉及轨道铺设、旅客服务、货车安全、信号安全及检查维护的规定；执行手册指对联邦法解释的详细案例；安全咨询指对铁路和公共安全性的警告；执行协议指 FRA 与铁路运输公司就安全问题签订的法律协议；紧急命令指纠正特殊安全问题的法律命令。

2. AAR

美国铁路没有国家标准，其标准均由相应的协会和技术机构制定发布实施。最著名的是 AAR 发布的技术标准。AAR 是确保北美铁路安全、迅速、高效、整洁、技术先进的非营利性技术协会，其成员包括美国、加拿大、墨西哥的铁路货运公司及美国客运公司（Amtrak）等。其业务主要涉及铁路货运方面以建立行业标准为基础的技术服务，以及不同组织机构之间的运输和铁路技术基础性、耐久性和有效性的研究等。在美国铁路运输交换服务中，通过 AAR 的交互规则和技术标准保障各公司的机车车辆及其部件的互换性、兼容性。

1）交换规则

交换规则分为"AAR 现场手册"和"办公室手册"。现场手册规定铁路车辆在互换性方面的可接受规则，概略说明可允许的修理、处罚限制、损害责任和争议处理，禁止交换的车辆及部件列表等；办公室手册包括市场公平收费制度和车辆修理补偿金、修理费用的协议时间、标准及 AAR 对新造、改造、升级车辆的机械要求等。

2）技术标准

AAR 技术标准必须符合并严格执行 FRA 颁布的技术法规，主要侧重于机械设备性能、互换性、运输标准，也包括电气、列车通信信号等要求。

AAR 的标准主要包括强制性的规范、标准及推荐实例，制动设备、罐车、机车、缓冲系统、车轮、车轴、轴承及车辆设计的专业出版物。

3. AREMA

美国铁路工程和道路维护协会（AREMA）由美国铁路桥梁和建筑协会、美国铁路工程协会、美国铁路商和道路维护协会、美国铁路协会的通信和信号局四个组织合并而成。其宗旨是促进技术发展，并制定关于铁路基本设施的设计、结构和维护的推荐规程。

4. APTA

美国公共交通协会（APTA）主要研究公共交通领域的标准，包括公共汽车、城市辅助客运系统、轻轨、通勤轨道、地铁、水路客运和高速轨道。

6.3.4　德国标准

德国标准化学会（DIN）是德国最大的具有广泛代表性的公益性标准化民间机构，代表国家参加国际和区域性标准化活动。DIN 有关铁路部分的专门标准按专业分为 9 类，包括铁路综合、机车车辆通用、机车、铁路车辆、铁路信号、铁路通信、牵引供电等。

6.3.5 俄罗斯标准

由俄罗斯国家车辆制造科学研究院与全俄铁路运输科学研究院共同开展铁路方面的系统研究，制定有关铁路的国家标准和铁路行业标准，形成了比较完善的铁路标准体系，如俄罗斯《交通部 1 520 mm 轨距铁路（非自行）车辆计算和设计规范》。俄罗斯国家标准正在将俄罗斯标准与欧洲标准、俄罗斯国家技术法令、欧盟范围内所行使的法令接轨，实现国际化。

6.3.6 欧盟标准

欧盟铁路技术法规及标准体系构架包括 4 个层次：欧盟铁路指令（EC），由欧洲共同体批准；欧洲铁路互通性技术规范，由欧洲共同体批准；欧洲标准（EN），由欧洲标准化组织批准；欧盟各国国家、协会和企业标准。

1. 欧盟铁路指令

欧盟铁路指令对铁路系统的总体结构和功能提出了基本要求，并以安全性、可靠性、可用性、健康、环境保护、技术兼容性为基本框架，对铁路系统进行规范。欧盟铁路指令分为多个子系统，欧盟铁路指令属法律范畴。

2. 欧洲铁路互通性技术规范

欧盟铁路指令规定每个子系统都应符合欧洲铁路互通性技术规范（Technical Specification for Interope-rability，TSI）。TSI 是按照欧盟铁路指令，由代表基础设施的管理部门、铁路公司和该行业的联合机构制定。制定并实施 TSI 的目的是通过建立跨欧洲铁路系统各子系统之间必要的相互功能关系，确保通过该系统的相容性来满足指令规定的基本要求。

3. 欧洲标准

为满足上述欧盟铁路指令的基本要求和 TSI 的规定，欧洲最主要的标准制定机构 CEN 和 CENELEC 组织制定了技术内容更为详细的标准，以支持欧盟铁路指令和 TSI 的实施，要求各成员国把欧洲标准纳入本国标准。

6.3.7 日本标准

日本铁路技术法规及标准分为技术法规、解释性标准和执行标准 3 个层次。

1. 技术法规

技术法规是由铁路技术标准部制定的法规。2002 年 3 月，日本对铁路法规体系进行了修订，实质性变化是法规仅包括原则性条款，细节性款由执行标准规定。

2. 解释性标准

解释性标准是由政府制定的指南。

3. 执行标准

执行标准是基于以上的法律、法规及标准，由铁路企业建立、实施的"执行标准"。根据技术法规和标准，日本铁路公司制定自己的铁路执行标准，执行标准基本与解释性标准一致。

日本工业标准（JIS）是日本最权威的国家标准。其中，E类是关于铁路的标准，包括铁道机车车辆、线路装备、牵引供电、信号安全等。标准的内容主要涉及铁路产品的词汇、符号，产品的设计、制造要求及试验方法和整机试验方法等。

6.3.8 国际标准化组织铁路应用技术委员会（ISO/TC 269）

2012年3月，国际标准化组织成立铁路应用技术委员会，中国为积极成员国。ISO/TC 269是ISO在轨道交通领域设立的唯一技术委员会。近年来，在国家铁路局的精心组织和铁路相关单位的全力支持下，我国已成为ISO/TC 269中最活跃和最有影响力的国家之一。2015年，我国积极承担了机车车辆分技术委员会（ISO/TC 269/SC 2）副主席职位，并承担了基础设施分技术委员会（ISO/TC 269/SC 1）联合秘书处。

2022年6月，我国正式承担"基础设施"分技术委员会轮值秘书处和"机车车辆"分技术委员会主席。截至目前，我国铁路行业累计主持制定ISO国际标准7项，其中4项已正式发布实施。截至2022年9月底，ISO/TC 269现行国际标准29项，其中我国主持了5项，占比17%，并参加了其余24项标准的编制工作。目前，ISO/TC 269在编国际标准26项，其中我国主持5项，并参与所有其余21项标准的制定工作，实现了国际标准全覆盖。

国家铁路局将继续统筹调动铁路全行业技术力量，充分运用我国铁路标准体系建设成果，以我国一体化、谱系化标准架构为基石，努力将我国特色技术纳入国际标准，在国际标准化舞台积极贡献中国智慧和中国力量，实现标准"软联通"。

6.4 成果文件组成

国内铁路项目设计文件需按照《铁路建设项目预可行性研究、可行性研究和设计文件编制办法》（TB 10504—2018）（国家铁路局2023年第21号局部修订条文）格式进行编制，但没有单独规定机辆设备工程设计文件的格式，一般包括以下内容。

6.4.1 概　述

1. 设计依据

说明项目来源，主要包括设计委托、技术标准、审批文件等。

2. 设计范围

明确工程的设计范围，比如是否包含出入段线、外水电气、征地拆迁等工程。

3. 设计年度

设计年度分为近期和远期。近期为交付运营后第10年，远期为交付运营后第20年。工程设计应近、远期结合，按照远期规模规划、近期规模设计。

4. 设计阶段

铁路工程设计主要分为 4 阶段：预可行性研究、可行性研究、初步设计、施工图。对于投资较小的工程，根据实际情况和委托方意见，可按照两阶段设计，即可行性研究和施工图。

5. 设计原则

确定技术标准、设计规模、设计范围等。

6. 勘察设计经过

对于勘察设计过程较为复杂的项目，应阐述勘察设计经过。

6.4.2 既有段（所）设施现状

对既有或相邻路网机辆段（所）的分布、性质、规模以及可利用情况进行论述，涉及段（所）改建时，对既有段（所）主要设施设备存在的薄弱环节等进行论述。

6.4.3 经济与运量

预可研、可研阶段需进行可行性研究，主要从路网构成、规划铁路、客货运量等方面进行研究。

6.4.4 建设必要性及功能定位

预可研、可研阶段需进行必要性研究，主要从拟建的机辆设备工程对路网规划、路局生产的意义等方面进行论述。

6.4.5 建设方案

（1）预可研、可研阶段及初步设计阶段需计算工作量，作为规模设计的基础资料，计算方法详见第 4 章。

（2）预可研、可研阶段及初步设计阶段需要阐述设计方案，主要包括功能定位、规模设计、段址选择、总平面布置、工艺设计、设备选型、工程数量。

（3）在预可研、可研阶段还需对段址选择、总平面布置、工艺设计等进行方案比选研究。

6.4.6 相关专业设计内容

明确各专业执行的设计规范、设计内容和工程数量。

6.4.7 土地要素保障

可研阶段需对用地数量、农用地占用情况、永久基本农田占用情况等进行论述。

6.4.8 环境保护水土保持

可研阶段及初步设计阶段需对工程的环境适用性、环境保护、水土保持及污染治理等进行论述。

6.4.9 资源和能源节约与利用

可研阶段需对资源和能源利用效果、节约措施、碳排放减排措施进行论述。初步设计阶段需对工程能耗点分布及数量进行分析论述。

6.4.10 外部协作条件

工程征地拆迁、外水电气的接口需求。

6.4.11 有待进一步解决的问题

可研阶段及初步设计阶段不明确或遗留的问题，下阶段需相关单位协作解决。

6.4.12 建设工期与投资

（1）根据不同阶段，编制不同深度的投资，并与上阶段投资进行对比分析。
（2）预可行性研究：编制预估算。
（3）可行性研究：编制总估算、综合估算。
（4）初步设计：编制总概算、综合概算、单项概算。
（5）施工图：编制总预算、综合预算、单项预算。

6.4.13 融资方案与经济评价

可研阶段及初步设计阶段需对工程融资方案、土地综合开发及经济效益分析等进行论述。

6.4.14 社会稳定风险初步分析

可研阶段及初步设计阶段需对主要风险因素、风险等级、主要风险防范、化解措施等进行论述。

6.4.15 研究结论

对设计文件的必要性、可行性、投资等进行综合性评价。

6.4.16 附 图

1. 枢纽示意图

描述拟建机辆设备在铁路枢纽的位置以及与车站的相互关系。

2. 效果图

采用 3D MAX、Photoshop 等软件和 BIM 设计制作效果图，再现拟建机辆设备工程立体效果或平面效果。

3. 其他图纸

（1）预可行性研究：总平面布置及比较方案图。
（2）可行性研究：总平面布置及比较方案图、厂房组合及比较方案图。
（3）初步设计：总平面布置图、各个生产房屋设备平面布置图、各专业图纸。
（4）施工图：各专业施工图、取弃土场图、大临工程图。

6.4.17　国外项目设计文件

国内项目文件编制中，对于通用的、约定俗成的工程内容说明较少，比如定员、工艺流程、绿化、机辆选型、设备选型等内容。但国外铁路机辆设备工程与国内情况不尽相同，不同国家要求也不同，一般基于国内文件格式，另增加国外铁路部门要求进行编制。

6.4.18　铁路油库设计文件

油库设计专业面广，专业性强，需要由工艺、总图、建筑、结构、供电、给排水、暖通等专业设计人员共同完成。

1. 说明书组成

① 设计依据和设计原则。
② 建设规模。
③ 基础资料（地理位置、地形、地质、水文、气象、地震烈度、水、电、交通、通信、环境污染等）。
④ 总平面布置、占地面积和土地使用情况。
⑤ 建筑工程规划、方案和重大问题的决策。
⑥ 主要建筑物、构筑物的建筑结构形式。
⑦ 工艺流程。
⑧ 主要设备选型及配置。
⑨ 新技术、新材料、新设备的采用情况。
⑩ 环境保护、抗震和人防设施。
⑪ 外部协作配合情况。
⑫ 设备和主要材料规格数量。
⑬ 工程总概算。
⑭ 各项技术经济指标。
⑮ 建设顺序和进度安排。
⑯ 扩（翻）建工程，应说明原有工程情况及新旧工程的关系。

2. 图　纸

包括油库工艺总流程图、总平面布置图及油泵站、作业区等主要单体设计平面图。

针对个别项目，铁路附属油库消防验收过程中，要求输油管道按照特种设备要求进行验收，需按照相应要求补充管道强度计算书、管道应力分析书、管道平面布置图、轴测图等文件图纸。

6.5 机辆设备工程总承包管理

国外机辆设备工程多采用 EPC 模式。我国住房和城乡建设部于 2020 年正式发布《工程总承包合同（示范文本）》；国际总承包项目主要采用 FIDIC 合同条款。

国外工程与国内工程相比，除需研究设计技术外，还需研究项目背景、市场调查、工程融资等工程经济内容。

6.5.1 项目背景

铁路工程资金额度较大，一般源于项目国独立项目、两国政府工程、承包商业务、国际资金政策、援助项目和国内银行资源等，因此应重点关注国际行业趋势、国家战略和政策等，从中获得商机。

6.5.2 市场调查

国外项目不同于国内项目，市场调查是项目规划的第一手资料，对项目决策起到关键作用。国外项目市场调查内容如下：

（1）国别概况。主要调查拟建项目的国家信誉、经济发展状况、政府运作效率以及政治和经济环境、安全风险。

（2）市场调查。主要调查拟建项目当地的市场规划、项目融资、项目建设与管理现状等。

（3）法律体系。主要调查拟建项目工程相关的法律及其体系和公正性。

（4）银行保险。调查外汇管制、保险公司、汇率。

（5）企业调查。调查项目当地公司数量、中资公司、当地承包商、当地分包商，探讨合作性问题，调查承包商经营现状。

（6）项目调查。主要调查项目当地自然条件、项目条件，考察项目环境。

（7）分包情况。调查分包数量、能力、价格以及当地风俗习惯、税务等。

（8）代理情况。调查代理人的能力、信誉、收费。

（9）材料设备。调查材料供应充分性、价格、数量、运输手续、费用以及政府限制情况等。

（10）劳动力。调查劳动力供应充分性、价格、数量以及当地劳动力比例、当地劳动法、工作效率、保险等。

（11）税务体系。调查当地税种、税率、缴纳方式。

6.5.3 工程融资

国外铁路机辆设备工程一般采用债务融资的项目贷款模式。

项目贷款是为某一特定工程项目而发起的贷款，它是国际中长期贷款的一种形式。资金主要来源于国际金融市场、国际金融组织、外国政府或受外国政府支持的信贷机构，主要依靠该工程项目预期经济收益和其他参与人所承担的义务作为融资担保。项目贷款一般规定用在有偿还能力并能盈利的项目上，是完全依赖自身今后的收益来偿还的。项目贷款模式分为无追索权与有限追索权，主要区别在于是否有第三方提供担保。国际上普遍采用的是有限追索权的项目贷款。

项目贷款主要来源是政策性银行贷款，我国政策性银行主要有国家开发银行、中国进出口银行、中国农业发展银行。下面以中国进出口银行（简称"口行"）为例，分析项目贷款。

口行针对国外机辆项目贷款采用出口信贷方式（国际信贷方式）。出口信贷是指一国政府为支持和扩大本国大型设备的出口，加强产品的国际竞争力，对本国的出口给予利息补贴并提供信贷担保，以鼓励本国的银行或非银行金融机构对本国的出口商或外国的进口商（或其银行）提供利率较低的贷款，以解决本国出口商资金周转的困难，或满足国外进口商对本国出口商支付贷款需要的一种国际信贷方式。出口信贷分为出口买方信贷、出口卖方信贷、"两优"贷款等方式。

1. 出口买方信贷

出口买方信贷是指口行向境外借款人提供的促进中国产品、技术和服务出口的本、外币贷款。

1）贷款申请条件

（1）借款人所在国经济、政治状况相对稳定，或其所在国国别风险可控；

（2）借款人资信状况良好，具备还贷能力；

（3）出口产品、技术及服务符合我国及进口国有关规定；

（4）借款人提供中国口行认可的还款担保；

（5）在口行认为必要时投保出口信用险；

（6）口行认为必要的其他条件。

2）贷款额度

商务合同的金额不低于 100 万美元，国产率不低于 70%，定金不低于 15%；贷款比例不超过项目合同额度的 85%。

3）贷款对象

境外金融机构、进出口国财政部或进口国政府授权的机构，以及口行认可的进口商或境外业主。

4）贷款申请材料

（1）借款申请书；

（2）借款人、保证人、出口商、承包商等有关方的财政报告、资信证明等有关文件；

（3）保险承保意向性文件；

（4）人民币出口买方信贷需提供开立银行结算账户申请书及相关证明文件；

（5）采取抵（质）押担保方式的，需提供权属证明文件和必要的价值评估报告；

（6）口行认为必要的其他材料。

5）贷款形式

包括固定资产类贷款、流动资金类贷款两种形式，并可采用境外金融机构转贷的方式。

固定资产类贷款用于为进口商或境外业主购买固定资产类货物以及为对外工程承包项目提供融资支持。流动资金类贷款包括货物出口类和运营资金类，流动资金类贷款由境外金融机构转贷的，还可用于满足境外金融机构在本行制定范围内自主选择并独立审批的贷款项目或中短期贸易融资业务资金需求。

6）出口商、借款人

口行买方信贷业务的出口商（承包商）应为中国境内的独立企业法人，具有中国政府有权机构认定的实施出口项目的资格，并具备履行商务合同的能力。

出口买方信贷业务借款人为境外金融机构、进口国财政部或进口国政府授权的机构，以及本行认可的进口商或境外业务人。

7）贷款期限

固定资产类贷款：根据项目投资回收期和预计现金流核定，从提款开始之日起至贷款协议规定的最后还款日止，一般不超过15年。

流动资金类贷款：货物出口类流动资金贷款根据借款人贷款项下资金周转情况确定，一般不超过3年。运营资金类贷款期限根据借款人经营管理能力、资金周转情况，以及项目运营情况综合确定，一般不超过3年。

8）审批流程

出口买方信贷性质上属于资本输出，申请和审批程序较卖方信贷要复杂得多，基本程序如下：

出口商向中国口行申请贷款承诺→出口商与进口商签订商务合同→进口国银行或财政部提供担保→申请并签订贷款协议→进口方银行通过协付行向出口商出具/通知即期信用证→进口商向出口商支付15%的定金→出口商通过进口商发送货物→出口商通过协付行向进口方银行交单议付/提款→借款人向中国口行还本付息或赔偿/追索。

9）贷款文件

贷款文件既要体现国际惯例，又要体现当事人实现其权利和义务的法律依据，主要内容包括有关贷款先决条件的文件，借款人的营业执照、章程，董事会关于利用中国口行买方信贷的决议，进口方面银行或进口方财务部的担保函，有关当事人的签字授权及印鉴册。

2. 设备出口卖方信贷

设备出口卖方信贷指口行对我国境内企业出口设备及对外提供设备相关技术服务所需资金提供的本、外币贷款。

1）贷款申请条件

（1）借款人经营管理、财务和资信状况良好，具备偿还贷款本息能力；

（2）进出口商具备相应实力，资信状况良好；

（3）提供口行认可的还款担保（如涉及）；

（4）在口行认可必要时投保出口信用保险；
（5）延期付款项目，延期支付部分应提供本行认可的支付保证；
（6）口行认可必要的其他条件。

2）贷款对象

凡在我国工商行政管理部门登记注册，具有独立法人资格的境内（不包括港澳台地区）企业，均可向口行申请设备出口卖方信贷。

3）贷款申请材料

（1）借款申请人；
（2）借款人及担保人的基本情况、经年检的营业执照副本、近三年（成立不足三年的，成立以来）经审计的财务报告及本年近期财务报表和附注、其他表明借款人及担保人资信和经营状况的材料；
（3）必要的国家有关审批机关批准文件；
（4）已收到的进度款收汇水单，应收进度款的支付保证，延期付款项目中延期支付部分的支付保证；
（5）还款担保意向书（如涉及）；
（6）采取抵（质）押担保方式的，必须提供有效的抵押物、物质权属证明，由中国进出口银行委托外部机构评估抵押物、物质价值的，还须提供价值评估报告；
（7）出口信用保险承保意向性文件（如涉及）；
（8）采取代理方式出口的，须提供代理协议等相关文件；
（9）中国进出口银行认为必要的其他材料。

4）审批程序

项目评估（借款人资信评估、项目可行性评估、项目经济效益评估、担保评估）→项目审批→贷款发放、管理和回收（落实放款条件、确定代理行）。

5）卖方信贷和买方信贷的主要区别

借款人不同：买方信贷的借款人是进口国财政部或进口商；卖方信贷的借款人是出口商（承包商）。

担保情况不同：卖方信贷是业主委托银行依据商务合同直接给出口商（承包商）开出还款保函或信用证；买方信贷是借款银行与出口商所指定的银行签订借款协议，然后由第三家金融机构再进行担保。

付款方式不同：买方信贷是现汇项目、即期付款；卖方信贷是延期付款（分期付款）。

对企业财务状况影响不同：买方信贷不影响出口商（承包商）的财务状况；卖方信贷增加了出口商（承包商）的财务负担。

融资责任和风险不同：买方信贷融资、风险由银行承担；卖方信贷由出口商（承包商）承担（利率风险、汇率风险、收汇风险）。

对项目控制程度不同：买方信贷存在业主公开招标的可能性；卖方信贷待商务条款、技术条款确定后与业主签订合同。

3."两优"贷款

"两优"贷款是中国援外优惠贷款和优惠出口买方信贷的简称，是中国政府给予发展中国家政府的援助贷款。中国进出口银行是中国政府制定的"两优"贷款业务唯一承办方。

1）贷款申请条件

（1）借款国政府借款申请函；

（2）商务合同；

（3）项目可行性研究报告（建议书）、环评报告；

（4）项目业主材料；

（5）执行企业和主要分包商/供货商材料等。

2）贷款对象

（1）借款国政府向中国政府提出贷款申请并提交相关材料；

（2）搜集贷款项目相关材料，开展贷前调查；

（3）对项目进行评估审查，并向有关部门通报评审结果；

（4）中国政府与借款国政府签订政府间优惠贷款框架协议后，中国进出口银行与借款人签署具体贷款协议（援外优惠贷款），或经政府主管部门同意后，与借款人签署具体贷款协议（优惠出口买方信贷）；

（5）贷款资金随项目进度分多次发放；

（6）按相关制度开展贷后管理、回收贷款本息。

3）援外优惠贷款和优惠出口买方信贷的区别

援外优惠贷款以人民币为贷款币种，优惠出口买方信贷以美元为贷款币种。

4）申请流程

拟使用"两优"贷款的项目，须由借款国政府主管部门向中国政府提出借款申请。对于拟使用"两优"贷款的项目，相关各方宜在项目探讨初期即与中国政府和中国进出口银行建立联系，及时沟通项目信息。

贷款程序：申请贷款→评估→签署框架协议和贷款协议→项目实施和放款→贷款偿还。

5）"两优"贷款项目基本条件

（1）与我国保持良好的外交关系，有偿还能力，且偿债信誉良好（有特殊需要的国家除外）；

（2）拟使用"两优"贷款的项目应符合借款国经济发展和行业规划，有利于促进借款国经济和社会发展，促进与中国经贸合作关系的发展；

（3）具备经济、技术可行性，不会对项目所在地的自然环境和人文环境造成严重的不利影响。

贷款项目须在该国项目清单靠前位置（至少需要排在该国的前三名，一般是第一名才能获取优惠贷款）

6）贷款额度

金额不低于2 000万人民币；利率和期限：执行框架协议；利息：每半年计息一次；本金偿还：进入还本期后每半年一次等额偿还。

7）归口管理

商务部：负责制定政策和计划，签署优惠贷款框架协议。中国进出口银行负责项目的评估审查、放款、贷款管理、本息回收。

4. 出口信贷的程序要求

（1）获取项目信息，达成项目意向，签署文件，如 MOU（谅解备忘录）、LOI（意向书）或初步协议；

（2）联系银行，如口行、开行或其他商业银行、信保公司；

（3）由银行与对方商谈贷款条件和信用保险条件；

（4）商签贷款框架协议（视情况）；

（5）一亿美元以上的买方信贷和卖方信贷项目，通过商务部（央企）或通过省政府向国务院报批；

（6）商签商业合同和贷款协议。

5. 应注意的问题

国别选择：应选择国别风险小、主权信用评级高的国家；是否已经签署优买或优贷框架协议。

项目选择：列入所在国优先项目或所在国提出的项目。

融资方式和结构：确定买方、卖方信贷等融资方式。

担保和还款方式：落实担保方式（信用担保、主权担保、资源担保）。

银行和信保公司的支持：做好"一保一贷"。

审批工作特点：耗时长、各方关系复杂、进展慢、前期投入大。

6.5.4　工程代理

国外项目寻找一个合格的、合适的、合法的代理商至关重要。部分国家规定：一定要有代理商才可以参与投标。承包商与代理商之间的关系确定为合作伙伴，承包商按照代理协议向代理商支付代理费用；同时代理商也会按照代理协议向承包商提供国际商务活动境外业务咨询服务，协助承包商拓展境外业务，加大国际商务活动力度，帮助解决项目投标以及合同执行过程中诸多烦琐但却十分重要的细节问题。代理的选择应注重以下问题：

（1）法律规定和市场惯例。

（2）代理的选择标准。代理应该有广泛的交际网络、强大的背景、协调能力强，并具备成功的项目经验和良好的信誉和口碑。

（3）代理协议。明确代理范围、权限、时间、费用。

6.5.5　工程承包

工程承包应重视"法律为准绳、合同为核心、技术为支撑"的原则，并做好以下工作：

1. 项目追踪阶段

（1）做好用户需求调查。

（2）做好工程技术宣传。

（3）工程融资。

（4）配备 EPC 谈判人才。

（5）管理模式完善。

（6）注重合作和多赢的伙伴关系。

（7）工程询价、报价。

（8）落实工程代理（如需要）。

2．签订合同阶段

（1）熟知合同框架、国际合同条款。

（2）注重合同的严肃性、准确性、合规性。

（3）充分研究工程风险。

3．工程实施阶段

（1）做好项目组织。

（2）制定合理可行的工程建设方案。

（3）做好工程实施计划。

（4）管理项目过程。

6.5.6 项目管理

工程项目管理主要有 DBB、EPC、BOT 等多种模式，目前铁路机辆设备工程主要采用 DBB 和 EPC 两种模式。

1．DBB 模式

设计-招标-建造（Design Bid Build，DBB）模式，是最传统的一种工程项目管理模式，国内铁路机辆设备工程多采用这种模式。该管理模式在国际上也最为通用，世行、亚行贷款项目及以国际咨询工程联合会（FIDIC）合同条件为依据的项目多采用这种模式。其突出特点是强调工程项目实施必须按照设计—招标—建造的顺序方式进行，只有一个阶段结束后另一个阶段才能开始。

1）优　点

DBB 模式，业主与设计单位签订设计合同，设计单位提供项目设计文件，在设计单位的协助下，通过竞争性招标将工程施工任务交给报价和质量都满足要求且最具资质的投标人来完成。在施工阶段，设计专业人员通常担任重要的监督角色，并且是业主与承包商沟通的桥梁。

2）缺　点

这种模式在项目管理方面的技术基础是按照线性顺序进行设计、招标、施工的管理，因此，建设周期长，投资成本容易失控，业主单位管理的成本相对较高，设计工程师与承包商之间协调比较困难。由于建造商无法参与设计工作，有时设计的可施工性差，设计变更频繁，导致设计与施工的协调困难，可能发生争端，使业主利益受损。另外，项目周期长，业主管理费较高，前期投入较高，变更时容易引起较多的费用纠纷。

3）DBB 模式下的设计管理

在 DBB 模式下，业主处于工程项目管理的核心地位，一般按照"设计-投标-施工三步法"对工程项目进行管理。在此模式下，业主分别把设计和施工交给不同的承包商来完成，而他们的工作又是依次进行的。只有当设计工作完成后,业主才能通过施工招标来选择施工承包商,由施工承包商按照设计图纸完成施工任务。

在 DBB 模式下,设计管理起着衔接前期策划阶段工作和施工管理的作用。此时,承担设计管理的设计单位,根据业主对项目使用目的、功能和技术的要求,对工程设计阶段的投资、质量和进度三大目标进行控制,以实现投资不超过已批准的立项计划投资、质量满足其标准规范要求和进度实现项目目标工期。因此在 DBB 模式下,总体策划和管理尤为重要。

4) DBB 模式的交易费用管理

在 DBB 模式下,业主可通过充分的市场竞争来选择较低的合同价,但同时,业主需要在设计单位、承包商、供应商之间进行大量的协调工作,工程交易费用较高,若管理不当或把关不严,很容易造成合同价节约的价款尚无法补偿增加的高额交易费用,导致工程总造价较高,使 DBB 模式失去其应有的优势。

工程交易费用可分为协调费用和激励费用。在 DBB 模式中业主发布项目公告、进行资格预审、组织开标评标、缔约合同而产生的费用属于协调费用;进行专业咨询、委托建设监理单位或项目管理公司管理、承包商索赔而产生的费用属于激励费用。建设活动中交易费用纷繁复杂,在交易技术不变的条件下,交易次数越多,发生的交易费用就越多。因此,在 DBB 模式下合理划分标段和策划合同激励措施,可降低工程交易费用,使工程总费用达到最优。

2. EPC

设计(工程)-采购-建造(Engineering Procurement Construction,EPC),是指公司受业主委托,按照合同约定对工程建设项目的设计、采购、施工、试运行等实行全过程或若干阶段的承包。通常公司在总价合同条件下,对所承包工程的质量、安全、费用和进度负责。

1)优 点

较传统承包模式而言,EPC 总承包模式具有以下三个方面的基本优势:

(1)强调和充分发挥设计在整个工程建设过程中的主导作用。对设计在整个工程建设过程中的主导作用的强调和发挥,有利于工程项目建设整体方案的不断优化。

(2)有效克服设计、采购、施工相互制约和相互脱节的矛盾,有利于设计、采购、施工各阶段工作的合理衔接,有效地实现建设项目的进度、成本和质量控制符合建设工程承包合同约定,确保获得较好的投资效益。

(3)建设工程质量责任主体明确,有利于追究工程质量责任和确定工程质量责任的承担人。

2)特 点

(1)业主不应该过于严格地控制总承包人,而应该给总承包人在建设工程项目建设中较大的工作自由。譬如,业主不应该审核大部分的施工图纸、不应该检查每一个施工工序。业主需要做的是了解工程进度、了解工程质量是否达到合同要求,建设结果是否能够最终满足合同规定的建设工程的功能标准。

(2)业主对 EPC 总承包项目的管理一般采取两种方式,即过程控制模式和事后监督模式。

过程控制模式是指业主聘请监理工程师监督总承包商"设计、采购、施工"的各个环节,并签发支付证书。业主通过监理工程师各个环节的监督,介入对项目实施过程的管理。FIDIC 编制的《生产设备和设计:施工合同条件》(1999 年第一版)即是采用该种模式。

事后监督模式是指业主一般不介入对项目实施过程的管理，但在竣工验收环节较为严格，通过严格的竣工验收对项目实施总过程进行事后监督。FIDIC 编制的《设计、采购、施工合同条件》（1999 年第一版）即是采用该种模式。

（3）EPC 总承包项目的总承包人对建设工程的"设计、采购、施工"整个过程负总责，对建设工程的质量及建设工程的所有专业分包人履约行为负总责，即总承包人是 EPC 总承包项目的第一责任人。

3）合同模式

在 EPC 总承包模式下，总承包商对整个建设项目负责，但却并不意味着总承包商须独自完成整个建设工程项目。除法律明确规定应当由总承包商必须完成的工作外，其余工作总承包商则可以采取专业分包的方式进行。在实践中，总承包商往往会根据其丰富的项目管理经验，根据工程项目的不同规模、类型和业主要求，将设备采购（制造）、施工及安装等工作采用分包的形式分包给专业分包商。所以，在 EPC 总承包模式下，其合同结构形式通常表现为以下几种形式：

（1）交钥匙总承包（EPC）；
（2）设计-采购总承包（E-P）；
（3）采购-施工总承包（P-C）；
（4）设计-施工总承包（D-B）；
（5）建设-转让（B-T）等相关模式。

最为常见的是 EPC、D-B、B-T 三种形式。

EPC 交钥匙总承包，是指设计、采购、施工总承包，总承包商最终向业主提交一个满足使用功能、具备使用条件的工程项目。这种模式是典型的 EPC 总承包模式。

D-B 总承包，是指工程总承包企业按照合同约定，承担工程项目设计和施工，并对承包工程的质量、安全、工期、造价全面负责。在这种模式下，建设工程涉及的建筑材料、建筑设备等采购工作，由业主来完成。

B-T 总承包，是指有投融资能力的工程总承包商受业主委托，按照合同约定对工程项目的勘察、设计、采购、施工、试运行实现全过程总承包；同时，工程总承包商自行承担工程的全部投资，在工程竣工验收合格并交付使用后，业主向工程总承包商支付总承包价。

4）造　价

在 EPC 承包模式中，工程造价的合理确定与有效控制十分重要。

在项目实施阶段，总承包单位应派驻有经验的造价工程师到施工现场进行费用控制，根据初步设计概算对各专业进行分解，制定各部分控制目标。施工图设计与初步设计在一些材料设备的选用上可能还有些出入，造价工程师都应该及早发现解决。通过设计修改把造价控制在概算范围内。具体措施包括：

（1）通过招标投标确定施工单位。

项目招标投标制度是总承包单位控制工程造价的有效手段，通过招标投标可以提高项目的经济效益，保证建设工程的质量，缩短建设投资的回报周期，总承包单位可以充分利用招标投标这一有效手段进行工程造价控制。

（2）通过有效的合同管理控制造价。

施工合同是施工阶段造价控制的依据。采用合同评审制度，可使总承包单位各个部门明确责任签订严密的施工承包合同，可合理地将总承包风险转移，同时在施工中加强合同管理，才能保证合同造价的合理性、合法性，减少履行合同中甲、乙双方的纠纷，维护合同双方利益，有效地控制工程造价。FIDIC合同条款具有一定的科学性、合理性、公平性，是合同管理和控制造价的有力武器，可供借鉴参考。

（3）严格控制设计变更和现场签证。

由于设计图纸的遗漏和现场情况的千变万化，设计变更和现场签证是不可避免的。总承包单位通过严格设计变更签证审批程序，加强对设计变更工程量及内容的审核监督，改变过去先施工后结算的程序，由造价工程师先确认变更价格后再施工，这样才能在施工过程中对合同价的变化做到心中有数。在施工过程中，造价工程师应深入现场对照图纸察看施工情况，了解收集工程有关情况，及时掌握施工动态，不断调整控制目标，为最终的工程总结算提供依据，做好必要的准备工作。如果是业主原因造成的设计变更，根据合同约定，还应该及时向业主提出索赔。

由于设备、材料费在整个项目造价中所占的比重很大，做好采购工作对降低整个工程项目的造价有重要作用。设备、材料采购控制是EPC项目成败的重要因素之一，不仅要对货物本身的价格进行选择，还要综合分析一系列与价格有关的其他方面问题，例如，根据市场价格浮动的趋势和工程项目施工计划，选择合适的进货时间和批量；根据周转资金的有效利用和汇率、利率等情况，选择合理的付款方式和付款货币；根据对供货厂商的资金和信誉的调查，选择可靠的供货厂商。总之，要千方百计化解风险，减少损失，增加效益，以降低整个工程项目的造价。当然货物的质量必须要满足相关技术标准。

（4）EPC项目竣工阶段的造价控制。

工程竣工后，总承包单位及时编制竣工决算，报业主批准。同时在审核分包结算时，坚持按合同办事，对工程预算外的费用严格控制。对于未按图纸要求完成的工作量及未按规定执行的施工签证一律核减费用；凡合同条款明确包含的费用，属于风险费包含的费用，未按合同条款履行的违约等一律核减费用，严格把好审核关。收集、积累工程造价资料为下一次投标报价做好准备。每完成一个项目都要对该项目进行分析比较，分析设计概算与施工图预算在工程量上的差别。

6.5.7 总体管理

相比国内铁路机辆设备工程，国外项目总体管理更加重要，总体不仅扮演工程设计技术牵头者的角色，还兼顾项目经理的工程管理者的责任，国外项目管理应注重以下几个方面：

（1）明确工程范围，严格执行商务合同。

（2）重视会议纪要、邮件等官方沟通途径。

（3）明确技术标准，明确设计成果。

（4）重视时间管理，严格按照约定计划设计。

（5）融合技术与报价、商务，融合设计与施工。

（6）加强沟通与交流。

（7）重视市场开发。

6.6 全过程咨询服务

6.6.1 定 义

全过程工程咨询服务是指对建设项目全生命周期提供组织、管理、经济和技术等各有关方面的工程咨询服务，包括项目的全过程管理以及投资咨询、勘察、设计、造价咨询、招标代理、监理、运行维护咨询等工程建设项目各阶段专业咨询服务。

6.6.2 特 点

1. 集成化

全过程工程咨询将碎片化的投资咨询、勘察设计、造价咨询、招标代理、工程监理和项目管理等专项咨询进行有机整合，从而实现设计、施工、运营维护的集成，人员与团队的集成，知识、技术与管理的集成。

2. 强调智力服务

工程咨询单位要运用工程技术、经济学、管理学、法学等多学科的知识和经验，为业主方提供智力服务。特别是在项目决策阶段，业主方需要借助工程咨询单位的经验与智慧，为项目进行准确定位、建设内容策划及可行性研究。

3. 覆盖范围广

全过程工程咨询可涉及项目决策、设计准备、勘察设计、施工准备、施工、竣工验收、运营维护等项目生命周期的各个阶段，包括组织、管理、经济和技术等各有关方面的工程咨询服务。

6.6.3 优 势

（1）在咨询团队内部建立具有系统性和一致性的组织体系与工作流程，保证组织体系与工作体系的完整性。

（2）改变传统咨询模式中各专业咨询碎片化的缺点；能够减少工作界面，提高工作效率和服务质量；能够让工程咨询单位真正实现为项目增值。

（3）将项目决策阶段建设的初衷及相关管理意图最大限度地贯彻执行下去，实现决策阶段与实施阶段的无缝衔接。

（4）改变传统咨询模式下专项咨询单位之间对工作失误的互相推诿甚至索赔，将咨询责任归由全过程工程咨询团队承担，减少以往传统模式下协作单位之间的冲突。

（5）加大工程项目各参与单位之间的互动与协作，增加项目参与单位，特别是各专项咨询单位之间的互信，以改善建筑行业的合作氛围，提高整个行业的信任度提供有利的条件。

全过程工程咨询与传统工程咨询对比如图 6.6-1 所示。

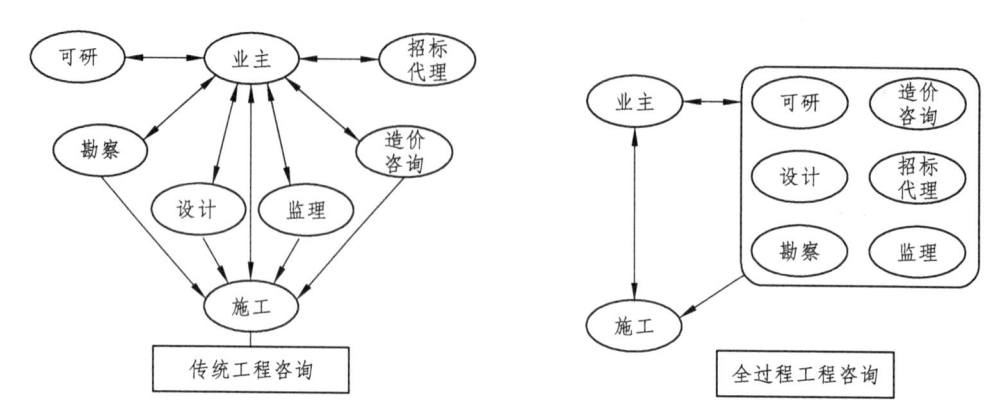

图 6.6-1 全过程工程咨询与传统工程咨询对比

6.6.4 发 展

国外工程咨询业从 19 世纪中叶开始，经过 100 多年的发展，制度建设和运营模式不断完善。概括起来，国外工程咨询行业大致经历了 3 个发展阶段：一是个人咨询阶段，二是合伙咨询阶段，三是综合发展阶段。国外工程咨询市场化程度高，其发展业态主要由市场决定。

2019 年 3 月，国家发展改革委联合住房和城乡建设部印发《关于推进全过程工程咨询服务发展的指导意见》，提出以工程建设环节为重点推进全过程咨询。在房屋建筑、市政基础设施等工程建设中，鼓励建设单位委托咨询单位提供招标代理、勘察、设计、监理、造价、项目管理等全过程咨询服务，满足建设单位一体化服务需求，增强工程建设过程的协同性；在组织上，工程建设全过程咨询服务应当由一家具有综合能力的咨询单位实施，也可由多家具有招标代理、勘察、设计、监理、造价、项目管理等不同能力的咨询单位联合实施；同时明确提供全过程工程咨询服务的单位资质要求及人员资格要求。在此阶段，全过程工程咨询提上日程，相关政策文件对全过程工程咨询如何组织与实施给出了实质性的指导意见。

2020 年 4 月，国家发展改革委与住房和城乡建设部推出《房屋建筑和市政基础设施建设项目全过程工程咨询服务技术标准（征求意见稿）》，明确了全过程工程咨询的内涵和外延，全过程工程咨询的范围和内容，全过程工程咨询的程序、方法及成果，指导工程咨询类企业为委托方提供全过程工程咨询服务。至此，全过程工程咨询企业具有了可借鉴的全过程工程咨询服务标准。

全过程咨询服务涉及的相关法律法规及文件如下：

2017 年 2 月 21 日，国务院办公厅发布《关于促进建筑业持续健康发展的意见》。

2017 年 5 月 2 日，《住房和城乡建设部关于开展全过程工程咨询试点工作的通知》。

2019年3月22日,国家发改委、住建部印发《关于推进全过程工程咨询服务发展的指导意见》。

2020年4月28日,国家发改委、住建部印发《房屋建筑和市政基础设施建设项目全过程工程咨询服务技术标准(征求意见稿)》。

2020年10月,中国建筑业协会发布《全过程工程咨询服务管理标准》。

2020年8月31日,住建部发布《全过程工程咨询服务合同示范文本》(征求意见稿)。

2022年3月8日,中国工程建设标准化协会发布《建设项目全过程工程咨询管理标准》。

7 铁路机辆设备工程设计展望

中国铁路已向高质量发展阶段迈进，机辆设备工程设计技术也在不断完善与发展。移动装备在机辆制式、修程修制、作业内容等方面日新月异，不断提出新的要求，这就需要机辆工程设计技术与时俱进，不断革新，以适应和引领铁路技术的发展。

7.1 总体管理

7.1.1 系统集成

现阶段铁路机辆设备设计，多以单专业形式组合设计，未形成系统性设计理念。高速铁路系统以工务工程、牵引供电、列车运行控制、运营调度、客运服务等系统集成方式，形成管理高速铁路系统的模块。机辆设备作为铁路行业的一个重要板块，工程总体设计需系统划分领域，将集成设计融入设计理念，便于机辆设备工程总体设计管理与协调。

机辆设备设计可划分为工艺系统、牵引供电系统、建筑系统、站场系统、四电系统。分系统设计、总体分布管理，将专业系统化，便于全局统筹规划，便于过程中接口管理和设计优化，同时也便于工程投资分析管理。

7.1.2 工程构建

从人工绘图到机械制图，是计算机时代带给工程设计的重大革新。随着计算机技术的飞速发展，BIM（建筑信息模型）设计已深入各大工程领域，BIM正向设计作为基建行业新革命的重磅武器，在机辆设备设计领域也将成为一把利器。BIM技术的研究和应用可有效提升建设项目设计、施工及运营的科学技术水平，实现建设项目全生命周期管理信息化，具有巨大的应用价值和广阔的应用前景。结合BIM技术，理论建模、模拟计算、虚拟现实、数字孪生等先进设计理念将得到更好地应用。系统集成中分系统采用不同BIM软件及模型，利用集成后的接口管理、可视化的工程构建将是未来工程设计的常态。

7.2 工程技术

7.2.1 移动装备

从蒸汽时代到内燃时代再到电气化时代，移动装备不断发展进步。高速、重载是移动装备追求的永恒目标，CR450的研制并将在成渝中线的高速试验将进一步挖掘轮轨关系速度的潜能；川藏铁路超长大坡道、超长隧道将对列车牵引、制动性能提出新的挑战；西部陆海大通道、多式联运、动货运输将进一步提升货运移动装备的技术水平；京张高铁智能动车组的研制与运营标志着客运移动装备进入智能化、数字化时代；市域郊铁路的规划与实施将打通国铁、城际、市域、城轨交通运输的经络，丰富移动装备的类型，以移动装备为研究对象的机辆设备工程设计也将向纵深继续发展。

7.2.2 检修装备

工艺是机辆设备工程的灵魂，而检修装备是机辆设备工程的基础。近年来，移动装备修程修制改革不断深入，"机检 + 人检""机检代人检"使移动装备运用效率不断提升，未来移动装备修程修制逐步由"计划修 + 状态修"过渡为"预测修 + 状态修"，为无人化、智能化、信息化检修装备的飞速发展提供了重要保障。采用多物理场耦合技术、视觉反演技术、视觉检测技术等先进技术，研制全车 360°监测系统、车底机器人监测系统、轮对受电弓检测系统、各种智能检修装备，为机车车辆进行全面体检，同时融合车载数据检测系统，构造大数据智能维保检修平台，实现移动装备全生命周期检修与寿命管理。

7.2.3 运营需求

随着移动装备、检修装备的纵深发展，运营维护高质量需求也随之提升。一方面是对运营维护间隔及停时的优化，人工运营维护比例将大幅下降，无人化、智能化运营维护需求提升；另一方面，检修装备的先进性给运营维护带来了新的课题，那就是效益与效率，未来机辆设备工程的运营维护在保障安全的前提下，必将追求效益与效率的最大化。另外，基于多层次化状态监测检测模型，进一步搭建 PHM（故障预测与健康管理）体系，实现事故主动预防与故障快速处理，保障运行安全需求；通过生命周期数据分析技术，提高检修质量；通过故障定位诊断技术，提升生产效率；通过故障预测与寿命管理技术，降低运维成本。

参考文献

[1] 朱颖，许佑顶，林世金，等. 高速铁路建造技术设计卷[M]. 北京：中国铁道出版社，2015.

[2] 徐银光，李艳. 成渝中线 400 km/h 轮轨动车组技术指标研究[J]. 高速铁路技术，2020，11（3）：7-11.

[3] 王锋. 打造性能更优新一代 CR450 高速动车组助推中国高铁事业"十四五"更大发展[J]. 城市轨道交通，2022，25（2）：12+144-145.

[4] 王利军，王利锋，张雄. 中国高速铁路动车段及运用所设计技术发展[J]. 高速铁路技术，2020，11（4）：36-42.

[5] 中国铁路设计集团有限公司. 动车运用所标准化技术研究[Z]. 北京：中国铁路设计集团有限公司，2022.

[6] 王利锋. 铁路机辆设备工程总体设计[M]. 成都：西南交通大学出版社，2016.

[7] 王利锋，李豫，徐久勇，等. 高速铁路动车运用所工程设计关键技术[M]. 成都：西南交通大学出版社，2019.

[8] 中铁二院机械动力工程设计研究院. 设计技术规定（2022版）[Z]. 成都：中铁二院机械动力工程设计研究院，2021.

[9] 中国铁路总公司运输局机务部. 铁路机车概要 交流传动内燃、电力机车[M]. 北京：中国铁道出版社，2017.

[10] 李伟东. 铁路机辆设备工程规划研究[J]. 铁道标准设计，2019，63（5）：160-163.

[11] 和谐型交流传动机车技术丛书编委会. 和谐型交流传动机车技术丛书[M]. 北京：中国铁道出版社，2019.

[12] 张正舟，欧阳鹏，韩永军，等. 动车段车间工艺设计方法研究[J]. 高速铁路技术，2023，14（4）：1-7.

[13] 张正舟，欧阳鹏，薛正，等. 高铁中间站到发线夜间存车配套措施及存车能力研究[J]. 铁道经济研究，2023（4）：24-29.

[14] 欧阳鹏，李豫，张正舟，等. 修程修制改革对动车段（所）设施配备影响的探讨[J]. 铁道标准设计，2023，67（8）：185-191.

[15] 欧阳鹏，王炜. 北京动车段高级修扩建工程工艺设计研究[J]. 铁道机车车辆，2022，42（2）：147-153.

[16] 欧阳鹏. 北京动车段转向架检修间扩能改造工艺设计研究[J]. 铁道勘察，2021，47（3）：146-151.

[17] 艾刚. 广州大功率机车检修基地总体工艺方案优化[J]. 铁道标准设计，2013（7）：123-126.

[18] 王利军，李君临. 西双版纳站机辆设施整合方案研究[J]. 工程技术研究，2020，5（6）：9-10.

[19] 王利军，陈科，任冲，等. 高原山区高速铁路热备动车组布点研究[J]. 高速铁路技术，2023，14（4）：50-55.

[20] 向航鹰. 成都动车段工程设计及技术创新[J]. 铁道标准设计，2017，61（11）：151-154.

[21] 王道君. 成都货车检修基地设计方案的研究及特点[J]. 高速铁路技术，2010，1（4）：30-32.

[22] 王利锋，李伟东，王利军，等. 成渝中线高速铁路车辆设备布局研究[J]. 高速铁路技术，2021，12（4）：7-11.

[23] 王利锋. 铁路机辆设备工程工艺设计的哲学思想[J]. 中国勘察设计，2020（4）：101-103.

[24] 王利锋. 全路动车段布局研究[J]. 工程建设与设计，2019（3）：139-140.

[25] 王利锋. 大规模动车组高级修工艺设计研究[J]. 高速铁路技术，2018，9（6）：49-52.

[26] 林绍平. 重庆枢纽动车组运用设备分布及规模研究[J]. 高速铁路技术，2018，9（1）：30-33.

[27] 胡帆. 铁路内燃调机柴油库总平面布局研究[J]. 工程技术研究，2021，6（3）：210-212.

[28] 代宗权. 高原双源动力集中动车组整备检修工艺设计[J]. 工程建设与设计，2023（16）：60-62.

[29] 周尧. 动车运用所LU设备与不落轮镟床共线设置新工艺研究[J]. 工程技术研究，2020，5（10）：11-12.

[30] 陈科. 因点及面，点面结合——南宁枢纽机务、车辆设施布局研究[J]. 通讯世界，2017（13）：257-258.

[31] 李鹏涛. 铁路油库运安管理系统的开发与应用[J]. 科技与创新，2021（19）：169-170.

[32] 骆燕，王利锋. 成都动车段总平面布置设计[J]. 铁道标准设计，2012（3）：99-101.

[33] 胡兵，王利军. 昆明枢纽"一中心、五基地"规划研究[J]. 工程技术研究，2019，4（21）：177-179.

[34] 胡兵，王利军. 成都和谐型大功率机车检修段设计特点研究[J]. 机电信息，2019（20）：112-113.

[35] 曹克非，向航鹰. 昆明铁路局机务检修设施资源整合的探讨[J]. 铁道技术监督，2009，37（5）：39-41.

[36] 侯小祥，丁子全. 面向动车段生产作业的节拍式、量份式物流体系研究[J]. 物流技术，2021，40（8）：100-103.

[37] 侯黎明，王永强. 机车标准化整备棚设置研究[J]. 铁道标准设计，2018，62（8）：178-183.

[38] 李经伟. 中国标准动车组运用检修适应性研究[J]. 城市建设理论研究（电子版），2019（10）：103.

[39] 袁锋. EPC 模式下动车所项目工艺优化设计及接口管理[J]. 铁路技术创新，2023（2）：17-21.

[40] 王华胜，张庆华，蔡振东，等. 动车所开展动车组三级修可行性方案探讨[J]. 中国铁路，2022（7）：84-88.

[41] 关永永，袁小峰. 动车所布局优化设计[J]. 铁道运营技术，2022，28（2）：29-32.

[42] 叶丹. 关于动车组检修周期优化及运用效率提升的探讨[J]. 铁道车辆，2018，56（8）：30-32.

[43] 韩亮亮，孟炜，赵峰，等. 铁路机务车辆 BIM 数据存储标准研究及应用[J]. 铁道标准设计，2023，67（7）：169-176.

[44] 周航博. 普速客运列车机辆整备一体化模式研究[J]. 铁道标准设计，2023，67（4）：169-174.

[45] 张大勇. 时速 160 km 动力集中动车组机辆融合管理模式探索与研究[J]. 中国铁路，2020（3）：44-48.

[46] 田凯，常洪青，栾金明. 机车修程修制改革的实践与思考[J]. 中国铁路，2020（4）：41-44.

[47] 何武山. 动车组转向架部件智能清洗中心关键技术研究[J]. 铁道建筑技术，2022（10）：193-196.

[48] 王伟，谢红太，雒沛丰，等. 国内动车段（所）高级修厂房布局及检修工艺设计研究[J]. 高速铁路技术，2021，12（6）：52-60.

[49] 杜巧玲，吴文艾. 接触网中的软横跨与硬横跨[J]. 科技风，2017，17：155.